Administração com Qualidade

Blucher

Administração com Qualidade

Conhecimentos Necessários para a Gestão Moderna

Pedro Luiz de Oliveira Costa Neto
Simone Aparecida Canuto

Administração com qualidade: conhecimentos
necessários para a gestão moderna
© 2010   Pedro Luiz de Oliveira Costa Neto
         Simone Aparecida Canuto
1ª edição – 2010
2ª reimpressão – 2017
Editora Edgard Blücher Ltda.

capa: Vila Criativa | arte · design · web
www.vilacriativa.com.br

Blucher

Rua Pedroso Alvarenga, 1245, 4º andar
04531-934 – São Paulo – SP – Brasil
Tel.: 55 11 3078-5366
contato@blucher.com.br
www.blucher.com.br

Segundo o Novo Acordo Ortográfico, conforme 5. ed.
do *Vocabulário Ortográfico da Língua Portuguesa*,
Academia Brasileira de Letras, março de 2009.

É proibida a reprodução total ou parcial por quaisquer
meios sem autorização escrita da editora.

Todos os direitos reservados pela Editora
Edgard Blücher Ltda.

FICHA CATALOGRÁFICA

Costa Neto, Pedro Luiz de Oliveira
    Administração com qualidade: conhecimentos
necessários para a gestão moderna / Pedro Luiz de
Oliveira Costa Neto, Simone Aparecida Canuto. –
São Paulo: Blucher, 2010.

    Vários colaboradores.
    Bibliografia
    ISBN 978-85-212-0519-7

    1. Administração 2. Administração de empresas
I. Canuto, Simone Aparecida. II. Título.

10-01850   CDD-658

Índices para catálogo sistemático:
1. Administração   658

A todos os meus familiares, em especial
à Thays, à Marina e à Helena
Pedro Luiz

Aos meus pais, à minha família
e a todos os meus alunos
Simone Aparecida

Autores

Pedro Luiz de Oliveira Costa Neto

Engenheiro pelo ITA, Mestre pela Stanford University e Doutor em Engenharia de Produção pela Escola Politécnica da USP, professor aposentado da Escola Politécnica e Professor Titular do Programa de Pós-Graduação em Engenharia de Produção da UNIP – Universidade Paulista.

Simone Aparecida Canuto

Doutoranda em Engenharia de Produção (UNIP), Mestre em Engenharia de Produção (UNIP), pós-graduada em Engenharia de *Software* (Universidade São Judas Tadeu) e formada em Administração de Empresas com ênfase em Análise de Sistemas (Faculdades Associadas de São Paulo). Professora concursada da FATEC São Caetano do Sul, nas áreas de Engenharia de *Software* e Administração.

Colaboradores convidados

José Benedito Sacomano
   Doutor em Engenharia de Produção pela Escola de Engenharia de São Carlos, da USP. Professor Titular do Programa de Pós-Graduação em Engenharia de Produção da UNIP – Universidade Paulista.

José Paulo Alves Fusco
   Professor Titular do Programa de Pós-Graduação em Engenharia de Produção da UNIP. Professor Adjunto Livre-Docente da FEB – Faculdade de Engenharia de Bauru, UNESP – Universidade Estadual Paulista.

Apresentação

A ideia de escrever este livro não veio de repente. Na verdade, foi amadurecendo ao longo de alguns anos, tendo como efeito catalisador a participação dos autores no PPGEP – Programa de Pós-Graduação em Engenharia de Produção da Universidade Paulista, durante a qual muitos dos assuntos, abordagens e ousadias que hoje estão no texto foram apresentados, discutidos e aprimorados. Ao perceber esse acúmulo de material relacionado à Engenharia de Produção em particular e à Administração em geral, o autor e a autora que, durante dois anos mantiveram o relacionamento de orientador e orientada no mestrado, vislumbraram a possibilidade de aproveitar esse acervo de informações e conhecimento para a preparação de um livro-texto que pudesse ser, ao mesmo tempo, didático e fonte de informação e conhecimento para os demais interessados.

Muito contribuiu também para a decisão de encetar o desafiante projeto a experiência de três anos atrás, quando o coautor da presente obra coordenou a edição do livro *Qualidade e Competência nas Decisões*, também realizado pela Editora Blucher, na qual 28 autores uniram seus esforços para viabilizar o projeto. Essa obra coletiva oferece um amplo leque de informações abordando diversos aspectos da gestão, enquanto que a presentemente lançada traz, em um arcabouço único, um conjunto de conhecimentos básicos relacionados à administração em geral e à qualidade empresarial que pode ser encarado em seu todo como caracterizando uma disciplina bastante completa com foco na problemática organizacional.

O propósito de preparar uma publicação sobre Administração, em seu sentido lato, e Gestão da Qualidade, com as mesmas proporções em termos de ênfase, foi uma das novidades do projeto. Os dois assuntos, embora na concepção moderna sejam indissociáveis, são em geral tratados separadamente na literatura disponível. Sua união em igualdade de condições foi considerada adequada, como também a inclusão de diversos outros tópicos importantes diretamente correlacionados com os processos administrativos e de gestão da qualidade.

O livro, embora tenha dois autores responsáveis por seu planejamento, organização, compatibilização e conteúdo, além dos colegas José Benedito Sacomano e José Paulo Alves Fusco, convidados para colaborar em assuntos de sua alta competência, não seria possível sem a participação direta e indireta também de diversos outros colegas, amigos, mestrandos, doutorandos e profissionais, citados a seguir: Alonso Mazini Soler, Ana Lucia Atrasas, Antonio Bonansea, Antonio Teodoro Ribeiro Guimarães, Biagio Fernando Giannetti, Carlos Maurício Duque dos Santos, Cecília Maria Villas Bôas de Almeida, Edilene Regina Simioli, Edson d'Avila, Eliezer Arantes da Costa, Elizabeth Alexandre Garcia, Flavio Cesar Faria Fernandes, Floriano Conrado do Amaral Gurgel, Francisca Dantas Mendes, Francisco de Assis Alves, Francisco José Santos Milreu, Geraldo Cardoso de Oliveira Neto, Gustavo Utescher, Helio Nielsen, Ivanir Costa, João Amato Neto, João Gilberto Mendes dos Reis, Jorge Mitsuru Matsuoka, José Celso Contador, José Joaquim do Amaral Ferreira, José Roberto Felipe da Silva, Juliana Servilha Gonçalves de Oliveira, Leonardo Rospi, Marcelo Kenji Shibuya, Marcia Fernandes Kopelman, Marcos Alberto de Oliveira, Marcos José Correa Bueno, Maria Aparecida de Almeida Santos, Mario Mollo Neto, Mauro de Mesquita Spinola, Namara Napolitano, Nicola Acquaviva Neto, Nilton Nunes Toledo, Nilzeth Neres Gusmão, Nivaldo Luiz Palmeri, Oduvaldo Vendrametto, Osmildo Sobral dos Santos, Paulo José Gnidarxic, Raul Hidetoci Mioshi Júnior, Reinaldo Dias Ferraz de Souza, Renata Cristina Ferreira da Silva, Rosângela Carmona Rubiato, Sergio Baptista Zaccarelli, Sergio Storch, Silvânio Márcio Fernandes, Sylvio Ferreira Junior, Wagner Costa Botelho, Wilson Donizeti Fernandes, além do apoio à produção proporcionado por Arlete Passagem de Pádua, Karina Santos Lima e Sirlei Aparecida de Souza. A todos os citados, o nosso melhor agradecimento.

Pedro Luiz de Oliveira Costa Neto
Simone Aparecida Canuto

Prefácio

A evolução dos processos de produção para sistemas de processos de produção, associada à frequência, à rapidez, ao atendimento às necessidades do cliente e à forma como acontecem, constitui desafio permanente para os gestores. Criar, inovar, observar a concorrência e estabelecer mecanismos administrativos que deem sustentabilidade aos negócios exige um contínuo estado de prontidão dos administradores.

Ao observar o resultado positivo de um empreendimento, o estudioso vasculha suas teorias, experiências e inferências na tentativa de entender e explicar os motivos do sucesso. Depara, a partir dessa iniciativa, com um conjunto multidisciplinar de conhecimentos de base científica, empírica, paradigmática e de idiossincrasias, como se tratasse de peças separadas de um grande Lego cuja forma, ordem e posição são, aparentemente, impossíveis de admitir organização. Paradoxalmente, a observação dos resultados mostra o todo em funcionamento harmônico e rendoso.

Esse é um dos méritos deste livro. Apresenta os assuntos que levam o leitor a imaginar um conjunto de peças desarticuladas e é surpreendido com a interconectividade entre os capítulos proporcionada pelo tabuleiro da qualidade. A complexidade das organizações impõe atualização, interações, relações internas e externas, públicas e privadas, financeiras e tecnológicas, visionárias e oportunistas, respeitosas e coerentes e, fundamentalmente, orgânicas. Atores, cenários, textos, ambientes da natureza e papéis diferentes compõem o todo visível e articulado na obtenção dos resultados.

As organizações dedicadas à produção passaram a ser puxadas pelo cliente. O produto precisa ser inovado. A tecnologia disponível na empresa ou nos fornecedores e as necessidades para a inovação requerida precisam ser disponibilizadas ou desenvolvidas, o que implica a mobilização de forças de amplo espectro de competências. As habilidades intrínsecas na forma de conhecimentos, a absorção de novas tecnologias, a qualificação de pessoas, alteração do espaço físico, estabelecimento de relações de fornecimento, logística e distribuição, são alguns dos insumos a serem acionados e avaliados. Simultaneamente, ainda promover análises de risco, financiamento, promoções de marketing e acompanhar a concorrência. Pôr em marcha o conjunto de atores diversificados em origem, formação e competência, responsáveis pela infinidade de atividades justapostas e sincronizadas para que o objetivo seja alcançado é, antes de tudo, a consolidação de capacidade resultante da soma de conhecimentos e experiência.

Ao reunir quase todos os assuntos que tratam dos conhecimentos administrativos, ou de onde eles se originaram, a obra *Administração com Qualidade* presta um serviço relevante àqueles que por necessidade de ofício, curiosidade ou prazer, pretendem avançar nesse emaranhado em que passou a se constituir a gestão dos negócios.

Implícito o método indutivo, os autores apresentam os assuntos ao sabor do leitor. Os capítulos podem ser lidos de maneira independente, atendendo à necessidade daqueles que queiram ampliar seus conhecimentos quanto a temas localizados, como custos industriais, motivação de pessoas, conhecimento tácito ou explícito, ou ainda sobre o estado da arte da organização de *Redes de Empresas*. Outros, entretanto, que precisam ou apreciam um conhecimento mais aprofundado, entendendo-o pelo seu DNA, deverão fazer a leitura completa e perceberão que o todo é muito mais que a soma das partes. Contemplando esse aspecto, os autores se preocuparam em prestar o tributo histórico àqueles que promoveram as mudanças de paradigma, bem como a evolução que levou à estruturação de modelos em estágio atual. Fato este que torna a leitura amigável e de fácil entendimento.

As teorias de Administração, quando apresentadas sem ilustrações, induzem o leitor à consideração de um sistema fechado, entendido como a adoção de uma filosofia, uma técnica, uma tecnologia. A complexidade da administração da empresa, com todas as suas vertentes e composições, caminhou não para uma formulação canônica, mas para um arranjo de filosofias, técnicas e tecnologias que dão a cada empresa um caráter personalizado à gestão de seus negócios. Esta obra se completa ao descrever aplicações em que a prática mostra a Administração com Qualidade como o resultado inteligente da montagem de um arranjo capaz de incorporar componentes diversos que deem respostas eficientes e qualificadas ao processo de gestão personalizado e conforme as necessidades especiais da empresa. Boa leitura!

Oduvaldo Vendrametto
Coordenador do Programa de Pós-Graduação em
Engenharia de Produção da Universidade Paulista

Conteúdo

Capítulo 1 ADMINISTRAÇÃO: INTRODUÇÃO E HISTÓRIA

1.1	Apresentação	1
	1.1.1 Sobre o conteúdo	2
1.2	A função de Cobb-Douglas	3
1.3	Os pioneiros	5
	1.3.1 Outras influências a partir da Revolução Industrial	7
	1.3.2 A Escola de Relações Humanas na Administração	14
	1.3.3 A Escola da Qualidade na Administração	15
1.4	A contribuição de Peter Drucker	16
1.5	Questões para reflexão e discussão	19

Capítulo 2 CONSIDERAÇÕES GERAIS

2.1	Tipos de organizações	21
	2.1.1 Verticalização e horizontalização	23
	2.1.2 Tamanho das empresas	24
	2.1.3 Considerações econômicas	26
2.2	Clientes e fornecedores	28
2.3	Objetivos da empresa	31
2.4	Administração pública	33
2.5	Exemplos marcantes	34
	2.5.1 Embraer	34
	2.5.2 Metal Leve	36
	2.5.3 WEG	38
	2.5.4 Promon	40
2.6	Questões para reflexão e discussão	42

xvi

Capítulo 3 FUNÇÕES DA ADMINISTRAÇÃO

3.1	As funções da Administração	45
3.2	Planejamento	47
	3.2.1 Preocupações do Planejamento	48
	3.2.2 Níveis de Planejamento	49
3.3	Organização	50
	3.3.1 Preocupações da Organização	52
	3.3.2 Autoridade e responsabilidade	52
	3.3.3 Fontes de autoridade	53
	3.3.4 Tipos e níveis de competência	54
	3.3.5 Situações de crise	55
3.4	Direção	56
	3.4.1 Preocupações da Direção	56
	3.4.2 Eficiência e eficácia	57
	3.4.3 Comando eficaz	58
	3.4.4 Uso de reuniões	59
3.5	Controle	60
	3.5.1 Preocupações do Controle	61
3.6	As organizações na organização	62
3.7	Pecados capitais ligados à gestão	65
3.8	A formação do lucro	68
	3.8.1 Custos industriais	70
	3.8.2 Desperdícios	71
	3.8.3 Análise dos custos	72
	3.8.4 Sistemas de custeio	75
3.9	Projetos	77
3.10	Questões para reflexão e discussão	80

Capítulo 4 ASPECTOS COMPORTAMENTAIS

4.1	Liderança	83
4.2	Motivação	87
4.3	Tipos psicológicos	90
4.4	Paradigmas comportamentais nas decisões	92
4.5	Clima organizacional	93
4.6	Mudança organizacional	94
4.7	A tomada de decisão	96
	4.7.1 Decisões tomadas racionalmente	96
	4.7.2 Decisões baseadas em fatos e dados	97
	4.7.3 Decisões economicamente pesadas	98
	4.7.4 Decisões baseadas na experiência	99

Conteúdo xvii

		4.7.5	Decisões visando o futuro	100
		4.7.6	Decisões consensuais	101
		4.7.7	Decisões baseadas na consolidação de indicações	102
		4.7.8	Decisões justas e legais	103
		4.7.9	Decisões criativas e inovadoras	104
		4.7.10	Decisões corajosas × prudentes	105
		4.7.11	Decisões inspiradas em paradigmas	105
		4.7.12	Decisões sob incerteza	106
	4.8	Os pecados capitais do comportamento		107
	4.9	Empreendedorismo		109
	4.10	Questões para reflexão e discussão		113

Capítulo 5 ADMINISTRAÇÃO DA PRODUÇÃO

	5.1	Introdução		119
	5.2	Planejamento e Controle da Produção – PCP		121
		5.2.1	Apresentação	121
		5.2.2	Evolução do PCP	123
		5.2.3	Visão geral do PCP	124
	5.3	Outras ações de PCP		128
		5.3.1	Estoques	129
		5.3.2	Outros tópicos importantes	133
	5.4	Serviços		151
	5.5	Questões para reflexão e discussão		156

Capítulo 6 ADMINISTRAÇÃO DA QUALIDADE

	6.1	Pequeno histórico		159
	6.2	Qualidade e produtividade		162
	6.3	Competitividade		166
	6.4	Gurus da qualidade		168
	6.5	O processo de melhoria		176
	6.6	Ferramentas para a melhoria da qualidade		178
	6.7	Controle Estatístico da Qualidade		181
		6.7.1	Controle estatístico de produtos	181
		6.7.2	Controle estatístico de processos	182
		6.7.3	Capacidade do processo	184
	6.8	Confiabilidade e durabilidade		186
		6.8.1	Confiabilidade de sistemas	188
	6.9	Custos da qualidade		189
	6.10	Qualidade em serviços		194
		6.10.1	Qualidade nos serviços de varejo	195

6.10.2	O modelo dos cinco *gaps*	197
6.10.3	O modelo Servqual	198
6.11	Questões para reflexão e discussão	200

Capítulo 7 MODERNOS PADRÕES DA QUALIDADE

7.1	Sistema de gestão da qualidade	204
7.2	Sistema Japonês	205
7.3	As normas de série ISO 9000	207
7.4	Outras normas importantes	213
	7.4.1 Norma ISO 14001:2004	213
	7.4.2 Norma OHSAS 18001	214
	7.4.3 Norma ABNT 16001	215
	7.4.4 ISO TS 16949	216
7.5	Prêmios da qualidade	216
7.6	Metodologia Seis Sigma	224
7.7	Metrologia	225
7.8	Questões para reflexão e discussão	228

Capítulo 8 CONHECIMENTO E APRENDIZADO

8.1	Conhecimento, competência e sabedoria	231
8.2	O papel da educação	234
8.3	Gestão do Conhecimento	236
	8.3.1 Evolução e conceitos	238
	8.3.2 Conhecimento tácito e explícito	241
	8.3.3 Relação com a norma ISO 9001	243
	8.3.4 Propriedade intelectual	244
	8.3.5 Esquecimento organizacional	245
8.4	Sistemas de informação	246
8.5	Aprendizado	248
	8.5.1 Aprendizado organizacional	249
	8.5.2 Treinamento	253
	8.5.3 Educação corporativa	255
	8.5.4 Educação a Distância – EaD	256
8.6	Inovação	259
8.7	Tecnologia da Informação – TI	262
8.8	Questões para reflexão e discussão	265

Capítulo 9 CONTRIBUIÇÕES RECENTES

| 9.1 | Competitividade | 267 |
| | 9.1.1 A visão de Michael Porter | 267 |

Conteúdo   **xix**

        9.1.2   O modelo de José Celso Contador 269

        9.1.3   A colocação de Eliezer Arantes da Costa 270

        9.1.4   Competição e cooperação 272

9.2   Marketing 272

9.3   *Balanced Scorecard* – BSC 276

9.4   Reengenharia 279

9.5   Teoria das restrições 281

9.6   Questões para reflexão e discussão 283

Capítulo 10   ADMINISTRAÇÃO DE EMPRESAS EM REDES

10.1   Redes de empresas 285

10.2   *Clusters* de negócios 292

10.3   Governança 294

        10.3.1   Definindo governança 294

10.4   Alianças e parcerias 297

        10.4.1   Confiança para alianças e parcerias 297

        10.4.2   Alianças estratégicas 298

        10.4.3   Parcerias 299

10.5   O modelo de redes simultâneas (*concurrent networks*) 300

10.6   Questões para reflexão e discussão 304

Capítulo 11   CONTRIBUIÇÕES ACADÊMICAS

11.1   O impacto econômico das inovações 305

        11.1.1   As inovações no agronegócio brasileiro 307

11.2   Manufatura de vestuário de moda 308

11.3   Governança corporativa no Brasil 311

11.4   A terceirização da logística 314

11.5   Comércio B2C 317

11.6   O serviço varejo 320

11.7   Consórcio modular e condomínios industriais 323

11.8   Qualidade na cadeia têxtil 328

11.9   Aplicação do Gerenciamento pelas Diretrizes 331

11.10   As dimensões da qualidade na prática 334

11.11   Gestão do conhecimento na empresa 337

11.12   PCP no agronegócio 340

11.13   O *software* nas organizações 343

REFERÊNCIAS 347

1

Administração:

introdução e história

1.1 APRESENTAÇÃO

O título deste livro sugere o que ele é, ou o que nele se postula: a administração precisa ter qualidade. Entretanto, o significado desta frase representa, certamente, muito mais do que parece.

Que muitas coisas precisam ter qualidade, ninguém discute. As estátuas e monumentos do período áureo da Grécia Antiga não seriam admiradas até hoje se não tivessem qualidade artística, como também não seriam conhecidas atualmente se não usassem material com durabilidade capaz de resistir aos séculos. O mesmo se pode dizer dos afrescos de Michelangelo na Capela Sistina e das partituras de Bach, esquecidas na sacristia de uma igreja por um século após sua morte, até serem descobertas e recuperadas por Felix Mendelssohn, para felicidade da humanidade.

Que administrar é necessário para o sucesso de empreendimentos coletivos, seja em empresas privadas, em organizações públicas, em clubes de futebol, em conjuntos musicais, em exércitos em guerra ou em muitas outras situações onde haja pessoas interagindo, também é um fato que deve ter concordância geral, à exceção, talvez de algum obstinado anarquista.

Então administrar com qualidade deve ser, em princípio, administrar bem, fazer com que as ações administrativas, do que quer que seja, sejam bem executadas. Isto, sem dúvida, é altamente desejável, mas a razão pela qual as duas palavras aparecem juntas no título deste livro é mais profunda.

Na sequência deste primeiro capítulo se apresenta um breve histórico do desenvolvimento das ideias administrativas através de seus principais personagens, como também em outros pontos do livro. No Capítulo 6 se apresenta também um histórico do desenvolvimento das ideias referentes ao conceito de qualidade, bem como o relacionamento desta com a produtividade e a competitividade empresarial.

Esta evolução de ideias referentes à administração em geral e à qualidade em particular embora possa, nas suas origens, ter partido de diferentes raízes em cada caso, levou a uma inevitável convergência dos conceitos e pressupostos, a ponto de se considerar, nos tempos que correm, a administração organizacional e a administração da qualidade como coisas que se complementam, por razões que os autores esperam ficarem claras aos leitores no decorrer da leitura.

Esta constatação da realidade, aprendida muitas vezes a duras penas por administradores renitentes em suas ideias, de que a administração de uma organização, qualquer que ela seja, não poderá ser eficazmente exercida sem que haja, ao mesmo tempo, uma adequada gestão da qualidade dos processos, produtos e serviços relacionados com essa organização, é hoje plenamente compreendida pelos líderes e administradores das empresas e organizações bem-sucedidas.

A qualidade da gestão, na qual estão embutidos, por um lado, o saber administrar, o conhecimento de melhores técnicas gerencias e princípios da administração e, por outro lado, o conhecimento da problemática da qualidade, é o que almejam as organizações de primeira linha. Isso não pode ser conseguido estando dissociadas as orientações administrativas em geral e aquelas referentes às questões ligadas à qualidade, nos seus mais variados aspectos.

Esta é uma verdade que necessita ser compreendida por todos os administradores, em qualquer nível hierárquico que estejam, sob pena de fracassarem na sua missão. Esta é a realidade de que procuramos convencer o leitor ao aceitar o desafio de escrever este livro.

1.1.1 Sobre o conteúdo

Este primeiro capítulo é exatamente o que a sua designação indica, servindo como abertura para o livro. Nele também se incluem as primeiras ideias sobre a Administração como ciência e seus autores, aos quais justas homenagens à inteligência e ao pioneirismo devem ser prestadas.

O segundo capítulo aborda aspectos importantes com respeito às organizações em geral e às empresas em particular, apresentando alguns exemplos notáveis de administrações bem-sucedidas.

O terceiro capítulo é básico na teoria da Administração, por apresentar suas quatro funções características e também uma incursão por alguns tópicos importantes à boa administração.

O quarto capítulo aborda diversas questões ligadas ao comportamento dos seres humanos. Isto é de fundamental importância pois, afinal, as organizações são constituídas de ativos econômicos (tangíveis e intangíveis) mas também, inevitavelmente,

Administração: introdução e história

de pessoas que fazem a organização funcionar, cujos aspectos comportamentais precisam ser bem entendidos para se lidar adequadamente com eles.

O quinto capítulo fornece um apanhado resumido dos diversos aspectos relacionados à produção de bens ou serviços, parte operacional que sempre existe nas organizações, com maior ou menor predominância de certas características. Sem pretender esgotar o assunto, o capítulo aborda os temas mais tradicionais – e alguns mais recentemente reconhecidos como importantes – ligados às atividades produtivas.

O sexto capítulo trata dos aspectos conceituais e práticos da gestão da qualidade, oferecendo conhecimentos básicos que devem ser de pleno domínio pelos responsáveis pela qualidade e produtividade dos processos organizacionais, sendo também, portanto, diretamente responsáveis pela qualidade dos produtos e serviços oferecidos aos clientes.

O sétimo capítulo já aborda a problemática da qualidade por uma ótica mais próxima da alta administração das organizações, ao apresentar e discutir padrões possíveis de serem adotados como forma de se conseguir a qualidade dos processos administrativo e produtivo da organização, requisito essencial para o bom funcionamento do todo organizacional.

O oitavo capítulo navega por outro campo diretamente ligado à eficácia administrativa e dos processos organizacionais, ao tratar de conhecimento e aprendizado, sem os quais a organização não evolui, uma constatação que, curiosamente, só muito tardiamente foi devidamente reconhecida.

O nono capítulo procura oferecer um complemento ao que foi visto anteriormente, ao relatar as mais recentes contribuições de autores conhecidos para o reforço do arsenal administrativo das organizações.

O décimo capítulo existe em decorrência da realidade, a qual também teve uma tardia evolução dos estudos a ela dedicados, de que a grande maioria das empresas operando no mercado não o fazem isoladamente, mas em um processo de amplo relacionamento com outras empresas, na condição de clientes e/ou fornecedores, caracterizando as redes de empresas e cadeias de suprimento.

Finalmente, o décimo primeiro capítulo apresenta diversos aspectos e aplicações interessantes surgidos no Programa de Pós-Graduação em Engenharia de Produção da Universidade Paulista, onde as desenvolveram os autores que dão, assim, suas contribuições a este livro. Acredita-se que as constatações trazidas dessa forma ao conhecimento dos leitores são ilustrativas de vários pontos discutidos na obra e mostram aspectos da realidade empresarial que os ilustram, representando um adequado fecho a este esforço ligado ao ensino e à divulgação de conhecimentos.

1.2 A FUNÇÃO DE COBB-DOUGLAS

Embora proposta inicialmente pelo estatístico inglês Knurt Wicksell, esta função é conhecida pelo nome dos construtores navais americanos Charles Wiggins Cobb e

Paul Howard Douglas, que a trouxeram à luz na primeira metade do século XX. Uma das formas pelas quais pode ser apresentada é:

$$P = k\,N^\alpha\,T^\beta\,C^\gamma$$

onde:

P	=	produção obtida
k	=	constante adequada a cada caso
N	=	natureza
T	=	trabalho
C	=	capital
α, β, γ	=	indicadores de intensidade

A função tem conotação macroscópica e indica, simbolicamente, que a produção global (de uma empresa, uma região, um país) depende dos fatores natureza, trabalho e capital disponíveis, cuja intensidade de uso é indicada pelas letras N, T, C, sendo os expoentes α, β, γ ligados a aspectos técnicos em cada caso.

Assim, por exemplo, fixado o fator **N**, em princípio uma mesma produção poderia ser conseguida com alto aporte do fator **T** e baixo aporte do fator **C**, ou, inversamente, com baixo aporte de fator **T** e alto aporte de fator **C**. Seriam, respectivamente, os casos ditos de "mão de obra intensiva", característicos de países do terceiro mundo, e de "capitalização intensiva", característicos de países desenvolvidos. Ou seja, o capital pode substituir o trabalho humano mediante máquinas modernas, automação e outras inovações que resultam do aporte de capital.

Neste texto, tomamos a liberdade de acrescentar mais um fator à função de Cobb-Douglas, apresentando-a como

$$P = k\,N^\alpha\,T^\beta\,C^\gamma\,A^\delta$$

onde **A** representa o fator administração.

De fato, esse quarto fator decididamente pode influir no resultado produção. Em condições de igualdade dos demais, o fator administração determina uma menor ou maior produção conforme exista em menor ou maior quantidade ou, dito melhor, com menor ou maior qualidade. Natureza, trabalho e capital, em maior ou menor grau, são necessários à obtenção de resultados, mas uma boa ou má administração pode muito influir nesse resultado. Dando um único e retumbante exemplo: a Alemanha de Hitler tinha abundância dos fatores N, T, C, o poderia conseguir outro resultado que não a destruição na Segunda Guera Mundial com diferente aporte do fator **A**.

O fator natureza, o próprio nome o diz, está relacionado a facilidades ou dificuldades que o meio ambiente coloca. Se o objetivo é produzir energia elétrica, a presença de uma catarata (como o Salto de Sete Quedas, que permitiu a construção da usina de Itaipu) ou de um grande desnível das águas representa um alto aporte do fator N favorável ao empreendimento. Trabalho e capital também serão necessários, mas, para uma hidroelétrica, N é imprescindível.

As pirâmides do Egito certamente foram construídas com um enorme aporte do fator T e o homem só chegou à Lua com um enorme aporte do fator C. Neste caso, ousamos afirmar que Neil Armstrong jamais teria pisado o solo lunar se não tivesse havido também um grande aporte do fator A, pois um projeto dessa natureza fatalmente fracassaria se não fosse muito bem administrado.

O estudo dos fatores N, T e C é objeto de outras disciplinas, como Física, Relações Humanas, Economia, etc. No presente livro, a preocupação central é o estudo do fator A, cuja importância é cada vez mais reconhecida pelos executivos e administradores na presente etapa da história da civilização.

1.3 OS PIONEIROS

Embora apenas há cerca de um século a Administração passasse a ser encarada como uma ciência – antes era considerada uma habilidade inata, um dom, um privilégio de alguns – a preocupação com a atividade administrativa existe desde a Antiguidade, no tempo dos filósofos gregos, conforme a cronologia a seguir.

Sócrates (470 a.C.-399 a.C.) via a Administração como uma habilidade pessoal separada do conhecimento técnico e da experiência.

Platão (429 a.C.-347 a.C.) preocupou-se com os problemas políticos e sociais relacionados ao desenvolvimento social e cultural do povo grego. Em sua obra "A República", expõe o seu ponto de vista sobre a forma de governo e a administração dos negócios públicos.

Aristóteles (384 a.C.-322 a.C.) estudou a organização do Estado e distingue três formas de administração pública: a Monarquia (governo de um só), a Aristocracia (governo de uma elite) e a Democracia (governo do povo).

Francis Bacon (1561-1626) notabilizou-se por enunciar e defender o "princípio da prevalência do principal sobre o acessório", mostrando uma correta visão de um importante aspecto de como se deve proceder em Administração.

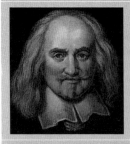

Thomas Hobbes (1588-1679) desenvolveu a teoria da origem contratualista do Estado, segundo a qual o homem primitivo passou paulatinamente à vida social. O Estado viria impor a ordem e organização dessa vida em sociedade.

Jean-Jacques Rousseau (1712-1778) pregou a necessidade do contrato social, baseado na convicção de que o homem, embora individualmente e por natureza seja cordial e pacífico, é deturpado pela vida em sociedade.

Karl Heinrich Marx (1818-1883), juntamente com seu companheiro de estudos Friedrich Engels (1820-1895), propôs uma teoria da origem econômica do Estado, segundo a qual o surgimento do poder político e do Estado nada mais é do que o fruto da dominação econômica do homem pelo homem. O Estado vem a ser uma ordem coativa imposta por uma classe social exploradora. No *Manifesto Comunista*, lançado em 1848, eles afirmam que a história da humanidade sempre foi a história da luta de classes. Homens livres e escravos, ricos e plebeus, nobres e servos, mestres e artesãos, numa palavra, exploradores e explorados, sempre travaram entre si essa luta.

Suas ideias se materializaram no movimento comunista internacional, que teve na Revolução Socialista de 1917, na Rússia, a sua maior efeméride, resultando o surgimento da União das Repúblicas Socialistas Soviéticas – URSS, cuja história passa pela ditadura stalinista, pela decisiva contribuição para a derrota do nazismo na Segunda Guerra Mundial e pela derrocada do regime após a abertura promovida por Mikhail Gorbachev. As ideias socialistas de Marx e Engels têm, nos tempos presentes, sua continuidade com a ascensão e crescente desenvolvimento da China, já se projetando como a segunda potência mundial e que baseia seu progresso em um regime comunista no controle e na gestão dos assuntos políticos e sociais, mas usando práticas capitalistas na condução dos negócios.

1.3.1 Outras influências a partir da Revolução Industrial

A Revolução Industrial (a primeira delas) é caracterizada por uma extraordinária expansão das atividades industriais e comerciais ocorrida a partir da metade do século XVIII, marcada por duas importantes invenções ocorridas quase concomitantemente: a do tear, que multiplicou por muito a capacidade de produção de vestuário, essencial aos países sujeitos a rigorosos invernos no Hemisfério Norte, e a da máquina a vapor por James Watt (1736-1819), que proporcionou impulso não braçal às máquinas e, logo colocada sobre rodas, gerou as locomotivas e o transporte ferroviário, além de revolucionar o transporte marítimo, resultando em um grande incremento nas atividades de produção e comércio. A Revolução Industrial marca a passagem da produção industrial semiartesanal para a era da manufatura, com o paulatino surgimento das grandes indústrias de produção em larga escala.

A partir de então, podem ser ressaltadas as seguintes influências:

Adam Smith (1723-1790). Este economista escocês, com a publicação do seu livro *An inquiry into the nature and causes of the wealth of nations*, mais conhecido simplesmente como *A riqueza das nações* (SMITH, 2008), introduziu o liberalismo clássico, uma nova filosofia individualista, propondo a eliminação das restrições governamentais à produção e ao comércio interno e externo das nações, com o consequente aumento do poder de decisão por parte dos empreendedores. Esta proposta ia de encontro a ideias anteriormente enunciadas por Dudley North (1641-1691), segundo o qual a motivação humana provinha do interesse próprio dos indivíduos, que deveriam ter liberdade para competir em um livre mercado, como forma de maximizar o bem-estar público (HUNT, 1989).

Jeremy Bentham (1748-1832). Publicou em 1780 o livro *An introduction to the principles of morals and legislation* [Uma introdução aos princípios da moral e da legislação], em que propôs a Teoria do Utilitarismo, que se tornaria a base filosófica da economia neoclássica nas últimas décadas do século XIX, segundo a qual é direito natural do homem possuir e usufruir os frutos conquistados com o seu trabalho (HUNT, 1989).

William Gladstone (1809-1898). Primeiro ministro da Inglaterra no reinado da Rainha Vitória, criou a figura da sociedade de responsabilidade limitada, cujos proprietários, em caso de falência, perdem apenas o que investiram no negócio, e não todo o seu patrimônio pessoal, como era antes. Deu, com isso, um decisivo passo para o surgimento do mundo empresarial capitalista contemporâneo.

Frederick Winslow Taylor (1856-1915). Considerado o pai da Administração Científica, ao consubstanciar, em seu clássico livro *Princípios de administração científica*, de 1911 (TAYLOR, 1990), uma série de ideias e constatações em prol da tese de que administrar não é uma arte ou uma capacidade inata de certas pessoas, mas obedece a uma série de preceitos que determinam o sucesso de um sistema administrativo. Nascido na Filadélfia, de uma família de rígidos princípios, foi educado em uma mentalidade de disciplina, devoção e trabalho. Iniciou sua vida profissional em 1978, como operário da Midvale Steel Company, passando sucessivamente a capataz, contramestre, chefe de oficina e engenheiro em 1885, quando se formou por correspondência pelo Stevens Institute.

Sua vivência industrial e seu espírito empreendedor[1] o levaram a pesquisar maneiras de aumentar a eficiência dos processos, obtendo ganhos impressionantes de produtividade. Preocupava-se com as forma de realização do trabalho, com sua subdivisão em operações mais simples, no que trabalhou juntamente com Frank Gilbreth (ver 5.3.2.c).

Propôs a separação entre planejamento e execução das tarefas. Assim, caberia à gerência planejar, organizar e especificar as operações que, em seguida, seriam realizadas por operários selecionados, treinados e motivados por incentivos à produção. Propugnou que cada operário realizasse as operações mais elevadas permitidas por sua qualificação.

Considerava que os operários deveriam estar aptos a executar suas tarefas sem interferência da gerência, a qual, entretanto, deveria exercer a função de controle sobre a realização das operações.

Suas ideias foram em geral aceitas pelos empresários norte-americanos, em particular pelo mais importante deles à época, Henry Ford, apresentado adiante, dando origem ao denominado Sistema Taylorista-Fordista de gestão da produção, mais tarde aprimorado pela consideração de aspectos comportamentais e sociais ligados às condições de trabalho.

---

[1] Ou, mais apropriadamente, intraempreendedor, conforme apresentado em 4.9.

Administração: introdução e história

Henri Fayol (1841-1925). Considerado o idealizador da Teoria Clássica da Administração, Fayol lançou em 1911, aos 75 anos de idade, o livro *Administration industrielle et générale* [Administração industrial e geral] (FAYOL, 1994), no qual colocou sua experiência vivida na alta administração e com isso deu um importante passo adiante em relação a Taylor, por se preocupar, principalmente, com a administração das organizações como um todo.[2] Segundo ele, "administrar é conduzir a empresa até a meta proposta, procurando obter o maior rendimento possível de todos os recursos de que se dispõe e garantir o desenvolvimento das seis funções essenciais".

As seis funções essenciais mencionadas por Fayol são:
1. **Funções técnicas**, relacionadas com a produção de bens ou de serviços da empresa;
2. **Funções comerciais**, relacionadas com a compra, venda e permutação;
3. **Funções financeiras**, relacionadas com a procura e gestão de capitais;
4. **Funções de segurança**, relacionadas com a proteção e preservação dos bens da empresa e dos colaboradores;
5. **Funções contábeis**, relacionadas com os inventários, registros, balanços, custos e estatísticas;
6. **Funções administrativas**, relacionadas com a integração das outras cinco funções. As funções administrativas coordenam e sincronizam as demais funções da empresa, pairando sempre acima delas.

Fayol contemplava cinco funções administrativas: planejar, organizar, comandar, coordenar e controlar. Estas funções são estudadas no Capítulo 3, onde as ações de comandar e coordenar são ajuntadas na de dirigir, conforme tendência mais moderna.

Enunciou os seguintes princípios da Administração:
1. **Divisão do trabalho**: especialização dos funcionários nos vários níveis, em concordância com as ideias de Taylor;
2. **Autoridade e responsabilidade**: este binômio, discutido em 3.3.2, é essencial ao funcionamento das organizações;
3. **Unidade de comando**: cada funcionário deve responder a um único superior, evitando contraordens e confusões;
4. **Unidade de direção**: garantindo os mesmos objetivos em toda a organização;
5. **Disciplina**: baseada no estabelecimento de regras de conduta. Sua ausência gera o caos na organização;

---

[2] Na verdade, pode-se considerar que as obras de Taylor e Fayol se complementam, por enfatizar, respectivamente, a produção industrial e a administração empresarial.

6. **Prevalência dos interesses gerais**: estes devem prevalecer sobre os interesses individuais (conforme pregara Francis Bacon);
7. **Remuneração**: deve ser justa e suficiente para garantir a satisfação dos funcionários e os interesses da organização;
8. **Centralização**: as atividades vitais da organização devem ser centralizadas na alta administração;
9. **Hierarquia**: a estrutura hierárquica estabelecida deve ser respeitada à risca em suas linhas de autoridade;
10. **Ordem**: deve ser mantida em toda a organização, com cada coisa no seu lugar;
11. **Equidade**: o princípio de justiça deve viger em toda a organização, incentivando a lealdade e dedicação dos funcionários a ela;
12. **Estabilidade dos funcionários**: pois uma alta rotatividade tem consequências negativas sobre o desempenho da organização e a moral dos funcionários remanescentes;
13. **Iniciativa**: entendida como a capacidade de estabelecer planos e cumpri-los;
14. **Espírito de equipe**: com o trabalho realizado em conjunto, facilitado pela boa comunicação dentro da equipe e a consciência para que os grupos formados defendam suas ideias e propósitos.

Fayol batia-se pela universalidade dos seus princípios, que podiam ser aplicados às funções de administração em todas as formas de trabalho humano organizado, princípios estes que podem ser desenvolvidos nos administradores por meio do ensino e do treinamento, dizia.

Ele também afirmava que seu êxito pessoal se devia, além de seus próprios méritos, aos métodos que utilizava. Curiosamente, talvez por uma questão de xenofobia, suas ideias tiveram uma lenta aceitação nos Estados Unidos, enquanto as de Taylor eram largamente difundidas e utilizadas na Europa.

Henry Ford (1863-1947). Foi um dos principais responsáveis pela produção em massa na indústria automotiva. Construiu o seu primeiro carro em 1896 – o modelo A – e, apercebendo-se do seu potencial comercial, fundou em 1903 a Ford Motor Company. Após um ano, as vendas mensais atingiram os 600 carros. Em 1908 nasceu o modelo T, de que foram produzidas 15 milhões de unidades entre 1908 e 1927. Realizou investimentos na França (1908) e no Reino Unido (1911).

Amparado pela grande demanda, superior à sua capacidade de produção, deu se ao luxo de produzir carros modelo T apenas na cor preta. Insensível, talvez até por

Administração: introdução e história

ainda inexistentes ou incipientes, às considerações de marketing, negligenciou a pesquisa por novos modelos e alternativas, terminando por ser superado pela General Motors de Alfred Sloan Jr. (ver adiante).

Os princípios da produção em massa, com justificadas razões, ficaram associados ao seu nome. Usou intensamente as ideias de Taylor, o que lhe permitiu reduções significativas dos custos. A esse respeito, merece citação que:

- Em 1908, o tempo médio de ciclo – tempo total trabalhado antes de serem repetidas as mesmas operações – do montador da Ford chegava a 514 minutos;
- Era responsabilidade do trabalhador apanhar as peças no estoque e trazê-las até seu ponto de trabalho;
- Para tornar esse processo mais eficiente, Ford implementou a entrega das peças em cada posto de trabalho;
- Em seguida, Ford decidiu que o montador executaria uma única tarefa, andando de um carro para outro dentro da fábrica;
- Com essas alterações, em 1913 o tempo médio de ciclo do montador Ford havia caído para 2,3 minutos.

Ford foi um grande inovador em muitos outros aspectos. Adotou o dia de trabalho de oito horas e duplicou o valor do salário para cinco dólares por dia, medida que não foi vista com simpatia por seus concorrentes. Entretanto, ele achava que seus operários deveriam poder comprar o produto que fabricavam, o que, sem dúvida, é opinião avançada até mesmo em nossos dias.

Na sequência de suas inovações, adotou a linha de montagem móvel, na qual os veículos sendo montados se deslocavam ao longo dos postos de trabalho, reduzindo o tempo médio de ciclo para 1,19 minutos.

Ford adotou para suas linhas de produção os seguintes conceitos:

- Peças e componentes padronizados e intercambiáveis;
- Máquinas especializadas;
- Sistema universal de fabricação e calibragem;
- Controle da qualidade;
- Simplificação das peças;
- Simplificação do processo produtivo;
- Especialização do trabalhador;
- Uma única tarefa ou pequeno número de tarefas;
- Posição fixa dentro de uma sequência de tarefas;
- O trabalho vem até o trabalhador;
- As peças e máquinas ficam no posto de trabalho.

Alfred P. Sloan Jr. (1875-1966). Ford e sua empresa encontraram seu mais importante concorrente, que acabaria por ultrapassá-los no mercado, na General Motors Corporation capitaneada por Alfred P. Sloan Jr., que presidiu a empresa de 1923 a 1937, quando passou a presidente do Conselho de Administração. Na GM, em oposição ao conservadorismo da Ford, estabeleceu a divisão da produção em unidades autônomas com marcas e preços diversificados – Chevrolet, Pontiac, Oldsmobile, Buick e Cadillac – de modo a melhor seduzir e satisfazer o mercado quanto a suas diferentes capacidades aquisitivas, além de incentivar uma salutar competição entre as empresas do grupo, levando a ganhos de qualidade e produtividade. Com essa determinação, Sloan se tornou um precursor da Administração por Objetivos, discutida em 1.4. Promovia também mudanças anuais no estilo dos seus automóveis, introduzindo o conceito de obsolescência planejada. Com suas inovações e proatividade administrativa, levou nos anos 1930 a General Motors ao posto de maior e mais lucrativo grupo empresarial do planeta e líder de vendas no seu setor por cerca de 70 anos.

Sloan foi também responsável pela criação do primeiro curso dedicado à formação de executivos, o Sloan Fellows, criado em 1931 no MIT – Massachusetts Institute of Technology, que evoluiu em 1952 para a School of Industrial Management – Escola de Administração Industrial, logo rebatizada de Alfred P. Sloan School of Management, com o objetivo de formar o "administrador ideal".

Max Weber (1864-1920). Sociólogo alemão que se notabilizou, na década de 1920, por publicar estudos sobre a importância e o tipo ideal de burocracia. Esse pensador enxergava a formalização burocrática como necessária para o bom funcionamento das organizações, com as seguintes características:

- **Caráter legal das normas e dos regulamentos**, com essas normas e regulamentos escritos e exaustivos, ou seja, prevendo todas as possíveis ocorrências;
- **Formalidade das comunicações**, com essas comunicações por escrito, devidamente documentadas;
- **Racionalidade e divisão do trabalho**, cada participante tendo cargo bem definido, funções específicas e sua esfera de competência e responsabilidade;
- **Impessoalidade nas relações**, ou seja, relações em termos dos cargos e funções, e não das pessoas que ocupam esses cargos;

Administração: introdução e história

- Autoridade e hierarquia, com cada cargo sob controle de um único posto superior;
- Rotinas e procedimentos padronizados, definindo o que cada participante deve fazer;
- Competência técnica, com a escolha dos participantes baseada no mérito e não em preferências pessoais;
- Especialização da administração, que deve ser exercida por profissionais especializados, não necessariamente os donos do negócio;
- Profissionalização dos participantes da organização burocrática;
- Previsibilidade do funcionamento, como consequência da organização burocrática estabelecida.

Evidentemente, com sua proposta, Weber buscava contribuir para o adequado funcionamento das organizações, talvez não dando a necessária atenção às armadilhas que podia apresentar. A esse respeito, Pereira e Motta (1987) opinam: "É sempre bom lembrar que Weber tratou a burocracia como 'tipo ideal', ou seja, como uma constatação conceitual a partir de certos elementos empíricos que se agrupam, logicamente, em uma forma precisa e consistente, mas que, por sua própria natureza, nunca se encontra na realidade"

Merton (1970) aponta o fato de que a burocracia apresenta funções e disfunções, sendo seu principal mérito "a sua eficácia técnica, com grande apreço dado à precisão, velocidade, controle, perícia, continuidade, discrição e ao rendimento satisfatório do dinheiro (...)". Como efeito das disfunções da burocracia, verifica-se a perda de vista do conteúdo e a falta de concretização dos objetivos organizacionais, pois o apego excessivo a rotinas e procedimentos não deixa nenhuma margem para a flexibilidade ou possíveis questionamentos do sistema organizacional em questão.

Segundo o autor, verifica-se a criação de uma autodefesa do grupo burocrático contra as investidas do público ao qual deve atender, com tendência a aumentar a rigidez dos processos administrativos como forma de resguardar seus interesses comuns. A consequência desse comportamento defensivo é a criação de uma organização informal (ver, a respeito, 3.6), em face da ameaça à integridade do grupo, tendo como objetivo melhorar o atendimento às suas próprias necessidades.

Algumas das disfunções da burocracia são:

- Excesso de formalismo e de documentação da organização burocrática, com sua consequente má reputação junto aos que dela dependem;
- Internalização das normas, com estas passando de meios a objetivos, em detrimento de qualquer possibilidade de flexibilidade e uso do bom-senso;
- Resistência a mudanças, atitude inerente a qualquer sistema organizacional que tende a ser agravada pela burocracia;
- Despersonalização do relacionamento, que pode ir além do nível desejado pelo caráter de impessoalidade da burocracia;

- **Autoritarismo**, resultante da rígida hierarquia, com a tendência ao uso intensivo de sinais de autoridade, símbolos de poder e *status*;
- **Dificuldade no atendimento aos interessados**, gerando conflitos, como consequência de estarem os funcionários voltados para dentro da organização, de suas normas e procedimentos.

Ludwig von Bertalanffy (1901-1972). Biólogo austríaco, cuja contribuição conceitual se estendeu muito adiante do seu campo inicial de especialidade. Essa contribuição consistiu, primordialmente, em enxergar que os processos que existem na natureza, sejam biológicos, administrativos ou de qualquer outra natureza, não ocorrem isoladamente, mas se desenvolvem como partes de um meio ambiente maior no qual estão inseridos. Assim, as ações e relacionamentos que se verificam em determinado contexto, caracterizando um sistema, são interagentes entre si e com o meio exterior (ver Figura 2.2, no Capítulo 2). Como consequência, os próprios sistemas não podem ser estudados sem levar em conta o inter-relacionamento entre eles.

Essas ideias, embora desenvolvidas e consolidadas muitos anos antes, foram mundialmente divulgadas em seu livro de 1968 *General System Theory*: foundation, development, applications [Teoria geral dos sistemas: fundamentos, desenvolvimento, aplicações] (BERTALANFFY, 1976). Foi também precursor do conceito de sinergia (ver 3.4.3), ao defender que um organismo representa um todo que suplanta o somatório de suas partes.

Esta visão sistêmica, corroborada pela também clássica obra de Charles West Churchman *The systems approach* [A abordagem sistêmica] publicada também em 1968, se contrapõe à visão analítica da época de Taylor, segundo a qual era necessário decompor em partes os processos para melhor estudá-los e entendê-los. Esta atitude pode ser aceita e compreendida para esse efeito, mas sem jamais deixar de considerar seus inter-relacionamentos com os outros processos que existem no sistema, o que levaria à perda de visão do todo. A consideração da empresa como um sistema que interage com o seu entorno e cujas partes interagem entre si permite identificar as relações de causa e efeito que nela se desenvolvem, com a consequente localização dos principais focos de problemas existentes, onde devem se concentrar os esforços para a sua resolução, racionalização e estabelecimento de controles.

1.3.2 A Escola de Relações Humanas na Administração

A Teoria Clássica, baseada nos princípios da Administração enunciados por Fayol e na racionalização da produção encabeçada por Taylor, trouxe, indiscutivelmente, grande contribuição à administração organizacional, mas pecou por não dar a devida atenção ao elemento humano e suas peculiaridade sociais, emocionais e motivacionais. O próprio incentivo de remuneração extra por aumento da produtividade, em muitos casos aplicado, não se mostrava em geral suficiente para garantir essa melhor produtividade a longo prazo.

Em consequência, os estudiosos dos processos administrativos foram aos poucos descobrindo a importância do fator humano na produção, apercebendo-se de que seu estudo e entendimento tinha fundamental importância para a devida compreensão de como se aproximar da eficácia na administração desses processos. Nessa lenta, porém inexorável, tomada de consciência para a questão sobressaem como um marco as experiências realizadas na empresa Western Eletric, em sua fábrica de equipamentos telefônicos situada no distrito de Hawthorne, Chicago, iniciadas em meados da década de 1920, conduzidas por diversos pesquisadores dentre os quais se destaca o nome do cientista social australiano **George Elton Mayo** (1880-1949).

Essas experiências detectaram aumentos de produtividade dos operários, não devido a melhores condições de trabalho ou recompensas financeiras, mas sim ao sentimento de maior consideração por parte da direção da empresa, o que foi denominado "efeito Hawthorne". Estava-se descobrindo, na verdade, a importância do fator motivação como elemento para a melhor e mais produtiva realização das atividades (ver, a respeito, 4.2). Dito de outra forma, passava-se a compreender os trabalhadores não mais sob a ótica do "homem econômico", mas, principalmente, sob a do "homem social".

Com essa visão, Motta e Vasconcellos (2004) apontam os seguintes elementos que interferem no comportamento humano: condicionamento pelo sistema social e pela biologia, necessidade de participação em grupos informais, comportamento complexo, afetividade e sociabilidade.

Com o caminho aberto pelas experiências de Hawthorne para a compreensão dessa realidade, numerosos estudos foram encetados nessa direção, dando origem a uma nova ótica para a análise do trabalho nas organizações, ponto essencial considerado pela Escola das Relações Humanas na Administração.

A consideração do comportamento humano dos integrantes das estruturas organizacionais é, certamente, como não poderia deixar de ser, pois o ser humano está no centro dessas estruturas, de fundamental importância. Assim, a questão é tratada em diversas partes neste livro, em particular no Capítulo 4, inteiramente a ela dedicado.

1.3.3 A Escola da Qualidade na Administração

Esta maneira de enxergar o processo administrativo, comentada em 1.1, começou a se firmar a partir de meados do século XX, tendo como elemento nevrálgico as principais empresas japonesas que, curiosamente, a partir de ensinamentos vindos de consultores norte-americanos, passaram a compreender a indissociabilidade entre as administrações empresarial e da qualidade. As principais características referentes a essa maneira de pensar a Administração são discutidas nos Capítulos 6 e 7, e seus principais personagens, apresentados em 6.4.

1.4 A CONTRIBUIÇÃO DE PETER DRUCKER

A evolução das ideias e princípios da Administração e as constatações advindas das suas aplicações em casos práticos certamente forneceram um considerável aporte de conhecimento e experiência para que outros estudiosos levassem adiante a espinhosa e fascinante tarefa de procurar entender cada vez mais as leis, se é que existem, que governam esse permanentemente evolutivo campo das ciências humanas.

Seria impossível, no âmbito deste capítulo introdutório, apresentar um número expressivo de nomes de intelectuais e pesquisadores da Administração que se destacaram nesse mister. Assim sendo, acreditando que isso não venha a ser considerado um desprestígio aos demais, finalizamos o capítulo dedicando este item àquele personagem que, de forma aparentemente unânime, melhor representou essa categoria de estudiosos na segunda metade do século XX.

Peter Ferdinand Drucker (1909-2005). Considerado o maior guru da Administração na segunda metade do século XX, este vienense de nascimento que também viveu na Alemanha, emigrou em 1937 para os Estados Unidos, onde exerceu as profissões de economista e jornalista e, depois, professor e consultor de negócios de grandes empresas. Lecionou administração e ciências sociais na Universidade de New York de 1950 a 1971 e, na sequência, na sua própria instituição, a Claremont Graduate University, dedicada a estudos de pós-graduação[3] na cidade de Claremont, California, onde veio a falecer prestes a completar 96 anos de idade. Foi presidente de honra da Fundação Drucker.

Foi precursor e defensor, como também crítico, de várias ideias e tendências em economia e administração. Valorizou o conhecimento como importante ativo intangível das organizações muito antes de se falar em Gestão do Conhecimento (ver 8.3). Previu a necessidade da terceirização como forma de desverticalização das organizações, concentrando-se nas suas competências essenciais (ver 5.3.2.h). Valorizou a importância básica do cliente como elemento de sustentação financeira das empresas (ver 2.2).

Uma das colocações suas que terminou por rever foi seu apoio ao sistema da Administração por Objetivos, por ele abordado no livro *A prática da Administração*, de 1954.

---

[3] Em inglês, *graduate* refere-se à pós-graduação, em contrapartida a *undergraduate*.

Administração: introdução e história

Este tipo de gerenciamento se centra na delegação de autoridade para subordinados realizarem as metas durante certo período, transferindo-lhes a responsabilidade pelo sucesso do empreendimento. Ao final do período, os responsáveis são cobrados pela consecução dos objetivos, sendo valorizados ou não conforme os tenham ou não atingido. Este sistema teve forte vigência na administração ocidental. Seu principal fundamento é dar aos responsáveis escolhidos, para a perseguição dos objetivos, amplos poderes para tal e contar com seu comprometimento baseado na ambição pessoal de crescer na carreira em consequência do sucesso conseguido. Isto tende a funcionar se a escolha dos responsáveis for adequada, as condições para o desenvolvimento das atividades forem favoráveis e não houver imprevistos que possam conturbar o ambiente do negócio. Entretanto, existem as desvantagens de que nem sempre essas condições estão presentes, cria-se um ambiente de competição e rivalidade entre subdivisões internas de uma mesma empresa, há tendência em estabelecer um hiato de relacionamento entre a direção e os responsáveis e, em caso de os objetivos não serem atingidos, exige-se uma reformulação envolvendo a troca de pessoas, que pode ser traumática à organização.

Na concepção de Drucker, essa sistemática não deveria desestimular o contato permanente entre os níveis hierárquicos, com o controle e acompanhamento de áreas-chave das organizações, como participação no mercado, rentabilidade, produtividade, inovações e responsabilidade social, o que certamente contribuiria para minimizar os possíveis efeitos negativos de sua utilização.

Com o sucesso das empresas japonesas que, nas décadas de 1970 a 1980, passaram a invadir o mercado ocidental com produtos de melhor qualidade a preços competitivos, o sistema administrativo mais utilizado por essas empresas, denominado Gerenciamento pelas Diretrizes (ver 7.2), passou a ser estudado e priorizado por muitas empresas ocidentais, com as necessárias adaptações devidas às diferenças de cultura. Drucker reconheceu as vantagens dessa nova sistemática e passou a apoiá-la.

Suas numerosas publicações tinham, muitas vezes, a preocupação de enxergar o que o futuro reservava à economia e ao mundo dos negócios. Suas antevisões, muitas das quais se confirmaram ainda durante sua vida, eram atentamente analisadas e discutidas pelos administradores de empresas e de governo. Dois de seus aforismos sobre o futuro são: "Sobre o futuro só sabemos que será diferente" e "A melhor maneira de prever o futuro é fazê-lo acontecer".

O coautor deste livro teve a oportunidade de participar de seminário de um dia realizado em São Paulo com a presença de Peter Drucker, aos 85 anos de idade, no qual, juntamente com outros 1.500 participantes, pode constatar a sabedoria, respeitabilidade e lucidez do ilustre conferencista.

Uma avaliação da abrangência dos assuntos com que se preocupou pode ser obtida pela simples observação da rica bibliografia que Drucker nos deixou, apresentada no Quadro 1.1.

18

Administração com qualidade

Quadro 1.1   Bibliografia de Peter Drucker(*)

OBRA	ANO
O fim do homem econômico: as origens do totalitarismo	1939
O futuro do homem industrial	1942
O conceito da corporação – Um estudo da General Motors	1946
A nova sociedade	1949
A prática da administração	1954
A América dos próximos 20 anos	1957
Referências futuras: relatório sobre o novo mundo pós-moderno	1959
Poder e democracia na América	1961
Gerenciamento para resultados: tarefas econômicas e decisões sob risco	1964
O executivo efetivo	1966
A era da descontinuidade	1969
Tecnologia, administração e sociedade	1970
Homens, ideias e políticas	1971
Administração: tarefas, responsabilidades e práticas	1973
A revolução invisível: como os fundos de pensão vieram para a América(*)	1976
A nova era da administração(*)	1977
Visão introdutória da administração	1977
50 casos reais de administração(*)	1979
Aventuras de um observador (autobiográfico)	1980
Administração em tempos turbulentos(*)	1980
Fator humano e desempenho(*)	1981
Rumo à próxima economia e outros ensaios	1981
Prática da administração de empresas(*)	1982
O mundo cambiante do executivo	1982
Remanescências: de Viena ao Novo Mundo(*)	1984
A tentação para fazer bem	1984
Introdução à administração(*)	1984
Inovação e empreendedorismo: prática e princípios(*)	1985
As fronteiras da administração(*)	1986
As novas realidades(*)	1989
Administração de organizações sem fins lucrativos: prática e princípios(*)	1990
Administrando para o futuro: os anos 1990 e além(*)	1992
A sociedade pós-capitalista(*)	1993
A visão ecológica: reflexos na condição americana	1993
Teoria do negócio	1994
Administração em tempo de grandes mudanças(*)	1995
Drucker na Ásia: diálogo entre Peter Drucker e Isao Nakauchi(*)	1997
A profissão de administrador	1998
Desafios gerenciais para o século XXI(*)	1999
Administrando a si próprio	1999
Drucker essencial: o melhor de 60 anos dos textos sobre administração de Peter Drucker	2001
Liderando em tempo de mudanças: que será preciso para liderar amanhã (coautoria de Peter Senge)	
O executivo efetivo revisto	2002
Administrando na próxima sociedade	2003
A sociedade funcional	2003
O Drucker diário: 366 dias de introspecção e motivação para ter as coisas certas feitas	2004
O executivo efetivo em ação	2005

---

* Os livros publicados em português estão assinalados por asterisco. Os títulos dos demais foram livremente traduzidos pelos autores.

1.5 QUESTÕES PARA REFLEXÃO E DISCUSSÃO

1. O escocês Adam Smith publicou em 1776 o livro *A riqueza das nações*, considerado um marco na história da Teoria Econômica, da mesma forma como o livro de Frederick W. Taylor, citado em 1.3.1, é considerado um marco na história da Administração. Há, com certeza, uma série de questões que pertencem à intersecção do conjunto de conhecimentos dessas duas ciências, ilustrada na Figura 1.1.

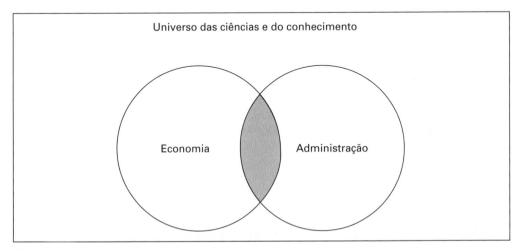

Figura 1.1   Interseção entre Economia e Administração

Discuta essa intersecção e apresente elementos (conceitos, princípios, resultados...) a ela pertencentes.

2. O dicionário Caldas Aulete define burocracia como: "Estrutura formada pelos órgãos públicos e seus funcionários que administram a coisa pública segundo uma rígida hierarquia e divisão de tarefas". Coteje e discuta essa definição à luz do pensamento de Max Weber.

3. Há os que consideram as propostas administrativas de Taylor, realizadas na prática, com grande sucesso, por Henry Ford, como totalmente obsoletas, como há os que julgam serem elas ainda válidas hoje, ao menos em parte. Qual das duas opiniões estaria mais próxima da verdade?

4. Antes de Taylor, considerava-se que administrar era quase uma arte, que a capacidade de administrar era uma característica inata de certos indivíduos privilegiados, e não uma atividade sujeita a princípios científicos. Até que ponto a ideia que prevalia pode ser considerada verdade?

5. Fayol extrapolou e complementou as ideias de Taylor para qualquer tipo de organização, e não apenas indústrias. Imagine organizações atípicas, das mais variadas possíveis, e discuta essa extrapolação.

6. Discuta a necessidade e os problemas da burocracia no seu local de trabalho e/ou estudo.

7. Realize uma pesquisa sobre a contribuição de Peter Druker à Teoria da Administração, indo além das informações contidas neste livro.

8. O enfoque sistêmico encontra uma analogia interessante na própria Medicina, campo em que a figura do médico de família, um clínico-geral com razoável conhecimento do paciente e do seu corpo como um todo, cedeu seu lugar aos especialistas, que cada vez entendam mais de menos coisas, prescrevendo remédios e tratamentos para os problemas específicos de seu campo, sem atentar para os efeitos colaterais que podem ter em outras partes do sistema corpo. Em contrapartida a isso, a medicina homeopática não abdica da visão sistêmica, tratando os problemas com a preocupação de evitar novos distúrbios. Como você enxerga essa problemática?

9. Descrever as atividades seguintes como sistemas, indicando as entradas, saídas e realimentações:
   a) Restaurante
   b) Teatro
   c) Clínica médica
   d) Escola
   e) Outras, a seu critério

10. Discuta as vantagens e desvantagens da aplicação do enfoque taylorista e do enfoque humano da administração nos seguintes casos:
   a) O exército
   b) Uma igreja
   c) Uma família
   d) Uma oficina mecânica
   e) Um time de futebol
   f) Outros, a seu critério

2

Considerações gerais

2.1 TIPOS DE ORGANIZAÇÕES

Os especialistas no assunto partem do conceito de pessoa jurídica para caracterizar as forma pelas quais as organizações se apresentam. A ideia de pessoa jurídica, por seu termo, advém da impossibilidade de os indivíduos, ou pessoas físicas, por si só e isoladamente, realizaram uma série de objetivos. Em outras palavras, pela impossibilidade de atingirem, por si mesmas, objetivos que, por vezes, estão além de suas forças individuais, as pessoas físicas associam-se com objetivos comuns e fazem surgir a pessoa jurídica. Esta acaba por agregar forças das pessoas associadas e, dessa forma, após receber vida advinda da lei, adquire potencial capaz de suprir as deficiências individuais. São as pessoas jurídicas também que, quando organizadas como entidades no chamado terceiro setor, suprem as deficiências do próprio Estado, ajudando-o no atendimento às demandas sociais.

Classificando as pessoas jurídicas quanto à sua estrutura, Alves (2000) identifica as corporações, constituídas pela reunião de pessoas, e as fundações constituídas em torno de algum patrimônio com determinado fim. Dentre as corporações citam-se as entidades sem fins lucrativos ou de fins não econômicos (órgãos de benemerência, clubes recreativos e outros); sociedades com finalidade econômica, modernamente conhecidas por sociedades empresárias e neste texto designadas genericamente por empresas, e outros tipo de associações. Classificando-as quanto às suas funções e capacidades, as pessoas jurídicas podem ser de direito público ou privado. Dentre as primeiras estão a União, os Estados federados, o Distrito Federal, os Municípios, as autarquias, as empresas públicas, as sociedades de economia mista, as fundações públicas. Dentre as segundas, as sociedades empresárias (empresas com fins lucrativos), as associações, as fundações, os partidos políticos e as organizações religiosas.

Na sociedade capitalista, existe uma tendência natural a se estudar o processo administrativo à luz de uma premissa implícita de que se pensa no caso das empresas privadas, que visam o lucro e se organizam internamente em busca, mesmo que não exclusivamente, desse objetivo. Muito possivelmente por essa razão, diversos conceitos que surgem no desenvolvimento das teorias administrativas são voltados à otimização de resultados dentro dessa perspectiva. Deve ficar claro, entretanto, que os preceitos da Administração como ciência devem valer para qualquer tipo de organização, levadas em conta as adaptações que se fizerem necessárias. O que se pretende neste item é fornecer ao leitor, sem passar perto da pretensão de esgotar o assunto, um painel dos tipos usuais de organizações existentes e discutir alguns conceitos gerais a eles ligados.

Assim enquadradas nas classificações acima vistas, tem-se:

- **União, estados e municípios**, pessoas jurídicas de direito público com capacidade administrativa e política;
- **Autarquias**, pessoas jurídicas de direito público, com capacidade exclusivamente administrativa, integrando o organismo estatal com funções específicas, como, por exemplo, as universidades públicas;
- **Empresa pública**, pessoa jurídica de direito privado quanto à sua forma de atuação, mas formada por capitais e interesses exclusivamente governamentais. Assim como as autarquias, são criadas por lei;
- **Empresa privada de capital limitado**, constituída por um número fixo de sócios que aportam capital para a constituição da empresa;
- **Empresa privada de capital aberto**, que recebe aporte de capital mediante venda de ações em bolsas de valores. Essas ações são negociadas abertamente na bolsa, podendo ser adquiridas por quaisquer investidores;
- **Empresa privada de capital parcialmente aberto**, forma mista na qual se decide colocar em bolsa apenas uma parte do capital da empresa, usualmente como forma de captar recursos para novos investimentos;
- **Outras modalidades** de empresas privadas, criadas mormente para viabilizar micro e pequenas empresas;
- *Holding*, empresa que administra outras mediante o controle de suas ações. Aparece em geral no caso de grupos econômicos que possuem diversas empresas, como forma de centralizar as decisões para poder, de maneira homogênea e estruturada, defender os interesses do grupo;
- **Sociedade de economia mista**, pertencente em parte ao poder público e em parte à iniciativa privada. É o caso típico de empresas criadas pelos governos que abrem parte do seu capital à posse de investidores privados;
- **Consórcio**, formado e firmado entre entidades de idênticas espécies, estatais ou privadas, visando a realização de objetivos comuns;
- **Convênio**, análogo ao consórcio, porém envolvendo pessoas jurídicas de diferentes espécies.

Considerações gerais 23

A essas modalidades, que correspondem aos setores estatal (primeiro setor) e privado (segundo setor), devem ser acrescidas as entidades do **terceiro setor**, formado por organizações não públicas e não lucrativas, várias delas hoje em dia abrigadas genericamente sob a sigla ONG – Organização Não Governamental. Embora possam ser próximas quanto a seus objetivos, essas entidades se apresentam no Brasil com uma série de denominações distintas, tais como Organização da Sociedade Civil, Organização da Sociedade Civil de Interesse Público (OSCIP), Organização sem Fins Econômicos, Entidade Filantrópica, etc., questão sobre a qual não se irá aprofundar neste texto. Tais entidades encontram meios de mobilizar recursos para o desenvolvimento de suas atividades em fontes como: cooperação internacional, parcerias com órgãos governamentais, contribuições associativas, doações individuais e empresariais, venda de produtos de fabricação própria e prestação de serviços.

De caráter distinto nesta modalidade, por representar interesses privados sob a forma de organizações sem fins de lucro próprio, estão as **cooperativas**, em que pessoas físicas ou jurídicas se unem em condições equalitárias para usufruir vantagens como: unificação de serviços, compartilhamento de recursos, ganho em escala, apoio mútuo, maior competitividade, entre outras. Além disso, o sistema cooperativo dispensa a atuação de intermediários, favorece a tendência à prestação de bons serviços pelos participantes, pois coparticipam do lucro, apresenta vantagens tributárias e trabalhistas, e constitui um peculiar e poderoso instrumento de inclusão social.

Essa prática se iniciou em Rochdale, Inglaterra, em 1844, quando 28 tecelões, na busca de melhores condições econômicas de produção e comercialização, fundaram a primeira cooperativa conhecida, chamada Sociedade dos Probos Pioneiros de Rochdale, com os seguintes princípios estatutários:

- Liberdade de associação, sem distinção de raça, cor ou religião;
- Um voto por associado;
- Distribuição de lucros proporcional ou uso de bens e serviços da sociedade;
- Pagamentos à vista, em dinheiro;
- Juros limitados ao capital.

Para Amato Neto (2000), o cooperativismo pode ocorrer com organizações de todos os portes, mas é sobretudo naquelas formadas por pequenas e médias empresas que deve haver uma elevação de seu potencial competitivo e se ampliar a capacidade de enfrentar de forma mais equilibrada as grandes empresas. As redes de cooperação podem ser traduzidas como sendo uma relação de colaboração mútua mantendo uma interdependência entre as empresas, que se unem por objetivos em comum, como por exemplo, financiar uma pesquisa, introduzir um novo produto no mercado, realizar alianças oportunistas, entre outros.

2.1.1 Verticalização e horizontalização

Esta questão diz respeito a como as empresas e outras entidades se organizam para atingir os seus objetivos. Outros aspectos, referentes à organização interna, são discutidos em 3.6.

Verticalizar significa buscar abranger toda a cadeia de atividades de um processo produtivo, desde as iniciais até as finais. Essa foi uma tendência dominante nos primeiros tempos da produção em massa, como forma de controle de cadeia de produção, de aumento do poder sobre ela e também de maior auferição de lucros. Modernamente, como uma das consequências de globalização, com o surgimento e o mais fácil acesso a empresas que executam melhor e com menores custos várias atividades, existe forte tendência à desverticalização mediante a terceirização de atividades do processo produtivo a outros executantes (ver 5.2.3.h). Uma empresa metalúrgica que ela mesma exerce a mineração, a siderurgia, a fundição, a usinagem, a montagem e a venda de seus produtos optou por uma produção completamente verticalizada.

A verticalização pode ainda fazer sentido em uma situação de estabilidade econômica, mas a realidade moderna, na qual há grande dinamismo na economia, com o permanente surgimento de novos produtos, tecnologias, inovações e oportunidades, obriga as empresas que pretendem ser competitivas a serem, antes de tudo, flexíveis quanto à sua adaptação a essas mudanças, o que justifica a tendência à desverticalização acima citada.

Horizontalizar significa crescer mediante o incremento das atividades realizadas pela organização, caracterizando uma expansão dessas atividades sem incorporar diferentes processos ou funções. Assim, se uma empresa dobra a sua capacidade de produção mediante o investimento em duplicação de sua máquinas sem aporte de novas tecnologias, terá realizado uma expansão horizontal. Ou então, se uma empresa amplia suas atividades abrindo filiais em diversas localidades, também terá se expandido horizontalmente, possivelmente mediante uma departamentalização (ou outro nome equivalente) territorial.

Outros tipos de departamentalização podem ser encontrados na prática. Exemplos:

- **Por função**, como no caso de uma prefeitura, que tipicamente tem várias secretarias, cada uma cuidando de um assunto específico, ou no caso de um hospital subdividido em setores conforme a especialidade médica;
- **Por produto**, como no caso de um grupo empresarial com plantas distintas, cada uma voltada a um tipo de produção, ou no caso de uma loja de departamentos, subdividida em seções conforme os produtos oferecidos em cada uma;
- **Por clientes**, como no caso de lojas que oferecem separadamente roupas para homens, mulheres e crianças, ou no caso de bancos que mantêm gerências distintas para atender clientes diferenciados conforme o seu nível econômico.

2.1.2 Tamanho das empresas

Este é um aspecto que pode ter considerável efeito na maneira de administrar as empresas, não quanto ao espírito que preside as ações administrativas, discutidas neste livro, mas quanto à aplicabilidade ou não de certos preceitos, técnicas e ferramentas.

Considerações gerais

Frequentemente, o foco das atenções para as realizações e os sucessos empresariais é voltado para as grandes corporações, por representarem resultados individualmente significativos e, muitas vezes também, por terem condições de exercer melhores atividades de marketing. Entretanto, a importância das micro, pequenas e médias empresas na economia não pode ser desprezada.

De fato, as micro e pequenas empresas no Brasil, como em outros países, são as principais geradoras de empregos, conforme ilustrado na Tabela 2.1, cuja informação é complementada pela Tabela 2.2, em que o SEBRAE – Serviço Brasileiro de Apoio às Micro e Pequenas Empresas, organismo criado no Brasil com a finalidade expressa no seu nome, apresenta a sua classificação para o porte das empresas.

Tabela 2.1 Distribuição dos empregos segundo o porte da empresa.

Regiões Metropolitanas e Distrito Federal – 2007 (em %)

Região metropolitana	Micro e pequena	Média	Grande	Total [1] [2]
Belo Horizonte	65,1	8,2	26,7	100,0
Distrito Federal	73,5	6,1	20,4	100,0
Porto Alegre	66,0	9,3	24,7	100,0
Recife	70,8	7,0	22,2	100,0
Salvador	67,5	6,8	25,7	100,0
São Paulo	61,9	8,9	29,2	100,0

Notas: (1) Inclui apenas os indivíduos que declararam o tamanho da empresa em que trabalham. (2) Ocupados da indústria, da construção, do comércio e do setor serviços (exclusive administração publica e serviços domésticos).

Fonte: DIEESE/Seade, TEM/FAT e convênios regionais, PED – Pesquisa de Emprego e Desemprego.

Tabela 2.2 Classificação das empresas por número de empregados

Porte	Indústria	Comércio e serviços
Micro	1 a 19	1 a 9
Pequena	20 a 99	10 a 49
Média	100 a 499	50 a 99
Grande	500 ou mais	100 ou mais

Fonte: http://www.sebraesp.com.br.

O CIESP – Centro das Indústrias do Estado de São Paulo apenas diverge no que tange às microempresas, assim consideradas quando têm até 9 empregados.

Deve-se, entretanto, tomar certo cuidado para não classificar as empresas, quanto à sua importância econômica individual, somente com base no número de empregados. Em diversos casos, outros fatores como capital mais reservas, valor do ativo imobilizado e, principalmente, o faturamento, podem também ser parâmetros importantes nessa caracterização. Estas considerações são reforçadas pela realidade dos tempos presentes, em que a internet, a globalização e as novas tecnologias da informação e comunicação têm propiciado o surgimento de projetos empresariais ambiciosos, com poucos participantes e vultosos negócios.

2.1.3 Considerações econômicas

Diversas questões ligadas à economia das empresas são tratadas nos textos específicos, em geral admitindo as condições ideais para o sadio desenvolvimento dessas empresas, representadas pela existência de livre concorrência em mercados estabilizados.

Nessas condições, têm validade conceitos econômicos consagrados, como a lei da oferta e da procura, ou demanda, segundo a qual existe uma convergência para um ponto de equilíbrio dessas duas características dos mercados, conforme representado na Figura 2.1.

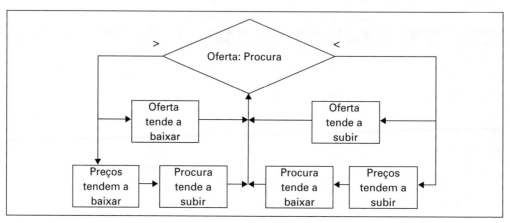

Figura 2.1   Lei da oferta e da procura

De fato, se a oferta é maior que a procura, os preços tendem a baixar devido à concorrência entre os fornecedores, que também tendem a diminuir as quantidades que oferecem para baixar custos e evitar estoques. Se a procura é maior que a oferta, existe uma pressão por compras que leva ao aumento dos preços e uma tendência a produzir mais para satisfazer a demanda. Este processo deve convergir iterativamente para uma condição próxima a um ponto de equilíbrio com a oferta igualada à procura. Nesse processo, evidentemente interessa aos fornecedores incentivar o crescimento da procura mediante propaganda e outras formas de divulgar e promover os seus produtos ou serviços.

Embutida na lei da oferta e da procura está a afirmação de que as quantidades compradas tendem a ser maiores quanto menores forem os preços dos respectivos produtos ou serviços, ou seja, preço e procura (demanda) são negativamente correlacionados (ver, a respeito, 6.6.a).

Nesse contexto, há que se considerar o conceito de elasticidade de demanda. Um produto ou serviço tem demanda elástica quando as quantidades compradas são sensíveis aos preços, o que costuma ocorrer com itens supérfluos. Já itens de primeira

Considerações gerais 27

necessidade tendem a ter demanda inelástica, exatamente por serem necessários. A elasticidade é medida por um coeficiente que varia de 0 (total inelasticidade) a 1 (total elasticidade). Evidentemente, a lei dos preços é mais efetiva quanto maior a elasticidade do item. Para uma mais rigorosa conceituação de elasticidade, sugere-se ver Brunstein (2005).

Na realidade, entretanto, ocorrem diversas situações em que as condições ideais de mercado anteriormente mencionadas não se verificam. É o caso, por exemplo da existência de monopólios. Uma empresa monopolista é aquela que detém sem concorrentes o mercado de determinado produto ou serviço. Pode ocorrer no caso de serviços públicos de alto investimento, como o Metrô, e também em empresas privadas, como no caso de certas clínicas altamente especializadas. Dependendo da importância social do produto ou serviço envolvido, cabe aos governos atuar junto aos monopólios para impedir que se tornem nocivos e exploratórios da população. No Brasil existe o CADE – Conselho Administrativo de Defesa Econômica, com a finalidade de orientar, fiscalizar, prevenir e apurar abusos de poder econômico, exercendo papel tutelador na prevenção e na repressão a tais abusos.

De natureza semelhante são os oligopólios, ou cartéis, caso em que o domínio sobre o mercado daquele produto ou serviço é feito por algumas empresas que, embora em princípio concorrentes entre si, se associam extraoficialmente, mediante regras próprias de conduta, para exercer uma condição típica do monopólio, porém com os ganhos repartidos entre elas. Uma característica típica de formação de cartéis é seus integrantes se unirem para impedir o ingresso de outros concorrentes naquele mercado, de forma a garantir sua vantagem.

A existência do monopólio não é necessariamente uma condição nociva à sociedade, podendo em vários casos ser vantajoso. Bom exemplo disto é o caso da Petrobrás, hoje de longe a maior empresa brasileira, criada pelo presidente Getúlio Vargas com base em lei que determinou o monopólio estatal da exploração do petróleo no País, sem o qual não teria como crescer e se desenvolver enfrentando a concorrência aberta das gigantes mundiais do setor. Hoje, com a Petrobrás perfeitamente consolidada como grande empresa detentora de amplo conhecimento e *know how* na pesquisa, exploração, refino e distribuição de petróleo e derivados, aí incluída a primazia mundial no conhecimento de exploração petrolífera em águas profundas, foi possível a abertura nacional e internacional desse mercado sem oferecer riscos à nossa principal empresa.

Caso que mantém certa semelhança e não foi auspicioso ao desenvolvimento do País foi o da reserva de mercado para a indústria de equipamentos de informática, determinada pelo governo brasileiro em 1984 como forma de proteger e incentivar o desenvolvimento nacional do setor sem ter que se preocupar com a concorrência internacional. Válida em princípio como ideia e prevista com vigência preestabelecida, essa reserva de mercado, obedecendo a pressões dos beneficiários, foi prorrogada além do necessário, resultando, por falta da concorrência salutar, em um considerável atraso tecnológico da nossa indústria nesse setor.

Também não pode ser considerado no conceito clássico de elasticidade de demanda o caso das *commodities*, produtos negociados em grandes quantidades que dominam consideráveis fatias do mercado, em que a manipulação de preços afeta a sua demanda e procura, principalmente quando o produto em questão for passível de estoque. Isso é muito comum no caso de produtos agropecuários.

2.2 CLIENTES E FORNECEDORES

Uma empresa ou organização assemelhada vista como um sistema apresenta entradas e saídas, conforme ilustrado na Figura 2.2.

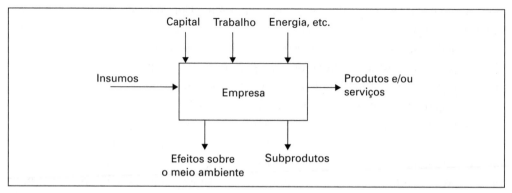

Figura 2.2 A empresa vista como um sistema

Ao capital cabe prover os investimentos necessários, visto que se espera que os custos e despesas correntes sejam cobertos pelas receitas do negócio.

Os insumos são uma série de itens necessários à execução da produção pelo processo produtivo do produto ou serviço, tais como: matérias-primas, peças, serviços de apoio, etc.

Os produtos e/ou serviços (e, eventualmente, alguns subprodutos), se encarados como oferecidos ao público mediante venda ou contratação, representam a essência do negócio, pois são os responsáveis pela receita operacional. Quem aporta essas receitas são os clientes finais.

À receita operacional em vários casos se agrega, na formação da receita total, uma parcela de receita financeira, decorrente da aplicação de parte do capital disponível pela empresa nesse mercado, como forma de não deixá-lo parado ou mesmo de fazê-lo crescer com estes recursos.

Na prática, conforme estudado no Capítulo 10, existem redes de empresas, umas fornecendo insumos para outras, em um grande emaranhado de inter-relações, até se chegar ao cliente final propriamente dito, ou seja, as pessoas consumidoras dos produtos ou serviços oferecidos à venda. Assim, muitas empresas clientes de seus fornecedores são, por sua vez, fornecedores de seus clientes.

Considerações gerais

Um exemplo típico desta situação é dado pelos operadores logísticos, que oferecem às empresas fabricantes de bens tangíveis o serviço de distribuição desses produtos aos pontos de venda, que podem ser atacadistas, shopping centers ou lojas de varejo.

Essas cadeias de empresas com atividades inter-relacionadas ensejam um fluxo de produtos que vai da mais elementar matéria-prima até os produtos ou serviços finais nos pontos de venda, onde são objeto do interesse ou não dos potenciais compradores, ou seja, dos clientes finais, ou consumidores. Deve-se notar que todo esse conjunto de atividades tem um custo que é o somatório de todos os custos mais despesas necessárias para o funcionamento de todo esse sistema, e, em última análise, quem paga todo esse custo e ainda gera uma margem adicional que representa o lucro dessas empresas é o conjunto de clientes aos quais os produtos ou serviços vindos desse sistema são oferecidos.

Visto sob este enfoque, portanto, o cliente é o elemento mais importante de todo esse universo empresarial, pois é ele quem paga todas as suas contas. Sendo assim, o cliente deve merecer toda atenção por parte das empresas, seja ele o cliente final ou mesmo um cliente intermediário, este responsável pelo fluxo de capital e informações no sentido retroativo, ou seja, dos clientes finais para os fornecedores, conforme indicado na Figura 2.3.

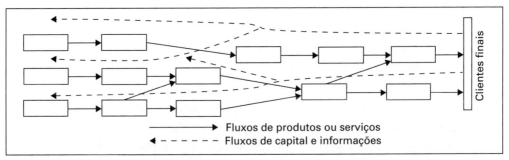

Figura 2.3   Fluxos na cadeia de empresas

Além disso, permeia esse processo a luta por fatias do mercado usando a arma da competitividade. Ou seja, empresas afins, em geral, se digladiam pelo aumento dos seus clientes finais ou intermediários, dentro do limite das suas capacidades de produção, que pode inclusive ser aumentado, se necessário, com o aporte de novos investimentos.

Pode-se também observar que cadeias semelhantes são encontradas também internamente às empresas, em especial nas de maior porte, com diversos processos funcionando como fornecedores e clientes internos uns dos outros. Neste caso, a motivação por bom atendimento aos clientes não vem do desejo de ampliar fatias de mercado, mas da necessidade do bom entrosamento desses processos e setores, obtido pela competente gestão dos processos produtivos. Qualquer falha que possa ocorrer em qualquer um desses processos resultará em algum tipo de problema para os processos clientes e se propagará aos clientes dos clientes, amplificando a sua gravidade. A qualidade dos processos, portanto, deve ser perseguida desde o início como, por exemplo, mediante a aquisição de matéria-prima perfeitamente de acordo com as especificações para seu uso.

Sobre os clientes finais desses sistemas de produção, sejam eles pessoas físicas ou jurídicas, sua satisfação está diretamente ligada aos processos de distribuição e comercialização dos produtos tangíveis e/ou serviços, podendo algumas observações serem feitas:

- Os clientes são os principais responsáveis pelo pagamento das contas das empresas privadas;
- Mais do que isso os clientes determinam, direta ou indiretamente, mediante um processo interativo conforme ilustrado na Figura 2.1, o quanto estão dispostos a pagar pelo produto ou serviço oferecido;
- Os clientes determinam o nível de qualidade dos produtos e serviços;
- Os clientes internos são tão importantes quanto os clientes externos, pois falhas no atendimento aos primeiros refletem no atendimento aos segundos;
- As reclamações dos clientes devem ser vistas como oportunidades para melhorias;
- A ausência de reclamação do cliente não significa necessariamente a sua satisfação. O cliente silencioso, se insatisfeito, manifesta sua insatisfação posteriormente, sob a forma de propaganda negativa;
- O custo para recuperar um cliente perdido é muitas vezes maior que o custo para manter um cliente satisfeito;
- De fato, Bazanini (2007) afirma que um cliente satisfeito tende a contar sobre o produto ou a empresa para dois outros clientes, efetivos ou potenciais, enquanto que um cliente insatisfeito tende a contar para doze outros clientes, contribuindo para denegrir o produto e a empresa fornecedora.

Para finalizar este item, um exercício ilustrativo da dificuldade que muitas vezes existe na identificação dos clientes. Quem são os clientes de uma instituição de ensino? Uma resposta simplista indicará os alunos, que sairão dessa escola com um certificado de aprovação na mão. Entretanto, não serão eles mais o produto que o cliente? Os verdadeiros clientes não seriam os pais, fortemente interessados na educação dos filhos, que escolheram essa instrução para os educar, muitas vezes pagando caro por esse serviço? Ou não seriam as empresas e os serviços públicos, que vão empregar esses egressos, necessitando deles bem formados para melhor exercerem suas atividades? Mas quem ganha com isso, em última análise? A própria sociedade! Vemos, nesse simples exemplo, que o conceito de cliente pode surgir em variados níveis, com interesses diversos, o que é necessário compreender para poder melhor analisar essa problemática.

Considerações gerais 31

2.3 OBJETIVOS DA EMPRESA

Historicamente, os especialistas e autores que se ocuparam desta questão podem ser divididos em dois grandes grupos:

- Os que dizem que o principal objetivo das empresas privadas é o lucro. O argumento adotado é o de que os empresários ou acionistas que decidem os destinos da empresa, se aceitam realizar os investimentos e correr os riscos que a atividade empresarial requer, o fazem na expectativa de auferirem lucro, que deve ser em parte distribuído aos donos do negócio e em parte reinvestido para a geração de mais lucros por meio do crescimento da empresa, da conquista de novos mercados, do estabelecimento de vantagens sobre os concorrentes e assim por diante. Esses pensadores podem até admitir que, temporariamente, a empresa persiga outros objetivos, como, por exemplo, obter solidez e/ou liquidez, atingir metas de crescimento, ultrapassar incólume épocas de crise, etc., mas sempre com o pensamento em, no médio ou longo prazo, garantir condições para maximizar seu lucro.

- Os que não pensam somente assim. De fato, há uma corrente moderna de pensadores que não aceitam a teoria do lucro como objetivo único, mas invocam também o papel social da empresa, propondo que ela se paute por um conjunto de objetivos como, por exemplo:
  - obter um lucro razoável;
  - cumprir o seu papel social de produzir bens ou serviços necessários à sociedade;
  - gerar empregos, fornecendo boas condições do trabalho aos seus colaboradores;
  - angariar boa reputação de empresa socialmente responsável e fiel cumpridora da legislação;
  - contribuir para o progresso da nação.

Objetivos como estes, sem dúvida, seriam mais humanísticos e louváveis para se ter empresas de melhor qualidade, mais próximas de níveis de excelência (ver, a propósito, 7.5) e mais propensas a uma participação social "politicamente correta", para usar um termo usualmente empregado nos dias que correm.

Essa questão vem sendo presentemente objeto de valorização e estudos, o que tende a se acentuar à medida que cresce a consciência dos cidadãos. A própria existência de normas a esse respeito, que vão paulatinamente sendo conhecidas e se tornando elemento de diferenciação entre organizações (ver, a propósito, 7.4.3), representa certamente um avanço rumo à existência de mais empresas com consciência da sua importância social, o que, entretanto, não exime os governos de se preocuparem com o problema.

Note-se ser natural falar em lucro razoável, embora seu significado continue sendo bastante subjetivo. De fato, a obtenção de lucro é inerente à natureza do próprio sistema capitalista, a presença do lucro é necessária para garantir a própria sobrevivência e continuidade da empresa, sem o que não poderia cumprir a parte social dos seus objetivos.

Os mais céticos, entretanto, apontam que o segundo caso pode até existir, mas em geral representa uma exceção. Amparam sua consideração na natureza selvagem do sistema capitalista, na ambição que faz parte da própria essência do ser humano, no fato de que o homem, quanto mais tem, mais deseja possuir. Como comprovação da sua tese, apontam numerosos exemplos de empresas que, embora maquiando suas verdadeiras intenções com discutíveis realizações de cunho social, na verdade operam como ávidas usinas de lucratividade, colocando a ambição pelo lucro a qualquer preço acima de todas as outras considerações.

Quem tem razão? Ou, posto de outra forma, o que é possível esperar das empresas reais operando no sistema capitalista e o que é possível fazer para que eles não se brutalizem?

Nossa opinião é de que seria ótimo se todas as empresas se comportassem, quanto a seus objetivos, como as do segundo tipo. Essa, porém, não parece ser a realidade observada. Consultores de empresas com quem privamos comprovam essa tese.

De fato, com maior ou menor componente de preocupações sociais, parece que a grande maioria dos empresários, no Brasil e no mundo, tem avidez pelo lucro, o que, em diversos casos, explica a existência de fortunas extraordinárias. Isto seria até motivo de orgulho para as sociedades que ostentam estas comprovações retumbantes de sucesso, não fosse a contrapartida da existência, em tantos lugares, de milhões de pessoas vivendo abaixo da linha da pobreza. Mas este é um assunto altamente controverso que foge ao escopo do presente texto.

A formação exagerada de capital sob a forma de lucros acumulados e transferidos a pessoas físicas, entretanto, não é apenas observada em empresas que têm donos. Em grandes empresas nacionais ou multinacionais nas quais seu imenso capital está pulverizado por milhares de acionistas, há também duas formas possíveis de acumulação de fortuna: pela presença de acionistas especiais que detenham parcelas significativas do capital ou pela ascensão de diretores que podem não estar nesse grupo, que têm como principal função garantir a lucratividade da empresa e para tanto são muito bem remunerados, mas que também se esmeram em obter valorização pessoal, para justificarem o crescimento de seus salários a níveis muito altos, acompanhados de vantagens adicionais que contribuem também para o seu enriquecimento pessoal. Esta privilegiada casta de formidáveis administradores muitas vezes acaba fazendo seus objetivos pessoais se confundirem com os da empresa, sejam estes o simples lucro ou outros também. Um exemplo do perigo que a ascensão desta categoria de administradores representa é dado pela grave recente crise mundial, em grande parte causada por esse estilo de administrar e auferir enormes vantagens pessoais.

Este é um estudo que remete à realidade do mundo capitalista, no qual, se há diversas empresas e grupos empresariais dignos do nome, há também muitos exemplos

Considerações gerais   33

de administrações desconectadas dos princípios de honestidade e responsabilidade social desejáveis. Por não ser o escopo deste livro se rebaixar a esmiuçar tais casos, não nos estenderemos mais sobre essa questão.

2.4 ADMINISTRAÇÃO PÚBLICA

Em princípio, as orientações administrativas válidas para as empresas privadas deveriam valer, com pequenas modificações, para as empresas públicas e demais órgãos de governo, como autarquias e fundações. Na prática, porém, há algumas razões pelas quais isso não ocorre, fazendo com que a administração pública tenha aspectos peculiares. Dentre elas, podem-se citar:

- O fato de que os gestores dos órgãos públicos têm seus mandatos dependentes das injunções políticas, sendo que, em geral, quando assumem novos governantes, sua tendência é mudar esses gestores e imprimir novas orientações administrativas, muitas vezes interrompendo projetos em andamento para substitui-los por novos projetos julgados mais adequados ou meramente para desprestigiar adversários políticos;

- Em decorrência, a percepção pelos gestores de que os progressos que obterão podem, por essa razão, ser efêmeros, sujeitos a interrupção tão logo haja nova mudança de orientação;

- A possibilidade de se orientarem os objetivos da instituição mais aos interesses políticos dos seus dirigentes do que aos da sociedade;

- A diluição da força das lideranças devido a compromissos aceitos para poder assumir cargos de direção e chefia;

- O fato de que o "dono" do negócio é o Estado, o qual certamente não tem o mesmo interesse que proprietários ou acionistas, os quais auferem lucros, em fiscalizar o bom desempenho dos administradores em perseguir os objetivos da organização. Isso leva a um natural relaxamento das obrigações – salvo louváveis exceções – em seu comprometimento com o sucesso do empreendimento;

- Em diversos casos, como no do Brasil, a impossibilidade, por lei e /ou determinações estatutárias, de demitir funcionários desnecessários ou que não cumprem corretamente as suas funções, ou mesmo desonestos. Isto resulta em um inchamento da força de trabalho, com consequente queda na produtividade da organização;

- A facilidade de se confundir o interesse público da organização com interesses pessoais dos seus dirigentes e outros colaboradores, mediante o uso da facilidades da organização em benefício próprio, sem que haja um sistema de controle que o evite, como em geral ocorre nas empresas privadas.

Desta última razão a ousadias maiores em termos de corrupção, alimentadas pelo esterco da impunidade, a distância não é grande. Aí surgem concorrências públicas viciadas, tráfico de influências, ações recíprocas espúrias, eleição de deputados e senadores comprometidos com interesses particulares, podendo culminar com a institucionalização de uma máfia generalizada de relacionamentos desonestos e, pior, se incorporarem à cultura da nação. Eximiremo-nos aqui de citar exemplos, mas estas situações têm sido prato cheio para cartunistas, como se pode ver diariamente em jornais e revistas especializadas.

Evidentemente, a possibilidade de tais casos ocorrerem é inversamente proporcional ao desenvolvimento da sociedade em que o sistema público está inserido. Assim, por exemplo, nos países do denominado primeiro mundo, o usual é ocorrerem mudanças de governo sem afetar o bom funcionamento das empresas e demais entidades públicas, cujos executivos-chave são em geral confirmados nos cargos com suas equipes de trabalho. Não é, infelizmente, o que se tem observado em nosso país, como, certamente, em outros a ele assemelhados.

Deve ficar bem claro que não se quis, com os comentários acima, diminuir a importância da administração pública e muito menos acusá-la de inerente improbidade, até porque há muitos exemplos que a dignificam, em diversos instantes e locais. O que se deseja é o seu contínuo aperfeiçoamento, para o bem das sociedades às quais deve servir.

2.5 EXEMPLOS MARCANTES

Depois dessa breve, mas necessária incursão pelo terreno das ilegalidades – para utilizar um termo ameno – nada como elevar o nível apresentando alguns casos marcantes de empresas brasileiras que constituem orgulho para os nossos patrícios. São exemplos, dentre muitos outros, que dignificam o empresariado e a liderança nacionais, e mostram que é perfeitamente possível produzir no Brasil empreendimentos dignos de louvor, desde que respaldados por muita unidade, trabalho, comprometimento e espírito de iniciativa.

2.5.1 Embraer

É curioso notar que existem mais de trinta indústrias automobilísticas instaladas no Brasil, mas nenhuma é brasileira, são todas multinacionais, com matrizes em outros países, que mantêm fábricas em nosso território em função do grande mercado local, mão-de-obra mais barata, vantagens oferecidas pelos governos, remessa de *royalties*, etc. A Gurgel, uma dessas indústrias genuinamente brasileira, fechou suas portas há vários anos.

Entretanto, temos a Embraer – Empresa Brasileira de Aeronáutica, hoje a terceira maior produtora de aviões no mundo ocidental! Um contrassenso, aparentemente, mas uma realidade. Como isso foi possível?

Isso foi possível graças à dedicação e ao comprometimento de muitas pessoas mas, em especial, à visão de um idealista e à extraordinária competência de um empreendedor.

Considerações gerais

O visionário (no bom sentido do termo) foi o Brigadeiro Casimiro Montenegro Filho, que se empenhou decididamente, nos idos da década de 1940, pela instituição, em São José dos Campos, SP, do Centro Técnico de Aeronáutica e, como sua parte integrante, o ITA – Instituto Tecnológico de Aeronáutica, destinado à formação de engenheiros de aeronáutica e eletrônica, cuja primeira turma graduou-se em 1954. Mais sobre a vida e a obra desse autêntico patriota pode ser lido em Moraes (2007).

Mais do que uma escola de engenharia, o ITA tornou-se uma instituição exemplar, logo granjeando a fama de melhor do país, com diversos professores trazidos do exterior e, mais do que isso, com um sistema de disciplina consciente incentivado e controlado pelos próprios alunos. Não se cola no ITA e, na opinião do coautor deste livro, egresso da instituição, esta é uma das principais, se não a principal, razão do sucesso da entidade e de seus engenheiros, além da solidariedade recíproca entre eles devida ao fato de habitarem o campus, durante cinco anos, em profícuo relacionamento.

A existência do ITA permitiu a formação da base de conhecimentos brasileira com capacidade para suportar tecnicamente a ousadia de uma indústria aeronáutica de porte. E a ousadia foi capitaneada pelo iteano Ozires Silva, que cursou o ITA na condição de capitão da aeronáutica, sendo o mais distinguido aluno da modalidade em 1962, ano em que se formou engenheiro de aeronáutica. Com extraordinário espírito empreendedor, Ozires preparou o projeto e montou a equipe que daria existência à Embraer. O governo do Presidente Costa e Silva deu aval à iniciativa, sendo a empresa criada em 1969.

Ozires relata que entreviu um nicho de mercado que poderia, e foi, explorado com sucesso: o de aviões de médio porte, pouco privilegiado pelos fabricantes existentes. Assim surgiu o Bandeirante, primeiro sucesso de vendas da empresa, não sem antes passar por todos os rigores dos testes para homologação exigidos para produtos aeronáuticos, mormente para exportação.

Não nos estenderemos aqui relatando a história da Embraer, que teve seus momentos de altos e baixos conforme as oscilações do mercado e os humores da concorrência. A empresa foi privatizada em 1994 e hoje fábrica aeronaves a jato para até 118 passageiros em um país que não logra fabricar seus próprios automóveis e caminhões. Quem quiser conhecer melhor essa história poderá lê-la em Silva (2008).

A Embraer é um exemplo dignificante do poder da vontade de empreendedores ousados, dinâmicos, competentes e altamente comprometidos com sua causa. Seu idealizador é um dos dois pioneiros brasileiros da aeronáutica que têm seu retrato no *Hall of Fame* do Museu da Aeronáutica e Espaço do Smithsonian Institute, em Washington, DC, USA. O outro é Alberto Santos Dumont.

2.5.2 Metal Leve

Fundada em 1950 como retificadora de motores, com o advento da indústria automobilística firmou-se como fabricante de pistões e bronzinas, atendendo ao mercado nacional de montagem e reposição, fornecendo às empresas multinacionais que aqui se estabeleceram. Em sua fase inicial de funcionamento, com capital nacional, recebeu *know how* remunerado da alemã Mahle, a maior produtora mundial de pistões.

A cultura estabelecida pela direção sempre teve, como sua maior força, acreditar no relacionamento e na capacitação do ser humano como vital para um clima interno de harmonia e como valor capaz de aceitar desafios para crescer atualizada, procurando o conhecimento para o desenvolvimento global.

Para tanto, foram instituídos:

- Restaurante a preço simbólico para todos os níveis hierárquicos;
- Transporte cobrindo toda a cidade de São Paulo, para atendimento gratuito dos colaboradores;
- Prêmio Metal Leve, anual, para estudantes universitários que mais se destacaram nas faculdades mais importantes;
- Patrocínio de eventos culturais;
- Criação de um departamento de assistência social na área de RH;
- Ambulatório médico e odontológico interno para todos os níveis hierárquicos, somado a um plano hospitalar;
- Cursos de ensino fundamental e médio para os colaboradores;
- Cooperativa, sem fins lucrativos, de alimentos e mini bazar, para os colaboradores;
- Transformação do clube de campo em local para treinamento e eventos, inclusive Dia da Criança e Natal.

Outra característica da empresa foi criar uma imagem de alta tecnologia, como referência e disposição para o desenvolvimento da indústria nacional. Para tanto, desenvolveu-se:

- Criação de um centro de pesquisa, prevendo funcionar de maneira autônoma, tornando-se independente da assistência técnica remunerada, fornecida pela Mahle. Nesta época, houve alta prioridade para o desenvolvimento de pistões para motores a álcool;
- Instalação de uma linha de transferência totalmente automática e robô para fundição de pistões.

Considerações gerais

Nos anos 1970, como parte de seu plano de expansão, a empresa passou a se dedicar à exportação de seus produtos e teve como estratégia inicial oferecer ao mercado internacional pistões de aeronáutica, aproveitando a oportunidade do advento do motor a jato com consequente queda no interesse em produzir pistões para motores alternativos aeronáuticos. Para tanto, foi homologada pela FAA – Federal Aviation Agency norte-americana, para o que elaborou o Manual da Qualidade para Pistões Aeronáuticos, procedimentos documentados e novos conceitos de controle da qualidade.

A abertura para a exportação trouxe como vantagens:
- Propiciar ao centro de pesquisa o desenvolvimento de pistões para motor adiabático, para motores a álcool e de pistões articulados para motores Diesel e "Squeeze Casting";
- Instalação de duas plantas para fabricação de pistões articulados na Carolina do Sul, por exigência da Caterpillar, cliente-parceiro nesse desenvolvimento;
- Instalação de um centro de pesquisa em Detroit, ao lado da Universidade de Michigan, usufruindo dos seus recursos materiais e humanos.

O Programa da Qualidade da empresa foi baseado nas seguintes premissas:
- Crescente importância do ser humano, dos valores básicos das pessoas, da qualidade de vida e do relacionamento entre as pessoas.
- Consumidores cada vez mais informados e exigentes;
- Busca da competitividade com maior ênfase no capital humano que no financeiro;
- Consciência da necessidade de mudança, em velocidade cada vez maior;
- Trabalho intensivo de capacitação dos colaboradores em todos os níveis.

Outras ações a mencionar são:
- Tratamento de efluentes líquidos e gasosos;
- Certificação do Sistema de Gestão da Qualidade baseado nas Normas ISO 9001;
- Implementação pioneira do sistema de fabricação celular;
- Criação de um setor dedicado ao desenvolvimento de protótipos no conceito de Engenharia Simultânea.

No lançamento do Programa de Qualidade, o empresário José Mindlin, Presidente do Conselho e grande responsável pelo sucesso da empresa, transmitiu a seguinte mensagem: "No Brasil de hoje, a competitividade é condição de sobrevivência da empresa. Por sua vez, a Qualidade e a Inovação são condições básicas de competitividade."

O engenheiro Helio Nielsen, que trabalhou na empresa de 1963 a 1993, deu-nos o seguinte depoimento:

> A Metal Leve foi uma escola para meu desenvolvimento profissional, adquirindo e atualizando conhecimentos técnicos, metodológicos e de relacionamento humano. Principalmente no relacionamento com pessoas de todos os níveis hierárquicos, o que não se aprende no ensino superior e onde tive as maiores dificuldades. Foi-me dada a oportunidade de viajar a serviço, não só no Brasil, mas para outros países como Estados Unidos, México, Inglaterra, França e Japão, para negociação com clientes e fabricantes de equipamentos, visita a feiras, além da instalação das fábricas na Carolina do Sul, Estados Unidos. Muito aprendi na convivência com uma diretoria empreendedora, participativa, humana e com uma excelente visão de futuro.

2.5.3 WEG

Empresa nacional, fundada por três sócios em Jaraguá do Sul, SC, sempre primou pela qualidade dos seus produtos, o que garantiu o seu crescimento até se tornar uma multinacional brasileira, com fábricas em diversos países. Adotou os critérios de excelência do Prêmio Nacional da Qualidade (ver 7.4), tendo sido uma das vencedoras do Prêmio em 1997 com sua Unidade Motores.

Um dos destaques do seu sistema de gestão é a remuneração e o reconhecimento dos colaboradores, sendo adotada uma maneira de todos participarem dos lucros da empresa, conforme pode ser visto em um trecho do seu relatório de gestão apresentado à então intitulada Fundação para o Prêmio Nacional da Qualidade quando concorreu a esse troféu:

> A Empresa mantém o seguinte sistema de remuneração: os mensalistas devem receber seus salários até o quinto dia útil do mês seguinte, salvo disposição em contrário na convenção coletiva do trabalho. As estruturas salariais da empresa do grupo estão fundamentadas no sistema de classificação por pontos. A pontuação é definida por um grupo de trabalho especialmente formado para esse fim, por um grupo de gerentes, ou gerente, ou chefe da área envolvida, e os colaboradores da área de salários. Assim, cada cargo possui uma determinada faixa salarial, definida através da pontuação obtida na avaliação do grupo, que irá determinar o salário de acordo com a tabela de salários.
>
> O reconhecimento como esforço aos objetivos de desempenho é reforçado através do sistema de promoções nas várias faixas salariais da tabela existente. As Empresas do Grupo WEG concedem, desde 1991, aos seus colaboradores, uma participação nos lucros obtidos. Sua distribuição é proporcional ao salário de cada colaborador, desde que atendidos os critérios de distribuição previstos para o exercício. A empresa também mantém uma política para

Considerações gerais 39

carreira técnica. A carreira técnica em forma de Y permite ao colaborador de formação técnica, em determinado estágio de sua vida profissional, optar por um aprimoramento e desenvolvimento mais técnico, ou por um desenvolvimento mais administrativo.[1]

Os colaboradores são estimulados, através do plano motivacional, a contribuir para que as metas estabelecidas sejam atingidas. Por conseguinte, todo colaborador tem participação nos resultados do Grupo WEG, que é proporcional ao seu salário e pago na ocasião da distribuição dos dividendos aos acionistas. Mesmo quando o colaborador ainda não tiver um ano de casa, a sua participação nos lucros é proporcional aos meses trabalhados.

Na distribuição dos lucros referente ao ano de 1996, cada colaborador recebeu como participação um valor médio igual a 1,64 salários. Para o ano de 1997, a distribuição será de até 12,5% do lucro líquido do Grupo WEG após balanço consolidado com correção integral.

A participação nos resultados está condicionada a uma avaliação feita pela Direção Geral, seguindo os seguintes critérios:

1) 1/3 do total a ser distribuído é repartido entre todos os colaboradores proporcional ao salário de cada um;

2) 1/3 do total a ser distribuído será concedido aos colaboradores da empresa do grupo que tem apresentado lucros, onde a distribuição será proporcional à nota obtida na avaliação das metas atingidas pela empresa; e

3) 1/3 do total a ser distribuído é repartido entre os colaboradores proporcional à nota obtida pelos seus respectivos departamentos, decorrente da avaliação por equipes quanto ao atingimento das metas estabelecidas.

O ergonomista Prof. Carlos Maurício Duque dos Santos tem orientado a WEG nos assuntos de sua competência e atesta ter sido ela uma das empresas pioneiras a implementar conceitos de Ergonomia Industrial desde os anos 1980, na busca por melhores condições de trabalho. A grande preocupação da empresa com os problemas ergonômicos (ver 5.3.2.k) propiciou a criação do programa Ergosaúde, definindo e capacitando uma equipe interna para gerenciar um Sistema de Gestão de Ergonomia Participativa, que logo evoluiu para a colaboração entre engenheiros, fisioterapeutas, médicos do trabalho e psicólogos, visando atender as exigências legais e as diversas demandas de intervenções ergonômicas existentes. O sucesso dessa iniciativa levou-a a ser aplicada em todas as unidades da WEG no Brasil e em breve o será nas do exterior.

---

[1] Esta proposta não é novidade da WEG. Com isso se procura evitar a promoção de pessoas eminentemente técnicas a cargos administrativos para os quais não são talhadas. A promoção na forma Y permite, acima de um certo patamar, a promoção dos bons técnicos paralelamente à dos bons administradores, mas apenas estes se encarregam dos processos de gestão.

2.5.4 Promon

A Promon nasceu em 1960 de uma aliança entre a empresa americana Procon, Inc. e a brasileira Montreal Engenharia S.A., com o objetivo de prestar serviços de engenharia consultiva em projetos de infraestrutura, inicialmente focada na indústria de petróleo e petroquímica. Em 1966, um pequeno grupo de profissionais adquiriu o capital detido pela Procon e, em 1970, o restante das ações detidas pela Montreal. Logo após a compra da totalidade das ações, todos os demais funcionários foram convidados a tornarem-se acionistas, fazendo da Promon uma empresa pertencente unicamente a seus funcionários.

Nesse mesmo ano, em seminário realizado em Campos do Jordão, SP, foi produzido um documento que, em oito tópicos, sintetizou os princípios, crenças, valores e ideais que moldaram a alma da Promon. Esse documento, ainda vivo e presente na vida da companhia, é conhecido como Carta de Campos do Jordão. A seguir é transcrita uma parte sua:

> A Promon é a expressão do valor de seus profissionais. Ela é o resultado da conjugação de esforços de indivíduos de vocações afins, com o objetivo de criar condições para sua realização profissional e humana, proporcionadas através de:
> a) Estímulo à criatividade e respeito à dignidade pessoal;
> b) Oportunidade de desenvolvimento e de acesso para todos, segundo suas qualidades e méritos;
> c) Integração em comunidade de trabalho coesa e estável;
> d) Remuneração adequada.

O modelo adotado reconhece a Promon como um conjunto de negócios interdependentes e coesos, que partilham visão, valores e ideais comuns. As diferentes atividades são conduzidas pelas unidades de negócio, por meio das pessoas jurídicas Promon S.A. e suas subsidiárias integrais Promon Engenharia Ltda. e Promon Logicalis Ltda., constituídas de modo a considerar o modelo societário, os objetivos estratégicos, o ambiente competitivo e a melhor forma de equilibrar os elementos: oportunidades, mercados, ofertas, competências, recursos, riscos e custos.

A Promon é uma empresa dedicada a prover soluções de infraestrutura para setores-chave da economia, como energia elétrica, óleo e gás, indústrias de processo, mineração, metalurgia, telecomunicações e tecnologia da informação. Seu portfólio é composto por um dos mais expressivos conjuntos de projetos já realizados por uma empresa nacional nas áreas de infraestrutura, incluindo refinarias de petróleo, unidades petroquímicas, terminais marítimos, usinas geradoras de energia hidrelétrica, termelétrica e nuclear, sistemas de transmissão de energia, unidades siderúrgicas e de mineração, indústrias automotiva e aeronáutica, edificações comerciais, além de grandes projetos ferroviários, rodoviários e de transportes urbanos, como metrôs e

Considerações gerais 41

sistemas viários. Em telecomunicações, sua atuação abrange implantação, operação, suporte e manutenção de redes de telefonia fixa e móvel. Em tecnologia da informação, detém conhecimento e experiência na criação de soluções integradas para setores como telecomunicações, bancos, energia, óleo e gás.

A cultura organizacional da Promon é resultado de uma história de superação de desafios vivida pelas diversas gerações de profissionais, ao longo de seus 49 anos de vida. Tendo a "busca da excelência" como força motriz e a Carta de Campos do Jordão como expressão original de suas crenças e razão de ser, a organização forjou uma cultura que concilia, de maneira extraordinária, propósitos empresariais com propósitos humanos, capital com trabalho, criação de valor para os clientes com contribuição para o desenvolvimento da sociedade, competitividade com realização profissional e humana de sua gente. Uma cultura em que valores como integridade, confiança, respeito, independência e equidade são vividos por todos, e em que responsabilidade social é um elemento constitutivo de seu caráter.

Sobre liderança

Fundamentado nos valores e ideais da Promon, o exercício da liderança na Organização apoia-se no estímulo e valorização da participação de todos os profissionais na vida da empresa, buscando despertar em cada um o senso de pertencer à comunidade Promon.

A organização do trabalho em times e o reduzido número de níveis hierárquicos, associados aos princípios que norteiam a Organização e à forte influência do modelo acionário, definem a seguinte lógica para o processo decisório da Promon:

- Os valores e ideais da Promon devem estar presentes em todas as decisões e em todos os níveis;
- Os fluxos decisórios, indicando responsáveis e alçadas, fazem parte dos processos, sistemas e rotinas, dando confiabilidade e agilidade à tomada de decisão.

Sobre inovação

Ser vigorosamente inovadora é, para a Promon, mais do que fator de sucesso, é fator de sobrevivência. Os principais elementos da estratégia competitiva da Organização são a excelência e a diferenciação de seu produto e de seu processo produtivo. A melhor forma de diferenciar-se é pela inovação. É pelo benefício que a inovação contida na solução proposta vai trazer ao cliente, ou pelas condições comerciais atraentes viabilizadas pela inovação no processo produtivo, que a Promon é muitas vezes escolhida. Evidentemente, a inovação não deve se limitar a componentes da oferta ou do processo produtivo. Todos os aspectos da Organização, dos mais gerais aos mais específicos, devem estar submetidos à dinâmica da inovação.

A Promon entende que inovação é fundamentalmente um atributo cultural das organizações. Como tal, acredita que ela floresça em culturas organizacionais com as seguintes características:

42 Administração com qualidade

- Cultura aberta, fundada em valores como integridade, respeito e confiança;
- *Empowerment*, liderança descentralizada, característica presente na forma de realização dos trabalhos e na própria estrutura do sistema de liderança;
- Orientação para o futuro. Pela vontade legítima, presente nos profissionais, de manter vivos, rejuvenescidos e vigorosos os ideais dos fundadores;
- Tolerância ao erro, considerando que o insucesso no desenvolvimento e empreendimento do novo (negócios, investimentos, formas de relacionamento, modalidades de ofertas) faz parte do processo, diferentemente do erro relacionado com a negligência;
- Conforto com o risco, desenvolvendo e aplicando a gestão de riscos;
- Incentivo à experimentação;
- Comunicação e conectividade;
- Valorização da mobilidade interna, carreira em Y;[2]
- Foco nas competências básicas e gestão do conhecimento;
- Incentivo e desenvolvimento de profissionais por meio de patrocínio em cursos;
- Dispositivos de identificação que possibilitem a captura de "embriões de inovação" para posterior desenvolvimento e cultivo.

Por outro lado, se essas são condições necessárias para que a inovação floresça, não bastam para que tenha sustentabilidade. Para isso, é preciso que o contexto cultural favorável à inovação seja sustentado por uma liderança inspiradora, por uma estrutura organizacional rasa e flexível, que a Organização esteja focada em suas competências básicas, no conhecimento e no aprendizado. É preciso, também, que seus sistemas e processos estejam equipados com dispositivos que permitam a identificação da inovação e do inovador, para que a inovação nascente seja amparada, protegida e assistida e o inovador seja desenvolvido, incentivado e recompensado. Essa é a abordagem da Organização para a inovação.

A Promon foi uma das vencedoras do Prêmio Nacional da Qualidade em 2007.

2.6 QUESTÕES PARA REFLEXÃO E DISCUSSÃO

1. A administração de um país, um estado, um município, tem aspectos comuns à administração de uma organização, mas tem também grandes diferenças, a começar pelo fato de que esses governantes são eleitos pelo voto popular, ao menos nas democracias. Procure identificar essas semelhanças e diferenças, apontando as respectivas consequências.

2. Discuta, quanto a seus aspectos característicos e formas se gestão, as seguintes organizações:

---

[2] Ver nota de rodapé na página 39.

Considerações gerais 43

a) As Nações Unidas (ONU)

b) As religiões

c) Um partido político

d) A blogosfera

e) O jogo do bicho

3. Discuta a questão de quem são os clientes:

a) De um hospital

b) Do transporte público

c) De uma emissora de televisão

d) Do judiciário

e) De uma instituição de caridade

4. É possível prevalecer a ética em uma empresa cujo único real objetivo é a obtenção de lucro?

Obs.: Esta questão não é elementar e cabe uma boa discussão a respeito.

5. Identifique e discuta as semelhanças e diferenças no comportamento e atitudes de empregados de empresas privadas, instituições públicas e entidades de benemerência.

6. O coautor deste livro fez seu ginásio no Instituto de Educação Caetano de Campos, localizado no magnífico prédio existente na Praça da República, em São Paulo, hoje sede da Secretaria da Educação do Estado, onde recebeu excelente educação e teve muito bons professores. Naquela época, consideravam-se as escolas públicas em geral superiores às privadas, ao contrário do que se passa hoje no ensino básico. Discuta esta questão, relacionando-a com alguns dos principais problemas da nação.

7. Identifique outras organizações, de qualquer natureza, que poderiam ser incluídas no item 2.5. deste capítulo, justificando as indicações.

8. No item 2.5 apresentaram-se exemplos marcantes de empresas de sucesso. Não caberia aqui mostrar exemplos de casos opostos de empresas mal conceituadas e/ou malsucedidas. Entretanto, você, leitor, poderá fazer esse exercício, até como forma de se imunizar contra elas, identificando empresas dessa natureza e discutindo os seus casos.

3

Funções da Administração

Este capítulo trata de uma questão fundamental para o bom entendimento do processo administrativo, pouco sujeita à discussão quanto ao seu espírito, porém muitas vezes negligenciada na prática, o que se torna fonte de muitos fracassos e distorções. São também abordadas outras questões de importância para a Administração.

3.1 AS FUNÇÕES DA ADMINISTRAÇÃO

Desde que Frederick Winslow Taylor e Henri Fayol publicaram as duas primeiras importantes obras que entendiam a Administração como uma ciência e não uma arte (ver 1.3.1), com possíveis pequenas variações, admite-se serem quatro as grandes funções da Administração: Planejamento, Organização, Direção e Controle. Essas funções estão apresentadas no Quadro 3.1, juntamente com as principais ações e decisões correspondentes a cada uma delas.

Quadro 3.1   Funções da Administração e tópicos correlatos

Planejamento	O QUE (*WHAT*) FAZER POR QUE (*WHY*) FAZER COMO (*HOW*) FAZER
Organização	QUEM (*WHO*) VAI FAZER ONDE (*WHERE*) FAZER QUANDO (*WHEN*) FAZER
Direção	EFICIÊNCIA E EFICÁCIA LIDERANÇA E MOTIVAÇÃO COMANDO EFICAZ
Controle	COMPARAÇÃO COM OS PADRÕES CORREÇÃO DE RUMOS SUBSÍDIOS AO APERFEIÇOAMENTO

Note-se que, como atribuição das funções de planejamento e organização, aparecem os 5W e 1H, que resumem as grandes perguntas clássicas a serem respondidas pelos administradores. A eles alguns autores sugerem se acrescentar mais um H, referente a *how much*, ou seja, quanto vai ser gasto ou investido.

Antes da apresentação de cada uma das funções da Administração, entretanto, cabe discutir um pouco mais o sentido dessa palavra, cujo significado óbvio, ligado às ações para o bom andamento de qualquer empreendimento, em qualquer nível ou instância, é perfeitamente compreensível.

Inicialmente, a Administração pode ocorrer em qualquer nível. O diretor presidente administra a empresa, o almoxarife administra o almoxarifado, o operário administra o próprio trabalho. O nível em que a Administração se exerce, entretanto, lhe confere diferentes conotações.

Um ponto, porém, todas essas situações têm em comum: a necessidade da tomada de decisões. A essência do trabalho administrativo converge, em determinados momentos, para o ato de tomar decisão, que pode determinar melhores ou piores resultados na esteira dessa decisão.

No caso da alta administração, a tomada de decisões diz respeito aos grandes problemas da organização, às grandes linhas a serem seguidas, à **estratégia organizacional**. O estabelecimento dessa estratégia vai determinar e influenciar, direta ou indiretamente, tudo o mais que vai ocorrer no âmbito da empresa ou organização.

Zaccarelli e Guimarães (2007), com muita propriedade, dividem as decisões a serem tomadas em uma organização em lógicas e estratégicas. As decisões lógicas obedecem paradigmas conhecidos, disciplinas aprendidas na universidade, regras de decisão estabelecidas, e não necessitam para serem tomadas mais do que colaboradores capacitados e treinados.

Já as decisões estratégicas requerem cabeças pensantes que extrapolem os procedimentos lógicos, capazes de enxergar adiante o que os outros não conseguem e, dessa forma, estabelecer para a empresa ou organização como ela deve atuar em suas principais linhas. Ou seja, estabelecer a estratégia da organização.

Este processo de estabelecimento de estratégias não pode prescindir de uma visão sistêmica, tanto para enxergar a organização como um todo cujas diversas partes interagem entre si, quanto para compreendê-la como um sistema inserido no seu meio exterior, interagindo com os diversos elementos que o compõem e que afetarão o comportamento da organização.

Nesse contexto, no qual diversas formas de interação estão presentes, a capacidade de negociação dos responsáveis pela organização, como também por seus setores, pode ser de decisiva importância para o sucesso.

Isso posto, na sequência será discutida cada uma das funções da Administração, incluindo foco nos aspectos correlatos contidos em sua problemática.

3.2 PLANEJAMENTO

Conforme o Quadro 3.1, o Planejamento deve decidir sobre "o que" fazer, "por que" fazer e "como" fazer. A primeira dessas questões está ligada ao conceito de **missão**. Definir a missão de uma organização é estabelecer o que ela deverá fazer como sua(s) principal(is) atividade(s).

Tomamos como exemplo a Fundação Nacional de Qualidade, até há pouco denominada Fundação para o Prêmio Nacional da Qualidade, mas que tomou a decisão de mudar seu próprio nome para que melhor espelhasse sua missão, pois o nome antigo sugeria que a atribuição do prêmio fosse a sua principal finalidade. Isto não corresponde à verdade, conforme se depreende do enunciado da sua missão, dada em FPNQ (2005):

> Promover a conscientização para a busca da excelência na gestão e disseminar conceitos e fundamentos relativos às práticas bem-sucedidas nas organizações por meio dos Critérios de Excelência do Prêmio Nacional da Qualidade.

O conceito de missão é em geral associado a um outro conceito orientador das atividades do planejamento, o de **visão**.

A visão, em geral estabelecida pelo dono, alto executivo ou detentor de liderança carismática na organização, corresponde ao estabelecimento, com base em introspecção mental, incontido desejo ou meramente intuição, de um cenário futuro para a organização, ou seja, como ela deverá ser ou estar, no seu contexto de atuação, dentro de um tempo estabelecido.

Quem estabelece uma visão, em termos *strictu senso* da linguagem, é um visionário, palavra que pode ser interpretada no bom e no mau sentido. No bom sentido, indica o indivíduo esclarecido que consegue, sem se desligar completamente da realidade, enxergar situações futuras possíveis de se alcançar, por mais arrojadas que sejam. No mau sentido, sugere pessoas exageradamente otimistas, que buscam cenários inexequíveis mediante suposições irracionais, cuja atuação, se não controlada, pode levar a um desastre.

Missão e visão são conceitos diretamente relacionados, mas, pela ordem natural das coisas, a visão deve ter um papel de influência no estabelecimento da missão.

Princípios, valores, política e estratégia são conceitos inter-relacionados que decorrem da visão e da missão. Não há espaço neste texto para um aprofundamento a respeito, que pode ser encontrado em Costa (2007-a).

O estabelecimento claro da missão orienta a organização, na prática, quanto ao "o que" fazer, quais serão as suas grandes linhas de atividades. Isto leva ao estabelecimento das suas estratégias de ação, ao planejamento das suas atividades. O conhecimento da missão orienta os estrategistas da entidade no seu desdobramento em políticas e diretrizes, que representam a tradução da missão em termos, respectivamente, de orientações para as ações e linhas comportamentais a serem seguidas.

O "por que" fazer seria uma justificativa do "o que", muitas vezes tendo o papel de esclarecer junto aos *stakeholders* da organização a razão pela qual se decidiu pelas linhas de ação adotadas. O termo *stakeholders* diz respeito a todos os que são direta ou indiretamente afetados pelas ações realizadas pela organização: donos, acionistas, funcionários, clientes, fornecedores, vizinhos, governo e outros possíveis.

Já o "como" fazer diz respeito à orientação para bem executar as ações que buscam concretizar a missão. O "como" fazer resulta da sabedoria e conhecimentos adquiridos pela organização. Quanto maior e melhor o acervo de conhecimento disponível, com mais qualidade se tomarão as decisões que dizem respeito ao "como". Daí a importância da Gestão do Conhecimento, conforme hoje plenamente reconhecida e discutida em 8.3.

3.2.1 Preocupações do Planejamento

Dentre as preocupações típicas da função Planejamento, podem-se citar:

- Atender às políticas e diretrizes da organização;
- Determinar o que deve ser feito;
- Determinar como deve ser feito;
- Estabelecer cronogramas físicos e financeiros;
- Estabelecer as necessidades de treinamento;
- Prever as possíveis vicissitudes;
- Prever os recursos necessários;
- Identificar ameaças e oportunidades;
- Realizar as negociações adequadas;
- Interagir com a alta direção;
- Replanejar sempre que necessário.

As políticas e diretrizes mencionadas na primeira preocupação acima citada dizem respeito ao desdobramento, a nível de grandes orientações e princípios a serem seguidos, das ações necessárias ao cumprimento da missão.

Entretanto, um dos sérios problemas de gestão organizacional está em conseguir que as decisões do planejamento sejam corretamente cumpridas por aqueles que as devem executar. O estabelecimento de normas externas, como, por exemplo, as da série NBR ISO 9001:2008 para o Sistema de Gestão da Qualidade, certamente contribui para esse fim, mas deve-se ter o cuidado de garantir que a normalização não seja exagerada, sob pena de engessar os procedimentos da entidade.

As formas pelas quais se tem buscando garantir que as decisões vindas da cúpula da organização sejam devidamente executadas nos demais níveis têm sido objeto de discussão ao longo do tempo e estão relacionadas com os estilos de gestão ou tipos de comando, apresentados em 3.4.3.

Funções da Administração 49

Uma dessas formas, que teve bastante voga nas empresas ocidentais na segunda metade do século XX, tendo sido avalizada pelo grande guru da Administração Peter Drucker, foi a Administração por Objetivos, conforme discutido em 1.4. Em contrapartida a isso, desenvolveu-se no Japão, com indiscutível êxito, a filosofia do Gerenciamento pelas Diretrizes, apresentada em 7.2, da qual um caso real pode ser visto em 11.9.

Essa discussão sobre o atendimento às políticas e diretrizes da organização é tipicamente uma questão de planejamento que diz respeito à alta administração. Seu desdobramento a outros níveis, em consequência, será preocupação do planejamento nesses níveis específicos.

Zelar pela saúde econômica e financeira da organização também é, certamente, uma preocupação da alta direção que se desdobra pelos demais níveis mediante orientações específicas.

Por saúde econômica se entende estar a organização ou empresa operando em condições economicamente sólidas, ou seja, em uma perspectiva de receitas superiores às despesas, o que, no caso de empresas privadas, significa a obtenção de lucro.

Já saúde financeira representa a capacidade de a organização honrar em dia seus compromissos de pagamento, sem a necessidade de recorrer a empréstimos bancários, por consequência pagando juros abusivos, acordos para adiamento de contas, etc. Para evitar esse tipo de inconvenientes, é desejável que a organização mantenha permanentemente uma reserva para imprevistos dessa natureza, chamada capital de giro.

Uma empresa economicamente saudável que passa por uma dificuldade financeira esporádica não deve ter grandes problemas para retornar à normalidade. Se as dificuldades financeiras forem crônicas, poderão afetar a saúde econômica da empresa, possivelmente levando-a a uma concordata.

Entretanto, se a empresa estiver cronicamente desprovida da saúde econômica, sua situação deverá ficar cada vez mais insustentável, e a perspectiva é de venda da empresa, absorção por outra ou mesmo falência.

A questão da saúde econômica de uma empresa tem muito a ver com a relação dos preços praticados para os produtos e os custos e despesas incorridos, conforme discutido em 3.8.

3.2.2 Níveis de Planejamento

Já foi mencionado que as decisões sobre "o que", "por que" e "como" fazer podem se dar em mais de um nível. Há certas divergências entre os inúmeros autores que se ocupam dessa questão, mas, de modo geral, podem-se divisar três níveis básicos de planejamento:

- **Nível estratégico**, envolvendo decisões em geral de médio ou longo prazo. Preocupa-se com as grandes questões da organização, compatíveis com sua missão. Dele resultam as políticas e diretrizes que orientarão as demais atividades. Está relacionado à eficácia da organização, conforme discutido em 3.4.2;

- **Nível tático**, referente a decisões que dizem respeito a aspectos mais específicos, visando aproveitar as oportunidades para melhor desempenho. Está relacionado à busca da eficiência nos processos da organização;
- **Nível operacional**, cujas decisões se preocupam com as ações a executar, ordens de produção, métodos de execução, procedimentos a seguir, enfim, com o dia a dia da organização.

Há uma clara hierarquia entre esses níveis. Assim, por exemplo uma decisão estratégica errada é em geral mais grave e prejudicial que um erro em uma decisão tática. A Figura 3.1 procura ilustrar essa afirmação.

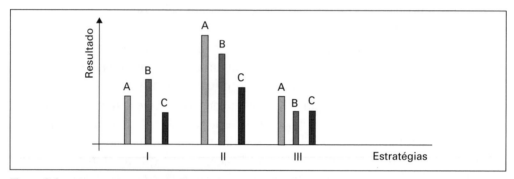

Figura 3.1 Resultados para estratégias I, II, III e táticas A, B, C

Observa-se que a decisão errada de não optar pela estratégia II gera muito mais perda no resultado do que, por exemplo, a decisão errada de escolher a tática B associada à estratégia II. A pior decisão seria escolher a estratégia III, claramente dominada pela II.[1] A melhor decisão, obviamente, seria a combinação da estratégia II com a tática A.

Uma observação deve ser feita. Modernamente, há autores, como Zaccarelli (2003), Mintzberg (2004) e Costa (2007-a), que consideram ultrapassado o conceito de planejamento estratégico, preferindo falar em gestão estratégica. A principal razão disso parece ser o fato de que o planejamento estratégico clássico está ligado a decisões de médio ou longo prazo, e considera-se que, no mundo atual, com a enorme quantidade de informações disponíveis e com a rápida cambialidade dos cenários econômicos e políticos, as principais decisões devem ser tomadas com muito maior rapidez e flexibilidade.

3.3 ORGANIZAÇÃO

Conforme o Quadro 3.1, a Organização deve decidir sobre "quem" vai fazer, "onde" fazer e "quando" fazer. O "quem" fazer está ligado à determinação das responsabilidades

---

[1] Aqui se invoca o conceito de dominância. Ver a respeito 4.10.14.

Funções da Administração

pelas tarefas nos vários níveis da organização. Diz respeito à adequada atribuição dessas responsabilidades às pessoas certas, delimitando claramente suas funções e até onde vai sua capacidade de tomar decisões autonomamente. A este processo de atribuição estão fortemente ligados os conceitos de autoridade e responsabilidade, discutidos em 3.3.2, como também questões ligadas à forma de liderança desejável, discutidas em 4.1 e/ou aos tipos psicológicos das pessoas envolvidas, conforme apresentado em 4.3.

O "onde" fazer pode envolver decisões de maior efeito, envolvendo grandes investimentos e consequências duradouras, como quando se decide onde vai ser instalada determinada unidade da organização, configurando um problema de localização industrial. Um problema dessa natureza, que envolve diversas considerações macroscópicas, deverá ser tratado a nível de alta direção da organização, levando em consideração os variados aspectos envolvidos. Nessa categoria podem também se incluir decisões sobre em que cidades instalar sucursais da empresa ou revendedoras do produto ou serviço gerado pelo negócio.

Já o "onde" relacionado a problemas internos à organização diz respeito ao arranjo físico das unidades produtivas, à designação de locais de trabalho dos colaboradores e outras providências no gênero (ver 5.3.2.d).

O "quando" fazer estabelece uma cronologia das atividades compatível com os prazos fixados, a capacidade de produção, as disponibilidades de equipamentos e materiais, e demais condições limitadoras. O estabelecimento de cronogramas para as atividades é, em geral, muito útil para o acompanhamento e controle dos prazos programados. Na Figura 3.2 é ilustrada uma programação de produção envolvendo cinco máquinas, com o respectivo cronograma de carga dessas máquinas. Os espaços de tempo entre as execuções das ordens correspondem aos tempos de máquina parada para mudar a configuração de produção. Estes assuntos são melhor discutidos no Capítulo 5.

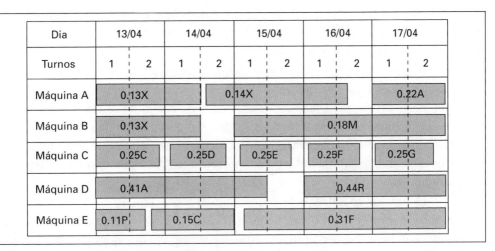

Figura 3.2   Ordens de produção em cinco máquinas

3.3.1 Preocupações da Organização

Dentre as preocupações da função Organização, podemos citar:

- Delegar autoridade;
- Atribuir responsabilidades;
- Realizar as negociações cabíveis;
- Prover os recursos necessários;
- Estabelecer e discutir os cronogramas;
- Desenvolver as atividades de treinamento;
- Cuidar do arranjo físico;
- Cuidar das boas condições de trabalho;
- Estabelecer os relacionamentos necessários;
- Fornecer os demais subsídios à execução das atividades;
- Interagir com o Planejamento.

As duas primeiras preocupações citadas são discutidas na sequência.

A questão do provimento dos recursos necessários é sumamente importante e está ligada à adequada execução das atividades. Esta questão tem muita ligação com o Planejamento, que deve considerá-la nas previsões orçamentárias, mas sua efetiva execução está no âmbito da função Organização. O provimento de recursos deve contemplar, além das atividades necessárias à realização do negócio, como produção, marketing, compras, vendas, manutenção e outras, a garantia de boas condições de trabalho aos colaboradores, com conforto e segurança.

3.3.2 Autoridade e responsabilidade

O conceito de autoridade está relacionado à capacidade de tomar decisões e exigir o seu cumprimento. Quem está investido de autoridade em determinada posição responde, em contrapartida, pela responsabilidade acerca dos resultados das suas decisões. Logo, autoridade e responsabilidade são conceitos indissociáveis, como as duas faces de uma mesma moeda.

Ocorre, entretanto, que quase sempre quem tem autoridade para tomar uma série de decisões não tem a possibilidade física, ou a competência técnica, ou os conhecimentos necessários, para fazê-lo sem se valer do apoio de outras pessoas. Surge então a necessidade de delegar parte considerável dessa autoridade aos colaboradores, sem o que o efeito administrativo do exercício da autoridade seria desastroso. O processo de delegação da autoridade, portanto, é parte integrante e essencial da atividade administrativa.

O problema que se coloca é quando, como, o que e a quem delegar. Às respostas a essas perguntas parecem óbvias: quando for necessário; de modo que quem assuma a autoridade delegada esteja apto a exercê-la bem; aquilo que quem receber a autoridade delegada tenha competência para gerenciar; às pessoas certas.

Funções da Administração 53

Entretanto, acima de tudo, delegar autoridade é um ato de confiança. Quem delega deve estar seguro de que o está fazendo à(s) pessoa(s) mais indicada(s) para bem se desincumbir(em) da responsabilidade recebida junto com a delegação da autorizada. É preciso evitar a armadilha de delegar simplesmente por razões de parentesco, de amizade, ou a praticantes de bajulação visando o recebimento de poderes e favores, o que em geral leva a situações constrangedoras e a retumbantes fracassos, dos quais existem numerosos exemplos.

Executar isso na prática é bem mais complexo. A decisão de delegar exige competência e experiência do administrador e deve vir acompanhada da exigência de responsabilidade de quem recebe a delegação. Quem delega deve poder recuperar a autoridade caso o receptor da autoridade não se desempenhe a contento. E, sobretudo, deve estar consciente de que responsabilidade não se delega, se compartilha. Quem delega autoridade não se exime da respectiva responsabilidade, fato muitas vezes não devidamente considerado na prática, em que bodes expiatórios são encontrados para justificar o fracasso de delegações incorretas da autoridade.

Outro problema comum está no administrador averso à delegação, seja por falta de confiança nos subordinados, seja por se julgar mais capacitado que eles para decidir. Ou então, se delega, cerca-se de um processo muito burocrático, para garantir o eficiente controle do que foi delegado. Em ambos os casos, resultará, pela centralização do poder ou pela burocratização dos procedimentos, o emperramento das atividades, com decisões retardadas e processos entrevados.

Outras distorções que podem ocorrer no processo de delegação de autoridade são o autoritarismo, ou seja, o abuso da autoridade, que pode levar a conflitos, o *laisser faire* (deixar fazer), ou delegação exagerada, que pode levar ao descontrole, e a já citada não recuperação da autoridade, que pode levar ao desprestígio da chefia e consequentes dificuldades.

O maior ou menor grau de delegação de autoridade tem relacionamento, nessa ordem, com a maior descentralização ou centralização das atividades, questão visita em 2.1.1. Maior centralização em geral está associada à verticalização da estrutura da organização, tendo entre suas vantagens a facilidade de controle e, entre as desvantagens, a inibição da criatividade e a ineficiência no uso dos recursos. Maior descentralização em geral corresponde a situações de expansão horizontal, tendo entre suas vantagens a agilidade na tomada de decisões e, entre as suas possíveis desvantagens, a dificuldade de comunicação e a duplicação de esforços.

3.3.3 Fontes de autoridade

Existe uma teoria formal da autoridade segundo a qual esta emana do cargo ou posição ocupado pelo seu detentor. Isto tem sua razão de ser, pois o fato de assumir determinado comando por indicação ou nomeação vinda de instância superior confere à pessoa escolhida a autoridade inerente a essa posição. Ocorre, entretanto, que, se o detentor de autoridade não se desincumbir a contento, ou se não for devidamente aceito pelos subordinados, a eficácia de sua atuação e de suas decisões será deteriorada com o tempo. É o caso, por exemplo, de governantes eleitos pelo povo em meio a grande júbilo que, no decorrer do mandato, revelam suas falhas e inaptidão para o cargo, caindo em descrédito.

Isso leva a uma segunda teoria sobre a autoridade, a teoria da aceitação, segundo a qual a autoridade existe e se mantém se for devidamente reconhecida pelo corpo de subordinados. Esta teoria é bastante realística e, de certa forma, complementar em relação à teoria formal. De fato, o ideal é que a pessoa que recebe a autoridade a tenha também devidamente aceita, para que o processo administrativo e as respectivas decisões se desenvolvam a contento, sem conturbações.

Há também outras fontes de autoridade, como a competência técnica, que se impõe quando o assunto é complexo e requer a opinião de especialistas abalizados, a capacidade de liderança, discutida em 4.1, o carisma, que se alicerça em fatores de natureza pessoal, e assim por diante.

3.3.4 Tipos e níveis de competência

Evidentemente, uma atribuição ou delegação de autoridade deve levar em conta a competência de quem a recebe para executar a contento as necessárias ações e tomar corretas decisões dentro do seu âmbito de atuação. Essa questão é também discutida em 8.1.

Deluiz (1995) identifica como tipos de competência:

- **Técnica**, com características de capacidade intelectual, envolvendo o *know how* (como fazer) resultante do aprendizado eficaz, com capacidade para identificar, equacionar e resolver problemas, pensar estrategicamente e introduzir aperfeiçoamento nos processos de trabalho;
- **Organizacional**, referente à capacidade de planejar e organizar o trabalho, incluindo o gerenciamento do tempo e espaço e a autoavaliação que gera autossuficiência;
- **Comunicativa**, traduzida pela capacidade de expressão e comunicação como seu grupo, superiores e subordinados, como também de trabalho em equipe;
- **Social**, referente à criação de bons relacionamentos propícios ao intercâmbio de conhecimentos, bem como à capacidade de transferir conhecimentos da vida cotidiana para o ambiente de trabalho e vice-versa;
- **Comportamental**, envolvendo iniciativa, criatividade, vontade de aprender, abertura às mudanças, consciência da qualidade e implicações do seu trabalho.

Miron Trybus, do MIT – Massachusetts Institute of Technology, propõe uma escala de competências crescentemente constituída de:

- **Incompetência inconsciente**, quando o encarregado da tarefa não está preparado para realizá-la bem, mas não tem consciência disso, caso em que deverão

Funções da Administração

ocorrer falhas, erros, mau atendimento e outras consequências danosas ao processo em execução.

- **Incompetência consciente**, quando o sujeito não está preparado e sabe disso. Sua atitude correta seria apresentar o problema a quem lhe delegou essa autoridade mas, frequentemente, o subordinado opta por esconder sua incompetência, criando problemas ainda maiores que no caso anterior.

- **Competência consciente**, quando o encarregado da função sabe como executá-la e o faz corretamente, em geral seguindo à risca as instruções recebidas.

- **Competência automática**, a condição desejável pelas organizações inteligentes, em que o indivíduo conhece o seu trabalho, executa corretamente sua funções e, além disso, usa o bom-senso para resolver casos não previstos mas cabíveis no seu âmbito de decisão, e, sobretudo, enxerga as possibilidades de melhoria dos processos e serviços e busca fazer com que essas melhorias sejam implementadas.

Dizem que Rockefeller queria contratar um gerente e estava considerando vários candidatos. Cada um deles era entrevistado pessoal e separadamente, ficava cinco minutos na sala e saía, até que um deles, ao dirigir-se à porta de saída, percebendo um papelzinho amassado no chão, perto de um cesto de lixo, abaixou-se e jogou-o no cesto. O magnata o chamou de volta e o contratou. Ele passara no teste de competência automática.

Consta também, por seu turno, que o Marechal Montgomery, comandante das tropas inglesas na Segunda Guerra Mundial, classificava seus oficiais subordinados em quatro categorias, conforme os critérios de inteligência e operosidade. Aos inteligentes e operosos cabiam as missões de combate no *front*, onde decisões críticas e, em geral, rápidas, deviam ser tomadas; aos inteligentes e pouco operosos, ele dava as funções estratégicas, ou seja, as decisões envolvendo ações mais a longo prazo; aos pouco inteligentes e pouco operosos, ele dava as funções burocráticas e de rotina; e dos pouco inteligentes e operosos, ele queria distância. Sábias considerações!

O administrador, ao tomar suas decisões de atribuição de responsabilidades, deve estar bem avisado e consciente quanto ao grau de competência das pessoas a quem delega autoridade, para obter eficácia das atuações e evitar problemas futuros.

3.3.5 Situações de crise

São as que mais exigem a presença da competência automática. A palavra "crise", em geral, denota algo indesejável, mas sua existência periódica parece ser inerente ao sistema capitalista que governa a economia da maioria dos países. Há otimistas, entretanto, que conseguem enxergar o lado positivo das crises, pois nelas muitas vezes ocorrem rupturas de paradigmas das quais novas e melhores condições de progresso e melhorias técnicas e sociais podem advir. Deixemos que Albert Einstein disserte por nós sobre isso:

"Não podemos querer que as coisas mudem se sempre fazemos o mesmo. A crise é a maior bênção que pode acontecer às pessoas e aos países, porque a crise traz progressos. A criatividade nasce da angústia assim como o dia nasce da noite escura. É na crise que nascem os inventos, os descobrimentos e as grandes estratégias. Quem supera a crise supera a si mesmo sem ter sido superado.

Quem atribui à crise seus fracassos e penúrias, violenta seu próprio talento e respeita mais os problemas do que as soluções.

A verdadeira crise é a crise da incompetência. O inconveniente das pessoas e dos países é a dificuldade para encontrar as saídas e as soluções. Sem crises não há desafios, sem desafios a vida é uma rotina, uma lenta agonia. Sem crises não há méritos. É na crise que aflora o melhor de cada um, porque sem crise todo vento é uma carícia. Falar da crise é promovê-la e calar-se na crise é exaltar o conformismo. Em vez disto, trabalhemos duro. Acabemos de uma vez com a única crise ameaçadora, que é a tragédia de não querer lutar para superá-la."

3.4 DIREÇÃO

Dirigir ou comandar é tomar as decisões necessárias para que as coisas aconteçam. Henri Fayol incluía também na relação de funções de Administração a coordenação, mas julgamos que esta função está embutida na da Direção, possivelmente com alguma intersecção com a função de Organização.

Pela sua própria natureza, o processo de Direção requer a participação do chefe (que pode ser um presidente, diretor, gerente, responsável por seção, mestre de obra, etc.) de forma efetiva e atuante, para que seus subordinados executem corretamente, da melhor forma possível, as determinações emanadas do processo de Organização.

O Quadro 3.1 realça três questões ligadas ao processo de Direção: eficiência e eficácia, liderança e motivação, comando efetivo – este decorrente do adequado exercício das decisões referentes aos dois itens anteriores. Na sequência deste item e no capítulo seguinte são estudadas questões referentes às duas primeiras dessas questões.

3.4.1 Preocupações da Direção

Dentre as preocupações da função Direção, podemos citar:

- Dirigir a execução das atividades;
- Exercer liderança;
- Gerenciar a rotina;
- Cuidar do bom relacionamento;
  - entre os colaboradores;
  - com os demais intervenientes.

Funções da Administração   57

☐   Realizar as negociações cabíveis;

☐   Cuidar do bom andamento dos trabalhos;

☐   Cuidar do registro das atividades;

☐   Dirimir conflitos;

☐   Promover ações corretivas e preventivas;

☐   Interagir com o Planejamento e a Organização.

O exercício da liderança e os diversos aspectos que dizem respeito à figura do líder são discutidos no Capítulo 4. Neste momento, apenas enfatizamos a necessidade da existência de algum tipo de liderança nos processos de direção, sob pena de se decidir inadequadamente ou nada se decidir, levando a uma postergação de ações que pode ser danosa à organização.

Entretanto, a preocupação com o gerenciamento da rotina merece ser comentada, pois o bom andamento das atividades do dia a dia muitas vezes é negligenciado por resolvido. Isso pode causar uma deterioração lenta e paulatina dos processos, que por isso se torna imperceptível e só é detectada quando alguma ocorrência mais grave surgir. Para evitar essa deterioração, que costuma ocorrer por variadas razões, como a crença de que tudo vai bem, a não detecção de pequenas mas paulatinas variações para pior, a acomodação dos responsáveis pelos processos, e várias outras causas, uma boa receita é a utilização do ciclo SDCA (Standardize – Do – Check – Act), uma variante do ciclo PDCA apresentado em 6.4. Veja também, a este respeito, o Diagrama de Gestão discutido em 7.5.

Os gráficos de controle de processos, apresentados em 6.7, constituem também uma ferramenta prática antiga, mas que se mantém ao longo dos tempos, a fim de garantir a qualidade dos processos de fabricação.

3.4.2 Eficiência e eficácia

Deve ficar clara a diferença entre estes dois conceitos. A eficiência está ligada à boa utilização dos recursos disponíveis. Esta preocupação em geral se manifesta aos níveis tático e operacional, e está ligada à ideia de produtividade. Podemos também considerar que decisões ou ações eficientes são aquelas em que se faz certo as coisas.

A eficácia, por sua vez, está ligada ao bom resultado global da organização. Esta preocupação deve se manifestar ao nível estratégico, ou mesmo nas decisões da alta direção, ou seja, de gestão no sentido amplo. Podemos também considerar que decisões ou ações eficazes são aquelas em que se fazem as coisas certas.

A Figura 3.3 considera o que se espera que ocorre conforme as combinações de níveis altos e baixos de eficiência e eficácia.

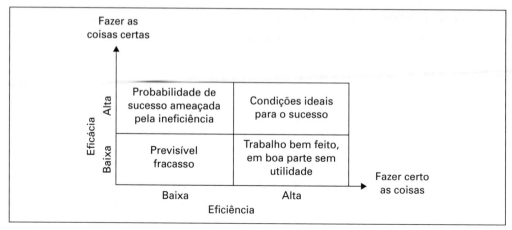

Figura 3.3 Eficiência e eficácia

Há um aforismo em Administração segundo o qual "a maximização da eficácia do todo em geral não corresponde à maximização das eficiências das partes". Isto se deve a que, na busca da eficácia, é preciso haver uma harmonização entre as atuações das partes, o que não significa o mesmo que as partes serem individualmente eficientes. Não é com cada departamento "puxando a brasa para sua sardinha" que a empresa vai conseguir o seu melhor resultado.

É razoável supor que as decisões estratégicas e táticas estejam relacionadas aos respectivos níveis de planejamento, conforme apresentados em 3.2.2, competindo à função Direção executar as determinações emanadas dessas decisões.

3.4.3 Comando eficaz

Como exercer liderança e motivação para conseguir o comando eficaz? Uma boa pergunta, difícil, mas que pode ser respondida a contento se os princípios gerais de administração disponíveis forem devidamente utilizados para a tomada das melhores decisões a respeito.

Outra pergunta vem atrelada a essa: como deve ser esse comando? Ou, dito de outra forma, quais os tipos de comando a se adotar e qual o mais adequado em cada situação?

Não há, evidentemente, uma resposta direta a essas perguntas, pois cada caso tem as suas peculiaridades, mas uma orientação geral pode ser dada. De fato, pode-se distinguir três tipos básicos de comando passíveis de utilização, em sua forma típica ou em combinação entre elas:

a) **Comando autocrático**, baseado na imposição do que deve ser feito por meio de ordens de cima para baixo, com o mínimo de discussão por parte dos subordinados. É, certamente, a mais antiga e clássica forma de comandar, por muitos hoje vista como obsoleta e antipática, mas ainda a mais adequada em várias situações;

Funções da Administração 59

b) **Comando democrático**, com decisões tomadas conforme a opinião majoritária do grupo. Tem a vantagem de ser "politicamente correto", mas pode levar a distorções se aplicado em situações impróprias ou sem os devidos cuidados;

c) **Comando participativo**, com decisões tomadas por meio da discussão com o grupo a elas afeto, buscando o máximo de esclarecimentos das ideias e dúvidas antes de assumir a posição final.

O Quadro 3.2 faz uma comparação entre esses três tipos possíveis de comando, mostrando aspectos de cada um.

Quadro 3.2   Tipos de comando

Comando	Autocrático	Democrático	Participativo
Objetivo buscado por	Ordens	Maioria	Consenso
Vantagens	Disciplina Eficiência	Satisfação do grupo Boa aceitação	Busca do ótimo Eficácia
Desvantagens	Concentração na chefia Burocracia Gera ressentimentos	Esvaziamento da chefia Riscos de erro	Mais complexo Necessita monitoramento constante
Aplicabilidade	Níveis de competência distintos Funções áridas ou de risco Situações emergenciais	Entidades consolidadas Decisões fáceis Opiniões bem caracterizadas	Convergência de competências Novas tecnologias Subordinados conscientes
Exemplos típicos	Exército Organizações dispersas	Associações Partidos políticos	Empresas de consultoria Centros de pesquisa

Um dos efeitos que podem advir do comando eficaz, em que se unem liderança e motivação das pessoas, é a sinergia, condição em que o resultado de uma soma de esforço é maior do que a soma dos esforços individuais, algo como $2 + 2 = 5$, sendo claro também que um comando ineficaz ou deletério pode resultar no efeito oposto.

3.4.4   Uso de reuniões

Costuma-se dizer que, quando não se quer que um assunto seja resolvido, institui-se uma comissão para estudá-lo, pois essa comissão irá realizar longas e inúmeras reuniões a respeito, sem chegar a conclusão alguma, e o assunto sairá do foco. Isto pode ou não ser verdade, mas evidentemente não deve ser essa a atitude do bom administrador. Este deve, sempre que necessário, instituir comissões ou realizar reuniões eficazes cujos resultados venham de encontro às razões para as quais foram convocadas.

Outra afirmação que, esta sim, muitas vezes corresponde à verdade, refere-se à frequente realização de reuniões longas e improdutivas. De fato, reuniões são necessárias, mas devem ser bem conduzidas e aproveitadas, sendo suas decisões colocadas em atas concisas e bem escritas.

Obviamente, o caráter de reuniões convocadas por chefias para desenvolver assuntos de seu interesse deve ter relação com o tipo de comando exercido, conforme discutido em 3.4.3. Assim, no caso de comando autocrático, espera-se que as reuniões sejam breves e mais para comunicação das decisões já tomadas previamente. Se o comando for democrático, as reuniões serão feitas, em geral, para verificar os posicionamentos dos participantes quanto aos assuntos em pauta e decidir conforme a opinião da maioria. Se o comando for participativo, as reuniões tendem a ser mais longas, com amplas discussões dos assuntos, visando melhor esclarecê-los para a consequente tomada da decisão consensual.

Mankins (2004) oferece um conjunto de sugestões para a eficácia das reuniões, no sentido de evitar que sejam excessivas e improdutivas, além de roubar tempo precioso dos executivos e colaboradores das empresas. São elas:

- Trate de operações e estratégia separadamente;
- Foque decisões, não discussões;
- Avalie o verdadeiro valor de cada item da pauta;
- Resolva itens da pauta o mais rápido possível;
- Coloque na mesa alternativas reais;
- Adote processos e padrões comuns de tomada de decisão;
- Faça valer uma decisão.

3.5 CONTROLE

O ciclo das grandes funções da Administração se fecha com o Controle, sem o qual nada do que foi visto funcionará na prática. De fato, a ausência de controle impedirá ao administrador verificar se o que se decidiu foi efetivamente realizado e se o foi conforme especificado. Assim sendo, qualquer ação para a melhoria das operações fica inviabilizada e, pior do que isso, as distorções não serão detectadas e tenderão a se avolumar.

O Quadro 3.1 indica como principais ações do Controle a comparação com os padrões, a correção de rumos e os subsídios ao aperfeiçoamento. A primeira dessas ações é óbvia e necessária para garantir que o planejado e programado foi ou está sendo corretamente executado.

A correção de rumos pode consistir em, quando detectadas falhas, serem estas eliminadas para se voltar ao atendimento do padrão estabelecido, ou ser encaradas no sentido de propor alterações nesse padrão, já configurando um processo de melhoria. A primeira conotação da correção de rumos se insere no gerenciamento da rotina e pode se valer de instrumentos como os gráficos de controle de processos, abordados em 6.7.

Já o aperfeiçoamento, que pode ser obtido por melhorias contínuas ou incrementais (ver 6.5), é sempre desejável, para que a operação não fique estagnada em sua

Funções da Administração 61

concepção, logo passível de ficar obsoleta, dando força à concorrência. As ações de melhoria contínua, como também as de melhoria incremental, somente podem ser levadas a cabo mediante o conhecimento do que ocorre no processo por meio de sua criteriosa observação e devem ser implementadas para se passar a operar em novas e mais vantajosas condições. O ciclo PDCA (Plan – Do – Check – Act), apresentado em 6.3, ilustra bem essa realidade.

No item 7.5, Figura 7.4, é apresentado um diagrama de gestão no qual são consideradas as duas ações de controle aqui mencionadas. O que nele se representa é de grande importância para o entendimento de como conseguir efetivamente a melhoria dos processos.

3.5.1 Preocupações do Controle

Dentre as preocupações da função Controle, podemos citar:

- Verificar se o que foi planejado e organizado está sendo corretamente executado;
- Auditar a execução;
- Medir o desempenho;
- Garantir a qualidade da execução;
- Fornecer realimentação (*feedback*);
- Fornecer subsídios para a melhoria dos processos;
- Indicar as ações corretivas e preventivas necessárias;
- Garantir a implementação dessas ações;
- Interagir com o Planejamento, a Organização e a Direção.

A realimentação, mencionada entre as preocupações do controles, resume, de fato, a sua essência. A forma como se dá essa realimentação na prática vai depender de cada caso específico, mas ela pode incidir sobre os vários escalões da organização, tendo em vista a natureza do que esteja informando, conforme mostrado na Figura 3.4.

De fato, se os resultados apresentam discrepâncias com o que foi planejado a nível tático e/ou operacional, como, por exemplo atrasos na produção, inconstância na qualidade do produto, necessidade de horas extra e outros problemas dessa ordem, sua solução deve estar nos níveis tático e operacional. Já declínio nas vendas, perdas de fatia de mercado, surgimento de problemas com a legislação e outros assemelhados podem requerer uma revisão do planejamento estratégico, podendo chegar a influir na visão e na missão da empresa.

A existência de controles eficazes, baseados em indicadores escolhidos criteriosamente, é essencial para que o processo, a empresa e o negócio não se desviem por caminhos errados que só podem trazer prejuízos e dissabores. A escolha adequada desses indicadores não é tarefa simples, devendo-se evitar aqueles que pouco informam (e, portanto, contribuem para desviar a atenção do que realmente interessa), como também o excesso de indicadores (com efeito semelhante, além de causar a dispersão dos esforços).

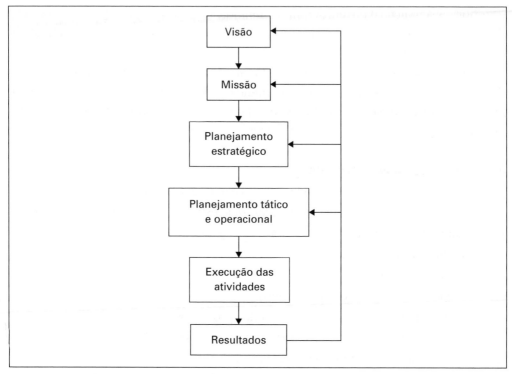

Figura 3.4 Possíveis realimentações

3.6 AS ORGANIZAÇÕES NA ORGANIZAÇÃO

As posições hierárquicas nas organizações, apresentadas por sua estrutura de cargos,[2] são tradicionalmente determinadas de forma clara pelos seus estatutos ou documentos equivalentes, sendo usualmente representadas em um organograma, onde as relações entre essas posições são facilmente visualizadas. O organograma, portanto, mostra a estrutura formal da organização, com as devidas ligações de chefia e subordinação, nas diversas subdivisões da entidade (unidades, departamentos, seções, etc.), cada uma incumbida da sua especialização, gerando dessa forma uma estrutura funcional. A Figura 3.5 exemplifica um organograma tradicional de uma empresa.

A organização funcional traduzida no organograma já apresentou casos de grandes empresas que chegaram a ostentar mais de dez níveis hierárquicos. Ora, isto gera

---

[2] Não se deve confundir cargo com função. O cargo representa a posição no organograma, com suas relações de hierarquia, enquanto a função indica as atividades inerentes ao respectivo cargo. Pode haver mudança nas funções mantendo-se o cargo.

uma excessiva burocratização dos processos decisórios dentro da organização, pois muitas vezes um documento de consulta precisa subir e descer várias vezes essa cascata de cargos até se chegar ao ponto de ter uma decisão aprovada por quem de direito nessa estrutura.

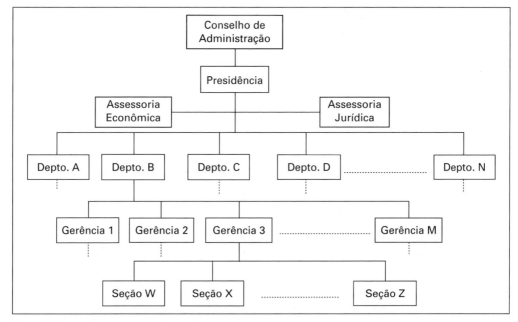

Figura 3.5   Organograma tradicional

O organograma embute relações ditas de linha e de assessoria. Relações de linha indicam quem está acima, abaixo ou em igualdade com quem, configurando relações de autoridade dos níveis hierárquicos superiores em relação aos inferiores. Relações de assessoria, conforme pode-se ver na Figura 3.5, são ligações fora da estrutura de linha, devendo, para se justificar, representar autoridade sob a forma de aconselhamento, baseada em conhecimentos e competências específicos. Assim, a Assessoria Jurídica opina junto à Presidência sobre questões do seu âmbito, podendo ter suas sugestões aceitas ou não. Já uma ordem, emanada de um nível superior na estrutura de linha, deve ser obedecida pelos níveis que lhe estão abaixo.

Na segunda metade do século XX ocorreu uma tendência de as organizações e empresas reduzirem seu número de níveis hierárquicos para evitar a burocracia e agilizar o processo administrativo.

Isso, contudo, não tem sido suficiente. Tanto é verdade que, modernamente, como as próprias normas ISO 9000 passaram a exigir, conforme 7.3, a tendência é caminhar para sistemas de gestão por processos, cada um tendo um responsável por suas atividades, com liberdade para conversar em igualdade de condições com os vários departamentos cujas funcionalidades interagem com o seu processo. Daí o surgimento de estruturas matriciais, conforme ilustrado no Quadro 3.3, com os departamentos e os processos (ou projetos, conforme o caso) tendo seus respectivos responsáveis.

Quadro 3.3 Estrutura matricial

	Departamento A	Departamento B	··········	Departamento N
Processo 1				
Processo 2				
⋮				
Processo m				

A tendência moderna é aumentar a ênfase na gestão dos processos em relação à administração departamental. Cabe ao bom administrador, em suas decisões, pesar adequadamente qual deve ser o ponto de equilíbrio nessa estrutura de poder, para a melhor eficácia da organização.

Essa visão de processo teve sua evolução, a partir das ideias iniciais de Taylor, vistas em 1.3.1, quando começaram a surgir as tecnologias de automação da produção. Em meados do século XX, passou por uma segunda fase com o surgimento dos sistemas ERP, descritos em 5.2.3. Por volta dos anos 1980, evoluiu para uma integração com agentes externos por meio da consideração das redes de empresas e cadeias de suprimento, estudadas no capítulo 10, e tem sua evolução atual convergindo para um rompimento dos limites das organizações, mediante o surgimento de conglomerados de empresas inter-relacionadas a nível mundial, alterando a configuração dos processos de negócios. Essa realidade embute uma formidável integração de processos viabilizada pela convergência de modernas tecnologias cada vez mais sofisticadas.

Outra questão, que escapa do campo formal para situar-se no do relacionamento humano, é o da existência de uma organização informal, a qual, em maior ou menor grau, sempre está presente paralelamente à organização formal. Essa estrutura informal, que abriga relacionamentos não amparados pelo organograma, baseados em contatos pessoais, confiança, desconfiança, amizades, inimizades, admiração, rancor e outras manifestações da condição humana, vai inevitavelmente se formando com o tempo e a convivência, no local de trabalho, no lazer, no clube, e pode chegar a moldar aspectos do que se costuma denominar a cultura da empresa, abordada em 4.5.

A existência da organização informal, que pode influenciar a tomada de decisões pelos administradores, não é um mal em si, podendo seus efeitos serem positivos ou negativos, conforme o caso e as variáveis que incidam sobre ela. Entretanto, os bons administradores, líderes e tomadores de decisão devem, na medida do possível, conhecer os relacionamentos determinados pela organização informal e utilizar esse conhecimento para facilitar sua tarefa e garantir a eficácia no cumpri-

Funções da Administração

mento das determinações resultantes. Devem também ter o cuidado de evitar que os relacionamentos entre pessoas que caracterizam a organização informal não ultrapassem limites compatíveis com a manutenção sob controle das atividades da entidade, sem criar, em contrapartida, condições adversas que perturbem a harmonia entre os colaboradores.

3.7 PECADOS CAPITAIS LIGADOS À GESTÃO

Existe citação bíblica a sete pecados capitais usualmente encontrados entre os homens, sobre os quais são feitas analogias do comportamento empresarial no capítulo seguinte, em 4.8. Entretanto, sem nos fixarmos no número cabalístico 7, podemos identificar outro conjunto de pecados também capitais, no sentido administrativo. A relação desses pecados, a seguir, não é decerto exaustiva, mas esse conjunto já oferece um bom leque de recomendações sobre como não proceder no trato da gestão empresarial.

a) Falta de visão e liderança

Mesmo sem ser visionários no melhor sentido do termo, os administradores devem ter alguma visão quanto ao que querem, pois "para quem não sabe aonde ir, qualquer caminho serve". Essa visão, por menos ambiciosa que seja, irá orientar a missão e as estratégias da empresa. E para fazer com que as decisões correspondentes aconteçam de forma eficaz e sem traumas, a existência da liderança é imprescindível, com as características que são apresentadas em 4.1.

b) Falta de constância de propósito

Dificilmente resultados sólidos e duradouros são conseguidos em pouco tempo. Muitas vezes, vários anos são necessários para que uma empresa se estabilize no seu ramo de negócio, adquirindo as condições para evoluir sem sobressaltos. Entretanto, a demora em conseguir resultados pode levar os administradores a buscar mudanças precipitadas de rumo, prejudicando o desenvolvimento natural do negócio. Mas é razoável também que, caso haja evidências claras de que se está no caminho errado, se procedam às necessárias mudanças para evitar o pior, inclusive, se for o caso, desistindo do negócio.

Diversos autores[3] abordam, com pequenas variações, a figura do ciclo de vida das organizações, chegando a fazer analogia com a vida humana, conforme ilustrado na Figura 3.6.

---

[3] Dentre esses autores, citamos Adizes (1990), sobre cujo modelo Soler (1997) apresentou uma proposta envolvendo os critérios do Prêmio Nacional da Qualidade para ações a serem tomadas visando detectar e impedir o envelhecimento, de modo a prolongar a vida útil das empresas.

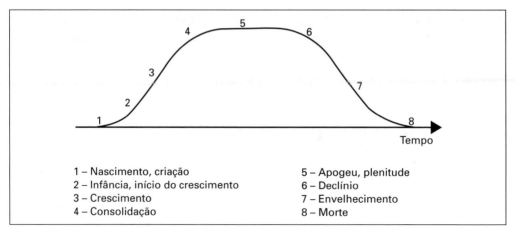

Figura 3.6 Ciclo de vida das organizações

A constância de propósito é particularmente importante nas primeiras fases da vida da organização, até que ela atinja um crescimento sustentável. Entretanto, também quando se atingir a plenitude, deve haver constância de propósito para evitar o surgimento de causas para o declínio, o qual pode representar o início do envelhecimento e a morte da empresa. A burocratização e alguns dos pecados capitais ligados ao comportamento discutidos em 4.8 podem ser fortes causas para se passar de apogeu para o declínio.

Bons exemplos do ciclo completo de vida das empresas são os casos da Varig, da McDonnell Douglas, da Metro Goldwin Meyer, das lojas Mappin, detentoras de poderosas marcas e que se desvaneceram. A própria IBM só não teve o mesmo destino pois sua cúpula dirigente percebeu a tempo o declínio em face da concorrência dos computadores pessoais e, a custo de vultosos investimentos e encargos sociais com demissões, mudou completamente o perfil da empresa, passando a ser primordialmente uma fornecedora de soluções com sistemas informatizados.

c) Ênfase em lucros altos e de curto prazo

Este é um pecado capital típico das empresas ocidentais, em que a alta administração é pressionada pelos acionistas ou pelos donos do negócio a gerar e distribuir lucros rapidamente, muitas vezes em detrimento da solidez da empresa, o que pode precipitar o seu declínio. As empresas japonesas têm tradicionalmente adotado postura inversa, pensando em lucros a longo prazo, reservando os resultados do presente para investimentos na consolidação do negócio, boa parte dos quais em qualidade e produtividade.

Drucker (2002) considera este, de longe, o mais comum dos "pecados mortais" das empresas, e cita o exemplo da Xerox, que nele incorreu ao inventar a copiadora nos anos 1970, teve um enorme sucesso inicial, mas quase sucumbiu quando o primeiro concorrente lançou produto similar.

Funções da Administração

d) Desconsideração da concorrência

No mundo globalizado, a concorrência é cada vez mais acirrada e os concorrentes podem surgir de qualquer parte do globo, o que dificulta a sua identificação prévia. É preciso ter muita atenção para esse fato, para evitar surpresas desagradáveis. A arma mais poderosa contra a concorrência são as vantagens competitivas, que podem ser diversas. Porter (1990), que se ocupou em profundidade do assunto, identificou em seu modelo quatro principais ameaças à vantagem competitiva das empresas: os novos entrantes no negócio, o poder de negociação dos fornecedores, o poder de negociação dos compradores e a entrada de produtos ou serviços substitutos, conforme melhor visto em 9.1.1.

Ademais, os concorrentes, além de seguirem as ideias bem-sucedidas dos que estão à frente, buscando alcançá-los, também podem surpreender com outras vantagens inovativas, passando assim a buscar fatias do mercado. A desconsideração da concorrência é, pois, um grave pecado que pode ser bastante ruinoso a quem nele incorra.

e) Não valorização do conhecimento

Nos tempos que correm, o conhecimento, embora intangível, é considerado um dos principais ativos das organizações, conforme discutido no Capítulo 8. As empresas e demais organizações devem se manter dentro de um permanente e contínuo processo de aprendizado e busca de inovações que tragam aprimoramento aos seus processos produtivos e administrativos. Nesse processo, os recursos oferecidos pela Tecnologia da Informação têm um papel preponderante, conforme se vê em 8.7, e não devem ser jamais negligenciados pelos administradores.

f) Desatenção para com os recursos humanos

As organizações são formadas e acionadas por pessoas, que devem estar motivadas (conforme discutido em 4.2) e conscientizadas para a importância do trabalho que realizam. Para que isto ocorra adequadamente, as pessoas que participam nos processos das organizações devem ser adequadamente selecionadas, treinadas e motivadas. Devem participar do aprendizado coletivo vigente nas melhores empresas, que leva ao contínuo aporte de novos conhecimentos. Devem conviver em um ambiente de trabalho sadio e agradável, prestigiadas pelos seus superiores e conscientes da sua importância, por mais simples que sejam suas funções, para que o somatório dessas condições favoráveis repercuta positivamente, com ganhos para a organização e para a sociedade que com ela se relaciona.

g) Rotatividade nos postos de comando

Esta rotatividade, se for excessiva, traz problemas às organizações, pois cada novo colaborador que chega leva um tempo considerável até adquirir os conhecimentos necessários para bem desempenhar suas funções, entrosar-se com as pessoas e desenvolver eficazmente o seu trabalho. Esta é uma crítica frequentemente aplicável às instituições públicas, onde os cargos de direção e chefia costumam mudar com as injunções políticas, prejudicando a continuidade dos projetos e atividades. No Japão, ao contrário, é conhecida a tradição, vigente durante várias décadas, do emprego vitalício, com os colaboradores progredindo na empresa ao longo da vida, o que tem muito contribuído para a competitividade das empresas japonesas.

h) Marketing inadequado

A palavra em português corresponde à inglesa marketing é mercadologia, na qual fica mais fácil perceber sua conotação de "estudo do mercado", sendo o mercado representado pelo conjunto de clientes/consumidores dos produtos e serviços oferecidos pelas empresas, conjunto este de pessoas, outras empresas e/ou organizações que pagam as contas das empresas fornecedoras desses produtos e serviços. O marketing é, pois, essencial às empresas para que conheçam seus verdadeiros sustentadores financeiros e possam chegar a eles apresentando seus produtos e serviços, mostrando suas vantagens, convencendo as pessoas a adquiri-los, muito mais por convicção do que pelo efeito de técnicas de propaganda. A necessidade do marketing é, pois, fundamental à empresa que queira ter boas condições de comercializar seus produtos ou serviços. Ver mais a respeito em 9.2.

i) Custos desnecessários e desperdícios

Este pecado capital é óbvio, simplesmente porque reduz a produtividade, conforme definida em 6.2, e a margem de lucro da empresa, reduzindo também a sua capacidade de fazer novos investimentos e a sua competitividade. No caso de instituições públicas, infelizmente muitas vezes este pecado não é penalizado devido ao aporte de mais recursos que, em última instância, vêm do bolso dos cidadãos.

3.8 A FORMAÇÃO DO LUCRO

Neste item se abordam conceitos da maior importância para as empresas privadas, embora também devam ser úteis aos administradores de organizações de outra natureza. De fato, conforme discutido em 2.3, o lucro é parte integrante da vida econômica das empresas, sendo um fator primordial de motivação para os seus responsáveis, influindo diretamente na solidez do negócio.

A maneira pela qual o lucro se forma é ilustrado na Figura 3.7, onde:

R = receita operacional
C = custo
D = despesa
LO = lucro operacional
RF = receita financeira
I = imposto
LB = lucro bruto
LL = lucro líquido

Funções da Administração

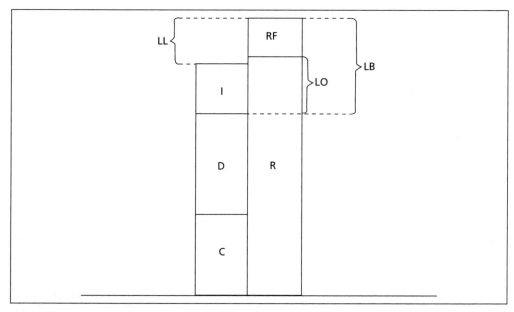

Figura 3.7 Formação do lucro

Tem-se, pois:

$$LO = R - (D+C) = R - D - C$$
$$LL = (R + RF) - (D + C + I) =$$
$$= R + RF - D - C - I$$

Receitas são os resultados das vendas dos produtos ou serviços gerados pela empresa. Custos são os gastos necessários para gerar esses produtos ou serviços. Despesas são gastos que não entram na geração dos produtos ou serviços, mas são necessários à condução do negócio. Propaganda, departamento jurídico, pessoal administrativo, atividades sociais e parte da conta de energia elétrica são exemplos de despesas.

Há gastos, como manutenção, treinamento e serviços de limpeza, que suscitam dúvidas quanto a serem custos ou despesas. A opinião dos autores é de que sejam considerados custos se, de alguma forma, contribuírem para a produção, como é o caso, claramente, da manutenção.

Embora do ponto de vista da formação do lucro os custos e as despesas tenham aparentemente o mesmo efeito, até porque, na contabilidade da empresa, ambos acabam entrando como despesas, é importante, para efeito de análise e introdução de melhorias, saber distingui-los. Os custos devem ser associados às atividades que os geram, seja por processo, por seção (centros de custos) ou de alguma outra forma. As despesas são em geral associadas à empresa como um todo e, sendo assim, não são originalmente partilhadas mas, se necessário para efeito de análise, podem vir a sê-lo por algum sistema de rateio.

Os impostos representados na Figura 3.7 são aqueles incidentes sobre o lucro bruto, como o Imposto de Renda. Na realidade, há uma série de outros impostos embutidos nos custos e despesas, como, por exemplo, o ICMS – Imposto de Circulação de Mercadorias e Serviços.

3.8.1 Custos industriais

As atividades de serviços são muito heterogêneas em sua tipificação. Por esta razão, a teoria dos custos é mais voltada para aplicações industriais.

Há duas importantes classificações dos custos:

a) Classificação por produto

Custos diretos: São aqueles diretamente incorporados ao produto, facilmente identificáveis como tal. Exemplos: materiais diretos (que constituem o produto), mão-de-obra direta (que trabalha na fabricação do produto), energia utilizada para acionar as máquinas de produção, etc.

Custos indiretos: São aqueles necessários à realização do produto, mas não a ele diretamente incorporados. São de mais fácil associação com o período de fabricação ou com a seção em que ocorreram do que propriamente com o produto. São em geral de menor valor individual, mas significativos em seu somatório. Exemplo: gerência da produção, manutenção, limpeza das instalações, refeições dos operários, transporte, etc.

b) Classificação por período de tempo e volume

Custos fixos: São os que independem da quantidade produzida, em geral apurados por período. Exemplos: aluguel das instalações, seguros, iluminação, etc.

Custos variáveis: São aqueles que dependem do volume de produção. Exemplos: materiais diretos, energia, lubrificantes, etc.

Além disso, há relativamente antiga consideração, hoje sujeita a diversas excepcionalidades devido a novos tipos modernos de produção que emergiram, segundo a qual o custo total de produção CT se constitui de três parcelas aproximadamente da mesma ordem de grandeza:

$$CT = C_{MD} + C_{MOD} + GGF$$

onde:

C_{MD} = custos dos materiais diretos

C_{MOD} = custo da mão-de-obra direta

GGF = gastos gerais de fabricação

Funções da Administração

Esta última parcela engloba tudo o que não está nas duas primeiras: materiais indiretos, mão-de-obra indireta e outros gastos como energia, treinamento da mão-de-obra, limpeza, etc.

3.8.2 Desperdícios

Há custos que agregam valor ao produto e há os que não agregam. Destes, alguns podem ser necessários, já os demais são desperdícios, dinheiro jogado fora.

Há várias formas típicas de desperdício, dentre as quais:

- **De estoques**, quando estes são excessivos e/ou desnecessários;
- **De qualidade**, resultantes da produção de itens imperfeitos, que geram retrabalho, refugos ou problemas posteriores;
- **De movimentação de materiais e produtos**, quando pode ser evitada ou minimizada;
- **De movimentação humana**, semelhante à anterior;
- **De superprodução**, quando se geram itens desnecessários;
- **De espera**, quando se exagera na produção de estoques intermediários;
- **De planejamento**, quando não se trabalha na coisa certa.

O desperdício pode também estar disfarçado sob a forma da ineficiência de processos. A movimentação de materiais dentro da fábrica não agrega valor aos produtos, mas é necessária. Se, entretanto, for exagerada, devido a um arranjo físico ou um processo mal concebido, embute desperdício. Estas considerações valem também para as despesas.

Faz parte do processo de melhoria contínua dos processos, discutido em 6.5, a busca da eliminação dos desperdícios. Conway (1996) desenvolveu um modelo, ilustrado na Figura 3.8, no qual se pode perceber, sem necessidade de comentários adicionais, que a eliminação dos desperdícios passa por diversos aspectos das atividades da empresa.

A eliminação dos desperdícios, em parte óbvia e em parte difícil, por estarem muitas vezes camuflados, é de grande importância para a redução de custos e despesas. Uma das formas de buscá-la está na aplicação do princípio dos 5Ss, discutido em 5.3.2.c.

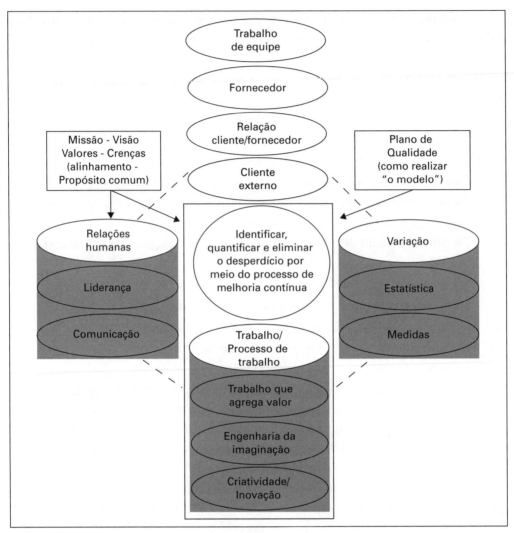

Figura 3.8 Modelo de Conway de melhoria contínua

Fonte: Conway (1996)

3.8.3 Análise dos custos

Nesta análise são introduzidos alguns conceitos básicos de importância para a administração empresarial.

Supondo variação linear, pode-se escreve que

$$CT = CF + CV = CF + Q \cdot CU \tag{3.1}$$

onde:
CT = custo total de Q unidades do produto
CF = custo fixo no período

Funções da Administração

CV = custo variável no período
CU = custo unitário do produto
Q = quantidade produzida

Por seu turno:

$$RT = Q \cdot PU \tag{3.2}$$

onde:
RT = receita total no período
PU = preço unitário do produto

Plotando as equações (3.1) e (3.2) em um gráfico, obtem-se a Figura 3.9.

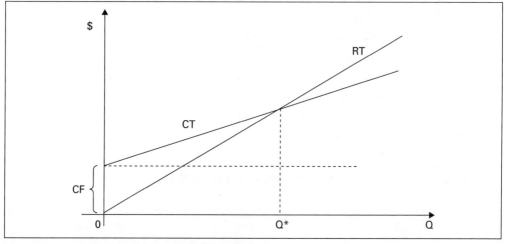

Figura 3.9   Variação da receita total e do custo total

O ponto Q*, onde a receita total ultrapassa o custo total (nele incluídas as despesas), é dito ponto de equilíbrio. Esse ponto indica a quantidade mínima que deve ser produzida e vendida para se auferir lucro com o produto, pois o lucro advém da diferença RT – CT.

Outra relação a considerar é aquela que mostra como varia o custo total unitário do produto, dado por

$$CTU = \frac{CT}{Q} = \frac{CF + Q \cdot CU}{Q} = \frac{CF}{Q} + CU \tag{3.3}$$

representado na Figura 3.10, na qual se vê que o custo total unitário do produto decresce hiperbolicamente com a quantidade produzida.

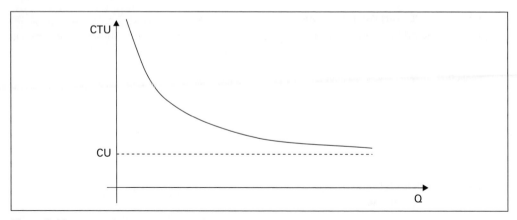

Figura 3.10 Variação do custo total unitário

Vamos agora introduzir considerações mais realistas na Figura 3.9. Essas considerações levam em conta que:

- A receita total não cresce sempre linearmente com Q, mas, a partir de certo ponto, devido à saturação do mercado, tende a diminuir sua taxa de crescimento, pela necessidade do oferecimento de promoções, descontos, etc.
- O custo total também não cresce sempre linearmente com Q pois, a partir de certo ponto, pode ser afetado por componentes adicionais de gastos, como horas extras, maior propaganda, etc.

Isso posto, tem-se a situação mostrada na Figura 3.11.

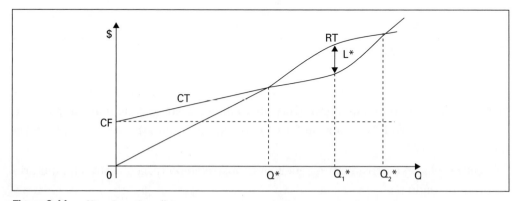

Figura 3.11 Situação mais realista

Na situação da Figura 3.9, em princípio, o lucro L = RT − CT seria tanto maior quanto maior fosse Q. Na situação mais realista da Figura 3.11, vê-se que esse aumento de quantidade produzida Q deve ser limitado a um máximo Q^*_2, a partir do qual o lucro se transforma em prejuízo. Na verdade, entretanto, não se deve ter por objetivo

Funções da Administração 75

chegar a essa quantidade produzida, de vez que o lucro máximo L^* se consegue para a quantidade produzida Q^*_1, no ponto em que as duas curvas têm a mesma inclinação, ou a mesma derivada primeira (ou, na linguagem dos economistas, a receita marginal é igual ao custo marginal).

3.8.4 Sistemas de custeio

A apuração dos custos na prática, essencial para seu conhecimento, monitoração e estudo, não é tarefa simples. Para isso, historicamente se estabeleceram alguns mecanismos, dos quais na sequência se dá uma rápida apresentação, sem a pretensão de maior aprofundamento.

a) RKW (Reichskuratorium für Wirstchaftlichtkeit)

Originária da Alemanha, essa técnica consiste no rateio não só dos custos de produção como também de todas as despesas, inclusive financeiras, a todos os produtos da empresa. Com esse rateio, chega-se ao valor de "produzir e vender", o qual, se fosse um rateio perfeito, nos daria o gasto completo de todo o processo empresarial de obtenção de receita. Bastaria adicionar o lucro desejado para se ter o preço de venda final. Para a fixação do preço, seria preciso estipular, além dos custos, das despesas e do lucro, o volume de venda de cada produto. Caso contrário, não seria possível realizar o cálculo. Ocorre que essa fórmula pode até ser utilizada em uma economia totalmente centralizada, porém dificilmente teria sucesso em uma economia de mercado, em que os preços giram em função de oferta e procura. É muito mais provável que uma empresa analise seus custos e suas despesas para verificar se é viável trabalhar com um produto, cujo preço o mercado influencia de forma marcante, do que determinar o preço em função daqueles custos ou despesas.

b) Custeio por absorção

Representa uma das formas tradicionais de se apurar os custos, até porque é o único sistema aceito no Brasil por auditorias contábeis e do imposto de renda, o que força as empresas a utilizá-lo, mesmo que apenas para efeito externo. Consiste em distribuir a totalidade dos custos à totalidade dos produtos, independentemente de sua classificação – e é aí que reside a impropriedade do sistema para as análises internas. Neste sistema, as despesas são tratadas separadamente e contabilizadas no período (em geral, o mês) juntamente com os custos dos produtos vendidos. Os custos dos produtos em fabricação e dos produtos finais, ainda não comercializados, não entram nesse cálculo. Esses custos, embora tenham efetivamente ocorrido no período em consideração (ou antes), ficam "estocados" para apuração no período seguinte.

c) Custeio direto

Neste sistema, são alocados aos produtos os custos de materiais diretos, mão-de-obra direta e a parte direta dos gastos gerais de fabricação. A parte indireta destes gastos e os custos fixos são tratados como despesas do período. Com isso, pode-se melhor analisar os custos diretos de produção e estes custos não ficarão "estocados" para o período seguinte. Entretanto, o sistema descrito em **b** é mais apropriado para o estabelecimento do preço de venda, desde que este seja imposto pelo mercado.

d) Custeio padrão

Baseia-se no conceito de custo padrão dos produtos, estabelecido, em cada caso, com base em considerações técnicas de preços dos insumos e de quantidades de produção. O custo padrão pode ser **ideal**, determinado cientificamente imaginando as melhores condições de produção e ausência de desperdício, constituindo portanto uma meta a se atingida; **estimado**, obtido a partir de dados da realidade da produção; e **corrente**, situado entre os outros dois, representando um objetivo de curto ou médio prazo mediante a incorporação de melhoria contínuas. Estabelecido o padrão, tem-se uma referência para análises do que ocorre na realidade, devendo-se buscar adequar essa realidade ao padrão. Esta proposta não é excludente em relação aos outros sistemas aqui apresentados.

e) Custeio baseado em atividades

Também conhecido pela sigla ABC, de Activity Based Costing, é um sistema relativamente moderno, surgido no final da década de 1980, buscando eliminar distorções devidas às práticas de rateio de custos, comuns nos sistemas tradicionais. Nesse sistema, são determinados os custos das diversas áreas funcionais da empresa (atividades), para serem depois alocados aos produtos, considerando que estes "consomem" tais atividades. A Tabela 3.1 ilustra esta sistemática mediante um exemplo simples do custo de expedição de produtos, supondo que a empresa trabalhe com dois produtos A e B.

Tabela 3.1 Custeio ABC – Ilustração

Dados	Produto A	Produto B
Volumes	5.000	5.000
Expedições	1	9
Custos de expedição	$ 500,00	$ 4.500,00
Custo unitário de expedição	$ 0,10	$ 0,90

Fonte: Toledo (1997)

Se o custo da expedição, por ser indireto, fosse rateado pelos volumes de produção, seria alocado a ambos os produtos o mesmo custo unitário de expedição $ 0,50.

Funções da Administração

3.9 PROJETOS

Projetos diferem dos processos existentes nas linha das empresas por terem começo, meio e fim. O PMBOK (2003)[4] define projeto como "esforço para atingir um objetivo, com preço e custos pré-fixados".

Os projetos podem ter identidade própria, reunindo grupos ou consórcios de empresas para sua realização, como aquele em gestação do trem-bala unindo Campinas, São Paulo e Rio de Janeiro, ou podem ser concebidos e executados no âmbito de uma empresa ou organização. De fato, há empresas que trabalham por projetos na construção civil (cada prédio ou conjunto de prédios pode ser um projeto), na construção naval (cada navio é um projeto diferente), ou mesmo no caso de produções intermitentes realizadas por encomenda (turbinas elétricas, vasos de pressão, etc.).

Soler (2008) ilustra os diversos aspectos da gestão de projetos com o exemplo do deslocamento de um piano de cauda do porão para o último andar de um edifício em poucas horas, devidamente afinado e pronto para ser usado.

Alguns aspectos importantes na Administração de Projetos são apresentados a seguir:

a) Gerente do projeto

O projeto precisa ter um gerente responsável, que coordena e dirige as suas atividades, exercendo a necessária liderança (ver, a propósito, 4.1). Esse gerente deve conhecer tecnicamente os aspectos básicos do projeto, ter habilidades gerenciais, saber delegar responsabilidades, apoiar e cobrar seus colaboradores. Sendo um projeto no âmbito de uma empresa, ter bom relacionamento com seus interlocutores não participantes do projeto, mas dos quais o projeto depende.

b) Prazos

Um cronograma mestre do projeto é importante elemento para o acompanhamento e controle dos prazos que foram definidos para as atividades. Esse cronograma pode ser apresentado sob a forma de um Gráfico de Gantt, conforme ilustrado na Figura 3.12, onde é representado o cronograma do projeto da produção dos originais de um livro.

---

[4] O PMBOK – *Project Management Body of Knowledge* é a publicação básica do PMI – Project Management Institute, contendo as diretrizes e demais informações para administrar adequadamente os projetos.

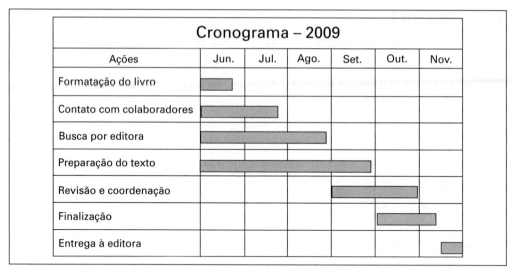

Figura 3.12   Cronograma da produção de um livro

O cronograma pode ser físico (como o da Figura 3.12) ou financeiro. Pode também ser apresentado de forma acumulada, o que facilita a confrontação do planejado com o realizado. A Figura 3.13 ilustra essa comparação em um cronograma financeiro acumulado, na qual I é o investimento previsto no projeto.

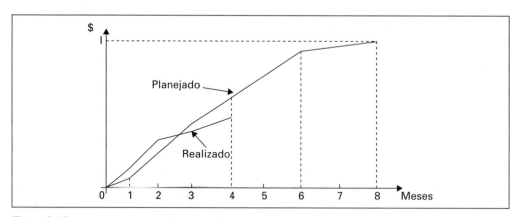

Figura 3.13   Cronograma financeiro cumulativo

Vê-se que, após o quarto mês, não se conseguiu investir no projeto o montante planejado, o que requer análise e providências.

c) Técnicas de caminho crítico

São técnicas úteis para fazer a programação de projetos, identificando as atividades críticas que merecem maior atenção e onde atrasos nas atividades acarretam atraso no projeto. Dentre elas destaca-se a técnica CPM – Critical Path Method, ilustrada por meio de um exemplo.

Funções da Administração

Suponha-se um projeto no qual devem ser realizadas as atividades dadas na Tabela 3.2, com as respectivas durações previstas, em semanas.

Tabela 3.2   Atividades de um projeto

Atividades	Durações
A	3
B	5
C	4
D	7
E	5
F	8
G	10
H	6
I	3

Além disso, essas atividades obedecem as ordens de precedência mostradas na Figura 3.14, em que os nós representam pontos (ou momentos) de início e término das atividades e estas são representadas pelas flechas com as respectivas durações. Uma atividade só pode ser iniciada quando as demais chegando ao nó estiverem encerradas. Por exemplo, a atividade E só pode ser iniciada depois que B e C forem concluídas.

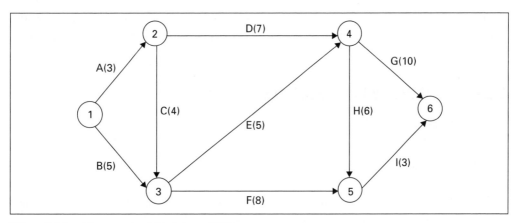

Figura 3.14   Diagrama de atividades para CPM

Uma análise visual da Figura 3.14 permite identificar o caminho crítico, que passa pelas atividades A, C, E e G, determinando a duração do projeto de 22 semanas (3 + 4 + 5 + 10 = 22), realizável se não houver nenhum atraso nessas atividades críticas. Qualquer outro caminho possível tem duração menor e contém folgas que podem eventualmente compensar algum atraso nessas atividades. A Tabela 3.3 indica as folgas das várias atividades, que são nulas para as atividades críticas.

80 Administração com qualidade

Tabela 3.3 Folgas das atividades

Atividades	A	B	C	D	E	F	G	H	I
Folgas	0	2	0	2	0	3	0	1	1

Um refinamento da técnica CPM é o PERT – Program Evaluation and Review Technique, que permite atribuir variações aleatórias aos tempos das atividades. Programas computacionais são disponíveis para determinar o caminho crítico e calcular outras informações de interesse em redes CPM/PERT de projetos de maior porte.

d) Decisões críticas

Um projeto de porte tem momentos preestabelecidos da sua execução em que avaliações devem ser feitas, de modo a se ter um efetivo controle do andamento das atividades. Nesses pontos de referência, ou "portões de passagem", deve-se avaliar se o projeto deve prosseguir ou não e, caso afirmativo, com quais modificações. A realização dessas análises é amparada por índices técnicos que ajudam a avaliar a situação do projeto. Um replanejamento pode ser feito e um novo cronograma ser estabelecido. A decisão de abortar o projeto é drástica, mas, em certos casos, a melhor.

e) Relacionamento com os donos do projeto

O gerente do projeto deve manter um franco, transparente e permanente relacionamento com os donos do projeto, ou seja, aqueles que nele estão investindo. Isto facilita as decisões a serem tomadas nos momentos críticos, como a eventual necessidade de investimentos adicionais e a própria decisão de não levar adiante o projeto, quando for o caso.

3.10 QUESTÕES PARA REFLEXÃO E DISCUSSÃO

1. Na história das tentativas para domar a galopante inflação brasileira contam-se o Plano Sarney, baseado no ajuste por baixo através do congelamento dos preços, o Plano Collor, baseado no confisco do meio circulante, e o Plano Real, executado pelo presidente Itamar Franco, baseado no ajuste por cima mediante a URV – Unidade Real de Valor. Por quais razões somente a terceira dessas tentativas foi bem-sucedida? Quais falhas poderiam ter prejudicado as outras duas?

2. Se você fosse chamado para ser o técnico da seleção brasileira de futebol, quais obrigações você acha que teria? Faça uma lista das atividades que você acha que deveria exercer buscando o melhor resultado possível. Relacione essa lista com as funções da Administração.

3. Há diversas atividades na vida corrente que se prestam bem a diferenciar os conceitos de eficiência e eficácia. Pense nisto, nos casos de:

Funções da Administração   81

a) Um microempresário
b) Um vendedor
c) O jogo de futebol
d) Um pregador religioso

e) Um homem conquistador
f) Um político
g) Um médico ou dentista
h) Outros que você pode identificar

4. Discuta os conceitos de estratégia e tática nas seguintes situações:

a) Candidatura a um cargo público
b) Conquista amorosa
c) Jogo de xadrez
d) Preparação de uma festa surpresa

e) Anúncio pelo governo de um plano econômico radical
f) Venda de um imóvel
g) Outras a seu critério

5. Recentemente, houve três grandes acidentes aeronáuticos que traumatizam os brasileiros. O primeiro, da Gol, resultou de uma sequência trágica de negligências. Nos outros, da TAM e da Air France, houve várias menções ao cerceamento da ação dos pilotos pelos computadores de bordo. Estariam os computadores exorbitando as suas funções de controle? Seria este um caso de *overcontrol* com indesejáveis consequências?

6. Botelho (1984) define incompetências habilidosas como sendo todas aquelas desculpas que identificam a impossibilidade ou a má vontade para resolver algum defeito ou situação, caracterizando um sistema de defesa usado para fugir de, evitar, esconder ou transferir problemas ou situações delicadas, como também para justificar os próprios erros. Relacione esta definição com o visto em 3.3.4.

7. O custo fixo mensal para produzir certo produto é de R$ 10.000,00, o custo variável unitário é de R$ 25,00 por unidade e o preço de venda é de R$ 75,00 por unidade, admitindo-se que a demanda mensal seja da ordem de 500 unidades. A partir de 500 unidades, a venda e a produção passam a exigir despesas adicionais, de forma que, para Q > 500, as respectivas equações de custo e receita passam a ser, em reais:

$$C = 17.500 - 5\,Q + 0,03\,Q^2$$
$$R = -5.000 + 95\,Q - 0,02\,Q^2$$

onde Q é a quantidade mensal produzida.

a) Qual a produção mínima mensal que viabiliza economicamente o produto?
b) Qual a produção ótima mensal que maximiza o lucro com o produto?
c) Qual a quantidade máxima produzida acima da qual o produto gera prejuízo?
d) Verifique graficamente esses resultados.

Respostas: a) 200, b) 1000, c) 1741.

8. Em seu discurso de posse em 2001, o presidente Lula mencionou a necessidade de o Brasil ter um projeto de país. Discuta essa questão. Se você fosse encarregado de elaborar esse projeto, quais seriam as suas determinações básicas?

9. Identifique desperdícios correntes com os quais você se depara no dia a dia. Como se poderiam minimizá-los ou eliminá-los?

10. Você vai tirar férias e decidiu ir com os amigos, em dois ou três carros, para o Chile. Pense nos aspectos de planejamento e organização que tal empreendimento requer previamente, e nos aspectos de direção e controle que decerto requererá durante a sua execução.

11. Mentalize a organização informal que existe na empresa/entidade em que você trabalha ou estuda. Identifique os relacionamentos informais aí existentes. Discuta a sua importância, tanto do ponto de vista positivo como negativo.

12. Imagine e discuta outros pecados capitais da Administração que poderiam ser acrescentados aos discutidos em 3.7.

13. Identifique claramente a diferença entre um processo e um projeto. Discuta as relações que podem existir entre os dois tipos de realizações.

14. Suponha que, para agradar uma criança que vai chegar, você resolve preparar uma cadeia de 500 dominós, de modo que, derrubando o primeiro, todos cairão sucessivamente. Que providência você tomaria durante a execução desse projeto para evitar um desastre? Perceba a analogia entre esse caso e os *back-ups* de computador.

15. Um projeto tem as atividades com durações e precedências conforme indicado na tabela a seguir. Construir o diagrama CPM, determinar o caminho crítico e a duração prevista do projeto.

Atividade	Duração	Precedentes
A	3	–
B	6	–
C	4	–
D	5	A
E	2	B, D
F	6	A
G	5	C
H	10	A
I	8	B
J	6	E, F, G
K	4	E, F, G
L	2	G
M	3	L
N	2	H, G, M
O	4	L

4

Aspectos comportamentais

A administração empresarial e organizacional envolve diversos aspectos ligados ao comportamento humano que não podem ser esquecidos, sob pena de tornar o processo administrativo mecânico, frio e ineficaz. Como são pessoas que participam desse processo, é preciso conhecer a forma de comportamento dessas pessoas para melhor analisar, compreender e interagir com esse processo.

Neste capítulo estão reunidos alguns desses aspectos, sem a pretensão de examiná-los a um nível sociológico e psicológico profundo, o que deve ficar a cargo de especialistas tarimbados na lida com a tipologia humana.

4.1 LIDERANÇA

No Quadro 3.1 foi colocado que liderança e motivação são aspectos no âmbito da função Direção, uma das quatro grandes funções da Administração. Vejamos uma de cada vez.

O conceito de liderança está ligado a certas características que dão a determinadas pessoas a capacidade de tomar decisões aceitas com entusiasmo pelos seus colaboradores. Liderança é, pois, a capacidade de inspirar confiança e influenciar pessoas visando atingir algum objetivo proposto com o qual todos estão de acordo. Ou seja, o líder é capaz de obter concordância com suas ideias e propósitos pelo grupo do qual está à frente. Esta é, evidentemente, uma característica altamente desejável aos que comandam os empreendimentos, desde que as ideias que postulam sejam as mais adequadas ao sucesso. Quando um chefe consciente do que deve ser adequadamente feito tem também a condição de liderança dos seus subordinados, os efeitos desse binômio costumam ser plenamente satisfatórios.

São competências reconhecidas dos líderes: iniciativa, autoconfiança, honestidade, disciplina, inteligência, capacidade de relacionamento e conhecimento do assunto envolvido no processo de liderança. As fontes de autoridade referidas em 3.3.3 valem também para o exercício da liderança.

A capacidade de relacionamento, fundamental para o exercício da liderança, também o é para a existência de confiança mútua, desenvolvendo nas pessoas entusiasmo, criatividade e, sobretudo, o desejo de realização pessoal. A importância do relacionamento é corroborada por Peter Drucker, segundo quem "os relacionamentos serão a maior fonte de riqueza no século XXI".

Entretanto, Hitler e Churchill foram líderes incontestes durante a Segunda Guerra Mundial. Este simples exemplo ilustra a importância de estar o líder comprometido com as causas certas, e não obedecendo a propósitos pessoais, neste caso certamente iludindo seus liderados com conclamações ilusórias.

Outro exemplo real ilustrativo da importância de um líder é o de um time de futebol, esporte coletivo em que, frequentemente, a presença do líder, com sua experiência e capacidade de motivação dos companheiros de equipe, pode ser decisiva para a vitória.

Como já foi dito em 3.1, Zaccarelli e Guimarães (2007) chamam a atenção para a distinção entre os estrategistas e os lógicos com respeito a seus papéis na administração empresarial, cabendo aos primeiros o traçado das grandes linhas de conduta e aos segundos administrar os demais aspectos em consonância com as estratégias disponíveis. Supondo-se que os estrategistas citados sejam também dotados da condição de liderança, pode-se construir a Figura 4.1, na qual se relaciona o papel dos líderes e dos administradores com as quatro grandes funções da Administração.

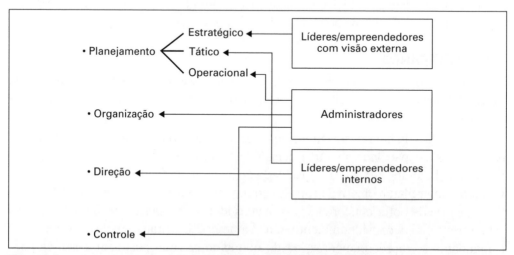

Figura 4.1   Papel dos líderes e administradores nas funções da Administração

Note-se que, nessa figura, os líderes são também denominados empreendedores, relação que faz todo sentido. O fator empreendedorismo é discutido adiante neste capítulo, em 4.9.

Aspectos comportamentais

A Figura 4.1 tem muito a ver com a afirmação de Warren Bennis, fundador do Leadership Institute, da Southern Califórnia University, para quem "os administradores fazem bem as coisas" (portanto, estão ligados ao conceito de eficiência), enquanto "os líderes fazem as coisas certas" (portanto, estão ligados ao conceito de eficácia).

Posto o que é e onde se exerce a liderança, a questão é saber como se consegue e como se exerce essa liderança, ou seja, quais são as condições e atitudes que caracterizam a presença do líder. É o que se apresenta a seguir.

Os seguintes aspectos, em sua maioria, correspondem à figura do líder:

- Precisa ser um agente de transformação;
- Ter visão clara sobre para onde quer levar a organização;
- Ter coragem para propor e implementar mudanças;
- Criar definição coletiva e solidária de sucesso;
- Ter indicadores claros;
- Engajar os participantes no processo de transformação;
- Conhecer de perto sua equipe;
- Comunicar-se sempre com os seus liderados;
- Usar o diálogo para obter o consenso;
- Olhar para trás, conhecer a cultura herdada;
- Infundir segurança entre os liderados;
- Saber que os liderados esperam verdades;
- Mostrar o máximo possível de transparência;
- Pautar-se pelo tripé: competência, ambição,[1] integridade.

São adequadas as seguintes recomendações para o líder:

- Seja otimista;
- Defina suas fontes;
- Conheça sua equipe;
- Provoque o comprometimento;
- Solicite e dê *feedback;*
- Faça reuniões de avaliação;
- Esteja aberto à negociação;
- Ouça mais do que fale;
- Seja paciente e cauteloso;
- Dê soluções proativas aos problemas;
- Faça autocrítica.

---

[1] Palavra aqui colocada em seu melhor sentido, o de querer realizar seus objetivos.

Se o líder é também o chefe formal, podem-se acrescentar:

- Evite a megalomania;
- Coloque a competência acima da lealdade;
- Evite preconceitos;
- Não evite o conflito, mas aprenda com ele;
- Queira ser um chefe eficaz.

A seguir, são apresentados excertos de entrevista sobre liderança com Carlos Ghosn, então presidente mundial da Nissan, extraídos do site **www.portaldaqualidade.com**:

- Confiança e motivação são essenciais. Com um quadro funcional motivado, a vitória virá. Caso contrário, a derrota é certa.
- Há que ter visão e uma estratégia muito clara, compartilhada, comunicada.
- O sucesso não pode beneficiar somente o acionista, tem que beneficiar também o empregado.
- Jamais dizer que a empresa está dando certo se não está. Jamais dizer que o funcionário é bom, se ele não é.
- Dedicação total à performance. É preciso medir os resultados.
- Há que ter transparência. Se você pensa, você diz. Se você diz, você faz.
- A transformação de uma pessoa em líder só ocorrerá quando ela enfrentar os obstáculos e superá-los.

São apresentados também os ensinamentos de Richard Witeley, dados no Fórum HSM de Alta Performance, sobre práticas críticas da liderança:

- Propósito: saber o que quer;
- Legado: saber o que deixar;
- Intenção – impacto:
  - 7% provém do que diz;
  - 38% provém de como diz;
  - 55% provém da energia própria.
- Comunicação;
- Preocupação com as consequências;
- Humildade.

Segundo a Revista Exame de 2 de fevereiro de 2005, segue o que os líderes de sucesso têm em comum:

- Constroem uma sólida cultura empresarial;
- Identificam e atendem mercados inexplorados ou mal-explorados;
- São visionários e enxergam o invisível;

Aspectos comportamentais

⬭ Constroem e fortalecem as marcas;[2]

⬭ Usam o preço como vantagem competitiva;

⬭ Aprendem de forma rápida e contínua;

⬭ Assumem e administram riscos;

⬭ Dizem a verdade.

Completando esta relação de tópicos, apresentamos a opinião de James L. Bailey, vice-presidente executivo da United States Trust Company, para quem os verdadeiros líderes são poucos nos dias atuais.[3] O autor admite que os líderes, como os seres humanos em geral, também falham, mas afirma que os líderes verdadeiros apresentam oito qualidades comuns:

1. Têm uma visão, uma ideia clara de qual deve ser o destino da organização – e sabem como chegar lá;

2. São comunicadores vigorosos e otimistas, motivando os colaboradores a apoiar suas ideias;

3. Concentram-se em uma lista reduzida de prioridades;

4. Exibem a coragem que vem da certeza;

5. Preparam-se incansavelmente, estudam para saber com o que estão lidando;

6. Assumem riscos calculados e tomam decisões;

7. São administradores dos recursos alheios e têm isso como claro;

8. Os verdadeiros líderes são apaixonados por aquilo que fazem (BAILEY, 2009).

Uma interessante questão ligada ao fator liderança diz respeito ao tipo psicológico dos indivíduos. O psicólogo David Keirsey estabeleceu uma teoria que classifica as pessoas em quatro grandes tipos psicológicos. Esses tipos são mais ou menos propensos a determinadas formas de liderança, conforme apresentado em 4.3.

Uma das mais importantes consequências positivas do exercício da liderança é o desenvolvimento da motivação para o propósito desejado, questão discutida a seguir.

4.2 MOTIVAÇÃO

Faz parte indissociável das atribuições dos líderes incutir em seus liderados a efetiva motivação, para que se desincumbam o contento das atividades que lhes competem. Para tanto, o processo de distribuição de responsabilidades, de provimento dos recursos necessários e a participação do líder devem ser executados de maneira satisfatória.

---

[2] Ver a propósito 4.10.7.

[3] Indagamo-nos se há relação de causa e efeito entre este fato e a constatação de que os verdadeiros estadistas também são raros, ou quiçá, inexistentes no presente.

Tudo isso, entretanto, pode não ser suficiente para conseguir a necessária motivação e o desejável comprometimento com os fins a alcançar. Há algumas considerações de natureza humana que os administradores e os líderes, para o exercício das suas atribuições, devem conhecer.

Uma delas diz respeito à hierarquia das necessidades, segundo Abraham Maslow.[4] Esse celebrado psicólogo organizou as necessidades humanas segundo uma escala, apresentada sob a forma de uma pirâmide na Figura 4.2.

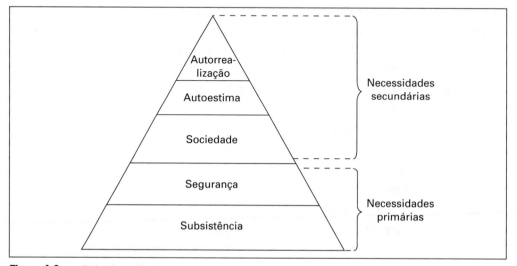

Figura 4.2   Pirâmide de Maslow

Segundo Maslow (2000), as pessoas tendem a se preocupar com as necessidades mais nobres, ou mais acima na pirâmide, somente após verem satisfeitas as necessidades que estão abaixo. Assim, a primeira necessidade humana é, muito compreensivelmente, a subsistência (ter comida, casa, etc.), seguida da segurança (segurança física, estabilidade no emprego, assistência médica, etc.), consideradas necessidades básicas, ou seja, de primeiro nível.

Satisfeitas estas, a pessoa começa a se preocupar com o segundo nível, no qual os quesitos são mais de cunho íntimo. Primeiro, vem a necessidade da vida em sociedade (ter amigos, frequentar um clube, divertir-se, etc.), depois a autoestima (reconhecimento, *status*, poder, etc.) e, no cume da pirâmide, a autorrealização (satisfação pelo que faz, dever cumprido, sensação de paz de espírito, etc.). O bom administrador deve ter essa hierarquia em mente ao tomar decisões que envolvam pessoas e a sua condição na escala de necessidades, pois isto pode ajudá-lo a cometer menos erros.

Entretanto, Napolitano (2008), discorrendo sobre serviços de beleza, reconheceu que no mundo moderno, em particular na população feminina, questões de autoestima

---

[4]   Merece menção o aforismo de Maslow: "O que não vale a pena fazer não vale a pena fazer bem feito".

Aspectos comportamentais

frequentemente se antecipam a outras que, segundo Maslow, seriam prioritárias, subvertendo a pirâmide, conforme ilustrado na Figura 4.3.

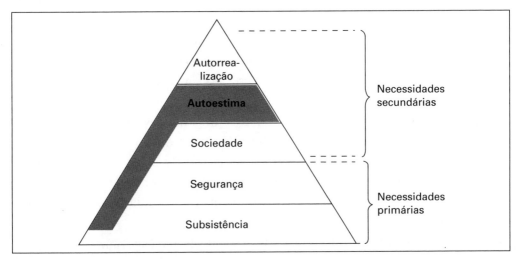

Figura 4.3   Pirâmide de Maslow modificada

Fonte: Napolitano (2008).

Assim, muitas mulheres (e homens também, acrescentamos), colocam a questão da apresentação física acima de outras que, em tese, seriam mais importantes, por uma questão de vaidade ou atendendo ao apelo da propaganda. Isso vale também para objetivos que representam *status*, como a posse de um carro muitas vezes comprado mediante longas prestações pagando altas taxas de juro quando necessidades primárias, como a da casa própria, sequer foram devidamente satisfeitas.

Uma outra teoria, devida a Frederick Herzberg e ilustrada na Figura 4.4, diz respeito aos fatores que geram, ou não, motivação. Os fatores extrínsecos (de fora da pessoa), ou fisiológicos, geram satisfação física, mas não propriamente motivação. Exemplos de fatores extrínsecos são: boas condições físicas de trabalho, ar condicionado, transporte, clube de lazer, etc. Segundo o autor, o que gera de fato motivação são os fatores intrínsecos, ligados às tarefas a executar, aquelas que colocam desafios aos colaboradores, com dificuldades a vencer, com salutar envolvimento, enfim, que geram um sentimento de satisfação interior pelo sucesso alcançado. Estes são os fatores que efetivamente conduzem à motivação, segundo Herzberg.

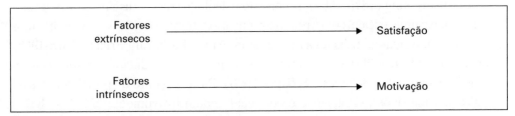

Figura 4.4   Teoria Motivacional de Herzberg

Há, evidentemente, tarefas mais ou menos dotadas de fatores intrínsecos e, portanto, propensas a gerar motivação, desde que devidamente incentivadas pelos líderes. A decisão quanto a quem atribuir essas tarefas é importante, pois dela pode depender o sucesso ou o fracasso do empreendimento.

Quanto às tarefas destituídas de fatores intrínsecos, pode não haver muito o que fazer quanto ao tópico em discussão. Em compensação, essas tarefas são em geral rotineiras, de menor nível intelectual, não sendo cruciais para o sucesso da empreitada.

Pérez López (1993) acrescenta à teoria de Herzberg um terceiro fator, que chama de motivação transcendental, como sendo a força que leva a pessoa a atuar em função da utilidade de suas ações para outra(s) pessoas(s) ou para a sociedade.

Uma quarta abordagem quanto à questão motivacional é proporcionada por Hyrun Smith, em recente participação no Fórum HSM de Alta Performance. Respondendo à questão "o que almeja o ser humano?", Smith cita um estudo internacional mostrando que ele quer:

- **Equilíbrio** – casa, trabalho, etc. (em consonância com Maslow);
- **Simplicidade** – a tecnologia não tornou a vida mais simples, apenas ajudou a fazer mais coisas mais rapidamente;
- **Sucesso** – ser reconhecido por algo (também em consonância com Maslow);
- **Maior eficiência.**

Em resumo, paz interior, para o que o palestrante indicou quatro condições básicas:

1. Identificar as poucas metas mais importantes e cruciais.
2. Saber onde se está, o tempo todo.
3. Traduzir grandes metas em ações específicas:
   - Valores que nos governam;
   - Metas de longo alcance;
   - Metas intermediárias;
   - O que fazer diariamente.
4. Manterem-se mutuamente responsáveis o tempo todo.

4.3 TIPOS PSICOLÓGICOS

Carl Gustav Jung (1875-1961), renomado psicólogo suíço e discípulo de Sigmund Freud, propôs uma escala com três dicotomias de temperamentos dos indivíduos (JUNG, 1991), à qual as psicólogas norte-americanas Katharine Briggs (1875-1968) e Isabel Myers (1897-1980) acrescentaram uma quarta possibilidade, conforme apresentado no Quadro 4.1 (MYERS e MYERS, 1995). Esse conjunto de possibilidades de classificação dos tipos psicológicos é conhecido como instrumento MBTI – Myers-Briggs Type Indicator.

Aspectos comportamentais   91

Quadro 4.1   Perfis psicológicos segundo Jung e Myers-Briggs

Escala	Refere-se a	Atividade-chave
Extroversão – Introversão	Como uma pessoa é motivada	Motivação
Sensação – Intuição	Aquilo que a pessoa presta atenção	Observação
Pensamento – Sentimento	Como uma pessoa toma decisões	Decisões
Julgamento – Percepção	Tipo de vida que uma pessoa adota	Modo de vida

Fonte: Myers e Myers (1995).

As atividades-chave relacionadas com as escalas de temperamentos podem ser detalhadas em suas características conforme indicado no Quadro 4.2, no qual as siglas representativas das características são dadas de acordo com sua representação em inglês.

Quadro 4.2   Características das escalas

	Extroversão (E)	Introversão (I)
Motivação	Preferência por tirar energia do mundo exterior das pessoas, atividades ou coisas	Preferência por tirar energia do mundo interior das ideias, emoções ou impressões pessoais
	Sensação (S)	**Intuição (N)**
Observação	Preferência por obter informações por meio dos cinco sentidos e observar aquilo que é real	Preferência por obter informações por meio do "sexto sentido", observando o que pode ser
	Pensamento (T)	**Sentimento (F)**
Decisões	Preferência por organizar e estruturar as informações para tomar decisões de maneira lógica e objetiva	Preferência por organizar e estruturar as informações para tomar decisões de maneira pessoal e orientada para os valores
	Julgamento (J)	**Percepção (P)**
Modo de vida	Preferência por ter uma vida organizada e planejada	Preferência por ter uma vida espontânea e flexível

Fonte: Myers e Myers (1995).

Com base nessa caracterização, o psicólogo norte-americano David Keirsey estabeleceu uma teoria que engloba a grande maioria dos seres humanos em quatro grandes tipos psicológicos básicos, apresentados a seguir, construídos a partir de combinações dos temperamentos vistos:

a) **Tipo SP**, segundo o autor com cerca de 38% da população, formado por pessoas voltadas à liberdade para agir, aversas à rotina, metas de longo prazo, treinamentos, esperas, planejamentos e atribuições. Impulsivo, é útil em crises e emergências. É realista, solidário com seu grupo, encontra prazer em atividades desafiantes.

b) **Tipo SJ**, também com cerca de 38% da população, é movido pelo dever, compromisso, senso de utilidade, doação, apegado a tradições, à burocracia e à hierarquia. Necessita de reconhecimento social, é averso a mudanças, tem postura séria e busca ser ético.

c) **Tipo NF**, com cerca de 12% da população, busca a identidade pessoal, tem o sentido de missão, de liderança, preza os aspectos humanos e sociais, o relacionamento, e gosta de manifestar-se verbalmente.

d) **Tipo NT**, também com 12% da população, aprecia o poder, é autocrítico, preza sua própria competência e capacidade de realização, tem foco no futuro, admite mudanças, usa a linguagem com comedimento e precisão e é interessado em tecnologia.

A teoria de Keirsey, evidentemente, não é a única a respeito do perfil psicológico dos indivíduos. Tem, entretanto, peculiaridades interessantes e pode ser invocada, como outras, quando da atribuição de responsabilidades – decisão em que muito cuidado deve-se ter para buscar indicar as pessoas certas para os lugares certos, sob pena de surgirem problemas e não se conseguirem os melhores resultados.

Os que desejarem mais informações sobre essa teoria e se interessarem por aspectos comportamentais esperados dos quatro tipos psicológicos quanto a qualidades naturais, deficiências potenciais, perfil motivacional, condições de liderança, trabalho em equipe e espírito empreendedor poderão encontrá-los em Matsuoka (2007).

4.4   PARADIGMAS COMPORTAMENTAIS NAS DECISÕES

Simon (1997) identificou cinco paradigmas comportamentais na tomada de decisões, cujas características são resumidas no Quadro 4.3.

Quadro 4.3   Características dos paradigmas comportamentais de Simon

Paradigmas comportamentais	Principais características
Racional	Decisão individual ou em grupo. Preferências claras e conhecimento total das alternativas e consequências. Lógica de escolha pouco influenciada por pressões do ambiente. Inexistência de conflitos entre participantes.
Organizacional	Decisão individual ou em grupo. Preferências claras. Lógica de escolha que valoriza conceitos institucionalizados, tais como normas (explícitos) ou tradições (implícitos). Inexistência de conflitos entre participantes.
Racional limitado	Decisão individual ou em grupo. Preferências claras e conhecimento limitado das alternativas e consequências. Lógica de escolha pouco influenciada por pressões do ambiente. Inexistência de conflitos entre participantes.
Garbage can	Processo decisório envolvendo um grupo de pessoas. Preferências problemáticas, tecnologia não clara, participação fluida. Inexistência de conflitos. Processo geralmente demorado. Decisão envolve confluência aleatória de eventos (sorte).
Político	Processo decisório envolvendo grupos em conflito quanto às preferências. Uso de barganha ou negociação.

Fonte: Adaptado de Simon (1997).

Aspectos comportamentais 93

Uma discussão mais aprofundada a esse respeito pode ser vista em Fernandes et al. (2007).

4.5 CLIMA ORGANIZACIONAL

Este conceito diz respeito à forma como os relacionamentos interpessoais se dão no seio da organização. Resulta de tradições arraigadas, formas de compartilhamento de sentimentos e sensações, concordância por parte dos líderes, convenções não escritas que são aceitas pela maioria e determinam o modo como as atitudes são tomadas. Tem a ver com a organização informal discutida em 3.6.

O clima organizacional tem ligação de causa e efeito com o conceito de cultura organizacional, este relacionado com o grau de intelectualidade e formação técnica/profissional dos integrantes da organização e certamente influenciado pela qualidade dos treinamentos, relacionamentos e desafios de que os colaboradores participam no exercício de suas funções.

Moran e Volkwein (1992) consideram o clima organizacional uma característica relativamente duradoura que:

a)   inclui percepções coletivas dos membros sobre sua organização relacionadas a dimensões como autonomia, confiança, coesão, apoio, reconhecimento, inovação, honestidade, criatividade, etc.;

b)   é produzido pela interação dos membros;

c)   serve como uma base para interpretar situações;

d)   reflete as atitudes, as normas e os valores prevalecentes da cultura da organização;

e)   atua como fonte de influência para os comportamentos apresentados.

O clima organizacional pode ajudar ou atrapalhar a implementação de mudanças na organização. Cabe ao bom administrador conhecer o clima e a cultura da organização para ajudá-lo nas suas decisões e, quando for o caso, buscar influir positivamente para a própria mudança gradativa do clima e da cultura.

O clima organizacional tem também certamente influência na motivação dos empregados em realizar a contento suas obrigações. Essa influência pode ser positiva ou negativa, e agir sobre os fatores extrínsecos ou intrínsecos apontados por Herzberg, conforme visto em 4.2.

Olhando mais amplamente essa questão, o clima organizacional pode refletir diretamente na qualidade de vida no trabalho, que tem a ver com a satisfação e as motivações das pessoas no ambiente laboral. Segundo Walton (1973), a qualidade de vida no trabalho passa por sua humanização e pela responsabilidade social da empresa, envolvendo o atendimento das necessidades e aspirações dos indivíduos mediante providências como reestruturação de cargos e novas formas de organizar o trabalho, em associação com a formação de equipes com maior poder de autonomia e com a promoção de melhorias no meio ambiente da organização. O termo *empowerment,* sem tradução conveniente, é utilizado para designar a maior atribuição de poder com responsabilidade aos colaboradores, o que contribui para o seu aumento de motivação e autorrespeito. É um erro relativamente comum a direção da empresa, na busca de maior produtividade e do crescimento econômico, negligenciar ou mesmo inibir a criação dessas condições para a melhoria da qualidade de vida no trabalho.

4.6 MUDANÇA ORGANIZACIONAL

"Não há coisa mais difícil a tratar, nem mais incerta a alcançar, nem mais arriscada a gerir que a efetiva introdução de uma nova ordem, porquanto aquele que a introduz terá por inimigos todos os que da velha ordem extraíam privilégios e por tímidos defensores todos os que das vantagens da nova poderiam usufruir", escreveu Maquiavel (1469-1527) em seu famoso livro *O príncipe* (MAQUIAVEL, 1998). Vê-se, daí, que reações às mudanças, como sempre ocorre quando algo novo se deseja implementar nas organizações, não é coisa recente.

De fato, a instauração de uma nova orientação administrativa, de um novo sistema de gestão da qualidade, de medidas para a própria proteção dos trabalhadores contra acidentes ou doenças do trabalho, seja o que for que modifique o presente modo de executar as atividades, sempre terá, em maior ou menor grau, adversários que se valerão de meios ostensivos ou velados para dificultar ou mesmo impedir a mudança, que pode ir da má vontade à sabotagem.

Por que isto ocorre? Uma das razões é as pessoas que fazem alguma coisa de certo modo há bastante tempo estarem acostumadas com esse procedimento e naturalmente o julgarem o mais adequado, tendendo a rejeitar as mudanças. Entretanto, a mais incisiva das razões decerto está no receio da perda de privilégios que alguns têm ou pensam que têm com a situação anterior. E este temor se manifesta mais agudamente nas camadas hierarquicamente intermediárias das organizações. É frequente a alta administração determinar e desejar implementar uma nova ordem, esta, se devidamente informada e justificada a todos os interessados, ser naturalmente aceita pelos colaboradores mais humildes e, ao mesmo tempo, encontrar as mais obstinadas resistências na média gerência. Estes são, via de regra, os que imaginam ter seus privilégios mais seriamente atingidos pelas mudanças.

Um processo de mudança, para ser bem-sucedido, deve ser bem planejado, bem divulgado, bem justificado e bem executado. Precisa levar em conta o clima e a cultura da organização, discutidos em 4.5. Precisa contar com o comprometimento da alta administração, sem o qual inexoravelmente fracassará. E comprometimento não é o simples aval, a simples concordância. O comprometimento é a real conscientização do desejo de realização, comprovado por evidências visíveis. É o exemplo que dá força aos que têm a incumbência de vencer as resistências e implementar a mudança. A equipe responsável pela mudança deve ter clara delegação de autoridade pela alta administração de organização para executar sua tarefa.

Aspectos comportamentais 95

O processo de mudança deve começar pelos pontos onde tenha maior probabilidade de sucesso, para assim produzir o efeito demonstração e ajudar sua implementação nos pontos mais problemáticos.

Seis determinações, os seis Cs da mudança, devem ser considerados:

- **Compreensão:** entendimento da importância da mudança por parte da alta administração;
- **Comprometimento:** determinação de fazer a mudança por convencimento da sua importância;
- **Competência:** dispor da capacidade técnica e administrativa para realizar a mudança;
- **Correção:** ausência de erros no processo de mudança;
- **Comunicação:** informação e justificação a todos os envolvidos sobre a necessidade e importância da mudança;
- **Continuidade:** garantia de que não haverá retrocesso após a implementação.

É interessante registrar a constatação de Silveira (2007), de que as mudanças para melhor decorrem da introdução de novos conceitos e não devido à adoção de novas metodologias. Essas metodologias só de fato ajudam em organizações que entendem os seus verdadeiros problemas e são capazes de mudar seus paradigmas para poder enfrentá-los.

O citado autor identificou algumas mudanças conceituais capazes de levar a melhorias efetivas:

- Mudança de postura com respeito ao cliente, pelo entendimento da sua verdadeira importância (ver 2.2);
- Foco nos resultados do negócio;
- O entendimento do que é um processo, sem o qual não se pode aprimorá-lo;
- O entendimento da importância das pessoas, com suas diferenças intrínsecas. O discurso não pode ser igual para todos;
- Tratar os erros como fontes de aprendizado;
- A compreensão de que o poder de liderança é mais importante que a autoridade formal.

Do alto dos seus 35 anos de experiência profissional em gestão empresarial, o autor citado também apresenta algumas sugestões para a melhoria da produtividade empresarial:

- Aprender a aprender, não esquecendo que o mundo moderno é extremamente dinâmico, obrigando as pessoas que decidem a uma contínua atualização;
- Entender e usar conhecimentos da teoria dos sistemas aplicados à gestão, não confundindo "visão sistêmica", no sentido de sabedoria profunda, conforme

preconizado por W. E. Deming (ver 6.4), com simplesmente observar tudo o que se passa;

- Entender e implementar o conceito de Gerenciamento por Processos (ver 3.6);[5]
- Aprender como lidar com as pessoas na linha da moderna ciência denominada Dinâmica Humana (em inglês HD – Human Dynamics), ainda em processo de descoberta e entendimento por muitos administradores.[6]

A questão da mudança organizacional tem relacionamento direto com o aprendizado organizacional, discutido em 8.5.1. De fato, o aprendizado é indutor e facilitador das mudanças, à medida que conscientiza os colaboradores da sua necessidade. A empresa que nada aprende, não inova e não muda, não terá condições de acompanhar a evolução do meio ambiente empresarial em que se situa, como as necessidades mutantes do mercado, as ameaças dos concorrentes e outras injunções, estando condenada a inevitáveis dificuldades e, provavelmente, ao soçobro.

4.7 A TOMADA DE DECISÃO

É impossível falar sobre Administração sem se preocupar com esta questão. Faz parte da ação administrativa tomar decisões sempre que necessário, nos diversos níveis em que essa ação se exerce.

Devido à importância da questão, neste tópico são apresentadas considerações que devem ajudar os responsáveis pela administração do que quer que seja a decidir melhor, lembrando que nem sempre a melhor decisão, tomada com os elementos que se tem à mão no momento, leva ao melhor resultado, devido a componentes de aleatoriedade (sorte ou azar) e desconhecimentos que quase sempre estão presentes.

Os fatores para a qualidade das decisões apresentados a seguir não são excludentes entre si e constituem uma relação certamente não exaustiva, podendo haver casos em que aspectos nela não contemplados sejam relevantes. Estas recomendações são primordialmente voltadas para as decisões lógicas, que se contrapõem às estratégicas, conforme frisado anteriormente (em 3.1 e 4.1), segundo a diferenciação apontada por Zaccarelli e Guimarães (2007).

4.7.1 Decisões tomadas racionalmente

Certamente, uma decisão tomada racionalmente, fruto de um processo cuidadoso de reflexão e do uso de metodologias adequadas, tende a ser melhor do que outra tomada sem esses cuidados. Incluem-se nestas as decisões tomadas com base

---

[5] O autor menciona Gerenciamento de Projetos, o que, evidentemente, também é válido quando for o caso.

[6] O autor se refere aos estudos de uma academia com esse nome, que investiga, desde 1979, o comportamento humano com base nas estruturas fundamentais das pessoas, identificando diferenças que vão além da idade, raça, sexo ou cultura (HORNE e SEAGAL, 1998).

Aspectos comportamentais

na intuição, na opinião de terceiros não abalizados e, principalmente, as decisões emocionais.

A forte emoção, muitas vezes, representa uma traiçoeira armadilha para os tomadores de decisão (decisores). Pessoas mais temperamentais costumam ser as maiores vítimas das decisões assim tomadas. Logo, o bom decisor deve evitar fazer opções quando do esteja, de alguma forma, emocionalmente envolvido com o problema a resolver.

Sempre que possível, quando um momento de decisão se apresenta e o decisor percebe que está em condição emocional imprópria para a decisão, deve-se buscar adiá-la para uma oportunidade próxima, muitas vezes para o dia seguinte. O pequeno atraso em ter a solução pode ser amplamente compensado pela melhor decisão tomada com a cabeça mais fria.

Esta recomendação, entretanto, não deve ser entendida como uma sugestão de que a decisão seja sistematicamente adiada, ou por receio das possíveis consequências, ou por indisposição do decisor em tomá-la.

Há, entretanto, uma situação em que a postergação da decisão, até quando recomendável, pode ser convenientemente adotada. Trata-se de situações em que se deseja manter flexibilidade quanto às possíveis direções em que se pretende caminhar como decorrência da escolha feita. Uma das possibilidade para se beneficiar dessa flexibilidade é precisamente dada pelo adiamento das pertinentes decisões, evidentemente enquanto cabível, para poder realizar a opção com um conjunto maior de informações que se espera adquirir com o decurso do tempo.

4.7.2 Decisões baseadas em fatos e dados

Ao menos dois dos principais gurus da Qualidade, sobre os quais se verá mais no Capítulo 6, enfatizavam a importância de pautar as diretrizes e tomar decisões com base em fatos e dados, ao invés de palpites ou opiniões subjetivas. Esta parece ser uma recomendação elementar e simples de ser compreendida, mas deve-se ter uma certa dose de cuidado para a sua efetiva implementação.

Acontece que os dados de que se dispõe podem, muitas vezes, ser enganosos. Dados são elementos de informações colhidas da natureza, ou seja, obtidos do fenômeno em estudo. Eles estão na base dos subsídios à decisão a ser tomada, podendo ser de natureza qualitativa ou quantitativa.

Os dados, para serem úteis, devem ser transformados em informações, das quais se pode extrair conhecimento, que deverá nortear as melhores decisões. Os dados *in natura,* em geral, pouco informam e necessitam um trabalho estatístico de preparação para passarem a exibir a informação desejada. Esse papel cabe à Estatística Descritiva que, no dizer de Costa Neto (2002), preocupa-se com a organização e descrição dos dados experimentais.

Os dados assim organizados e apresentados por meio de tabelas, gráficos e quantidades descritoras (como a média, a mediana e o desvio padrão) certamente contêm alguma informação, mas em geral se requer avaliar a significância dessa informação para poder servir confiavelmente de base a uma decisão sólida. Esse papel compete à Estatística Indutiva, ou Inferência Estatística, cuja função é, segundo o mesmo autor, analisar e interpretar o conteúdo desses dados. A Figura 4.5 representa a sequência mencionada.

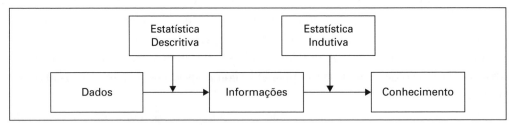

Figura 4.5   Dados, informações e conhecimento

Não nos aprofundaremos em questões de natureza estatística neste momento, mas desejamos que o leitor as tenha em mente, para evitar a armadilha de usar, em suas decisões, dados referentes a amostras insuficientes ou, pior que isso, viciados em relação à realidade, conduzindo a conclusões precipitadas ou errôneas. Essa questão do vício está ligada a problemas de amostragem, ou seja, que podem ocorrer no processo de coleta dos dados, desde que não executado com os devidos cuidados.

A ciência Estatística dispõe, nos tempos que correm, de inúmeros métodos voltados à organização e análise de dados das mais variadas formas, com base em programas computacionais mais ou menos poderosos. O uso desses programas, entretanto, não é trivial e requer, a fim de evitar erros, um conhecimento básico ou profundo de Probabilidade e Estatística, conforme o caso. Exemplo disso é a formação de *black-belts* e *master-black-belts* na Metodologia Seis Sigma (ver 7.6), que são, na verdade, especialistas com sólida formação estatística capacitados a usar as ferramentas disponíveis na busca de solução para problemas.

Exatamente por ser fundamental para a tomada de decisões, o conhecimento é hoje considerado, juntamente com os recursos humanos capazes de utilizá-lo eficazmente, como importante patrimônio das empresas e organizações, como até mesmo de indivíduos. O conhecimento está globalizado, para o que contribui extraordinariamente o advento da *web*. Em contrapartida, existe o problema do excesso de informações, dificultando a separação das informações importantes das inúteis. Nesse contexto emerge a importância dos sistemas de gestão do conhecimento, discutidos em 8.3.

4.7.3   Decisões economicamente pesadas

O aspecto econômico, evidentemente, é de fundamental importância para pessoas, empresas e outras entidades, aí incluídas os próprios governos, na sociedade capitalista. Pensadores que se preocupam com a missão das empresas costumam apontar

Aspectos comportamentais

99

outras razões para a sua existência (ver 2.3), mas a obtenção de lucro em geral figura como a principal condicionante das decisões. Este fato deve ser encarado com naturalidade, até porque a empresa deficitária acaba se envolvendo em problemas financeiros, podendo caminhar para uma concordata ou para a própria falência, com graves prejuízos aos seus acionistas e funcionários.

O aspecto econômico ou, mais especificamente, as perdas e os ganhos imaginados, em geral são contemplados ao se tomar decisões. Estas podem se dar em diversas circunstâncias, baseadas em conjuntos de informações de natureza distinta, sujeitas a restrições que as influenciam de uma forma ou de outra.

As decisões baseadas em critérios econômicos, como as demais, estão sujeitas a armadilhas que podem atrapalhar a tarefa do decisor. Uma delas refere-se à correta avaliação do custo do capital e como utilizar essa informação adequadamente, o que pode ser visto em diversas referências sobre o tema Engenharia Econômica, dentre os quais destacamos Torres (2006). De fato, a Engenharia Econômica, que se utiliza do referencial teórico da Matemática Financeira que, por sua vez, estuda a equivalência de capitais no tempo com base no conceito de taxa (de juro) mínima atrativa de retorno, se preocupa com os problemas envolvendo alternativas econômicas de investimento nas várias situações em que essa questão pode se apresentar.

Outra armadilha frequente que costuma viesar decisões econômicas se refere ao fenômeno de âncora ao passado, ou seja, deixar que considerações pretéritas exerçam influência no raciocínio decisório. Assim, por exemplo, se uma empresa investiu considerável montante em um novo projeto que não se mostra promissor e deve tomar a decisão se prossegue com ele ou o descontinua, é comum se fixar na decisão de continuidade, mesmo que imprudente e inadequada, na esperança de recuperar o capital investido. O empresário é muitas vezes incapaz de aceitar que passado é passado e sua decisão deve contemplar exclusivamente o que vem pela frente.

4.7.4 Decisões baseadas na experiência

Sem dúvida, a experiência adquirida sobre determinado assunto pode ser um fator importante para a tomada de boas decisões. O conhecimento adquirido, a vivência de situações anteriores, inclusive aprendendo com os erros já cometidos, o melhor domínio do assunto em relação aos demais colaboradores, tudo isso deve ser levado em conta no processo e pode ser de grande valia.

Um problema que pode ocorrer, no entanto, está na possibilidade de o detentor da experiência, nela plenamente confiante, não absorver as novidades e inovações, tanto tecnológicas como administrativas, que aparecem cada vez mais no mundo moderno. Neste caso, pode ocorrer de o detentor da experiência, que em princípio exerce uma liderança, por esse fato, no assunto, não se mostrar aberto, ou não aceitar as inovações, mantendo-se apegado às suas práticas tradicionais, antes tão bem-sucedidas. Cabe então ao decisor responsável pela questão encontrar uma forma hábil de contornar o problema.

100　　Administração com qualidade

A decisão tomada por um grande banco radicado no Brasil de investir de forma maciça uma grande soma na imagem de seis craques brasileiros que, se esperava, participariam da conquista do hexacampeonato mundial de futebol na Alemanha, muito possivelmente tenha sido tomada sem ouvir a voz da experiência, segundo a qual, com a gloriosa exceção de 1958, as copas europeias são ganhas por seleções europeias e, ademais, o mal acostumado brasileiro tende a valorizar apenas o título e não uma digna apresentação de sua seleção, o que, no caso, ficou até longe de ocorrer.

4.7.5　Decisões visando o futuro

O alcance dos efeitos de uma decisão pode ser de curto, médio ou longo prazo. Esse horizonte está, em geral, correlacionado com a importância da decisão e com a hierarquia dos decisores.

Decisões de curto prazo, referentes a períodos de dias, semanas ou alguns meses, costumam ser tomadas, no dia a dia das empresas, pelos colaboradores de baixo ou médio escalão. Em geral, dizem respeito à operacionalização das atividades e, muitas vezes, se restringem ao adequado cumprimento de normas e instruções de trabalho.

As decisões de médio prazo, referentes a períodos de meses ou alguns poucos anos, costumam ser tomadas mediante interação entre a média gerência e a direção das empresas. Em geral, dizem respeito a aspectos envolvendo o ambiente exterior à empresa ou a mudanças estruturais que devam ser implementadas na operação interna.

Já as decisões de longo prazo, referentes a ações cujos efeitos se prolongarão por anos, têm a ver com o futuro da empresa e envolvem, normalmente, grande responsabilidade. Ficam a cargo da alta administração e dizem respeito, muitas vezes, a relações externas com outras empresas, às vezes até concorrentes. São em geral baseadas em previsões referentes à evolução do cenário econômico, da entrada de importantes inovações, da existência de crises, e outras do gênero. Podem também dizer respeito a importantes modificações internas, como foi o caso, por exemplo, das implementações dos sistemas ERP (ver 5.2.3), de alto custo e complexa absorção, que modificam completamente a estrutura de gestão operacional da empresa, sendo, inclusive, objeto de críticas.

Outro exemplo de decisão que modifica a operação futura e tem estado em voga é a terceirização (ver 5.3.2.h), em que a empresa transfere a fornecedores selecionados parte das operações que antes realizava internamente, visando racionalizar a produção e reduzir custos, mas sempre conservando internamente as operações que constituem a sua competência intrínseca, ou *core competence*.

Um elemento que pode estar ligado à orientação de decisões visando o futuro é representado pelo conceito de visão, já abordado em 9.2. A visão corresponde a uma realidade para a organização que sua liderança principal imagina – e deseja – em algum instante do futuro. Em geral, embute uma componente de visionarismo, no sentido de ousadia ou mesmo pretensão de atingir objetivos difíceis. De fato, nesse

Aspectos comportamentais

sentido, a visão deve representar um avanço considerável em relação ao presente, senão perderia a sua razão de ser. Sem ir ao extremo do aforismo de Miguel de Unamuno, de que "quem sonha o absurdo acaba realizando o impossível", muitos grandes empreendimentos chegaram ao que são graças a visões proativas e corajosas de seus iluminados líderes.

É conhecido o fato de que as empresas japonesas primam por contemplar resultados a longo prazo muito mais que as ocidentais, em especial as norte-americanas, o que lhes valeu, certamente, melhores condições de competitividade. Os diretores no Ocidente, premidos pela ânsia por resultados a curto e médio prazos de seus donos ou acionistas, eram levados a criar exigências de ações visando lucros rápidos, em detrimento de um planejamento de longo prazo bem pensado e bem executado. Essa foi uma das razões que fizeram a balança da competitividade pender historicamente para o lado dos produtos japoneses.

Métodos estatísticos podem ser usados como subsídio para decisões baseadas em previsões do que o futuro reserva, como por exemplo, as técnicas de regressão. Cuidados devem-se ter, entretanto, ao utilizar essas técnicas, pois elas embutem as variações naturais dos processos aleatórios e, ademais, pressupõem a condição *cetibus paribus*, ou seja, de que o quadro em que ocorre o fenômeno não se modificará com o tempo, o que pode perfeitamente não ocorrer na realidade.

4.7.6 Decisões consensuais

Quando decisões devem ser tomadas sobre assuntos complexos em que diversos envolvidos no processo decisório enxergam o problema sob ângulos distintos, é altamente recomendável que se procure o consenso, para melhor subsidiar a decisão. Nessas situações, o exercício da vontade autocrática do chefe ou da imposição de uma intuição pessoal costumam ser prejudiciais.

A busca do consenso pode ser conseguida mediante reuniões bem estruturadas entre os responsáveis pela decisão, podendo-se usar metodologias apropriadas para auxiliar esse processo. Uma dessas possibilidades é oferecida pela Metodologia Delphi, apresentada em Costa Neto (2007-a, 453).

No processo de consenso devem estar representados todos os setores que possam ter contribuição a dar. A omissão de alguma dessas diferentes visões pode representar uma lacuna que prejudique a qualidade da decisão. Ilustramos esse fato pela comparação entre os gastos das indústrias automobilísticas ocidentais e japonesas na década de 1980 com modificações no projeto de seus produtos, conforme ilustrado na Figura 4.6.

No processo de projeto do produto, os japoneses buscavam ouvir todos os setores que pudessem contribuir para atender aos desejos dos clientes e as necessidades da produção, como marketing, vendas, compras, manutenção, qualidade, produção, e não apenas basear o projeto nas criações de seus especialistas. O fato é que, em geral, todas essas partes ouvidas têm alguma contribuição a dar, sob a sua ótica, que seria dificilmente imaginada apenas pelos projetistas. A não observância deste princípio, conforme mostra a figura, leva à necessidade de adaptações posteriores do projeto, aumentando os custos totais envolvidos.

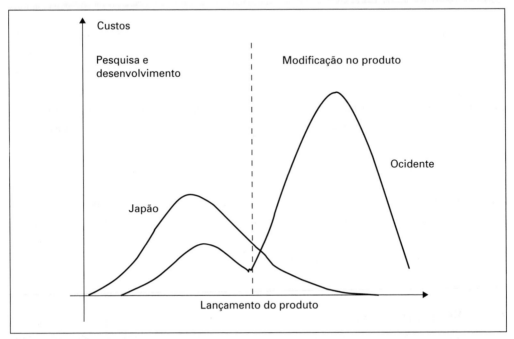

Figura 4.6 Comparação Japão x Ocidente

A prática de desenvolver projetos envolvendo todos os capacitados a opinar está hoje mundialmente consagrada, sendo conhecida no Brasil como Engenharia Simultânea (em inglês, Concurrent Engineering), sobre a qual se pode ler mais em Casarotto Filho et al. (2002).

Outra prática que tem sido considerada um orgulho pelos japoneses é a dos Círculos de Controle da Qualidade, em que vários colaboradores com diferentes visões se reúnem para discutir e resolver problemas encontrados, em geral utilizando as ferramentas básicas de análise mencionadas em 6.6.

4.7.7 Decisões baseadas na consolidação de indicações

Muitas decisões são subsidiadas por métodos qualitativos ou quantitativos adequadamente escolhidos. Esses métodos em geral se baseiam em realidades sujeitas à influência de fatores aleatórios, o que faz com que embutam um componente de erro estatístico em suas indicações. Por esse motivo, é desejável ter a convicção de que o método utilizado é "robusto", ou seja, não se desvia muito, em suas indicações, mesmo que nas hipóteses em que se baseia haja imperfeições até de algum porte. O oposto seriam os métodos muito sensíveis a pequenos desvios nas hipóteses, cujo uso

Aspectos comportamentais

não é recomendado. Um bom exemplo de método estatístico robusto é a Análise de Variância, usada para a comparação de várias médias em diversas situações.

Uma forma de avaliar a robustez de um método é proceder à chamada "análise de sensibilidade", que consiste em introduzir pequenas e crescentes variações nos dados de entrada e verificar o quanto essas variações influem nos resultados apontados pelo método. Se as diferenças nos resultados são pequenas, razoavelmente consolidadas, o método pode ser considerado robusto.

Outra situação que pode ocorrer está no uso de mais de um método para subsidiar a mesma decisão. Se os métodos em geral apontarem para uma mesma direção, esta convergência de indicações permite que se decida com maior tranquilidade. Se, entretanto, as indicações forem divergentes, melhores pesquisas podem ser necessárias. Duas coisas podem estar ocorrendo: ou os métodos são muito sensíveis ou alguns deles são inadequados ao problema.

4.7.8 Decisões justas e legais

A questão ética deve pautar a conduta de pessoas e organizações. Logo, as competentes decisões devem ser justas e em observância às disposições legais.

Uma organização deve procurar ser justa com seus *stakeholders*. São, em geral, os donos ou acionistas, os colaboradores, os clientes, os fornecedores, os vizinhos, o governo e a própria sociedade.

Compete aos executivos tomar decisões de modo a promover esse tratamento justo. Isso pode, muitas vezes, ser complicado em face de donos ou acionistas ávidos pelo lucro e por vantagens de curto prazo. Em contrapartida, os colaboradores (diretores, gerentes, demais empregados, horistas, terceirizados, etc.) devem ser adequadamente tratados quanto a salários, promoção, demissões, direitos trabalhistas, ambiente de trabalho, perspectivas de crescimento, e por aí vai.

O relacionamento com os clientes deve ser o melhor possível, sem exageros, para mantê-los satisfeitos, fidelizados e elementos de divulgação positiva da empresa e seus produtos e/ou serviços. Afinal, são os clientes os responsáveis pela saúde financeira das empresas e pela razão de ser das organizações em geral, por adquirirem e utilizarem os produtos e serviços oferecidos.

Com os fornecedores deve haver também uma relação de confiança e respeito, com ganhos para ambas as partes. O desenvolvimento de fornecedores é hoje um assunto em pauta, visando atingir as condições desejáveis. Por outro lado, com o crescimento da filosofia *just-in-time* (ver 5.3.2.f), essa questão do afinamento de relações com os fornecedores é de suma importância. Neste quadro se destacam os serviços logísticos, responsáveis pela distribuição aos pontos de venda ou aos próprios clientes de produtos em perfeitas condições e nos prazos estabelecidos, cada vez mais necessários e fundamentais em uma sociedade em que a informação está ao alcance de todos.

O adequado relacionamento com o governo está no cumprimento das obrigações legais, questão que, amiúde, torna-se complicada em um país como o Brasil, em que as autoridades primam pelo excesso de exigências, quer tributárias quanto burocráticas.

Em relação à sociedade, ela deve ser beneficiária das atividades da empresa. Toda empresa tem funções sociais, por gerar empregos, por oferecer produtos e serviços necessários à população, por contribuir para o desenvolvimento do país. A isso se acrescem obrigações, mesmo que não expressas em leis ou normas, de evitar poluições, de agir contra o interesse público, de faltar com a verdade, por exemplo, através de propaganda enganosa, de oferecer produtos nocivos à saúde ou à dignidade, etc. Um quadro, em grande parte, utópico, mas que deveria merecer a atenção dos dirigentes.

Esses aspectos são discutidos com muita propriedade por Cerquinho (1994), em cujo trabalho se mostra o relacionamento indissociável entre a ética que imprime às suas ações e a capacidade que a empresa adquire para conseguir sucesso.

4.7.9 Decisões criativas e inovadoras

A criatividade é um fator que pode levar a decisões envolvendo elementos novos sendo, portanto, inovadoras. Ser criativo é ter a capacidade de fugir dos lugares-comuns, das soluções batidas, das determinações padronizadas, das decisões conhecidas de antemão.

Ser criativo implica também, em geral, ter que enfrentar reações adversas daqueles que temem o novo, preferem o *statu quo*, combatem as mudanças. Essa é uma das características talvez da maioria dos seres humanos, dificultando as implementações de mudanças nas organizações, oferecendo resistência às novas determinações, questionando a sua validade. Todo processo de mudança enfrenta relutâncias, abertas ou veladas, explícitas ou sorrateiras, conforme discutido em 4.6.

Embora haja pessoas certamente criativas, essa qualidade não é verificada na maioria delas. Há, entretanto, técnicas para incentivar o processo criativo, na busca por novas soluções. Um deles é o *brainstorming* (se traduzido, seria algo como tempestade cerebral), que consiste em pedir a um grupo de pessoas envolvidas de alguma forma com a questão em estudo que escrevam o maior número possível de novas sugestões em um determinado tempo. Essas sugestões são coletadas anonimamente e analisadas, e em geral aparecem algumas realmente dignas de serem melhor estudadas e implementadas. O anonimato é garantido para vencer a inibição natural das pessoas, que não gostam de manifestar publicamente suas ideias, com receio de serem ridicularizadas (muitas vezes com razão).

Já as inovações tecnológicas (ver 8.6) surgem em quantidade exponencialmente crescente em nossa era, e sua avaliação criteriosa pelos especialistas pode ser um fator decisivo de aumento da competitividade das empresas. Não é à toa que os congressos e feiras nacionais e internacionais crescem sempre em frequência de realização e participação de interessados, ávidos por conhecer as novidades.

Aspectos comportamentais

Entretanto, ao decidir pela adoção de alguma tentadora e estimulante novidade, necessita-se de bastante cuidado para se assegurar da efetiva eficácia que proporcionará. Não é incomum soluções novas aparentemente vencedoras trazerem mais custos e problemas do que havia antes da sua implementação, por não terem sido devidamente sopesados os prós e os contras e, talvez também, por ter sido o bom-senso do decisor ofuscado pelo brilho da nova solução.

4.7.10 Decisões corajosas X prudentes

Deve o decisor ser mais frequentemente corajoso ou prudente em suas decisões? A pergunta, evidentemente, não tem outra resposta que não seja: depende de cada caso.

É claro que pode depender, também, da personalidade de quem decide. Há pessoas e entidades mais aversas ao risco, que tendem a ser prudentes, conservadoras, como há aquelas com certa propensão ao risco, que mostram mais coragem ao decidir.

Abstraída essa realidade, pode-se dizer que há os momentos para ser corajoso, como há, e acreditamos serem maioria, aqueles para ser prudente. Costumam (ou até devem) adotar decisões corajosas empresas que enfrentam dificuldades crescentes, seja por administração deficiente, seja por ação dos concorrentes, ou por outras variadas razões, que percebem a necessidade de uma mudança drástica, sob pena de perderem prestígio e mercado, ou mesmo desaparecerem.

Há também que ter a coragem de não desperdiçar novas oportunidades que surgem, que passam muitas vezes despercebidas por ter-se todo o foco concentrado no dia a dia presente. Sobre esse aspecto, Drucker (2002) considera um grave pecado dos negócios "alimentar problemas e matar de fome as oportunidades". Isto costuma acontecer quando se usam as melhores cabeças da organização para resolver problemas sem maior importância, em vez de estarem perscrutando as novas possibilidades.

Quanto às decisões prudentes, esta é uma tendência nas empresas estabilizadas. Esta, provavelmente, seria a forma de raciocínio das empresas na plenitude e nos estágios de declínio e envelhecimento que precedem a morte (ver Figura 3.6). O espírito burocrático certamente dificulta qualquer mudança desse comportamento, mas talvez no estado de moribundice, termo que acabamos de inventar, possam proceder de forma ousada, movidas pelo desespero.

Um caso bem ilustrativo dessa questão parece ser o da Varig, que passou por todos esses estágios, teve um processo de envelhecimento prolongado por terapias baseadas na sua imagem no exterior e, na prática, desapareceu do mercado do transporte aéreo.

Resumindo este item em poucas palavras: decisões corajosas, quando aplicáveis; decisões prudentes, quando necessário.

4.7.11 Decisões inspiradas em paradigmas

A prática do *benchmarking* é hoje consagrada e adotada pelas melhores empresas que buscam, com isso, manter-se atualizadas quanto às melhores formas de organziar sua gestão e utilizar os melhores métodos para resolver os seus problemas. O *benchmarking* pode ser descrito como um sistema para examinar pormenorizadamente algum processo, ou prática de gestão da empresa comparativamente a outros processos ou práticas semelhantes reconhecidos por sua eficácia. O paradigma que será observado é o *benchmark*.

Entretanto, organizações que seriam naturais *benchmarks* por sua excelência de procedimentos também podem realizar *benchmarking* com outras entidades, pois sempre há o que aprender e aprimorar. Essas empresas em geral o fazem com as que estão mais próximas do seu desempenho, possivelmente até como forma de avaliar a perspectiva de serem alcançadas.

O *benchmarking* pode ser realizado internamente à própria organização, aproveitando experiências adquiridas por outros setores, ou externamente, por meio de contatos com organizações similares ou não. Neste caso, evidentemente, pode haver obstáculos à sua realização, mormente em se tratando de empresas envolvidas em processos concorrenciais.

Deve-se notar que o *benchmarking* não necessariamente deve ser feito observando empresas ou funções semelhantes. Assim, por exemplo, uma metalúrgica pode adotar como *benchmark* uma indústria farmacêutica para aprimorar a sua logística interna.

O *benchmarking* não deve ser visto como espionagem industrial, pois é feito em comum acordo com o *benchmark*. Tampouco deve ser confundido com pesquisa de mercado, visita técnica, ato de cópia ou análise comparativa. Deve ser visto, sim, como uma forma de comparar processos, metodologias, produtos e outros assuntos ligados à gestão, enfim, como parte de um processo de aprendizado.

Uma referência básica para melhor conhecer essa prática é dada por Camp (1993).

4.7.12 Decisões sob incerteza

As decisões em geral embutem uma considerável parcela de incerteza quanto à realidade dentro da qual serão tomadas. Essa condição de incerteza existe, de alguma forma, em todas as situações acima examinadas, podendo-se indagar se não haveria alguma metodologia que permita lidar com essas incertezas.

Na verdade, existem maneiras formais de se lidar com as incertezas, duas das quais são mencionadas a seguir.

Uma delas é a Análise Estatística das Decisões, que utiliza como ferramenta básica para equacionar os problemas a chamada *árvore de decisão*, na qual as possíveis ações, os resultados e suas probabilidades de ocorrer[7] são colocados, dando condições de enxergar melhor o problema e proceder à busca das melhores alternativas de ação.

A árvore de decisão é constituída de nós de decisão e nós de acaso, conforme ilustrado na Figura 4.7, onde um quadrado representa um momento de decisão e um

---

[7] Essas probabilidades são em geral subjetivas, atribuídas mediante alguma forma de consenso.

círculo representa a interferência do acaso. Nesse exemplo simplificado, analisa-se uma decisão de aplicação de um capital de R$ 100.000,00 com duas possibilidades, imaginando-se o que ocorrerá no prazo de um ano, sendo a ação a_1 aplicar em um fundo de renda fixa e a ação a_2 aplicar na bolsa de valores.

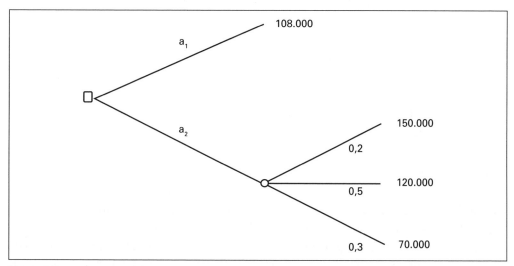

Figura 4.7   Árvore de decisão

Uma análise dessa árvore com base no critério do valor esperado indica a_2 como a melhor decisão, pois leva a um valor esperado de R$ 111.000,00, calculado por $0,2 \times 150.000 + 0,5 \times 120.000 + 0,3 \times 70.000 = 111.000$, maior que os R$ 108.000,00 proporcionados pela aplicação de renda fixa. Essa seria a decisão de um investidor indiferente a considerações de risco.

Entretanto, na prática as pessoas e empresas costumam apresentar um sentimento de aversão ao risco. Isso poderia levar o investidor a preferir a ação a_1, mais segura, evitando dessa forma o risco de perder R$ 30.000,00 com probabilidade 0,3, que faz parte da aleatoriedade característica dos investimentos na bolsa de valores.

Quem desejar se aprofundar neste assunto poderá fazê-lo em Bekman e Costa Neto (2009).

Outra condição de incerteza ligada à decisão é estudada pela Teoria dos Jogos, que se interessa por situações de conflito, nas quais duas ou mais partes envolvidas buscam melhorar seus resultados quando há oponentes também interessados nesses resultados. Uma boa referência para conhecer melhor essa problemática é dada por Fiani (2006).

4.8   OS PECADOS CAPITAIS DO COMPORTAMENTO

Vimos em 3.7 diversos pecados capitais da administração que devem ser evitados. Agora, fazemos a analogia bíblica em que são invocados precisamente os sete pecados

108

Administração com qualidade

capitais citados naquele texto sagrado, associando-os a situações reais que costumam acontecer na prática empresarial também com danosas consequência.

a) Gula

As empresas devem ponderar bastante antes de decidir se lançar em empreendimentos que visem assambarcar o mercado a qualquer custo, engolindo fatias de mercado dos concorrentes por meios antiéticos, mediante propaganda enganosa, por artifícios ilícitos, burlando a legislação, etc. Da mesma forma que as pessoas que comem demais e acabam por sofrer indigestão ou problemas causados pela obesidade, essas empresas poderão sentir as consequências dos seus atos atrabiliários, e provavelmente arregimentarão contra elas uma coalizão de concorrentes, surgindo situações adversas à sua tranquila participação no mercado.

b) Ira

Muitas vezes, a direção da empresa pode se sentir indignada com ações que lhe são prejudiciais por parte dos concorrentes, de ex-colaboradores ou do próprio governo, levando-a a decisões precipitadas de revanche ou retaliação contra os seus adversários. Não estamos sugerindo que nada se faça, a empresa tem todo o direito de se defender, mas aqui cabe a recomendação já apresentada em 4.7.1, de evitar decidir em condições emocionais adversas. A recomendação, que vale também para pessoas, é de deixar os espíritos se acalmarem, protelando um pouco a decisão, para poder exercê-la de forma a mais racional possível.

c) Inveja

Este pecado capital é, sem dúvida, um mau conselheiro e a nada leva. Não há que se remoer e blasfemar porque um concorrente é mais bem-sucedido. O melhor a fazer é buscar aprimorar os próprios processos e procedimentos, a fim de melhorar a operação, conseguir melhores resultados e eliminar as diferenças. Um bom remédio para isso pode ser o *benchmarking*, abordado em 4.7.11.

d) Luxúria

Este pecado capital costuma ocorrer quando começam a sobrar recursos. Resulta de uma tendência oriunda da fraqueza humana, que leva a gastar uma parte ou a totalidade desses recursos em inutilidades, em coisas fúteis como o luxo exagerado, viagens desnecessárias, festas, ostentações e afins. Não é condenável sobras de recursos serem usadas para premiar colaboradores, mas o exagero costuma ser prejudicial, até por acostumar mal. Por outro lado, muitas vezes não se percebe que há outras possibilidades de melhor investir esses recursos, que passam despercebidas em face da ânsia por exibicionismo. Dentre os efeitos perniciosos da luxúria estão a indignação que pode causar em terceiros e a criação de uma imagem de grandeza que pode não corresponder à realidade e se desfazer em seguida, levando os ostentadores ao ridículo.

Aspectos comportamentais

e) Soberba

Este é um pecado talvez mais grave que o anterior, em geral a ele associado, pois costuma levar a decisões em que se supõe infalibilidade, tomadas sem os devidos cuidados examinados neste livro, pois os espíritos estão tão imbuídos da própria superioridade que não admitem a possibilidade de falhas ou erros. A soberba tem esse aspecto de cegar as pessoas, fazê-las saborear uma superioridade sustentada pelas próprias convicções, levá-las a atitudes inaceitáveis por terceiros, tomando decisões que, a médio ou longo prazo, se mostrarão inadequados ou mesmo desastrosas. O fracasso da seleção brasileira de futebol na copa da Alemanha certamente se deveu, em grande parte, à soberba que acometeu os integrantes da equipe e da direção técnica e administrativa.

f) Preguiça

Este pecado capital se manifesta na demora em tomar decisões quando estas são necessárias. As decisões frequentemente envolvem pessoas e os seus interesses e, muitas vezes, necessitam coragem e atitudes para ser tomadas. A preguiça, ou o receio de desencadear situações novas, pode levar ao protelamento indevido dessas decisões, com prejuízos para a organização ou para o próprio decisor. A preguiça se vence com determinação, com espírito mantido sempre alerta ao que apontam os controles, ao exercício da vontade de acertar e à não adoção de atitudes passivas e cômodas de cultivar a cultura do *statu quo*.

g) Avareza

Este pecado capital pode se consubstanciar na negativa de decidir por investimentos necessários à modernização da empresa, ou a necessários programas de qualidade e/ou segurança no trabalho, ou para cumprir determinações legais. Há também situações em que as empresas ou pessoas preferem resguardar seus ativos financeiros aplicando-os no mercado de capitais, gerando dividendos pequenos mas certos, ao invés de investi-los em oportunidades de negócio. A provável consequência da avareza é a estagnação da empresa, levando-a a ser superada pela concorrência.

4.9 EMPREENDEDORISMO

Tardiamente se descobriu que a maioria das nossas universidades formava especialistas para serem bons funcionários das grandes empresas, em particular das multinacionais. Não havia a preocupação em incutir nos jovens o espírito empreendedor, incentivando-os a encetarem os próprios negócios ou mesmo a adotarem uma atitude empreendedora dentro das empresas, tornando-se, em decorrência, conscientemente competentes, e não mais do que isso, conforme discutido em 3.3.4.

Felizmente, nos dias atuais, esta situação está mudando, para o que certamente têm contribuído diversos trabalhos, dentre os quais destacamos, pela sua originalidade, o livro *O segredo de Luíza*, de Fernando Dolabela (DOLABELA, 2006), em que o autor introduz os conceitos e princípios do empreendedorismo por meio da personagem-título e sua luta para abrir uma fábrica de goiabada.

A decisão de empreender, entretanto, não é simples. É conhecido o fato de que cerca de 85% das pequenas empresas criadas por novos empreendedores não vivem mais que cinco anos. No Brasil, o Sebrae – Serviço Brasileiro de Apoio às Micro e Pequenas Empresas é o organismo que tem por missão dar apoio às micro e pequenas empresas, mediante o oferecimento de cursos e consultoria a preços acessíveis. Entretanto, segundo palavras de um gerente da própria entidade, em entrevista de 12/06/2006, "devido às pressões dos impostos e barreiras burocráticas, as micro e pequenas empresas têm uma percepção de desconfiança e distanciamento do governo. Com regras não muito claras, empreender passa a ser uma profissão de alto risco. Boa parte dos empresários brasileiros pode ser chamada de empreendedores de sobrevivência, e não de oportunidades".

Ou seja, no Brasil o empreendedor que decide iniciar o seu negócio deve ter, acima de tudo, coragem. Não obstante, o empreendedorismo deve ser amplamente prestigiado, até porque se sabe que as pequenas empresas são responsáveis pela maioria dos empregos oferecidos.

Um recurso de que podem se valer os novos empreendedores são as incubadoras de empresas, hoje razoavelmente difundidas no Brasil. Essas entidades oferecem recursos de espaço, secretaria, orientação e outros, além da possibilidade de intercâmbio de ideias com colegas de incubação. Alguns grandes negócios se iniciaram dessa forma, como a Hawlett-Packard, incubada em 1950 na Universidade de Stanford, California. Essa ideia chegou no Brasil 30 anos depois, havendo hoje mais de 6.000 empresas assim surgidas, muitas delas envolvendo projetos geradores de novas tecnologias.

De fato, um caso particular muito atual é o surgimento de novas empresas de base tecnológica. Essas empresas, que podem se valer das incubadoras, da existência de polos científico-tecnológicos ou parques tecnológicos, como o existente em São Carlos, SP, em geral ligados a universidades ou institutos de pesquisa, muitas vezes se beneficiam da transferência de tecnologias, levando a vantagens como o efeito multiplicador nos demais setores da economia, por disponibilizarem produtos e serviços de alto valor agregado, proporcionando a geração de empregos qualificados.

Algumas citações podem ser invocadas em prol da importância e necessidade do empreendedorismo:

- "Loucura? Sonho? Tudo é loucura ou sonho no começo. Nada do que o homem fez no mundo teve início de outra maneira, mas já tantos sonhos se realizaram que não temos o direito de duvidar de nenhum."
  Monteiro Lobato
- "Quem sonha o absurdo acaba realizando o impossível."
  Miguel de Unamuno
- "São os empreendedores que trazem prosperidade a um país."

Aspectos comportamentais 111

"As palavras-chave para o empreendedor de sucesso são entusiasmo, persistência e conhecimento"
Ozires Silva

Há que se destacar dois tipos de empreendedorismo:

a) **Empreendedorismo externo,** no qual o empreendedor comanda o próprio negócio ou empreendimento e deve exercer liderança sobre o seu grupo de colaboradores e bom relacionamento com os demais intervenientes (clientes, fornecedores, divulgadores, governo, etc.). Seu maior estímulo é o crescimento do empreendimento.

b) **Empreendedorismo interno ou intraempreendedorismo,** no qual o empreendedor lidera um grupo de companheiros de trabalho visando o engrandecimento do negócio ou organização de que participa. Seu maior estímulo é o reconhecimento pelos bons serviços prestados ao grupo e/ou à entidade em que está inserido e pelos resultados obtidos. Este tipo de empreendedorismo está em consonância como a função administrativa de Direção, discutida em 3.4.

A literatura existente sobre o empreendedorismo não é das maiores e em geral se concentra no primeiro tipo acima citado. Para o segundo tipo, o interessado pode se valer das considerações sobre liderança feitas no item 4.1 deste capítulo. As feitas a seguir são, em sua maioria, válidas para o caso do empreendedorismo externo.

A figura típica do empreendedor externo é a de uma pessoa, a quem não devem faltar características de liderança, que decidiu encetar um negocio próprio, baseado em alguma visão que tenha tido, na identificação de um promissor nicho de oportunidade, na necessidade de se estabelecer como forma de sustentação pessoal e familiar, ou por alguma outra razão que o leve a tomar a decisão de empreender.

Dornelas (2008) é bastante claro sobre esse aspecto, identificando dois tipos de empreendedores externos:

☐ **De oportunidade,** em que o empreendedor sabe onde quer chegar, cria um negócio com planejamento prévio, com forte expectativa de geração de empregos e lucro, sendo propenso a contribuir efetivamente com o desenvolvimento econômico do país;

☐ **De necessidade,** em que o empreendedor se aventura em um novo negócio mais por falta de opção, por ver-se desempregado ou outra razão qualquer, do que por vocação empreendedora, com forte propensão a um rápido fracasso por falta de planejamento, informação e capacidade administrativa, engrossando as estatísticas de novos empreendimentos malsucedidos.

Um primeiro conselho de amigo que pode ser dado aos empreendedores é o de que não iniciem o seu empreendimento sem antes ter efetuado um **plano de negócio,** documento escrito que tem pelo menos dois bons objetivos: fornecer um guia de ação ao empreendedor, ajudando-o a não perder o foco do negócio, e subsidiá-lo na busca de aporte de capital para fazer crescer o seu negócio. O plano de negócio é o primeiro documento que qualquer investidor deseja ver antes de decidir-se em apoiar um novo empreendimento. A seguir, é apresentado o conteúdo típico de um plano de negócio:

1. Sumário executivo;
2. Descrição do negócio (conteúdo, oportunidades, estratégias);
3. Produtos e serviços;
4. Análise do mercado (possibilidades econômicas, concorrência, visão de futuro);
5. Organização do negócio (participação societária, responsabilidades);
6. Planejamento financeiro;
7. Conclusões.

Um segundo conselho que se pode dar ao empreendedor é que atente a alguns aspectos importantes referentes ao novo negócio que devem ser considerados:

☐ A empresa e o produto: a oportunidade que foi identificada, sua transformação em um negócio (empresa ou unidade de negócio) e o que vai ser vendido;
☐ Qual o mercado para os produtos da empresa e como será feita a abordagem a este mercado;
☐ Qual a missão da empresa, a imagem que se pretende projetar dela, os fatores importantes de sucesso;
☐ Um resumo de como o produto ou serviço será vendido, como vai se manter atualizado e como serão cumpridos os objetivos da empresa, isto é, como vai ser sua operação;
☐ Quem são os seus sócios e a estrutura de propriedade da empresa;
☐ Quais os investimentos necessários para a empresa ou unidade de negócio se posicionar no mercado;
☐ Quanto será necessário mensalmente para manter a empresa em funcionamento sem faturar (*burning-rate*);
☐ Qual a receita prevista e a forma como vai ser sua evolução;
☐ Em que ponto a empresa passa a ter receitas capazes de cobrir suas despesas;
☐ Quando as receitas irão recuperar os investimentos feitos e quais as perspectivas futuras do negócio.

Um terceiro conselho que pode ser dado ao empreendedor diz respeito aos sete pecados capitais de empreendedorismo, que se devem cuidadosamente evitar:

1. Não fazer plano de negócio;
2. Escolher mal os sócios;
3. Dar o passo maior que a perna e dispensar a experiência;

Aspectos comportamentais 113

4. Descuidar da questão financeira;
5. Perder o foco do negócio;
6. Colocar o objetivo de ganhar dinheiro acima do fato de gostar do que faz;
7. Não saber a hora de desistir.

Há também dez armadilhas à espreita do novo empreendedor, que devem ser levadas em conta:

- Encetar o negócio sem uma boa formatação;
- Não fazer pesquisa de mercado;
- Esquecer a concorrência;
- Escolher mal os sócios e/ou não estabelecer claramente a forma de relacionamento;
- Não deixar claro o papel de cada um dos parceiros;
- Não analisar cuidadosamente a estrutura de preços;
- Não se preocupar com os clientes e com a forma de vender;
- Não conhecer bem a estrutura de custos e não evitar desperdícios;
- Atrasar entregas;
- Imaginar que se pode ganhar dinheiro fácil.

Um conselho final que podemos dar ao nosso empreendedor, além de lhe desejar boa sorte e sucesso no negócio, é ler atentamente o presente livro, no qual encontrará muitos outros assuntos e sugestões que lhe deverão ser úteis.

4.10 QUESTÕES PARA REFLEXÃO E DISCUSSÃO

1. À luz dos conceitos vistos em 4.1, discuta os exemplos de liderança de:
   a) José Bonifácio de Andrada e Silva
   b) Ghandi
   c) Adolph Hitler
   d) Ulysses Guimarães
   e) Luiz Inácio Lula da Silva
   f) Outros, a seu critério

2. Relacione casos claros de liderança em pessoas de seu conhecimento ou das quais ouviu falar, cujo comportamento trouxe resultados positivos:
   a) Ao negócio
   b) À família
   c) A uma instituição sem fins lucrativos
   d) À sociedade
   e) Ao próprio líder

3. Na Copa do Mundo de futebol de 1950, disputada no Brasil, classificaram-se ao turno final de quatro países, como era então, Brasil, Uruguai, Suécia e Espanha. O Brasil venceu a Suécia por 7 a 1, a Espanha por 6 a 1, e bastava-lhe um empate com o Uruguai no Maracanã para ser campeão. Era o franco favorito por todas as razões, tinha em

sua equipe craques fantásticos, como Ademir de Menezes, Jair, Zizinho. Entretanto, perdeu por 2 a 1 e ficou sem a taça.

Em 2006, na Alemanha, o Brasil era também grande favorito, tinha em sua equipe craques fantásticos, como Ronaldo, Kaká, Roberto Carlos, e foi derrotado pela França por 1 a 0.

O que deve ter faltado à nossa seleção nessas ocasiões?

4. Certos problemas surgem pequenos e depois se avolumam devido a falhas das lideranças em defectá-los e, muitas vezes, em ter a coragem de extirpar o mal pela raiz. Exemplo típico é o do PCC – Primeiro Comando da Capital, organização criminosa que se estabeleceu entre nós. Faça um exercício de identificar e discutir outras situações dessa natureza, mostrando o que deve ser feito e o que poderia ter sido feito no momento oportuno.

5. Você concorda ou discorda da afinação de que boas práticas de liderança usadas em outros países possam ser igualmente eficazes no Brasil sem nenhuma adaptação especial? Pense em países diversificados quanto a suas culturas, tradições e graus de desenvolvimento.

6. Procure identificar três aspectos característicos do clima e cultura da entidade onde você trabalha ou estuda que não sejam características gerais de entidades semelhantes. Discuta as razões pelas quais essas características existem na instituição, apontando suas vantagens e desvantagens.

7. A marca pode representar uma fundamental vantagem competitiva para uma empresa. Quanto vale a marca Coca-Cola? A Toyota? A Nike? Houve época em que o Brasil tinha duas grandes marcas reconhecidas no exterior: Petrobrás e Varig. Hoje tem a Embraer. Discuta a problemática das marcas, como é possível consolidá-las e como é possível perdê-las.

8. Pesquisando as escolas de samba como exemplos de administração, Botelho (1994) dá o seguinte depoimento: "Na escola de samba as pessoas fazem tudo o que podem pelo prazer de fazer parte do todo, de dar a sua contribuição para o grupo e, em troca, todas são tratadas com dignidade, todas são igualmente importantes, ou todas são campeãs ou ninguém é campeão". Como você interpreta esse depoimento à luz dos aspectos examinados nesse capítulo?

9. O dicionário Aurélio, 13ª edição, define "estadista" como "pessoa versada em negócios políticos, homem ou mulher de Estado", o que, a nosso ver, é extremamente simplista e pode levar a interpretações errôneas. Julgamos ser estadista um prócer ligado a assuntos políticos capaz de, com sua atuação e liderança, introduzir mudanças positivas sustentáveis na sociedade onde atua, ou adotar soluções corajosas para resolver graves problemas que afligem essa sociedade. Dentro dessa concepção, ficando no século XX, Juscelino Kubitschek, Franklin D. Roosevelt, Winston Churchill e Charles de Gaulle

Aspectos comportamentais 115

foram estadistas do nosso tempo. Com essa perspectiva, faça um exercício mental para identificar outros estadistas do passado e, se conseguir, do presente. Compare-os com os aqui citados.

10. Você provavelmente não tem uma ideia muito clara a respeito das populações dos dois países citados nesta questão, o que não o impede de procurar respondê-la em seus quesitos:
    a) Você acha que a população do Egito é maior ou menor que 20 milhões de habitantes?
    b) Você acha que a população do Congo é maior ou menor que 60 milhões de habitantes?
    c) Dê uma estimativa para a população do Egito.
    d) Dê uma estimativa para a população do Congo.
    e) Apenas depois de haver respondido a esses quatro quesitos, veja a nota de rodapé na página seguinte.

11. Analise as situações aleatórias abaixo e diga em quais delas você aceitaria entrar (valores em reais).

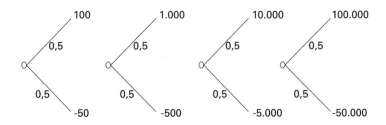

Discuta o resultado à luz do comentado em 4.7.12.

12. Acreditamos que você pagaria 200 reais no ato para se livrar da seguinte situação aleatória:

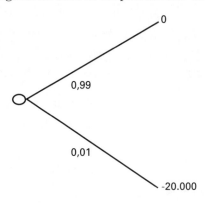

Acreditamos também que você pagaria X, X > 200, para se livrar desse incômodo, certo? Até quanto poderia ser X? Perceba que esse é o dilema do segurado e é daí que sai o lucro das companhias de seguro.

Exatamente o oposto ocorre no caso dos que jogam nas tantas loterias que o governo oferece. Por quê?

116 Administração com qualidade

13. Identifique em pessoas de seu relacionamento os tipos psicológicos descritos em 4.3 e verifique a validade das características desses tipos, conforme apresentados.

14. Os conceitos de dominância e admissibilidade como auxiliares às decisões são discutidos em Costa Neto (2007). Uma solução é dominada, ou não admissível, quando não supera alguma outra em nenhum dos aspectos sob análise, podendo ser descartada. Assim, na tabela de ganhos abaixo, as soluções S_1 e S_5 podem ser descartadas por dominância, restando para análise as admissíveis S_2, S_3 e S_4.

Soluções / Realidade	S_1	S_2	S_3	S_4	S_5
I	0	2	3	6	2
II	8	8	6	4	3

Isso posto, você está analisando a possibilidade de almoçar em um dentre os dez restaurantes catalogados a seguir quanto aos aspectos que considera importantes à sua decisão. Diga quais aqueles que podem ser eliminados de início em sua análise devido à dominância.

Restaurante	Preço	Qualidade	Acesso	Espera
A	Caro	Excelente	Médio	Demorada
B	Médio	Boa	Fácil	Média
C	Caro	Boa	Médio	Média
D	Barato	Média	Fácil	Nenhuma
E	Caro	Boa	Difícil	Demorada
F	Barato	Ruim	Fácil	Nenhuma
G	Médio	Média	Médio	Média
H	Caro	Média	Fácil	Média
I	Médio	Excelente	Difícil	Nenhuma
J	Barato	Boa	Médio	Média

15. À luz dos conceitos vistos em 4.9, discuta os exemplos de empreendedorismo de:

a) Cristovão Colombo

b) Irineu Evangelista de Souza, o Visconde de Mauá

c) Samuel Klein (Casas Bahia)

d) Walt Disney

e) Michael Jackson

f) Outros, a seu critério

---

* Segundo o site do IBGE consultado em junho de 2009, a população do Egito é de 76.840.047 habitantes e a do Congo, de 3.847.191 habitantes. É bastante possível que, ao responder aos quesitos **c** e **d**, você tenha sido influenciado por um "efeito âncora" provocado pelos números citados nos quesitos anteriores. Este efeito é comum na prática e leva, muitas vezes, a decisões equivocadas. Lembre-se, a propósito, do que foi visto no item 4.7.2.

Aspectos comportamentais

16. Você certamente já praticou atos de empreendedorismo e liderança em sua vida. Recorde-os e discuta-os à luz do que foi apresentado no presente capítulo.

17. A IBM tornou-se conhecida mundialmente de longe como líder na produção de grandes computadores, criou uma cultura própria baseada em colaboradores com atitudes padronizadas, com boa remuneração e enormes vantagens. Criou um império próprio, com pompa e circunstância. Quando se aventou a possibilidade de existirem computadores pessoais, desdenhou essa possibilidade. Quando a Apple invadiu o mercado com essas novas máquinas, a IBM sofreu um grande choque e entrou em crise, que a levou à necessidade de uma reestruturação que lhe custou muitos milhões de dólares. Hoje é uma empresa focada principalmente em serviços, com nova cultura adaptada à realidade dos tempos que correm. Discuta este caso à luz dos conceitos estudados no presente capítulo.

18. Em seu livro *O executivo estadista*, Rebouças de Oliveira (1991) distingue três tipos de executivos:

    Executivo-estrategista: É aquele que está constantemente "ligado" e interativo com os fatores externos à empresa, desenvolvendo e exercitando estratégias (com suas alternativas), visando otimizar a interação da empresa com a realidade em que se insere.

    Executivo-empreendedor: É aquele que assegura a força de alavancagem da empresa e a consolidação de novos projetos estrategicamente relevantes por meio da otimização da capacidade de inovação e renovação.

    Executivo-estadista: É aquele que otimiza a postura do executivo-estrategista e do executivo-empreendedor, bem como consolida empresas que contribuem, em maior ou menor escala, para o desenvolvimento sustentado e consistente do país e da economia como um todo.

    Dentre conhecidas figuras empresariais brasileiras, busque identificar quais se enquadram em cada tipo e discuta os inter-relacionamentos entre esses tipos.

19. No momento em que este livro estava sendo finalizado, veio a notícia de que o grupo JBS-Friboi, do ramo de carne e proteínas animais, adquiriu as empresas Bertin e Pilgrim's Pride, esta norte-americana, formando o maior conglomerado multinacional do mundo nesse campo. A sigla JBS vem do iniciador do negócio, José Batista Sobrinho, que o iniciou com um açougue em Anápolis, GO, em 1953, e, após, estabeleceu-se em Brasília por antever o potencial consumidor da nova capital em construção. Realize um estudo de caso deste que, ao que tudo indica, é um extraordinário exemplo de empreendedorismo bem-sucedido.

5

Administração da produção

5.1 INTRODUÇÃO

Os conceitos gerais da Administração vistos nos capítulos anteriores devem ser aplicados não apenas ao nível de empresas e organizações como um todo, mas também em outros níveis. De fato, extrapolando esses conceitos, pode-se perceber que eles seriam praticamente todos válidos para a administração política de uma nação, guardadas as devidas proporções. Os princípios de autoridade, responsabilidade e delegação, por exemplo, são fundamentais em uma administração pública e a sua não utilização adequada, ou má utilização, fatalmente levará a maus resultados. Da mesma forma, as funções básicas da Administração – Planejamento, Organização, Direção e Controle – se não utilizadas criteriosamente e de forma isenta a interesses pessoais ou grupais, certamente irão corroer os efeitos de uma boa administração. Infelizmente, claros exemplos dessa afirmação podem ser com muita frequência encontrados na realidade, com seus nefastos resultados.

Entretanto, também na direção oposta, ou seja, olhando para dentro das organizações, os conceitos gerais da Administração devem e podem ser aplicados em casos específicos. Sobre isso, Contador (2001) desenvolveu um modelo, apresentado na Figura 5.1, no qual considera que quatro grupos básicos de atividades devem existir na administração empresarial – Planejamento, Produção, Atividades de apoio e Atendimento[1] – e são também encontrados em níveis de menor abrangência, como divisões, departamentos, seções e até mesmo no desempenho individual.

---

[1] Essa classificação do citado autor não conflita com as quatro funções da Administração que, a rigor, devem estar presentes em cada uma delas, de acordo com o próprio espírito do modelo.

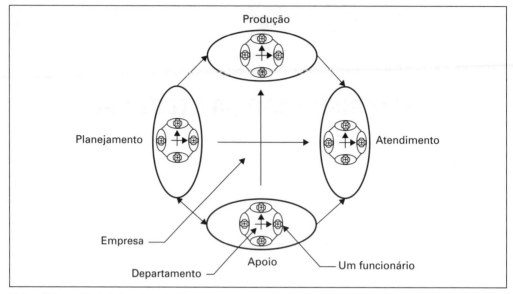

Figura 5.1 Modelo das atividades da empresa

Fonte: Contador (2001).

Assim, se considerarmos o caso particular do setor produtivo de uma empresa, cujo nome pelo qual é conhecido não vem ao caso, os quatro grupos de atividades identificados por Contador – e, acrescentamos, as quatro funções básicas de Administração – são encontradas e identificadas ao nível desse setor. De fato, a execução das atividades produtivas deve ser planejada pelos responsáveis do setor; elas devem ser executadas, é essa a finalidade precípua do setor, a Produção; deve haver uma série de atividades de apoio essenciais à produção, tais como almoxarifado, manutenção, controle da qualidade, entre outras; e deve haver as relações externas do setor de produção com os demais setores da empresa que com ele se relacionam a montante,[2] como o de fornecimento de matérias-primas, ou a jusante, como os de montagem ou de estoque de itens produzidos.

O setor produtivo deve, pois, englobar:

- Atividades de planejamento, necessárias à boa realização da produção, com eficiência, eficácia, qualidade e produtividade;
- Atividades de produção, inerentes à própria existência do setor;
- Atividades de apoio, onde devem ser incluídas as ações gerais de controle, como de custo, de prazos, da qualidade, etc.;
- As atividades de atendimento, onde o conceito de cliente interno (à empresa) se apresenta.

---

[2] Aqui se fez uma analogia do fluxo da produção com as águas de um rio: as acima do ponto considerado, a montante, e as abaixo, a jusante.

Administração da produção 121

Nesse contexto surge a sigla PCP – Planejamento e Controle da Produção, ou, mais amplificadamente, PPCP – Planejamento, Programação e Controle da Produção, considerada primordialmente nos ambientes industriais, embora valha em outras situações, como representativa de um amplo conjunto de atividades e boas práticas cujo objetivo central é buscar garantir que a Produção ocorra da melhor forma possível, organizadamente, com fluxos e prazos bem definidos e adequados, sem gerar desperdícios e custos desnecessários, realizando produtos com a qualidade desejada e contribuindo, dessa forma, decisivamente, para o sucesso da empresa ou organização. O PPCP está, pois, com suas técnicas e recomendações, evidentemente subordinadas às estratégias corporativas estabelecidas pela alta administração da empresa ou organização, no centro da Administração da Produção, objeto do presente capítulo, cuja pretensão não é – e nem poderia ser dentro da finalidade do livro – se aprofundar em cada um de seus itens, mas oferecer ao leitor uma visão geral do que consiste esse conjunto de atividades e da sua importância.

Note-se, por fim, que se se acrescentasse à sigla amplificada mais uma letra, levando a PPDCP – Planejamento, Programação, Direção e Controle da Produção, teríamos aí as quatro funções básicas de Administração, de vez que a Programação claramente diz respeito a atividades de Organização.

5.2 PLANEJAMENTO E CONTROLE DA PRODUÇÃO – PCP

José Benedito Sacomano

5.2.1 Apresentação

De acordo com Zaccarelli (1987), o Planejamento e Controle da Produção consiste, essencialmente, em um conjunto de funções inter-relacionadas, que objetivam comandar o processo produtivo e coordená-lo com os demais setores administrativos da empresa. A necessidade do PCP surge quando a produção deixa de ser realizada em regime artesanal, assumindo uma especialização do trabalho e departamentalização. Torna-se então necessário comunicar aos departamentos produtivos quais operações devem ser executadas em cada dia para resultar nos produtos finais desejados.

Os sistemas de Planejamento e Controle da Produção provêm informações para diversas áreas do sistema de manufatura. Trata-se de sistemas que suportam desde o gerenciamento eficaz do fluxo de materiais, da utilização da mão-de-obra e dos equipamentos, até a coordenação das atividades internas, passando a ser agente para a integração da produção.

Conforme visto na Figura 2.2, as empresas transformam, por meio da produção, entradas (insumos) em saídas (produtos) úteis para os clientes, configurando um sistema produtivo que precisa ser pensado em termos de prazo. Planos são feitos e ações são disparadas com base nesses planos para que, transcorridos os prazos, os eventos planejados se tornem realidade, conforme pode ser visto na Figura 5.2, onde também são relacionados os elementos financeiros correspondentes.

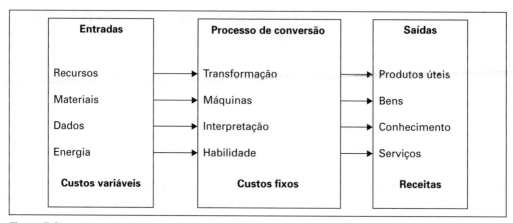

Figura 5.2 Esquemas dos sistemas de produção

Tubino (2007) reforça que os sistemas produtivos precisam montar um plano de produção com base na previsão de vendas de longo prazo, cuja função é visualizar com que capacidade de produção o sistema deverá trabalhar para atender seus clientes.

Um elemento fundamental é entender o sistema de produção, isto é, como o fluxo de produção atinge determinados objetivos. O sistema de produção responde à demanda em diferentes formas, com diferentes *lead times* de fornecimento. Algumas empresas produzem para o estoque, outras montam sob encomenda, outras fabricam sob encomenda e algumas desenvolvem projetos sob encomenda. Independente da maneira como a empresa programa o fluxo de materiais, o PCP tem suma importância na vantagem competitiva da organização e precisa estar atento às necessidades dos clientes.

A previsão de vendas é feita por meio de uma pesquisa de mercado quando o produto é lançado ou quando está em período de crescimento, maturidade ou declínio. Esse tipo de previsão deve ser feito em sintonia com o ciclo de vida do produto e com o mercado consumidor, a fim de programar o sistema de produção de maneira enxuta, customizada e ágil.

Quando ocorre no lançamento do produto, a previsão de vendas é realizada por meio de uma pesquisa de mercado elaborada pelo Departamento de marketing e é operacionalizada pelo setor de PCP. Já no que diz respeito a um produto em crescimento, maturidade ou declínio, o PCP acompanha a demanda, para não aumentar os custos de estoque com produtos obsoletos. Portanto, é de suma importância uma sintonia entre marketing e PCP na elaboração da previsão de vendas, que deve inclusive ser aprovada pela alta direção e faz parte do planejamento estratégico empresarial.

Para determinar os recursos necessários (equipamentos, mão-de-obra, matéria-prima, estoques disponíveis), bem como a eventual necessidade de terceirizar, a previsão de vendas é classificada em de curto, médio e longo prazo, a fim de atender a

Administração da produção 123

demanda. A partir dessa previsão, elabora-se o plano agregado de produção, também denominado Plano Mestre de Produção (PMP), com o objetivo de estabelecer os níveis de produção em determinado período, assim como as variações das equipes, a troca de ferramentas, a manutenção preventiva, o tempo da produção, etc.

O PMP separa os produtos em componentes e considera os recursos e a capacidade de atendimento à demanda, a fim de elaborar a lista de materiais a serem comprados ou fabricados. Com o PMP elaborado, é necessário sequenciar a carga na produção, para utilizar e otimizar ao máximo os recursos e a capacidade instalada, com o objetivo primordial de atender o cliente no momento certo. Essas medidas têm como consequência uma produção mais enxuta, reduzindo os estoques e os prazos de entrega.

5.2.2 Evolução do PCP

O Planejamento e Controle da Produção, nas últimas décadas, teve uma evolução muito acentuada considerando-se as mudanças paradigmáticas que ocorreram nesse período. Nas décadas de 1950 e 1960, o PCP ainda era convencional, por se limitar apenas às paredes internas da fábrica, de modo a empurrar a produção, ou seja, produzia-se e a tarefa de dar destino aos produtos gerados era passada ao departamento de vendas. Já na década de 1970, a introdução do paradigma da Manufatura Enxuta (ver 5.3.3.e) obedeceu a critérios rigorosos de mercado, quando este passou a ser regido pela demanda e não mais pela oferta.

A competitividade entre as empresas se tornou mais acirrada com a queda de barreiras comerciais, devido ao fenômeno da globalização e da concorrência que se estabeleceu no mercado de uma maneira mais geral. Por outro lado, na mesma década de 1970, o Ocidente respondeu ao paradigma japonês com uma nova maneira de abordagem de manufatura.

A partir dos sistemas integrados por computador, Joseph Orlick desenvolveu nos Estados Unidos o MRP – Material Requeriment Planning, que evoluiu, na medida em que a tecnologia da computação avançou, para o MRP II – Manufacturing Resources Planning, cujas principais características estão na determinação do Plano Mestre de Produção, que detalha tempos, materiais e classificação de itens pais e filhos.

O MRP II tornou-se um padrão importante no PCP. Segundo Norman (1983), a essência dessa ferramenta é que se trabalha com a demanda (o cliente) para determinar os materiais e outras exigências. Posteriormente, nos anos 1990, surgiram os sistemas ERP – Enterprise Resources Planning, que configuram a era dos sistemas gerenciais integrados, a fim de suportar as atividades dos diversos processos de negócios que se desenvolvem nas empresas.

Devido à globalização e novas formas de organizar o trabalho, a partir dessa época começou a imperar o paradigma da produção puxada. Ou seja, focadas as necessidades de mercado, impõe-se um ambiente *just in time*, com redução de desperdícios, *lay out* celular, operador multifuncional, *set up* reduzido e qualidade total. Segundo

Womack (1997), a diferença está na maneira pela qual os componentes são entregues à empresa interessada. Atualmente, nas empresas de produção enxuta, é necessário entregar componentes na hora certa, no lugar certo, de acordo com os procedimentos *just in time*.

Nessa evolução, é possível determinar as metas de produção, principalmente voltadas às necessidades dos clientes da produção puxada. Surgiu então o CONWIP – Constant Work-in-Process, um sistema híbrido, podendo trabalhar de maneira puxada e empurrada. Também surgiu a OPT – Optimized Production Technology, ou Teoria das Restrições (ver 9.5), cuja principal preocupação está na atenção aos gargalos (ver 5.3.2.a), a fim de melhorar o desempenho organizacional.

O PCP também precisa controlar a produção e os materiais para garantir que os prazos estabelecidos sejam cumpridos. Diante da complexidade e exigência atual no atendimento perfeito ao cliente em disponibilidade de materiais e produtos no tempo desejado, as empresas precisam de sistemas informatizados, a fim de aumentar o controle e a rastreabilidade do processo, além de permitir elaborar os cronogramas de compra e produção de maneira enxuta, customizada e ágil e, mais recentemente, com responsabilidade socioambiental.

Segundo Krajewski (2009), a tecnologia MRP sofreu ultimamente algumas alterações para rastrear os resíduos e planejar o descarte adequado, para se adaptar à preocupação com a degradação do meio ambiente por parte dos consumidores, dos empresários e do governo. O tipo e a quantidade de resíduos associados a cada item podem ser inseridos na lista de materiais. Quando o PMP é desenvolvido para um produto, podem ser gerados relatórios que projetam a quantidade de resíduos esperada durante o processo de produção e quando ocorrerão. Desta forma, as empresas podem, em alguns casos, identificar seus problemas de resíduos antes de eliminá-los e, em outros, planejar o descarte adequado, além de gerar uma documentação formal a respeito do controle das emissões.

Na atualidade, segundo Sacomano (2007), pode-se concluir que o processo decisório ganhou novas dimensões nas organizações empresariais. A responsividade, a agilidade, a customização de produtos, acompanhadas de um mercado cada vez mais sensível aos aspectos de custo, qualidade, prazo e flexibilidade, obrigam a uma nova postura frente ao processo decisório, que também deve ser muito mais ágil e responsivo do que na fase anterior do PCP, além da responsabilidade socioambiental. Essas questões já entraram nos processos de decisão das empresas, o que afeta profundamente as formas de organizar a produção.

5.2.3 Visão geral do PCP

Neste item são apresentadas e comentadas quatro figuras encontradas na literatura que, sem esgotarem o assunto, permitem uma visão razoavelmente abrangente das atividades e preocupações envolvidas na questão.

Administração da produção

A Figura 5.3 oferece uma visão macroscópica da problemática de PCP, iniciando pelos fatores condicionantes externos à empresa, mas que terão influência nas suas decisões, aí incluídas as de produção. Nessa visão, o conceito de meio ambiente engloba os aspectos gerais do entorno em que a empresa está colocada, envolvendo questões amplas, como economia, mercado, concorrência, fatos políticos, sociais, éticos e também referentes ao meio ambiente físico. A questão da viabilidade econômica das atividades está claramente inserida nesta visão.

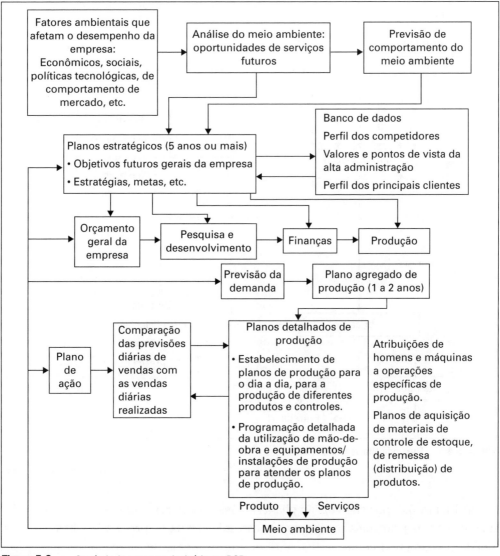

Figura 5.3   Os níveis do processo decisório em PCP

Fonte: Sacomano (2007).

A Figura 5.4 enfoca mais detalhadamente os aspectos internos à empresa no seu setor de produção, apresentando elementos importantes determinantes e relacionados com o processo produtivo.

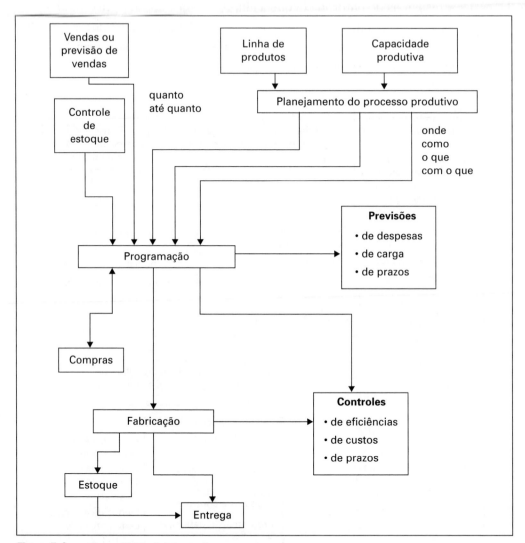

Figura 5.4   Fluxo primário de informações

Fonte: Zaccarelli (1987).

A Figura 5.5, por sua vez, amplia as visões anteriores a um cenário corporativo que focaliza as principais preocupações estratégicas da empresa à luz da sua necessidade fundamental como participante de um esquema de mercado, ou seja, à sua competitividade.

Administração da produção

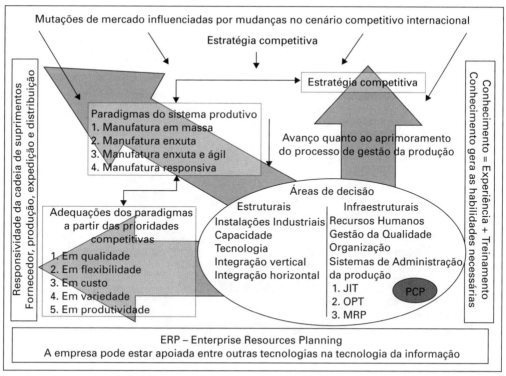

Figura 5.5   Estrutura do PCP

Fonte: Azzolini Jr. (2004).

Um dos recursos indicados nessa figura como disponíveis para a empresa administrar suas atividades de PCP é dado pelos sistemas ERP – Enterprise Resources Planing, mencionados em 5.2.2. Os sistemas ERP constituem uma evolução de grandes pacotes computacionais que se propõem a gerenciar e decidir sobre quase todos os aspectos envolvidos no processo produtivo. Para tanto, são constituídos de diversos módulos (compras, vendas, financeiro, contábil, de pessoal, de estoques, etc.), que se preocupam com os diversos aspectos que constituem as atividades da empresa, substituindo, dessa forma, os decisores humanos. Ou seja, a tarefa dos gerentes, em vez de eles decidirem sobre prazos de produção, quantidades, compras, estoques, carga de máquinas e outras variáveis da produção, com base nas informações disponíveis, passa a ser de alimentar esses sistemas e fazer cumprir as suas determinações e, acrescentamos, usar o bom-senso para verificar a sua pertinência e, esta não se configurando, tomar as decisões cabíveis.

Os sistemas ERP podem ser de porte variado, compatível com o tamanho e a complexidade da empresa a gerenciar. Seu surgimento levou a sistemas altamente sofisticados, envolvendo os mais variados aspectos da gestão empresarial, conforme pode ser visualizado na Figura 5.6.

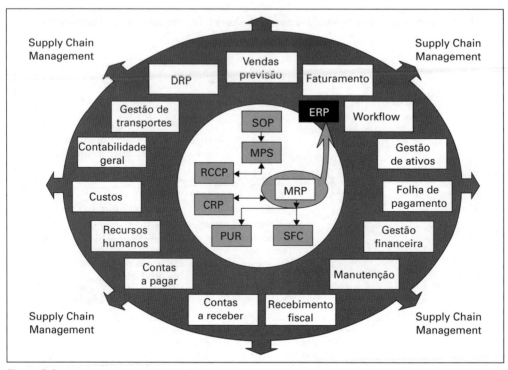

Figura 5.6   Estrutura conceitual do ERP

Fonte: Adaptado de Corrêa et al (2007).

Note-se que, nessa figura, as saídas do sistema são direcionadas à gestão da cadeia de fornecimento (Supply Chain Management). Essa questão, ligada à existência de redes de empresas que devem ser analisadas como um todo, é de vital importância nas atividades produtivas, estando abordada no Capítulo 10.

A adoção dos sistemas ERP tem sido um assunto objeto de muita discussão. Há os que são plenamente favoráveis, mormente no caso de grandes empresas, entre os quais evidentemente se incluem os fornecedores dos sistemas, como há os que são contrários, por julgar que o sistema "engessa" o PCP e/ou a própria empresa. É uma longa discussão, que não deverá se encerrar tão logo.

5.3   OUTRAS AÇÕES DE PCP

Para que possam desempenhar adequadamente as suas atividades de PCP, os respectivos gestores devem ter conhecimento de uma série de outros aspectos e problemas em geral encontrados nesse meio. Na sequência são apresentados e discutidos a nível introdutório os tópicos principais e mais corriqueiramente encontrados nesse contexto das atividades produtivas. Esses temas têm sido objeto de ampla discussão por autores no campo da Administração da Produção, havendo suficientes referências à disposição daqueles que desejarem se aprofundar no seu estudo.

Administração da produção

5.3.1 Estoques

Os tempos mudam. Durante boa parte do século XX, manter altos estoques de insumos, peças, itens intermediários e produtos acabados era símbolo de poder econômico, tendo sido prática usual em diversas grandes empresas. No Brasil, durante os tempos de inflação galopante, também era comum manter altos estoques como forma de se proteger contra a desvalorização da moeda. Aos poucos, porém, mormente com o acirramento da concorrência e a consequente necessidade de baixar preços, passou-se a perceber que o estoque em excesso é capital investido parado, sendo, portanto, economicamente indesejável.

Formas de reduzir estoques passaram, então, a ser contempladas pelos administradores da produção, convergindo para o sistema JIT – just in time, apresentado em 5.3.2.e, com a filosofia de que os itens devem chegar ao local de sua utilização no momento em que são necessários, tendo, portanto, como meta, a eliminação dos estoques. Isto, evidentemente, corresponde a uma situação ideal, na qual uma perfeita sincronização entre clientes e fornecedores, apoiada por um sistema logístico preciso e infalível, permitisse a inexistência completa dos estoques. A filosofia JIT tem sido aplicada por muitas empresas, em especial as japonesas, onde essa filosofia nasceu e prosperou inicialmente, mas com os devidos cuidados para que, na prática, não ocorram problemas. Assim, pequenos estoques de segurança são em geral encontrados, para evitar paradas na produção por causa da falta dos itens necessários.

A questão dos estoques segue, pois, tendo importância, e alguns aspectos a ela relacionados merecem atenção, dentre os quais os tratados a seguir.

a) Lote econômico

Este conceito refere-se ao tamanho do lote de reposição de um item que deve ser agregado ou reposto a um estoque para minimizar o custo total envolvido no processo de estocagem. Em um processo estabilizado, ou seja, não sujeito a tendência ou sazonalidade, o custo de se manter o estoque desse item é

$$CT = CA + CR + CE$$

Sendo:

CT = custo total
CA = custo de aquisição dos itens que entram no estoque
CR = custo do processo de reposições
CE = custo de manter o estoque

$$CA = D \cdot p; \quad CR = \frac{D}{Q} \cdot C_R; \quad CE = \left(\frac{Q}{2} + E_S\right) \cdot C_E$$

onde:

- D = demanda no período considerado (ano, semestre, ...)
- p = preço unitário do item
- Q = tamanho do lote de compra
- C_R = custo unitário do processo de reposição
- E_S = estoque de segurança
- C_E = custo unitário de estoque no período
- $\dfrac{D}{Q}$ = número de reposições no período
- $\dfrac{Q}{2}$ = estoque variável médio no período

Logo:

$$CT = D \cdot p + \frac{D}{Q} \cdot C_R + \left(\frac{Q}{2} + E_S\right) C_E = k + \frac{D}{Q} C_R + \underbrace{\frac{Q}{2} \cdot C_E}_{CE}, \quad \text{k constante com Q} \quad (5.1)$$

Fazendo-se um gráfico com os termos da equação (5.1), tem-se o resultado observado na Figura 5.7.

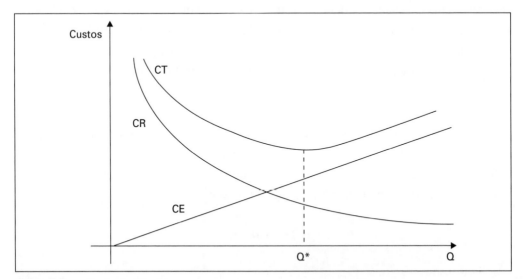

Figura 5.7   Custos do estoque

A curva do custo total passa por um mínimo no ponto Q*. Esse valor é o ponto para o qual a derivada de (5.1) se anula:

Administração da produção 131

$$\frac{dCT}{dQ} = -\frac{DC_R}{Q^2} + \frac{C_E}{2} = 0$$

donde:

$$Q^* = \sqrt{\frac{2DC_R}{C_E}}$$

Esse é o tamanho do lote econômico de reposição nas condições dadas. A observação da Figura 5.7 sugere, e a prática confirma, que o custo total é pouco sensível a pequenas variações de Q em torno de Q*. Isto permite que se possam fazer reposições em quantidades próximas ao lote econômico praticamente sem afetar o custo total do estoque.

b) Curva ABC dos estoques

Se os itens de um estoque forem classificados por ordem decrescente de valor, é possível ver que alguns poucos itens representam considerável porcentagem desse valor (classe A), muitos itens somados têm pouco valor (classe C) e um número intermediário de itens têm um valor intermediário (classe B). Essa ideia da classificação por ordem decrescente de importância é devida ao economista italiano Vilfredo Pareto, que a ela chegou estudando a distribuição de renda das pessoas na Itália no final do século XIX. Se as porcentagens acumuladas dos itens assim classificados forem plotadas em um gráfico, terão aproximadamente a forma mostrada na Figura 5.8, constituindo a chamada curva ABC dos estoques.

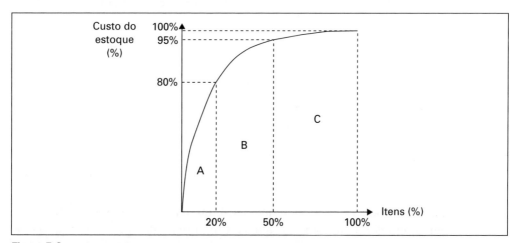

Figura 5.8   Curva ABC dos estoques

A aplicação do princípio de Pareto (hoje considerado uma das ferramentas básicas da qualidade, conforme apresentado em 6.6) permite identificar os itens classe A que, por sua evidente maior importância econômica, merecem atenção prioritária em qualquer análise.

O critério para se realizar a classificação de Pareto pode ser outro que não o valor, conforme, por exemplo, a quantidade de itens, de acordo com o interesse do estudo.

c) Sistemas de reposição de estoque

A literatura sobre o assunto indica algumas maneiras de se promover a reposição de estoques, tais como aquelas baseadas no estoque mínimo e na reposição periódica.

− **Reposição baseada no estoque mínimo** é aquela que ordena a recompra do item quando o estoque baixar a esse mínimo. É certamente muito usada pelas donas de casa para evitar a falta de itens na sua despensa.

A determinação do estoque mínimo deve, na prática, considerar dois elementos:
  – o número de itens que serão consumidos até a chegada do lote de reposição, que está relacionado com o tempo para a chegada dessa reposição, o *lead time* de reposição;
  – o estoque de segurança necessário para se garantir contra variações aleatórias.

A Figura 5.9 ilustra o que idealmente ocorre com a adoção da reposição baseada no estoque mínimo.

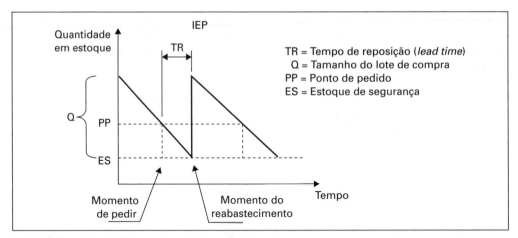

Figura 5.9 Reposição baseada no estoque mínimo

Fonte: Adaptado de Monteiro (2007).

− **Reposição periódica** é aquela em que o instante da reposição é predeterminado no tempo, em geral em períodos iguais. Como normalmente a questão da reposição envolve muitos itens, esse período de reposição deve ser calculado de modo a atender, da melhor forma, as necessidades de reposição dos diversos itens existentes no estoque.

Este planejamento deve levar em consideração as demandas dos itens, seus *lead times* de reposição, seus estoques de segurança, etc. A Tabela 5.1 ilustra um possível planejamento de reposição periódica de itens de um estoque. Nesse

Administração da produção

exemplo se supôs um regime de reposição regular, mas, na prática, as quantidades a repor poderiam oscilar em cada período, conforme as necessidades detectadas pelos controladores.

Tabela 5.1   Reposição periódica

Datas de reposição	Itens/unidades								
	A	B	C	D	E	F	G	H	I
02/03/2009	10		2		3			5	
16/03/2009	10	5			3		2	5	
30/03/2009	10		2		3	4		5	
13/04/2009	10	5		1	3		2	5	
27/04/2009	10		2		3			5	1
11/05/2009	10	5			3	4	2	5	
25/05/2009	10		2		3			5	
08/06/2009	10	5		1	3		2	5	

Evidentemente, outros sistemas de reposição dos estoques existem e podem ser usados em casos específicos, mas não nos estenderemos mais sobre esta questão.

5.3.2   Outros tópicos importantes

Sem pretender esgotar os assuntos, neste item são comentadas diversas questões típicas encontradas na Administração da Produção, consideradas importantes para o conhecimento dos responsáveis pelo setor.

a) Gargalos

Em uma linha de produção em que diversas operações devem ser realizadas em sequência para a obtenção do produto final, sempre haverá alguma operação considerada um gargalo do processo, em uma analogia com a parte de saída de uma garrafa. O gargalo é aquela operação crítica que determina o ritmo de trabalho,[3] na qual qualquer problema acarreta necessariamente atraso no processo, pois ali não há folga, aquela máquina ou posto de trabalho opera no limite da sua capacidade.

A existência de um ou mais gargalos significa que o processo não está perfeitamente balanceado no sentido de que todas as operações estejam sendo realizadas com o máximo aproveitamento da sua capacidade. Veja-se, a propósito, a Figura 5.10, na qual se supõe que o processo produtivo passe por três operações A, B e C, cujas capacidades de processamento são, respectivamente, de 7, 4 e 6 peças/hora.

---

[3]   Esse ritmo do processo, determinado pelo gargalo, é frequentemente chamado tempo de *takt*. Sendo p a taxa de produção e d a taxa de demanda (itens por unidade de tempo), o tempo de *takt* será de 1/d se p > d e 1/p se p ≤ d.

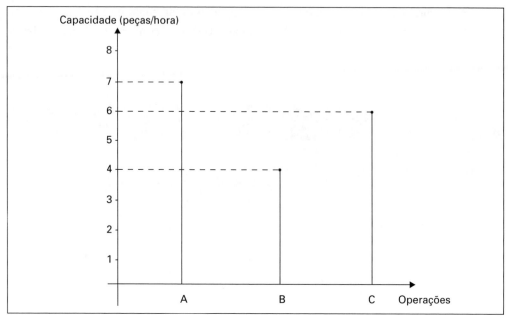

Figura 5.10   Operação com gargalo

Neste exemplo, a operação B claramente representa um gargalo que determina a capacidade do processo, de 4 peças/hora, com as operações A e C trabalhando abaixo da sua capacidade. Fazer a produção de A superior à de B somente serviria para gerar estoque intermediário entre A e B, e a produção de C nem poderia ser aumentada, pois seu ritmo é limitado pelo de B.

Suponha-se agora que o gargalo em B seja eliminado, dobrando a sua capacidade de produção pela aquisição de uma segunda máquina. Tendo a operação B agora capacidade de trabalhar 8 peças/hora, deixou de ser gargalo, mas um novo gargalo vai aparecer na operação C, limitando a capacidade do processo a 6 peças/hora.

O problema da busca da eliminação de gargalos mediante a harmonização das operações do processo é clássico na Engenharia de Produção, sob o nome de balanceamento de linhas, em que se busca conseguir que as diversas operações de uma determinada linha de produção tenham suas máquinas ou estações de trabalho operando com capacidades compatíveis e balanceadas, de modo a praticamente eliminar a ocorrência de gargalos.

A questão dos gargalos é evidenciada na chamada Teoria das Restrições, ligada ao Conceito de OPT – Optimised Production Technology, à qual está associado o nome do físico israelense Eliyahu M. Goldratt e da qual uma apresentação mais detalhada pode ser vista em 9.5.

b) Carga de máquinas

Este problema está ligado à questão de como fazer a programação de uma ou mais máquinas que devem realizar diversas operações distintas. Há que responder às

Administração da produção   135

perguntas: "Que peças devo produzir em quais máquinas?", "Quantas peças devo produzir em cada máquina antes de mudar a configuração para produzir outras peças?", "Qual a sequência em que devo programar a produção das peças?", além de outras que possam emergir.

Nesse contexto, é importante considerar o tempo de máquina parada necessário para mudar a sua configuração, a fim de produzir um outro tipo de peça. Essa mudança de configuração em geral envolve a troca de ferramentas, levando ao conceito oriundo do Japão da "troca rápida de ferramentas", com o qual se busca, consequentemente, aumentar a produtividade do processo.

Na análise do problema da carga de máquinas pode ser importante o conceito de lote econômico de fabricação, que mantém analogia com o lote econômico de reposição de estoques, visto em 5.3.1.a, resultando de raciocínio semelhante, com a devida adaptação. Para tanto, basta considerar Q o tamanho do lote a ser produzido pela máquina cada vez que configurada para tal e C_R o custo de regulagem da máquina para isso, aí incluída a troca de ferramentas, o custo de máquina parada, etc., obtendo-se o lote econômico de produção.

Outra questão que pode estar relacionada com a forma de programar as máquinas é a da redução de refugos e desperdícios. Imagine-se, por exemplo, uma prensa que será usada para o corte de chapas de aço retangulares, gerando diversas peças com formatos variáveis. A maneira de se estabelecer como essas peças serão cortadas das chapas pode determinar uma maior ou menor quantidade de aparas de chapa que constituirão sobras do processo. Sua minimização representa um aumento de produtividade.

c) Estudo de tempos, movimentos e métodos

O estudo de tempos e movimentos para a realização de operações produtivas remonta ao início da Administração Científica, pois já se buscavam formas melhores e mais rápidas de realizar as operações visando a melhoria da produtividade. As duas questões estão, em princípio, relacionadas, pois eliminando movimentos desnecessários deve-se reduzir o tempo para executar as operações.

Várias possibilidades foram tentadas e testadas. O casal de estudiosos Frank e Lilian Gilbreth levaram sua pesquisa à decomposição das operações em partes elementares, para permitir o seu estudo minucioso e depois poder remontar as operações a partir de conjuntos desses elementos do trabalho a ser executado.

Merece também citação a técnica da amostragem do trabalho, em que as operações são observadas diversas vezes e as frequências com que suas partes constituintes estão sendo realizadas são computadas, obtendo-se indicações sobre sua importância relativa, como também se podem identificar tempos improdutivos, ociosidades e outras características do processo.

O estudo de métodos, por sua vez, consiste na busca de novas formas de realizar as operações. Um dos aspectos sob os quais isto pode ser conseguido é do ponto de vista da Ergonomia, sobre a qual se apresentam considerações em 5.3.2.k. Outro aspecto é o das inovações, que podem advir de análises acuradas do processo, utilizando técnicas para a sua melhoria, em geral envolvendo métodos estatísticos, ou da adoção de novas tecnologias, equipamentos mais sofisticados, etc, conforme discutido em 8.6.

Uma prática originária do Japão que tem muito a ver com esta questão diz respeito aos programas 5S, assim denominados por envolver cinco atitudes, ou sensos, que, antes de tudo, objetivam colocar ordem e dar boas condições ao local de trabalho, contribuindo para a melhoria da sua qualidade e produtividade, mas que também facilitam a implementação do trabalho em equipe e de melhorias contínuas no processo de produção. Essas práticas, em inglês, são também conhecidas como *housekeeping*, literalmente "pôr a casa em ordem". São 5 os Ss tradicionais, aos quais modernamente se costuma agregar outros:[4]

- *Seiri*, senso de utilização, promovendo principalmente a proximidade do operador dos objetos e ferramentas mais utilizados, e levando ao descarte dos que não têm utilidade;

- *Seiton*, senso de ordem ou arrumação, referente ao correto posicionamento dos itens necessários conforme a sua utilização, de modo a facilitar o acesso e reduzir o cansaço físico;

- *Seiso*, senso de limpeza, eliminando as causas de poluição do local de trabalho e seu entorno, tendo inclusive o cuidado de deixar o posto de trabalho limpo e organizado para o trabalhador seguinte;

- *Seiketsu*, senso de saúde e higiene, inclusive mental, englobando também o clima e as relações de trabalho, além das preocupações com a segurança e a prevenção de acidentes;

- *Shitsuke*, senso de autodisciplina, garantindo a manutenção da implementação dos Ss anteriores, bem como de comportamento ético e comprometimento com as diretrizes da empresa.

Os três primeiros Ss estão mais diretamente relacionados com o estudo de tempos, movimentos e métodos objeto deste item e, segundo a opinião de consultores no assunto, têm sido aqueles que em geral chegaram a se implementar efetivamente por empresas brasileiras que os adotaram.

Para ilustrar a força desse programa, citamos o caso de importante empresa paulistana, cujo o nome se omite, que reduziu em um terço o espaço físico necessário para suas operações ao adotar o programa, tendo essa redução se devido, primordialmente, ao descarte de itens já sem nenhuma serventia.

---

[4] Silva (2004) apresenta uma classificação com 10S.

Administração da produção 137

d) Arranjo físico

O problema do arranjo físico – em inglês, *layout* – diz respeito ao posicionamento das máquinas, equipamentos, ferramentas, postos de trabalho e ao fluxo de materiais nas instalações empresariais, de modo a minimizar o desperdício, o tempo de realização das operações e o esforço humano para essa realização. A movimentação de materiais sempre existe em algum grau nas Instalações produtivas, mas é uma atividade que não agrega valor ao produto, devendo, portanto, ser minimizada para efeito de aumento de produtividade.

Podem ser identificados alguns tipos clássicos de arranjo físico:

- **Posicional**, em que o produto tem posição fixada e tudo o mais gira em torno dessa sua posição: movimentação humana, chegada de insumos, etc. É utilizado no caso de produtos de grandes dimensões, como na indústria naval ou aeronáutica, ou quando o produto, pela sua própria natureza, é inamovível, como no caso da construção civil;

- **Funcional ou por processo**, em que máquinas e equipamentos são fixos e o produto se movimenta, passando pelos diversos locais onde receberá intervenções. É um tipo de arranjo bastante encontrado na prática, típico de produção intermitente. O termo funcional se deve ao fato de que as máquinas e equipamentos são agrupados por função: prensas, usinagem, solda, montagem, pintura, etc.;

- **Linear ou por produto**, usado em sistemas de produção contínuo, caracterizando as chamadas linhas de produção. É típico, por exemplo, das indústrias químicas, em que o produto é líquido ou gasoso e circula por tubulações entre os locais dos tratamentos por que passa, ou do caso de produtos uniformes fabricados em grandes quantidades, obedecendo a uma sequência bem caracterizada de operações, como na indústria de bebidas, de produtos eletrônicos, etc.;

- **Celular**, em que o produto passa por células de manufatura, que são grupos com considerável autonomia própria de trabalho e com funções bem determinadas. Aplica-se ao caso de haver produtos razoavelmente variados, mas com muitas características comuns, o que permite que cada célula se especialize em certos tipos de atividades afins. Cada tipo de produto passará pelas células cabíveis, segundo uma carga de trabalho programada.

  Este sistema, também chamado manufatura celular, iniciou-se em experiências nas fábricas Volvo da Suécia e apresenta muitos casos de sucesso. Entretanto, necessita equipes treinadas, polivalentes e motivadas. Presta-se bem à utilização do sistema *just in time*, que será discutido no item seguinte. Devido à polivalência dos operadores, o arranjo físico interno às células costuma ser disposto sob a forma de U, de modo a facilitar a esses operadores atuar em diversas máquinas com a mínima movimentação física.

O arranjo físico adequado é um importante fator para evitar o desperdício oriundo da movimentação desnecessária, contribuindo, assim, também para a redução do número de acidentes do trabalho. O autor deste livro teve a oportunidade de acompanhar uma ação de melhoria realizada em uma empresa situada em uma encosta, na qual a modificação do arranjo físico utilizando a gravidade para movimentar produtos contribuiu também para considerável economia de energia elétrica.

Outro problema relativo à localização que, por ser macroscópico, escapa ao conceito de arranjo físico interno, mas pode ser de vital importância para a empresa, diz respeito à localização espacial das suas instalações, das suas plantas, problema em geral referido como de Localização Industrial. Essa é uma decisão que antecede as demais relacionadas à Administração da Produção, por dever ser tomada antes mesmo de as instalações existirem e/ou serem utilizadas, e cabe em geral à alta administração. Nela devem ser considerados aspectos referentes à logística de movimentação externa de insumos e produtos, existência de mão-de-obra adequada nas proximidades, fatores ambientais, fontes de energia, possíveis economias de escala pela presença de outras empresas do setor – gerando a formação de polos industriais, incentivos governamentais – tendo como exemplo o surgimento do polo industrial de Manaus, aspectos de marketing – tendo como exemplo a Universidade Paulista, que tem instalado suas unidades do interior em locais de grande visibilidade, etc.

e) Produção enxuta

O termo enxuto – em inglês, *lean*, na sua acepção de "sem gorduras" – é usado para designar a produção realizada com os recursos estritamente necessários, sem exageros, sem desperdícios, executando com qualidade os produtos requeridos na quantidade necessária e no momento exato. Esta conceituação se confunde com a filosofia da produção JIT – *just in time*, cuja tradução idiomática em português seria "no momento certo".

Essa filosofia de trabalho teve seu nascedouro no Japão, nas fábricas da Toyota, com os objetivos vistos acima. Os insumos devem chegar aos locais onde serão utilizados no momento do seu uso, na quantidade certa, e os produtos dessa operação devem estar finalizados também na quantidade e tempo certos, para permitir a existência das mesmas condições na operação seguinte.

É fácil entender que conseguir a condição JIT, da qual uma das mais visíveis consequências seria a eliminação dos estoques, não é tarefa simples, pois exige um perfeito sincronismo e balanceamento das operações em toda a fábrica, além de colaboradores conscientes, treinados, polivalentes e motivados. Na prática, em geral se consegue, com uma boa administração do sistema, uma condição JIT aproximada, em que pequenos estoques intermediários de segurança existem para a prevenção contra possíveis imprevistos.

A filosofia da produção JIT está em geral associada à chamada produção "puxada" pela demanda, na qual as ordens de produção sincronizadas são acionadas para atender a demanda configurada pelas vendas realizadas. Essa situação é oposta à da produção "empurrada", durante muito tempo predominante no mundo ocidental na

Administração da produção 139

qual, a partir de estoques adquiridos de insumos, a produção era acionada empurrando para a frente esses insumos, até transformá-los no produto final e buscar repassá-los aos clientes por meio do esforço de vendas. Claro está que esta situação só deve poder funcionar a contento quando há demanda reprimida, o que não é propriamente o caso na economia atual globalizada e de alta competição.

Uma das formas práticas utilizadas no processo de puxar a produção, em que operações prévias da cadeia de produção devem ser acionadas no momento certo a produzir os insumos para a operação seguinte, é mediante o uso de cartões indicativos de o que e quanto produzir, que circulam entre os locais das operações e acompanham os lotes produzidos. Esses cartões variam quanto à sua forma e uso, sendo no Japão designados genericamente por *Kanban*.

É fácil perceber que adotar a produção enxuta, pelas vantagens que oferece, seria altamente desejável, mas sua implementação envolve um alto nível de organização e comprometimento cuja consecução em geral implica diversas dificuldades. A elas deve-se acrescentar o aspecto externo, de relacionamento com os fornecedores e com o sistema logístico de aporte dos insumos vindos de terceiros, que devem estar entrosados com o sistema produtivo, de preferência caracterizando parcerias estáveis.

Além disso, como informa Sacomano (2007), existem também, modernamente, os conceitos de **manufatura responsiva**, baseada nos atributos de rapidez, pontualidade e flexibilidade, como também o de **manufatura ágil**, tendo como princípios básicos mudança contínua, resposta rápida, melhoria da qualidade, responsabilidade social e foco total no cliente.

f) Administração e movimentação de materiais

Toda produção envolve a utilização de materiais (matérias-primas, peças, materiais de apoio, produto acabado) que se movimentam dentro da fábrica e cujo fluxo deve ser corretamente administrado para que a produção se processe a contento. A administração de materiais, à qual compete essa responsabilidade, não gera propriamente valor agregado aos produtos, mas é um serviço de apoio à produção cuja importância deve ser levada na devida conta.

Pozo (2004) identifica seis tipos de atividades que constituem esse serviço de apoio à produção:

- **Obtenção ou Suprimento**: envolve as atividades de compras externas à empresa, nas condições técnicas e comerciais mais adequadas, para que esses insumos estejam disponíveis para utilização quando necessário;
- **Planejamento**: refere-se às quantidades que devem ser produzidas, indicando quando, onde e por quem. É a base para a programação da produção que permitirá o cumprimento dos prazos exigidos pele mercado;
- **Sistema de informações**: inclui base de dados bem estruturada, informações detalhadas sobre os processos e os demais procedimentos para atender as demandas do planejamento. Em empresas de grande porte, estas informações podem ficar a cargo de um sistema ERP;

- **Armazenagem:** administra os espaços para manter os materiais estocados, frequentemente em almoxarifados. Lida com problemas como localização, dimensionamento, arranjo físico interno, equipamentos de movimentação, recuperação do estoque, etc.;
- **Embalagem de proteção:** que tem, na logística interna, a finalidade de permitir a movimentação dos materiais sem danificá-los;
- **Manuseio de materiais:** envolve tanto a movimentação dos materiais nos locais de estocagem como sua transferência para locais de produção e vice-versa. A esse respeito, Gurgel (1997) apresenta o Quadro 5.1, relacionando equipamentos de manuseio com as características dos movimentos.

Quadro 5.1 Equipamentos de movimentação de materiais

Características dos movimentos		Equipamentos
Roteiro	Programação repetitiva	Monovia
	Programação aleatória	Empilhadeiras
Frequência de movimentação	Fluxo contínuo de materiais	Correia transportadora
	Fluxo intermitente de materiais	Tratores para movimento horizontal
Distâncias percorridas	Distâncias curtas e frequentes	Empilhadeiras
	Distâncias longas e sistemáticas	Comboios tracionados por tratores industriais
Ambiente fabril	Interno	Empilhadeiras elétricas que evitam a contaminação das mercadorias e dos operários
	Externo	Tratores movidos a GLP ou diesel
Direção de fluxo	Horizontal	Tratores industriais
	Vertical	Elevadores de cargas
Acionamento	Manual	Paleteiros
	Motorizado	Empilhadeiras e tratores industriais

Fonte: Gurgel (1997).

Os equipamentos descritos no Quadro 5.1, evidentemente, aplicam-se nos casos de plantas industriais de médio e grande portes. Para tipos de produção mais concentrada em menores espaços, equipamentos mais simples a eles adequados deverão ser usados. Deve-se também ter em conta que, nos casos já vistos de produção JIT, a movimentação dos itens ao longo do processo tende a ser minimizada.

Ademais, o processo de compras externas tem sido objeto de evolução e discussão. Algumas décadas atrás prevalecia a ideia de que era bom ter muitos possíveis fornecedores para cada insumo a ser comprado, permitindo escolher os melhores e, mais do que isso, fazer barganha de preços, muitas vezes em detrimento da qualidade. Mais modernamente, ganhou força a tese de que é melhor ter um ou poucos

Administração da produção

fornecedores selecionados, confiáveis, com os quais a empresa compradora estabelece uma condição de parceria. Assim evitam-se atribulações, ambas as partes ganham e a confiança mútua contribui para diversas outras vantagens. Isto facilita, inclusive, o intercâmbio técnico, sendo comum encontrar especialistas do comprador interagindo com a produção do fornecedor, a fim de garantir a obtenção dos itens conforme as especificações estabelecidas. Estas parcerias, em certos casos, evoluíram até a formação de consórcios produtivos, como ilustrado em 11.7.

g) Logística

Segundo o dicionário Aurélio de 2004, a palavra logística vem do francês *logistique* e significa a parte das ações de guerra referentes ao planejamento e à realização de:

a) Projeto e desenvolvimento, obtenção, armazenamento, transporte, distribuição, reparação, manutenção e evacuação de material para fins operativos e administrativos;

b) Recrutamento, incorporação, instrução e adestramento, designação, transporte, bem-estar, evacuação, hospitalização e desligamento de pessoal;

c) Aquisição ou construção, reparação, manutenção, manuseio e operação de instalações, e acessórios destinados a ajudar o desempenho de qualquer função militar.

De fato, tiveram sucesso grandes chefes militares da história que se preocuparam devidamente com a logística para o apoio aos exércitos, como foi o caso de Alexandre da Macedônia, já no século IV a.C., e de Napoleão Bonaparte, mais recentemente.

Do ponto de vista da Administração da Produção, interessa-nos a transposição dessas ideias e ações ao campo empresarial e organizacional, como forma de apoio essencial às suas atividades no que tange à movimentação de materiais e outras necessidades correlatas. Nesse sentido, podemos considerar a definição de logística do Council of Supply Chain Mangement Professionals, segundo a qual: "Logística é a parte da Gestão da Cadeia de Suprimentos que planeja, implanta e controla o fluxo e o armazenamento eficiente e eficaz direto e reverso de bens, serviços e das informações relacionadas, desde o ponto de consumo, com o propósito de atender as exigências dos clientes" (CSCMP, 2008).

O planejamento, implementação e controle do fluxo de bens pode se dar antes do processo produtivo, no caso da movimentação de insumos/matérias-primas, durante o processo produtivo, caso já mencionado no item anterior, e após o processo produtivo, quando da distribuição dos produtos acabados aos pontos externos de comercialização ou diretamente aos próprios clientes finais.

O Quadro 5.1 apresentou equipamentos que podem ser usados para promover a logística interna, durante o processo produtivo. Para a viabilização da logística externa, os vários modais de transporte podem ser utilizados, como ferroviário, rodoviário (em veículos grandes ou pequenos), aéreo, naval, fluvial, postal, etc.

Embora a movimentação de materiais não agregue valor aos produtos, ao contrário, agrega custos e aumenta o risco de danos devido a acidentes, a logística é de suma importância na vida das empresas. Se falhar no processo de fornecimento de insumos, toda a programação da produção ficará comprometida. Isto seria especialmente grave no caso da produção *just in time*. Se a logística de distribuição de produtos falhar, isto irá repercutir nos clientes, em detrimento da imagem da empresa responsável pelos produtos, mais do que na de quem falhou ao prestar o serviço logístico. Entretanto, pelas razões invocadas no início do parágrafo, deve-se cuidar da minimização possível dos movimentos, deslocamentos e armazenamentos que constituem a essência do processo logístico.

O problema de minimização de rotas é clássico e tem sido objeto de tratamento matemático pela Pesquisa Operacional. Há várias situações a considerar como, por exemplo, o caso de um único centro de distribuição e muitos destinos, ou o caso de múltiplos centros de distribuição, etc. Há também de se preocupar com a natureza da área ou região em que ocorrerão os deslocamentos – urbana? rural? como estão as estradas? há alternativa? – o que pode determinar o tipo de veículo, quais as rotas possíveis, quais as possibilidades de combinação de modais, e assim por diante.

Dentre as atividades envolvidas no processo logístico, podem-se destacar as de processamento de pedido, de transportes, de manutenção de estoques quando existirem, além das seis apresentadas no item 5.3.2.f, referente à administração e movimentação de materiais, dentre outras.

h) Terceirização

Em inglês designada por *outsourcing*, a terceirização é o processo pelo qual uma empresa deixa de realizar ela mesma certas atividades e contrata outra empresa para fazê-las. Tem sido bastante utilizada nas últimas décadas, quando muitas empresas perceberam que era desgastante e oneroso realizar internamente essas atividades, verificando ser mais conveniente terceirizá-las.

A terceirização corresponde a um processo de desverticalização da empresa. A verticalização, conforme visto em 2.1.1, é a situação em que a empresa busca realizar todas as etapas do processo produtivo, do seu início até o seu final, incluindo as atividades de apoio. Essa situação teve a sua voga, era sinônimo de poder, mas as considerações práticas e econômicas prevaleceram, levando à terceirização de muitas dessas atividades, em especial as de apoio.

Evidentemente, o que jamais poderá ser terceirizado por qualquer empresa é a sua competência principal, sua *core competence*, ou seja, aquelas atividades em que a empresa tem excelência, envolvem seus segredos de negócio e são a quintessência da sua vantagem competitiva.

Atividades de limpeza, manutenção, processamento de dados, treinamento e refeitório são exemplos daquelas comumente terceirizadas. Entretanto, também as atividades logísticas, embora sendo de grande importância, conforme já destacado, são em geral terceirizadas por não pertencer ao quadro de especializações das empresas. Daí surgiu hoje a bem conhecida figura do operador logístico, uma empresa especializada em logística que, mediante contrato, encarrega-se de todas as atividades logísticas cabíveis no negócio da empresa contratante, em especial as de transporte e distribuição (ver, a propósito, 11.4).

Há também a considerar o tipo de terceirização designado em inglês por *spin off*, na qual a empresa-mãe, por razões de ordem diversa, proporciona a um grupo de funcionários seus a oportunidade de deixarem a empresa e constituírem outra empresa própria que terá a empresa-mãe como cliente cativa dos produtos ou operações que eram antes executados dentro, em um processo de parceria muitas vezes justificado por motivos legais ou trabalhistas.

i) Manutenção e substituição de equipamentos

A manutenção consiste no conjunto de ações necessárias para que equipamentos de qualquer natureza funcionem com continuidade, de modo a minimizar a ocorrência de falhas e maximizar a produtividade do sistema. Uma analogia pode ser feita com os seres humanos, que necessitam de serviços médicos para a manutenção da saúde, muitas vezes acionados quando os sintomas de alguma doença se manifestam, mas preferencialmente de forma preventiva, para impedir que as doenças se instalem no organismo.

A probabilidade instantânea de que um equipamento falhe, chamada taxa de falhas, conforme discutido em 6.8, costuma variar com o tempo de acordo com uma função conhecida como "curva da banheira", conforme ilustrado na Figura 5.11.

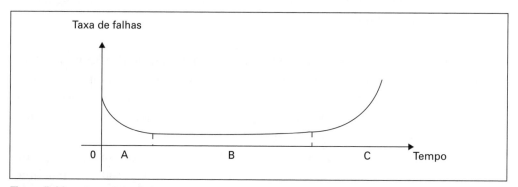

Figura 5.11   Curva da banheira

Nessa figura, identificam-se três regiões:
A) Onde há uma taxa de falhas inicial maior que o normal, que tende rapidamente a decrescer. É fase da "mortalidade infantil", onde falhas do equipamento podem ocorrer devido a defeitos de produção não identificados antes do início da operação.

B) Vida útil normal do equipamento, com baixa taxa de falhas.

C) Envelhecimento do equipamento, quando a taxa de falhas começa a crescer e a necessidade de manutenção se torna cada vez maior para mantê-lo em operação.

A curva da banheira está relacionada com o processo de manutenção, conforme apresentado a seguir.

Podem-se identificar os seguintes tipos de manutenção:

- **Manutenção corretiva,** executadas quando ocorre a falha do equipamento, de caráter emergencial, não programadas, com a finalidade de recolocar o equipamento em funcionamento o mais cedo possível;

- **Manutenção preventiva,** em que são feitas substituições de peças ou elementos passíveis de falha em instantes predeterminados, compatíveis com sua vida prevista e admitindo uma folga em nome da segurança, de modo a evitar as falhas e as paradas para realizar manutenção corretiva. Tem a vantagem de poder ser feita programadamente, de preferência em momentos ociosos do equipamento, e a desvantagem de, muitas vezes, substituir itens que ainda teriam longa vida pela frente. É o caso de itens vitais à segurança de voo de aeronaves, que são substituídos após um número estipulado de horas de funcionamento;

- **Manutenção preditiva,** que procura evitar a principal desvantagem da manutenção preventiva acima citada, buscando aproveitar melhor a vida útil dos itens por meio da sua substituição quando esteja se aproximando a possibilidade de falha (região C da curva da banheira). Para tanto, é necessário que haja indicadores ligados aos itens considerados, que permitam detectar o aumento da possibilidade de falha e assim determinar o momento adequado para a realização dessa manutenção.

A essas probabilidades se agrega o conceito de **Manutenção Produtiva Total**, em que a preocupação com a manutenção é disseminada por toda a empresa, dos executivos aos encarregados da manutenção e aos próprios operários, que passam a ter papel importante no processo de manutenção, contribuindo para a manutenção preditiva e, muitas vezes, eles próprios realizando a manutenção.

A importância e a necessidade da manutenção têm a ver com o projeto do produto, pois este pode determinar a maior ou menor facilidade em se realizar a manutenção, com mais ou menos itens a desmontar, com maior ou menor acesso aos pontos de manutenção. Surge então o conceito de **manutenibilidade** (palavra também encontrada com outras formas), que diz respeito à facilidade de se realizar a manutenção de uma máquina ou sistema devido à preocupação com esse aspecto que existiu no seu projeto (o que remete ao conceito de Engenharia Simultânea, visto em 4.7.6).

Agora, a pergunta: o que fazer quando um equipamento chega à região C da curva da banheira? Já foi dito que, nessa região, as necessidades de manutenção se tornam crescentes para manter o equipamento em funcionamento. Isto caminha para um ponto em que é economicamente preferível descartar o equipamento, substituindo-o por um novo ou por outro com bom funcionamento.

Chega-se então ao problema da substituição econômica de equipamentos, uma decisão clássica estudada nos compêndios de Engenharia Econômica. Esta é a disciplina que se preocupa com decisões envolvendo alternativas de investimento à luz do valor de fluxos de caixa no tempo, tendo como base para seus mecanismos de escolha os preceitos da Matemática Financeira.

Não vamos atentar aqui aos detalhes técnicos dessa análise financeira, mas ilustrá-la por meio da Figura 5.12. Nessa figura, a curva I representa o custo financeiro do investimento na compra de um equipamento novo. O valor econômico desse investimento (que pode ser avaliado pelo seu valor presente em determinado instante) será maior quanto mais cedo ele for feito. Por outro lado, a curva CM representa o custo econômico acumulado da manutenção do equipamento, que cresce mais do que linearmente com o tempo, pois as manutenções são cada vez mais necessárias. A curva CT do custo total envolvido dá a soma das outras duas. Essa curva tipicamente apresenta um ponto de mínimo, indicado por T*, que representa o instante ótimo para realizar a substituição do equipamento.

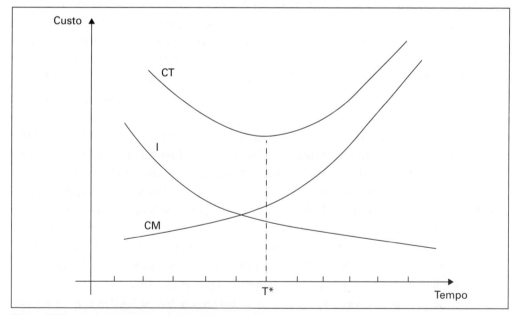

Figura 5.12 Tempo ótimo para substituição do equipamento

Deve-se ter em conta que a análise acima feita pressupõe a substituição do equipamento por outro novo equivalente, não levando em conta questões como, por exemplo, a existência de novas tecnologias. Entretanto, serve bastante bem para ilustrar a essência do problema que se necessita resolver.

146 Administração com qualidade

Note-se a semelhança desta figura com a 5.7, apresentada na discussão do problema do lote econômico de compra para a reposição de estoques. Não é mera coincidência. Certamente há diversas outras situações em que figuras parecidas surgirão, indicando soluções ótimas pelo cotejo de variáveis antagônicas.

j) Saúde e segurança no trabalho

Acidentes ocorrem devido a uma combinação aziaga de fatores. Uma possível classificação desses fatores os coloca nas categorias imprudência, imperícia e negligência. Se um motorista barbeiro (imperícia), dirigindo um carro em más condições de manutenção (negligência), ultrapassa um caminhão em local proibido e perigoso (imprudência), pode não acontecer nada, mas se a fatalidade fizer com que venha outro veículo em alta velocidade no sentido oposto, poderá ocorrer o acidente.

Essa mesma ideia vale para os acidentes do trabalho, que são aqueles, por lei, ocorridos no local do trabalho ou no trajeto para ir ou voltar desse local. A esse propósito, na década de 1970, o especialista e professor da disciplina Higiene e Segurança do Trabalho da Escola Politécnica da USP, Prof. Silas Fonseca Redondo, com quem o coautor deste livro teve a honra e a satisfação de privar, dizia: "Reduzir 50% dos acidentes do trabalho em uma empresa é facílimo; reduzir 80% é perfeitamente possível".

Passadas quatro décadas, hoje a situação dos acidentes nas empresas brasileiras certamente é melhor, em boa parte devido à legislação que permite abatimento fiscal às empresas que demonstrarem baixa ocorrência e baixa gravidade de acidentes. Tem também contribuído para essa melhoria a atuação da Fundacentro – Fundação Jorge Duprat Figueiredo de Segurança e Medicina do Trabalho, com a missão de difundir conhecimentos e técnicas para evitar a ocorrência de acidentes e doenças profissionais, ditas ocupacionais.

Deve-se frisar, a propósito, que os acidentes são, de certa forma, a ponta de um *iceberg* cuja parte submersa é representada por essas doenças adquiridas nos locais de trabalho devido a condições insalubres, métodos inadequados e diversas outras razões. Os acidentes são facilmente visíveis: quando ocorrem, todos veem, tomam conhecimento, em especial quando há vítimas, com ferimentos ou fatais. Já as doenças profissionais não se manifestam abertamente, atacam o trabalhador sub-repticiamente e, muitas vezes, são apenas diagnosticadas quando os danos produzidos já são irreversíveis. E o número de casos de doenças profissionais, se adequadamente verificados, o que em geral não ocorre, supera decididamente o dos acidentes.

Doenças profissionais podem resultar de esforço físico excessivo e continuado, respiração de gases tóxicos, exposição a luminosidade excessiva ou ao trabalho sem iluminação adequada, exposição a condições climáticas, e muitas outras causas.

Um tipo de doença profissional bastante comum na atualidade são as designadas por LER – Lesões por Esforço Repetitivo – e DORT – Distúrbios Osteomusculares Relacionados ao Trabalho, que afetam os braços e dedos de pessoas que trabalham diuturnamente em máquinas de escrever ou teclados de computador. Outra doença

Administração da produção 147

típica dos nossos dias, muitas vezes de fundo ocupacional, é o estresse, causado por situações de nervosismo, incertezas, excesso de cobranças, exigência de superação, competição entre pessoas e outras possíveis causas.

Combater os acidentes de trabalho e as doenças profissionais é não só uma decisão de cunho social, como também econômico. Além da possível perda do incentivo legal, o acidente tem um custo direto (quebra de equipamento, tratamento hospitalar, indenizações, etc.) e também um custo indireto (horas paradas, repercussão negativa na produtividade da empresa, etc.) que pode chegar a quatro vezes o valor do custo direto.

k) Ergonomia

Uma disciplina que tem muito a ver com a prevenção dos acidentes e das doenças profissionais, mas não só com isso, é a Ergonomia. Ergo, em grego, significa trabalho. Logo, Ergonomia é o estudo do trabalho. A ABERGO – Associação Brasileira de Ergonomia, define Ergonomia como "uma disciplina científica relacionada ao entendimento das interações entre humanos e os outros elementos ou sistemas, e à aplicação de teorias, princípios, dados e métodos a projetos a fim de otimizar o bem-estar humano e o desempenho global do sistema".

De fato, a Ergonomia tem a ver com o estudo da Antropometria e da Biomecânica Ocupacional, ou seja, do elemento humano considerado em seus aspectos dimensionais, posturais e das capacidades físicas, para poder projetar adequadamente postos de trabalho, cadeiras, pranchetas, assentos de passageiros em veículos, distância em que objetos e controles devem estar ao alcance das mãos, inclinação de planos para melhor execução do trabalho, configuração de painéis para permitir adequada leitura, formato de alavancas para diminuir o esforço físico, etc. Essas informações e respectivas providências servem não só para melhorar o conforto físico dos trabalhadores, como para evitar más posturas, esforços físicos exagerados, movimentos repetitivos, e assim garantir bom desempenho na realização do trabalho.

Entretanto, em um nível mais abrangente, a Ergonomia também se preocupa com questões envolvendo iluminação de ambientes, ruído, temperatura; posicionamento adequado de objetos, registros, manetes, controles (o que tem a ver como senso *Seiton* dos 5S); interação entre as pessoas e o ambiente, preocupada com a qualidade de vida no trabalho.

Uma visão moderna da Ergonomia lhe atribui também responsabilidades quanto ao conforto psicológico e mental dos profissionais em seu ambiente de trabalho, mediante o estudo e o combate das causas que podem gerar distúrbios quanto a esses aspectos, mormente o estresse.

A produtividade e a qualidade dos processos geradores de produtos ou serviços estão diretamente ligadas ao posto de trabalho, ao sistema produtivo e às condições proporcionadas pelos ambientes físico, psíquico e social. Estes deverão estar ergonomicamente adequados às necessidades dos colaboradores, para que possam realizar suas tarefas com conforto, eficiência e eficácia, sem causar danos à saúde física, psicológica e cognitiva, contribuindo para a qualidade e produtividade, reduzindo erros e retrabalho, doenças e acidentes, o que já é um significativo diferencial competitivo.

O futuro das organizações dependerá cada vez mais do comprometimento, da responsabilidade, da disciplina, da criatividade e da participatividade dos colaboradores e parceiros na solução dos problemas, e isto só será possível se o ambiente de trabalho estiver ergonomicamente adequado, saudável em todos os aspectos (físico-ambientais, operacionais, psíquicos e sociais), ou seja, um sistema de trabalho motivador e agregador de valores que proporcione satisfação pessoal para colaboradores e parceiros.

Entretanto, a questão ergonômica em uma empresa não se restringe a realizar a Análise Ergonômica para atender a legislação trabalhista (NR-7 / PCMSO – Programa de Controle Médico de Saúde Ocupacional, NR-9 / PPRA – Programa de Prevenção dos Riscos Ambientais, e da NR-17 de Ergonomia) e, muito menos, aos problemas relativos às LER/DORT, mas ao fato de que os profissionais que atuam nas áreas de Recursos Humanos, Produção, Administração, Saúde e Segurança, necessitam perceber a importante contribuição da Ergonomia para a empresa, utilizando os recursos desta ciência, não só para proporcionar melhores condições de trabalho aos seus colaboradores e parceiros, mas também contribuir para a melhoria contínua dos modelos de gestão da produção e de gestão de pessoas. Nesse contexto, destaca-se a "Ergonomia com a visão sócio-técnica", que engloba as vertentes técnicas, psicológicas e sociais no seu bojo. Dá-se, assim, um grande passo na direção da Qualidade de Vida no Trabalho, como parte da qualidade de vida dos próprios trabalhadores, indo em direção à Metaqualidade, conceito de ampla abrangência conforme postulou o saudoso mestre Sérgio Augusto Penna Kehl (KEHL, 1997).

l) Produção mais limpa

Durante muito tempo, a industrialização da Terra ocorreu sem nenhuma preocupação com os prejuízos que pudesse causar ao meio ambiente, da mesma forma que terras eram arrasadas e florestas eram destruídas sem nenhuma preocupação com as possíveis consequências dessas ações. Foi somente a partir da segunda metade do século XX que evidências crescentes de problemas disso decorrentes e o esforço de denodados defensores da natureza, que começaram a fazer ouvir sua voz, alertaram quanto aos problemas para a humanidade que adviriam do progresso desordenado e sem barreiras. Então preocupações com os efeitos nocivos da atividade industrial começaram a surgir, ganhar força e ser levadas a sério.

Nesse campo, entretanto, certamente ainda há muito o que fazer, pois os grandes problemas mundiais, hoje reconhecidos, causados pelas enormes aglomerações produtivas existentes, não estão resolvidos e seguem afetando crescentemente o meio ambiente, levando os menos otimistas a se preocuparem com uma catástrofe no futuro próximo. O aquecimento global, com o consequente degelo das camadas polares e elevação do nível dos oceanos, a limitação dos recursos de combustíveis fósseis, a

Administração da produção

crescente escassez de água, a poluição da atmosfera, o crescimento da população terrestre a níveis incompatíveis com os recursos necessários para sua sobrevivência com dignidade, a ascensão da China com novas exigências de progresso e bem-estar, tudo isso e muitas outras ameaças estão a exigir da humanidade providências enérgicas e eficazes para garantir às gerações futuras condições para que possam habitar o planeta decentemente.

Nesse quadro assustador, compete às indústrias buscarem fazer a sua parte, uma vez que, historicamente, muitas delas têm sido grandes responsáveis pela degradação da natureza em seu entorno, pelo lançamento de fumaça poluidora no ar, de resíduos tóxicos nos rios, de lixo na natureza, etc. Daí vem a necessidade de se realizar produção mais limpa, como forma de dar sua contribuição para a salvação do planeta.

Segundo Furtado e Furtado (1997), a expressão produção limpa surgiu de companhias ambientalistas na década de 1980 e floresceu com o programa Cleaner Production do PNUMA – Programa das Nações Unidas para o Meio Ambiente, tendo ganhado força com a criação de programas nacionais nos principais países da Europa. Assim, regulamentações e normas, dentre a quais se destaca a ISO 14.000, no Brasil chancelada pela Associação Brasileira de Normas Técnicas como norma ABNT NBR ISO 14.001 (ABNT, 2004-a) (ver 7.4.1), passaram a existir e, de alguma forma, a pressionar as empresas a se preocuparem em caminhar na direção da produção mais limpa. Nesse sentido, certamente contribuíram pressões de encomendas de governo, exigências para exportação, o marketing e, de forma lenta mas gradualmente crescente, a opinião pública. É uma árdua luta, mas que merece o esforço das mentes esclarecidas, pois contribui para ajudar a melhorar a qualidade de vida das populações humanas.

Tratados e convenções internacionais também passaram a existir correlacionados ao tema, como o Protocolo de Kyoto, que o governo norte-americano do presidente George W. Bush se recusou a assinar. Segundo Gutierres (2009), esse texto, aprovado por 84 países em dezembro de 1977, só veio no entanto a vigorar a partir de fevereiro de 2005, com a efetiva adesão do mínimo previsto de 55 países, que representam 55% das emissões de dióxido de carbono (CO_2) do planeta. A proposta do protocolo é a redução da emissão de seis gases que causam o efeito estufa: dióxido de carbono, metano, óxido nitroso, hidrofluorcarbono, perfluorcarbono e haxafluoreto de enxofre. Já o termo popular "mercado de carbono" designa os sistemas de negociação, que incluem compensações em dinheiro, de unidades de redução desses gases nocivos.

Giannetti e Almeida (2006), que a colocam no contexto da Ecologia Industrial, apresentam a definição da produção mais limpa lançada pela UNEP – United Nations Environment Program – [Programa das Nações Unidas para o Meio Ambiente] como sendo "a aplicação contínua de uma estratégia integrada de prevenção ambiental a processos, produtos e serviços, para aumentar a eficiência de produção e reduzir os riscos para o ser humano e o ambiente".

A Figura 5.13 representa conceitualmente o tipo de procedimento de uma empresa onde são aplicados conceitos de produção mais limpa. Vê-se que há uma preocupação com a reciclagem de elementos não utilizados em processos, o que diminui a necessidade de recorrer a recursos do meio ambiente, e com o tratamento de resíduos, quando de todo não são aproveitáveis.

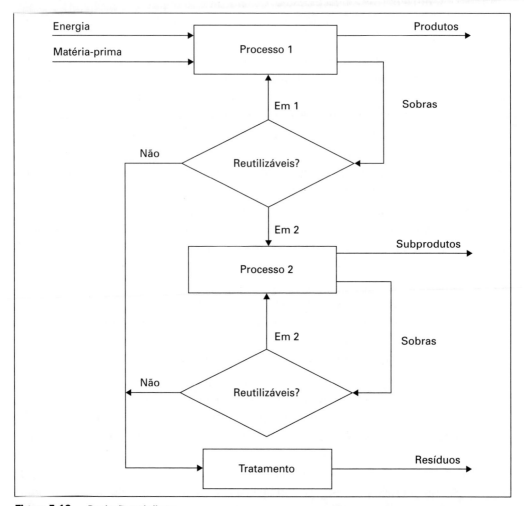

Figura 5.13 Produção mais limpa

Fonte: Adaptado de Giannetti e Almeida (2006).

Não há espaço neste texto para um maior aprofundamento da questão, mas os autores que a abordam, entre os quais se incluem os deste livro, a consideram de fundamental importância para a humanidade e, sendo assim, devem constituir permanente preocupação por parte dos responsáveis pelos processos produtivos.

m) Sustentabilidade

As questões discutidas no item anterior têm tudo a ver com o conceito de sustentabilidade ambiental, que diz respeito às providências necessárias para que o meio

Administração da produção 151

ambiente em que vivemos, circunscrito aos limites físicos do globo terrestre, não se degrade ao ponto de tornar inviáveis as condições de exercício e preservação da vida das espécies vegetais e animais, aí incluída a humana.

Entretanto, o conceito de sustentabilidade é extensivo à questão econômica da sobrevivência das empresas, que geram empregos e produzem bens e serviços necessários à sociedade, como também à questão social, ligada ao direito que as pessoas e comunidades têm a uma condição digna de vida.

De fato, segundo o glossário dado em FNQ (2009), desenvolvimento sustentável é aquele que atende às necessidades do presente sem comprometer a possibilidade das gerações futuras atenderem às suas próprias necessidades. A convergência entre os propósitos econômicos, ecológicos e sociais que privilegiam a conservação e perenidade dos mesmos constitui a base do desenvolvimento sustentável.

A grande pergunta que se coloca é quanto à possibilidade de coexistirem a sustentabilidade ambiental, a econômica e a social simultaneamente. Não são antagônicas? Uma não subtrai recursos das outras? Em entrevista ao boletim Vanzolini em Foco de março/abril de 2009, Victor Fernandes, executivo da empresa Natura, nega-se a enxergar um "ou" entre essas questões, insistindo na imperiosidade de um "e". Desafio formidável que está posto à humanidade e lhe compete aceitá-lo, sob pena de trágico futuro.

Essa questão é extremamente atual, necessita ser equacionada em prazo historicamente muito curto e tem relação direta com o problema da responsabilidade social abordado em 7.4.3.

5.4 SERVIÇOS

Serviço pode ser definido como atividade econômica da qual não resulta produto tangível, em contraste com a produção de mercadorias.

Para a norma ABNT NBR 9000:2005, serviços são os resultados de pelo menos uma atividade desempenhada necessariamente pela interface entre o fornecedor e o cliente, geralmente intangíveis. A prestação do serviço pode envolver, entre outros fatores, uma atividade realizada em um produto tangível fornecido pelo cliente; uma atividade realizada em um produto intangível fornecido pelo cliente; a entrega de um produto intangível; e a criação de um ambiente agradável para o cliente (ABNT, 2005). Exemplos das quatro situações aventadas pela norma citada podem ser, respectivamente: o reparo de um equipamento, um serviço de psicanálise, uma sessão de cinema e uma decoração de interior.

A história da Economia ao longo do tempo registrou paulatinamente uma migração de mão-de-obra, capital e importância do setor primário, a agricultura, para o secundário, a indústria, e para o terciário, os serviços. Esta última migração é uma característica do século XX, quando a demanda por serviços cresceu continuamente devido a diversos fatores, tais como:

152 Administração com qualidade

- Automação industrial;
- Urbanização;
- Maior tempo de lazer;
- Desejo de melhor qualidade de vida;
- Mudanças do perfil demográfico;
- Mudanças socioeconômicas;
- Aumento da sofisticação dos consumidores;
- Mudanças tecnológicas;
- Suporte à manufatura;
- Como diferencial competitivo;
- Como geradores de lucro.

Os princípios e preceitos de Administração vistos até aqui valem igualmente para atividades industriais de produção de bens tangíveis e para atividades de serviços. Entretanto, os serviços têm alguns aspectos característicos que tornam sua geração distinta da geração de bens tangíveis, conforme ilustrado no Quadro 5.2.

Quadro 5.2 Comparação entre produtos e serviços

Produtos	Serviços
Tangíveis, têm existência física	Intangíveis, imateriais, não têm existência física
Executados ao longo de um processo de produção	Executados instantaneamente ou em curto espaço de tempo
Podem ser estocados e transportados	Não podem ser estocados e transportados
Produção antecede o consumo	Produção simultânea com o consumo
Produção fora do alcance do cliente	Produção com participação física ou virtual do cliente
Formas de produção em geral homogêneas	Heterogeneidade na produção, muitas maneiras de prestar eficazmente
Fácil avaliação da qualidade	Difícil avaliação da qualidade

Juran (2002) designa por "produto" qualquer resultado da atividade de produção, mas distingue três categorias de resultados:

- **Bens:** coisas físicas, tangíveis, como lápis, carro, televisor, etc.;
- **Serviços:** resultados intangíveis, como educação, consulta médica, consultoria. Podem ser executados internamente nas empresas, sob a forma de serviços de apoio: treinamento, recrutamento de pessoas, manutenção, etc.;
- *Software:* termo com vários significados, não enquadrável nas categorias anteriores: ERP, sistemas operacionais, portal na internet, etc.

Há de se considerar, entretanto, que as atividades de produção de bens e serviços praticamente sempre, em maior ou menor grau, apresentam uma intersecção. Dito

Administração da produção

de outra forma: a geração de produtos embute a utilização de serviços e a geração de serviços embute a utilização de produtos. De fato, uma produção industrial não pode prescindir de uma série de serviços de apoio, como manutenção, administração de materiais, marketing, compras, vendas, etc., da mesma forma que uma produção de serviços não pode prescindir de produtos tangíveis que utiliza para a execução de suas atividades, como mesas, cadeiras, toalhas, talheres, fogão e a própria comida, no caso de um restaurante.

Na prática, de fato, é possível encontrar atividades produtivas que cobrem o espectro que vai daquelas em que o par (x; y) varia de (0%; 100%) a (100%; 0%), onde:

x = porcentagem de atividades de produção de bens tangíveis;

y = porcentagem de produção de serviços.

Como exemplos próximos do extremo (0%; 100%), ou seja, alta predominância dos serviços, podemos citar certas atividades de consultoria, professores particulares, psicanalistas, *scort-girls*, etc. Como exemplos próximos do extremo (100%; 0%), ou seja, alta predominância da geração ou uso de bens tangíveis, podemos citar a indústria química, a mecânica pesada, lojas de autoatendimento, etc. Entre esses extremos, toda uma gama de possibilidades é encontrada. Como exemplos, aproximadamente variando na direção do primeiro extremo citado para o segundo, temos: hotéis, serviços de beleza, hospitais, serviços de informática, restaurantes, supermercados, indústria automobilística, etc. Costa Neto (2007-b) contribui para ilustrar essa questão lembrando de que um serviço de transporte aéreo é inviável sem o produto avião e que a venda de um automóvel não deve prescindir do serviço assistência técnica.

Uma característica que sobressai na prestação de serviços é a questão das atividades que são realizadas às vistas do cliente e as que ocorrem fora do seu campo de visão, chamadas em inglês de atividades de *front office* e *back room*, ou, em uma analogia com o teatro (que também é um serviço), de atividades de palco e de bastidores. Assim, por exemplo, em um restaurante, as atividades de palco ocorrem no salão onde se come, no contato com os garçons, na consulta ao cardápio, na verificação da qualidade da comida, enquanto as atividades de retaguarda, ou bastidores, ocorrem fora da visão dos clientes, na compra dos insumos, na escolha da carta de vinhos, na preparação da comida, etc. Os momentos de contato com os clientes, que ocorrem nas atividades de palco, são por diversos autores considerados "momentos da verdade", que determinam a aprovação ou não do serviço pelos seus clientes, conforme a sua avaliação da qualidade do serviço prestado.

Dentre esses autores, Albrecht (2002) considera o conceito de ciclo de serviço como a cadeia contínua de eventos pela qual o cliente passa à medida que experimenta o serviço prestado. Nesse processo, o cliente não pensa em termos de departamentos ou especialidades, mas em ter sua necessidade satisfeita e, também, que haja por parte do prestador do serviço a iniciativa em atendê-lo bem. Um único contato desastroso nesse processo pode comprometer todo o ciclo.

154   Administração com qualidade

A Figura 5.14 ilustra as atividades de *front office* e *back room* em um instituto de beleza.

Quanto à classificação dos serviços segundo uma tipologia própria, é pertinente aquela proposta por Silvestro et al. (1992), apresentada no Quadro 5.3.

Quadro 5.3   Classificação dos serviços

Serviços profissionais	Definidos como organizações de alto contato, cujos clientes despendem tempo considerável no processo do serviço. Esses serviços proporcionam altos níveis de customização, sendo o processo do serviço altamente adaptável para atender as necessidades individuais dos clientes. Exemplos: consultores de gestão, advogados, arquitetos, cirurgiões, auditores, inspetores de segurança, alguns serviços especiais na área de computadores, etc.;
Serviços de massa	Processo de serviço que atende ao maior número de clientes por unidade de tempo. São serviços pouco personalizados, com alto grau de padronização de operações e pouca customização. Exemplos: transporte urbano, cartões de crédito, supermercados, aeroportos, comunicações, emissoras de televisão, serviço de policia, etc.;
Lojas de serviços	Processo intermediário no contínuo entre os serviços profissionais e os serviços de massa. Este processo caracteriza-se por um volume maior de clientes processados por dia, como em hotéis, restaurantes, varejo em geral e no atendimento à pessoa física em bancos. Neste caso, o valor do serviço é gerado tanto no *front office* (quarto e *lobby* dos hotéis, salão do restaurante e balcão das lojas) como no *back room* (lavanderia e limpeza de quartos em hotéis, cozinha de restaurantes e setor de compras em lojas).

Fonte: Adaptado de Silvestro et al. (1992).

Os serviços de massa são aqueles cuja forma de administração tende a ser mais próxima da administração de empresas que fabricam produtos tangíveis. De fato, os serviços de massa são via de regra fornecidos por empresa de grande porte, cuja gestão terá muitos pontos comuns com grandes empresas manufatureiras.

As lojas de serviços podem ser também as próprias lojas no sentido usual do termo, dedicadas à venda no varejo de bens tangíveis ou serviços intangíveis. Aliás, o serviço varejista em geral, por admitir uma grande quantidade de possibilidades quanto ao que vende, é possivelmente umas das mais importantes manifestações das atividades de serviços e representa importante papel como final de inúmeras redes de empresas. É onde, em grande parte das vezes, o produto ou serviço oferecido é adquirido pelo elemento economicamente responsável por toda essa atividade econômica: o cliente ou consumidor.

Entretanto, há também lojas de serviços não dedicadas ao processo usual de vendas, como escolas, hospitais, restaurantes, institutos de beleza, etc., cuja forma de administrar é específica em cada caso, envolvendo conhecimentos específicos e sutilezas que as tornam bastante distintas das lojas propriamente ditas.

Finalmente, os serviços profissionais, por serem altamente customizados e exigirem prestadores especializados, têm peculiaridades administrativas próprias, adequadas

Administração da produção

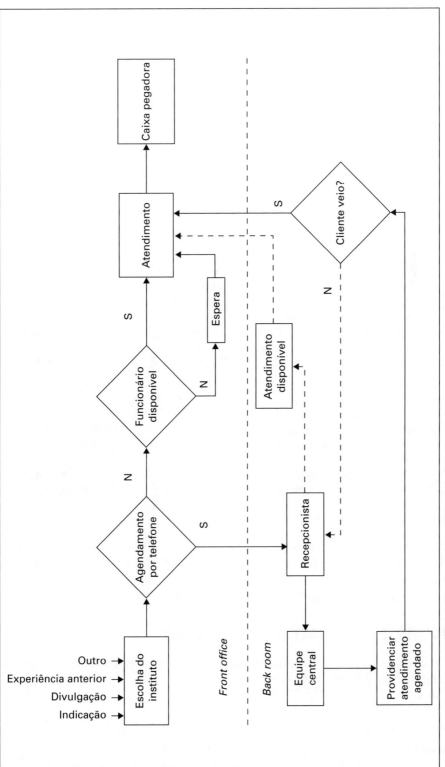

Figura 5.14 Fluxograma de atividades de palco (*front office*) e bastidores (*back room*) no atendimento de um instituto de beleza

Fonte: Napolitano (2008).

a cada caso. Princípios gerais básicos de administração, conforme vistos anteriormente neste texto, permanecem sendo recomendações úteis, mas a figura do elemento humano, com suas competências técnicas específicas, ganha primordial importância, o que dificulta uma prescrição prévia de modelos administrativos adaptados a este caso.

Contribuindo com essa questão, Cooke (2000) propôs uma classificação dos serviços baseada em dois critérios: ênfase do contato com o consumidor e onde o principal valor é agregado, conforme ilustrado no Quadro 5.4.

Quadro 5.4 Classificação de Cooke (2000)

		Ênfase do contato do consumidor		
		Pessoas	Híbrido (pessoas e bens facilitados)	Bens facilitadores (equipamentos e instalações)
Onde o principal valor é agregado	Na presença do consumidor (ênfase no *front office*, ou seja, nas operações de atendimento)	Assistência técnica a domicílio, Jardinagem, Vigilância, Professor particular	Consultório médico, Consultório dentário, Taxi, Escola, Companhia aérea, Hospital	Cinema, Lava rápido automatizado, Máquina de vendas de produtos, Transporte urbano
	Híbrido (ênfase tanto no *front office*, como no *back office*)	Consultor, Advogado, Arquiteto, Agência de propaganda	Restaurante, Hotel, Locadora de equipamentos, Varejo em geral, Banco	Desenvolvimento de *software*, Instalação de redes de computadores
	Isolado do consumidor (ênfase no *back office*, ou seja, nas operações de suporte)	Escritório de contabilidade, Corretor, Recrutamento de executivos	Assistência técnica, Lavanderia, Sapataria	Banco por computador, Venda pela internet, Projeto auxiliado por computador

Fonte: Cooke (2000).

No Capítulo 6, item 6.10, são apresentadas mais considerações sobre os serviços, referentes aos aspectos da qualidade da sua execução. No Capítulo 11, em 11.4, 11.5, 11.6 e 11.10 são apresentados, respectivamente, casos envolvendo os serviços de logística, comércio eletrônico, varejo e administração de materiais.

5.5 QUESTÕES PARA REFLEXÃO E DISCUSSÃO

1. Procure identificar ações do seu dia a dia que se encaixam no espírito do modelo das atividades da empresa apresentado em 5.1.

2. Imagine e discuta como poderia ser o PCP no caso de:
   a) Uma instituição de ensino
   b) Um hospital
   c) Um teatro
   d) Um operador logístico
   e) Um restaurante
   f) Outras atividades à sua escolha

Administração da produção 157

3. Identifique na sua vida doméstica produtos para os quais você se previne da falta:
   a) com reposição periódica do estoque;
   b) com reposição baseada no estoque mínimo.

4. Identifique um gargalo em seu processo de trabalho, com a consequente diminuição da produtividade, e pense em como poderia ser eliminado. Qual seria a consequência de sua eliminação?

5. Identifique e discuta exemplos óbvios de terceirização.

6. O conceito de tempo de *takt*, apresentado em nota de rodapé no item 5.3.2.a, não é de simples compreensão à primeira leitura, mas também não é difícil de entender. Verifique, se for o caso por meio de exemplo numérico, que ele representa o ritmo de produção que busca evitar a formação de estoques do produto final se p > d e satisfazer da melhor forma possível a demanda se p ≤ d. Determine e interprete o tempo de *takt* no exemplo da Figura 5.10 antes e depois da eliminação do gargalo em B se a taxa de demanda do produto for de 5 peças/hora.

7. Famosos no mundo por sua capacidade de oferecer produtos de alta qualidade, os japoneses decidiram, cerca de três décadas atrás, disputar com os escoceses o mercado internacional do *whisky*. Usaram as melhores técnicas de planejamento, pesquisaram, prepararam-se da melhor forma possível e lançaram suas marcas no mercado. Eram boas, sem dúvida, mas o domínio do mercado permaneceu firmemente na mão dos escoceses. Diziam estes que o segredo estava na água, visto que a água da Escócia era incomparável para a produção da refinada bebida. Será mesmo? Ou haveria outra razão para este raro insucesso dos nipônicos?

8. Faça uma relação de objetos que você mantém em sua casa e que não são usados absolutamente para nada. Por que você não se livra deles?

9. Se você tem lâmpadas incandescentes em sua casa, por que não as substitui por lâmpadas fluorescentes, muito mais duráveis e econômicas?

10. Os serviços de varejo abrangem uma longa gama de possibilidades. Procure identificar semelhanças e diferenças entre variados tipos de serviços de varejo, tais como: farmácias, papelarias, lojas de fotografia, ótica, institutos de beleza, restaurantes, revendedoras de automóveis, livrarias, etc.

6

Administração da qualidade[1]

Desde tempos imemoriais, em que existe a produção de bens e serviços, há também preocupação com a Qualidade. Os conceitos e as ferramentas da Qualidade evoluíram paulatinamente ao longo do tempo, acompanhando a progressão histórica dos processos produtivos, chegando hoje ao ponto de serem considerados instrumentos básicos da própria administração empresarial, com a qual a Administração da Qualidade se confunde, conforme visto em 1.1.

Isto fica claro a quem examine os Critérios de Excelência do Prêmio Nacional da Qualidade (FNQ, 2009), e também não é por mero acaso que o prêmio atribuído no Estado de São Paulo às empresas e organizações que se destacam pela sua boa qualidade é chamada Prêmio Paulista de Qualidade da Gestão, sendo concedido pelo IPEG – Instituto Paulista de Excelência da Gestão, conforme IPEG (2008). Justifica-se, pois, plenamente, a presença deste e do próximo capítulo em um livro sobre teoria da Administração, embora o próprio título adotado para a obra já sugira a importância da Qualidade no contexto administrativo.

Por outro lado, a Administração da Qualidade tem também tudo a ver com a da Produção, estudada no capítulo anterior, pois a qualidade de produtos e serviços, embora gerenciada desde a alta administração, é conseguida no processo de produção.

6.1 PEQUENO HISTÓRICO

O controle da qualidade existe desde quando o homem produziu bens tangíveis. Um armeiro, quando produziu lanças ou escudos, se fosse um bom armeiro, certamente verificaria a resistência de seus produtos antes de repassá-los aos vários usuários. Da

---

[1] Também referida equivalentemente como Gestão da Qualidade.

mesma forma, os escultores e arquitetos de Atenas e Roma verificavam a qualidade de suas obras de arte antes de dá-las por finalizadas.

A qualidade era, entretanto, artesanal, e aqui nos interessa a partir de quando passou a ter uma conotação mais científica, quando passou a evoluir até o modo como é vista nos tempos presentes. Para tanto, são apresentados a seguir os principais marcos dessa evolução.

Revolução Industrial

Este fenômeno, já mencionado em 1.3.1, provocou grande aumento nas quantidades de produção, exigindo maior esforço pela qualidade, que era conseguida pela inspeção geral dos produtos fabricados. Os itens inadequados eram segregados para retrabalho ou refugo, afetando a produtividade das linhas de produção. Isto gerou a falsa ideia de que qualidade e produtividade eram coisas antagônicas, pois a boa qualidade dos produtos oferecidos aos clientes era conseguida com o sacrifício da produtividade.

Controle estatístico do produto

Com o crescimento das produções e o avanço dos conhecimentos estatísticos, verificou-se ser mais barato e mais eficiente realizar as inspeções por meio de amostras bem examinadas do que tentando verificar, com menor capacidade de inspeção, toda a produção. A mostragem era realizada em lotes do produto, que eram aceitos ou rejeitados conforme seu resultado (ver 6.7.1).

Controle estatístico do processo

Surgiu da percepção de que o controle do produto era uma providência corretiva e não preventiva da ocorrência de defeitos, não contribuindo para eliminar suas causas, geradas no processo produtivo. Walter Shewhart (ver 6.4) foi quem deu a principal contribuição ao controle estatístico de processos, ao introduzir os gráficos de controle, discutidos em 6.7.2.

Garantia da Qualidade

A ideia de qualidade garantida, baseada na inexistência de falhas, surgiu a partir dos anos 1950 no âmbito de indústrias de produtos de grande responsabilidade, nas quais a falha poderia trazer graves consequências, inclusive com a perda de vidas humanas. É o caso da indústria aeronáutica, que tem se pautado por regulamentos próprios de segurança, como aqueles emitidos pela FAA – Federal Aviation Agency norte-americana, e nuclear, onde a segurança dos equipamentos e reatores é absolutamente essencial. Uma série de regulamentações específicas foi criada para garantir a qualidade nesses setores críticos, como a norma 10 CFR 50, referente à segurança na indústria nuclear. No Brasil, a Petrobrás adotou diversos desses preceitos nos seus

Administração da qualidade 161

projetos de refinarias e prospecção de petróleo em águas profundas, visando evitar falhas em equipamentos críticos e de alto valor econômico.

Qualidade Total

Embora essas ideias já estivessem presente nos ensinamentos de Deming e Juran (ver 6.4), atribui-se a Armand Feigenbaum a iniciativa de lançar no Ocidente a ideia de que a Qualidade não é obtida pelo esforço isolado de alguns, mas pela participação de todos na organização. Surgiram assim os conceitos de Controle Total da Qualidade e Gestão da Qualidade Total (TQM – Total Quality Management), este mais adequado para enfatizar que a Qualidade faz parte do processo de gestão. Ou seja, a Qualidade não vem apenas com o esforço dos abnegados ocupantes do respectivo departamento na empresa. É preciso que todos que nela colaboram estejam imbuídos da necessidade de se produzir com qualidade, e essa determinação deve vir de cima, mediante o comprometimento da alta administração, sem o que não se conseguirão os resultados desejados.

Essa era também a ideia defendida por Kaoru Ishikawa no Japão, o qual enxergava essa necessidade com olhos mais voltados para a participação e comprometimento de todos na empresa sob o aspecto humanístico, enquanto a visão de Feigenbaum se concentra mais em aspectos gerenciais e na filosofia da Engenharia Simultânea, abordada em 4.7.7.

Normalização da qualidade

A preocupação com a Qualidade, em maior ou menor grau, existia nos diversos países, protagonizando o surgimento de normas nacionais que forneciam procedimentos para a sua consecução.

Com a criação, em 1947, da International Organization for Standardization, conhecida pela sigla ISO (igual, em grego), após as longas discussões que sempre precedem essas decisões, para poder levar em consideração as opiniões de todos os interessados, a ISO passou a unificar as normas nacionais, referentes aos mais variados assuntos técnicos, eliminando e compatibilizando suas divergências. O primeiro padrão emitido pela ISO surgiu em 1951.

Nos anos 1980, essa preocupação com a unificação de normas e padrões chegou ao domínio da Qualidade, tendo sido, em 1987, publicada a primeira versão das normas da série ISO 9000, com o objetivo de oferecer referência para a implementação de sistemas de gestão da qualidade nas organizações. Essas normas tiveram aceitação positiva e levaram ao surgimento de outras séries voltadas a problemas correlatos, conforme discutido no Capítulo 7.

Prêmios da qualidade

Baseiam-se em critérios que buscam direcionar as empresas e organizações em geral na busca da excelência de seus processos de gestão. O mais antigo é Prêmio Deming, criado no Japão em 1951. Hoje há diversos desses prêmios atribuídos no mundo, como o Malcolm Baldrige National Quality Award, nos Estados Unidos, o European Quality Award e, no Brasil, o Prêmio Nacional da Qualidade, apresentado em 7.5.

Qualidade como fator estratégico

Esta consideração é relativamente recente e está ligada à crescente percepção de que produzir com qualidade (e produtividade) é essencial para a competitividade das empresas, conforme discutido a seguir, chegando em muitos casos a ser fator determinante da própria sobrevivência empresarial.

Qualidade de vida

É onde se pretende chegar por meio da conscientização para a qualidade dos executivos das empresas, dos governos e do público em geral, de modo que os benefícios desse processo evolutivo sejam auferidos por toda a sociedade.

6.2 QUALIDADE E PRODUTIVIDADE

O conceito de Qualidade foi objeto de muita discussão ao longo do tempo e ainda hoje suscita controvérsias. Entretanto, chegou-se a um certo consenso em admitir cinco abordagens principais para a qualidade, apresentadas a seguir, buscando ilustrá-las com o exemplo do produto automóvel.

- **Abordagem transcendental:** Qualidade é sinônimo de excelência geralmente reconhecida, baseada em marcas e padrões de alto nível.

  Ex.: A marca Rolls-Royce de automóveis sugere a existência de qualidade transcendental.

- **Abordagem baseada no produto:** A qualidade pode ser vista de forma precisa e mensurável, refletindo características bem determinadas que o produto possui, tais como vida útil, acessórios, funções que realiza, etc.

  Ex.: O automóvel X tem melhor qualidade que o automóvel Y, pois dispõe de airbags e freios ABS.

- **Abordagem baseada no usuário:** A qualidade é determinada pelo atendimento às necessidades do usuário. Trata-se, portanto, de uma abordagem de alta subjetividade. Pode estar relacionada com o marketing do produto ou serviço.

  Ex.: Prefiro um utilitário com tração nas quatro rodas, pois tenho um sítio cuja estrada é de terra, sujeita a lama e buracos.

- **Abordagem baseada no processo (ou na produção):** Considera a qualidade como o correto atendimento às especificações do produto ou serviço. Diz respeito à engenharia de processos. É um enfoque interno à empresa e, de certa forma, embute o pressuposto de que o projeto do produto ou serviço atende às necessidades do mercado.

  Ex.: Prefiro o automóvel marca X ao da marca Y, pois necessita menos assistência técnica.

☐   **Abordagem baseada no valor:** esta abordagem relaciona as potencialidades do produto ou serviço com o seu preço, que deve ser aceitável para o usuário.

Ex.: Comprei o carro X, pois, embora não tenha certos acessórios desejáveis, é compatível com a minha capacidade econômica.

Evidentemente, há contextos distintos em que cada uma dessas visões (ou definições) da qualidade são aplicáveis. No entanto, há, de forma bastante generalizada, um consenso de que a visão baseada no usuário tem importância estratégica, pois esse usuário, ou cliente, é, em última análise, quem suporta financeiramente o negócio. De fato, se os clientes atuais e potenciais não estiverem satisfeitos com o produto ou serviço oferecidos, deixarão de comprar e passarão a se valer da concorrência, o que não interessa a nenhum fornecedor. Daí surge a ideia de que o cliente deve estar sempre em primeiro lugar, com seus desejos e necessidades atendidos da melhor forma e até, sempre que possível, superados.

Muitos autores advogam, portanto, que, mais do que atender o cliente, é preciso "encantá-lo". Isto, entretanto, pode ser facilmente confundido com a criação de novidades supérfluas, que muitas vezes surpreendem e despertam encantamento nos clientes, mas, na verdade, não correspondem às suas reais necessidades.

Outro aspecto da questão é que a busca pela qualidade deve ocorrer em um ambiente sadio, dentro e fora da organização, contemplando adequadamente todos os *stakeholders* envolvidos. Com esta visão, em um trabalho no qual se busca mostrar que ética e qualidade devem sempre caminhar juntas, Cerquinho (1994) ousou uma definição da qualidade que é transcrita a seguir por sua pertinência:

> Qualidade é o somatório de todas as características e propriedades dos bens e serviços oferecidos que satisfaçam as necessidades razoáveis dos clientes, juntamente com o conjunto de situações envolvidas na obtenção e no uso destes produtos que favoreçam uma existência saudável e autenticamente humana a todos que são afetados.

As cinco abordagens clássicas da qualidade acima vistas e consagradas na literatura: transcendental (T), baseada no produto (Pd), baseada no usuário (U), baseada no processo (Pc) e baseada no valor (V), embutem diferentes graus de objetividade e subjetividade, aproximadamente conforme mostrado na Figura 6.1.

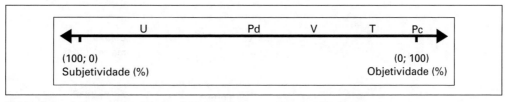

Figura 6.1   Graus de objetividade e subjetividade das abordagens da qualidade

Fonte: Costa Neto e Rospi (2007).

164 Administração com qualidade

Verifica-se que a única abordagem 100% objetiva é aquela fundamentada no processo, pois há um conjunto objetivo de especificações de projeto que devem ser seguidas à risca pelos que executam o produto ou serviço. A crítica evidente que se pode fazer a respeito é se as especificações foram elaboradas em consonância com os interesses do negócio, logo atreladas às melhores possibilidades de venda aos clientes.

A abordagem transcendental se aproxima da completa objetividade, uma vez que se busca criar produtos ou serviços de excelência, mas este conceito admite a possibilidade de alguma interpretação subjetiva, pois o conceito de excelência não é absoluto.

A abordagem fundamentada no valor é mais objetiva que subjetiva pela sua própria natureza, pois o valor tende a ser uma característica objetivamente atribuída por um mercado atuante, mas embute uma componente subjetiva considerável, pois os clientes podem ter variações próprias quanto ao valor de uso que atribuem ao produto ou serviço oferecido, dentro de uma certa faixa razoável de dispersão.

A abordagem fundamentada no produto está colocada aproximadamente no centro do espectro, pois tem características objetivas, no que diz respeito aos itens de satisfação de necessidades que o produto ou serviço oferece, e subjetivas, no que tange ao real interesse dos clientes por esses itens, na sua totalidade ou parcialmente.

Por fim, a abordagem fundamentada no usuário é bastante subjetiva por motivos óbvios. A pequena componente de objetividade nela considerada está relacionada com a necessidade que tem o fabricante ou prestador de serviço de conhecer os desejos dos seus clientes e lhes oferecer aquilo que melhor os satisfaz.

Outra questão referente às cinco abordagens da qualidade aqui consideradas diz respeito aos aspectos: perfil dos clientes que as priorizam, quais aspectos devem ser priorizados pelos responsáveis pela qualidade e quais aspectos não são tão importantes. O Quadro 6.1, cuja interpretação está relacionada com os conceitos embutidos em cada abordagem, procura focalizar essa questão.

Quadro 6.1 Prioridades associadas às abordagens da qualidade

Abordagem	A quem prioriza	O que prioriza	O que não prioriza
Transcendental	Público rico Status	Excelência Marca	Custo
Produto	Público tecnicamente esclarecido	Utilidade do produto Atendimento a necessidades	Supérfluos
Usuário	Público majoritário	Apelo do produto Conhecimento do mercado Custo	O que escapa à visão majoritária
Produção	Mercado em geral	Engenharia Processo Conformidade	Conhecimento do mercado
Valor	Público economicamente esclarecido	Itens que valorizam sem onerar	Supérfluos

Fonte: Costa Neto e Rospi (2007).

Administração da qualidade   165

Uma outra forma interessante de abordar a questão da caracterização do conceito de Qualidade é por meio de suas "dimensões", entendidas como aspectos que se somam para determinar o verdadeiro grau de qualidade de um produto ou serviço. Embora possam também ser pensadas para serviços (ver 6.10), Garvin (1984) propôs um conjunto de oito dimensões para a qualidade de produtos, apresentadas no Quadro 6.2.

Quadro 6.2   Dimensões da qualidade de produtos

Dimensões	Conceito
Desempenho	Referente à correta realização das atividades principais para as quais o produto foi concebido
Complementos	Referente a itens que se agregam à realização das principais funções, contribuindo para melhorar o desempenho
Confiabilidade	Referente à segurança no uso, ausência de riscos e não ocorrência de falhas
Conformidade	Diz respeito ao cumprimento das especificações do projeto
Durabilidade	Relacionada com a vida útil do produto
Assistência técnica	Referente ao apoio pós-venda e às facilidades para manutenção em caso de falha
Estética	Referente à boa aparência, ao bom gosto e às sensações agradáveis proporcionadas pelo produto
Qualidade percebida	Dimensão subjetiva, relacionada à opinião de cada cliente, influenciada por aspectos específicos do produto

Fonte: Adaptado de Garvin (1984).

Já o conceito de Produtividade é menos controverso, pois está ligado ao bom aproveitamento dos recursos, com o mínimo de desperdício, para se conseguir os resultados desejados. Em termos gerais, o conceito de Produtividade pode ser encarado como:

$$\text{Produtividade} = \frac{\text{Resultados}}{\text{Insumos}}$$

Esta relação pode se apresentar sob diversas formas e em variados contextos e níveis, como para uma empresa, um departamento, um setor, mas em um aspecto ela é sempre igual: a melhoria da produtividade é obtida com a melhoria da eficiência dos processos que levam aos resultados, seja produzindo mais resultados com os mesmos insumos, seja conseguindo os mesmo resultados com menos insumos, seja com um combinação sinergética dos dois casos.

Exemplos de variantes do conceito de produtividade são:

$$\text{Taxa de valor agregado} = \frac{\text{Faturamento}}{\text{Custos}}$$

$$\text{Renda } per\ capita \text{ de uma nação} = \frac{\text{Produto interno bruto (PIB) no período}}{\text{População média}}$$

6.3 COMPETITIVIDADE

Com o crescimento das informações disponíveis em qualquer parte na *web* e o crescimento da importância das empresas multinacionais, o mundo globalizado levou a um acirramento da competitividade, que passou a ser preocupação obrigatória da alta administração das empresas. Conforme discutido em 9.1.1, Porter (2005) oferece uma importante contribuição a essa questão, quando aponta as forças que agem no mercado competitivo e as ameaças a que os participantes estão sujeitos. Outro autor preocupado com essa problemática é Contador (2008), que propõe um modelo de enfoque baseado nos campos e armas da competição, apresentado em 9.1.2.

Diversas conceituações podem ser encontradas para a Competitividade, mas, em essência, uma empresa é competitiva se tem, conserva ou amplia a fatia do mercado de produtos ou serviços, estando apta a enfrentar a atuação dos seus concorrentes.

Embora diversos autores apresentem outros ingredientes para a competitividade, como flexibilidade e inovações, nós a consideramos basicamente resultante de dois componentes nos quais os outros elementos estão, de alguma forma, contemplados: Qualidade e Produtividade.

De fato, para a empresa ser competitiva, deve poder oferecer seus produtos ou serviços com a qualidade esperada pelos clientes e com preços aceitáveis pelo mercado. Para ter preços competitivos, a empresa deve ter custos com eles compatíveis, o que exige produtividade no uso dos recursos de que dispõe.

A Figura 6.2, surgida de uma troca de ideias do coautor deste livro com reconhecidas autoridades no assunto, situa a Qualidade e a Produtividade como elementos constituintes da Competitividade. Essa figura tem correspondência com outra já apresentada em 3.4.2, a Figura 3.3, sugerindo as conotações de eficiência ligada à Produtividade e de eficácia ligada à Qualidade (e sua gestão, acrescentamos).

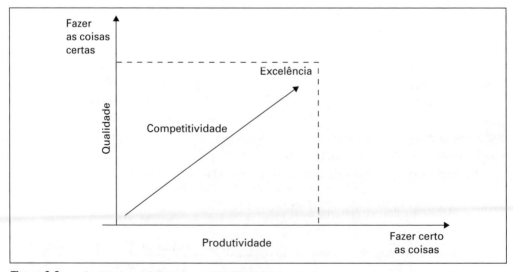

Figura 6.2 Qualidade, produtividade e competitividade

Administração da qualidade

Por outro lado, na Figura 6.3 procura-se ilustrar o mecanismo pelo qual a Qualidade e a Produtividade resultam na Competitividade. Essa figura também deixa claro que, ao contrário do que se chegou a pensar no tempo em que a qualidade era obtida na inspeção final de produtos, Qualidade e Produtividade interagem positivamente, são indissociáveis como as duas faces de uma mesma moeda chamada Competitividade.

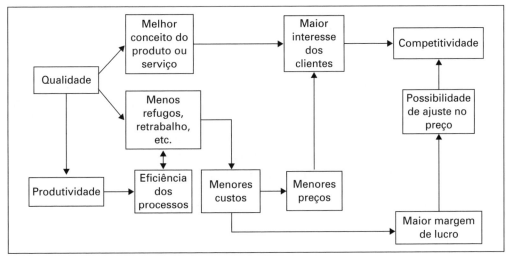

Figura 6.3 Qualidade, produtividade e competitividade

Outra forma de se compreender a influência da Produtividade na Competitividade é através da Teoria VPC, ilustrada na Figura 6.4, onde:

V	=	valor do produto ou serviço para o cliente
P	=	preço pago pelo cliente
C	=	custo para o fornecedor
V – P	=	vantagem do cliente
P – C	=	parcela de lucro do fornecedor

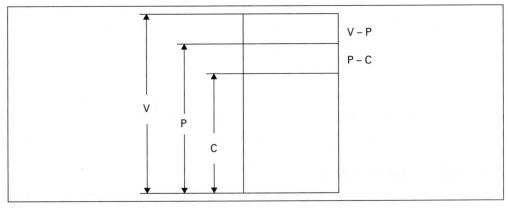

Figura 6.4 Teoria VPC

Sendo produtivo, o fornecedor reduzirá seu custo, obtendo maior margem para a diferença P – C. A propósito, não se deve incidir no grave equívoco de considerar o preço como estabelecido pelo fornecedor de modo a cobrir os seus custos e ainda gerar lucro, pois, em um mercado competitivo, são os clientes que, em última análise, determinam o preço.

Já a diferença V – P, que move o cliente na sua disposição de comprar o produto ou serviço, tem uma forte componente subjetiva, pois o termo "cliente", na verdade, representa uma enorme gama de indivíduos ou entidades, cada um com sua própria visão da conveniência de gasto ou investimento.

De fato, o valor que cada cliente potencial atribui a cada produto ou serviço depende de uma série de condições associadas àquele cliente, podendo-se pensar esse valor como uma variável aleatória com uma certa distribuição de probabilidade, conforme ilustrado na Figura 6.5. Isto não modifica o fato de que, quanto menor for o preço atribuído ao produto pelo fornecedor (ou no final da cadeia de distribuição), maior será a porcentagem de clientes dispostos a comprá-lo, dadas na figura pelas áreas à direita dos pontos representativos dos preços p_i.

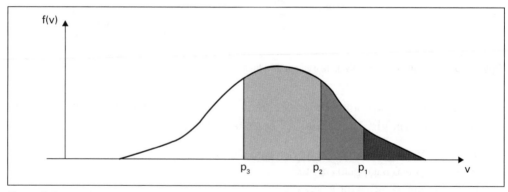

Figura 6.5   Distribuição de valores com porcentagens de clientes dispostos à compra em função do preço

Associado ao conceito de competitividade está o de vantagem competitiva. Uma vantagem competitiva é um aspecto referente às características de operação de uma empresa que faz com que seus produtos ou serviços sejam melhor valorizados pelos clientes que os dos concorrentes, contribuindo para a Competitividade da empresa. Um destes aspectos pode ser o preço pedido pelo produto ou serviço, limitado por baixo pelo custo de obtenção, sob pena de prejuízo. Outros aspectos dizem respeito a características diferenciadas dos produtos ou serviços, que os tornam atraentes aos clientes, a parte considerações de preço. Essa questão foi analisada meticulosamente por Porter (1990), sendo melhor discutida em 9.1.1.

6.4   GURUS DA QUALIDADE

Há alguns grandes nomes ligados ao desenvolvimento dos conceitos e práticas da Qualidade no século XX, dos quais citamos os mais proeminentes.

Administração da qualidade

Walter Andrew Shewhart (1891-1967). Embora em geral não relacionado entre seus gurus, este pioneiro da Qualidade merece, sem dúvida, seu lugar nesta lista. Engenheiro e PhD em Física, Shewhart se destacou por seus trabalhos nos laboratórios da Companhia Bell de telefones, sendo o principal pioneiro do Controle Estatístico de Processos, por ter introduzido a mais prática e utilizada ferramenta com essa finalidade: os gráficos de controle estatístico de processos (ver 6.7).

Tendo trabalhado com Deming, Shewhart participou ativamente do desenvolvimento da ideia do ciclo PDCA (Plan – Do – Check – Act) para a resolução de problemas e promoção da melhoria contínua, cuja paternidade é em geral atribuída ao seu colega de trabalho por ter sido o seu principal divulgador.

O ciclo PDCA é mostrado na Figura 6.6. Sua propositura certamente estava presente quando Shewhart teve a luminosa ideia da criação dos gráficos de controle.

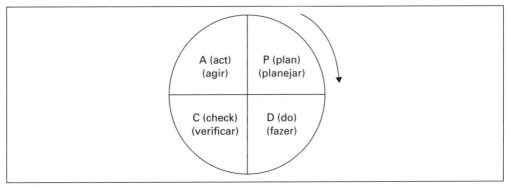

Figura 6.6 Ciclo PDCA

William Edwards Deming (1900-1993). Estatístico norte-americano que se projetou pelos ensinamentos ministrados aos empresários japoneses após a devastação da Segunda Guerra Mundial e, com isso, muito contribuiu para a adoção dos preceitos da qualidade naquele país que, mais tarde, se tornaria paradigmático. Essa contribuição foi devidamente reconhecida pelos nipônicos que, ao criarem em 1951 o seu prêmio para a qualidade, o designaram Prêmio Deming.

Deming condensou a sua filosofia para a obtenção da qualidade em catorze princípios, cuja maioria segue válida em nossos dias, necessitando apenas de pequenas adaptações. São eles, resumidamente:

1. Estabeleça constância de propósito para a melhoria do produto e do serviço, objetivando tornar-se competitivo e manter-se em atividade, bem como gerar empregos;

2. Adote a nova filosofia. Estamos em uma nova era econômica. A administração ocidental deve acordar para o desafio, conscientizar-se de suas responsabilidades e assumir a liderança no processo de transformação;

3. Deixe de depender da inspeção para atingir a qualidade. Elimine a necessidade de inspeção em massa, introduzindo a qualidade no produto desde seu primeiro estágio;

4. Cesse a prática de aprovar orçamentos com base no preço. Ao invés disto, minimize o custo total. Desenvolva um único fornecedor para cada item, em um relacionamento de longo prazo fundamentado na lealdade e na confiança;

5. Melhore constantemente o sistema de produção e de prestação de serviço, de modo a melhorar a qualidade e a produtividade e, consequentemente, reduzir de forma sistemática os custos;

6. Institua treinamento no local de trabalho;

7. Institua a liderança. O objetivo da chefia deve ser o de ajudar as pessoas, as máquinas e os equipamentos a executarem um trabalho melhor;

8. Elimine o medo, de tal forma que todos trabalhem de modo eficaz para a empresa;

9. Elimine as barreiras entre os departamentos e institua o trabalho em equipes multifuncionais;

10. Elimine lemas, exortações e metas para mão-de-obra que exijam nível zero de falhas e estabeleçam novos níveis de produtividade. Tais exortações apenas geram inimizades, uma vez que o grosso das causas da baixa qualidade e da baixa produtividade encontram-se no sistema, estando portanto fora do alcance dos trabalhadores;

11. Elimine quotas de trabalho e a administração por objetivos numéricos, substituindo-as pela administração por processos;

12. Remova as barreiras que impedem os operários, administradores e engenheiros de se orgulharem de seu desempenho;

13. Institua um vigoroso programa de educação e autoaprimoramento;

14. Engaje todos na empresa no processo de realizar a transformação. A transformação é da competência de todos.

Transcrevemos a seguir um depoimento sobre Deming, do engenheiro Antonio Bonansea, graduado na Escola Politécnica da USP e pós-graduado na Escola de Administração de Empresas de São Paulo: "Durante vários anos estive envolvido com a teoria do Dr. Deming através de vários contatos pessoais havidos com alguns de seus assessores e com ele próprio. De fato, em três breves contatos pessoais havidos com o Dr. Deming, eu claramente percebi sua afabilidade, segurança no falar e muita paciência em ouvir. Surpreendeu-me sua atenção para comigo. Por meio da leitura atenta de seus notáveis escritos e, principalmente, por ter largamente divulgado e acompanhado a aplicação prática de seus princípios e técnicas recomendadas, creio ter aprendido algo sobre o tema Qualidade e sua relação direta com a Produtividade. Ressalto dois singelos fundamentos que decididamente alteraram meu modo de pensar a Qualidade: 1. Um profundo e minucioso Aprendizado pode ser obtido **no próprio processo em que estamos envolvidos** (produção de bens, prestação de serviços ou gestão/administração) através de técnicas adequadas para tanto; 2. O Aprendizado assim obtido pode ser **efetivamente aplicado** para aperfeiçoar tal processo através de convenientes modificações dos elementos que o definem, a saber: maneira de trabalhar (método proposto e atitude dos envolvidos), ambiente, materiais e máquinas/equipamentos".

Joseph M. Juran (1904-2008). Romeno naturalizado norte-americano, este paladino da Qualidade também esteve no Japão pregando suas ideias, tendo chegado a atuar, no instituto que criou, leva o seu nome e tem sucursais em muitos países, mesmo após haver completado 100 anos de idade.

Juran propôs a trilogia Planejamento, Controle e Melhoria da Qualidade, que pouco difere do ciclo PDCA. Ele enfatizou a necessidade da ruptura, ou quebra de barreiras representando reações contrárias, para efetivamente se conseguir implementar as melhorias da qualidade nas organizações. Hoje se tem claramente em conta que essas reações contrárias costumam ser mais fortes na média gerência, que pode representar um anteparo entre o planejamento e a execução, sendo essas reações motivadas por receio do novo e da perda do poder de decisão, com consequente desvalorização do cargo.

Essa questão das resistências às mudanças certamente não é nova, conforme visto em 4.6. Visando vencer essa dificuldade, Juran propôs uma sequência de ruptura constituída dos seguintes passos:
1. Insistir na necessidade de uma ruptura nas atividades;
2. Identificar os poucos projetos vitais;
3. Organizar com vistas à ruptura de conhecimento:
   — **Grupo-piloto**: define o programa, sugere possíveis causas de problemas, autoriza a experimentação, ajuda a superar as resistência, implementa a solução;
   — **Grupo-diagnóstico**: realiza a análise dos problemas;
4. Conduzir a análise;
5. Determinar como superar as resistências à mudança;
6. Instituir a mudança;
7. Instituir os controles.

Juran foi grande apologista da abordagem da qualidade baseada no usuário. Para ele, qualidade é "adequação ao uso".

O engenheiro Nicola Acquaviva Neto teve a oportunidade de assistir preleções desse mestre da Qualidade e testemunhar a sua humildade. Em uma delas, alguém lhe perguntou se ele considerava ter dado uma grande contribuição ao sucesso dos programas de qualidade japoneses, ao que ele respondeu: "Os japoneses são muito inteligentes e teriam ido muito mais longe se eu não os tivesse atrapalhado".

Armand V. Feigenbaum (1922). Foi o primeiro a registrar a ideia de que a Qualidade se consegue não pelo esforço isolado de um departamento específico, mas pela participação de todos na organização. Surgiram assim os conceitos de Controle Total da Qualidade e Gestão da Qualidade Total.

Sem ser exaustiva, a Figura 6.7 ilustra essa visão da qualidade.

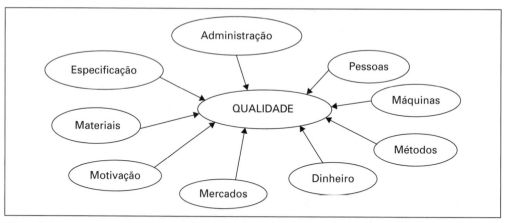

Figura 6.7   Fatores da qualidade

Fonte: Adaptado de Feigenbaum (1994).

Feigenbaum deu, em novembro de 2005, interessante entrevista à revista Quality Progress, da qual se destacam algumas afirmações suas:

- Tudo o que melhora a qualidade melhora o resto;
- As pessoas mais próximas do trabalho fazem melhor as coisas;
- As propostas para a melhoria se somam;

Administração da qualidade

- Qualidade é aprimoramento de valor. A Internet impulsiona nesse sentido, introduzindo uma mudança fundamental nos negócios;
- Falhas são oito vezes mais percebidas que evolução;
- É o cliente quem paga nossos salários;
- As grandes coisas são sempre simples;
- Do ponto de vista dos negócios, questões ambientais e da qualidade são vizinhas;
- Precisamos reconhecer a diferença entre uma moda passageira e tipos importantes de atividades, como a engenharia do valor e o controle estatístico da qualidade.

A última dessas afirmações traz um alerta quanto a modismos que, muitas vezes, só ajudam a fazer a alegria de diversas consultorias.

Philip B. Crosby (1926-2001). Sua filosofia diferia em vários pontos da de Deming, tendo introduzido o princípio de fazer certo desde a primeira vez como parte integrante do seu programa Zero Defeito. Crosby enxergava a Qualidade à luz da definição baseada no processo, ou seja, de conformidade com os requisitos de projeto.

Coincidentemente apenas em quantidade com os de Deming, Crosby também estabeleceu catorze pontos para ciclicamente se buscar a Qualidade:

1. Obter o comprometimento da administração;
2. Designar as equipes de melhoria da qualidade;
3. Definir os indicadores da qualidade;
4. Avaliar os custos da falta de qualidade;
5. Conscientizar os funcionários da importância da qualidade;
6. Implementar o sistema de ações corretivas;
7. Implementar o Programa Zero Defeito;
8. Treinar os inspetores e supervisores;
9. Instituir o Dia Zero Defeito;
10. Estabelecer as metas da qualidade;
11. Eliminar as causas de erros;
12. Prestar reconhecimento aos que se destacam na busca pela qualidade;
13. Instaurar os Conselhos da Qualidade;
14. Fazer tudo novamente.

Kaoru Ishikawa (1915-1989). O idolatrado guru japonês, um humanista segundo o qual "uma interpretação que se poderia dar à Qualidade é que ela significa qualidade do trabalho, qualidade do serviço, qualidade da informação, qualidade do processo, qualidade da estrutura, qualidade das pessoas, incluindo os operários, técnicos, engenheiros, gerentes e alta administração, qualidade do sistema, qualidade da companhia, qualidade dos objetivos, etc." Ou seja, a exemplo de Feigenbaum, e tendo participado ativamente da realização dessa proposta na prática em seu país, Ishikawa pregava a Qualidade Total, isto é, sua busca e aplicação ao nível de toda a organização.

Seguem seis princípios básicos da qualidade segundo Ishikawa:

1. Todos os funcionários devem entender claramente os objetivos e as razões empresarias por trás da introdução e da promoção do controle da qualidade[2] por toda a companhia;
2. As características do sistema da qualidade devem ser desdobradas para todos os níveis da organização e comunicadas de tal maneira que as pessoas tenham confiança nessas características;
3. O ciclo da melhoria contínua deve ser constantemente aplicado em todas as áreas, durante, pelo menos, de três a cinco anos, a fim de desenvolver o trabalho padronizado. Tanto a análise de processo como o controle estatístico da qualidade devem ser utilizados e deve ser desenvolvido e efetivamente aplicado um controle para os fornecedores;
4. A companhia deve definir um planejamento da qualidade de longo prazo e conduzi-lo sistematicamente;
5. As barreiras entre os departamentos ou funções devem ser derrubadas e deve ser aplicado um gerenciamento multifuncional;
6. Todos devem agir com confiança, acreditando que seu trabalho trará frutos.

Genichi Taguchi (1924). Prestigioso engenheiro japonês que introduziu algumas ideias interessantes. Ele considera a Qualidade como associada à perda monetária imposta à sociedade pelas falhas dos produtos.

Taguchi criticou o conceito ocidental de especificação de tolerância na forma:

---

[2] Os japoneses costumam se referir à Qualidade Total como Controle da Qualidade.

Administração da qualidade

$$\mu \pm t$$

onde LIE = $\mu - t$ e LSE = $\mu + t$, sendo:
μ = valor médio ótimo
LIE = limite inferior da especificação
LSE = limite superior da especificação,

sob a alegação de que qualquer desvio em relação ao ótimo representa uma perda, por menor que seja. Segundo ele, não há para o cliente diferença prática entre um valor

$$x = LE + \delta \quad \text{ou} \quad x = LE - \delta$$

para δ muito pequeno, embora um esteja dentro e outro fora da especificação.

Associando-se uma função de perda quadrática, a Figura 6.8 compara as visões ocidental, tradicional, e de Taguchi quanto à falha na especificação.

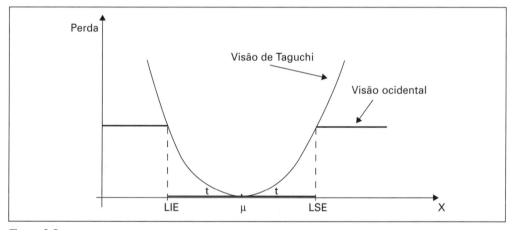

Figura 6.8 Visões ocidental e de Taguchi das especificações

Taguchi defendeu o conceito de "qualidade robusta", ou seja, resistente a variadas condições de utilização do produto. Deu também uma interessante contribuição ao delineamento de experimentos (ver 6.5), permitindo realizá-lo na prática com modelos simplificados.

Vicente Falconi Campos (1940). Brasileiro, aqui citado por merecer essa condição no Brasil. Foi o grande divulgador das técnicas japonesas para a qualidade em nosso país, fruto do intercâmbio entre a Fundação Christiano Ottoni, de Belo Horizonte, da qual participava, com a JUSE – Japonese Union of Scientists and Engineers e outros organismos japoneses voltados à Gestão da Qualidade, com vários livros publicados nesse campo, a começar por Campos (2004).

6.5 O PROCESSO DE MELHORIA

A busca pela melhoria dos processos – termo que tem conotação absolutamente ampla no contexto das organizações em geral – confunde-se com e está na essência da Administração da Qualidade. Melhorar sempre é a ordem, pois a perfeição, embora deva ser sempre buscada, é inatingível.

A melhoria pode ser contínua ou incremental. A primeira se dá por meio das análises dos processos como eles estão operando, podendo-se chegar a melhores formas de operação. Já as melhorias incrementais se dão por mudanças mais drásticas, representadas por modificações mais profundas nos processos ou pelo surgimento de inovações. Seu efeito é tipicamente pontual e de maior intensidade, como mostrado na Figura 6.9.

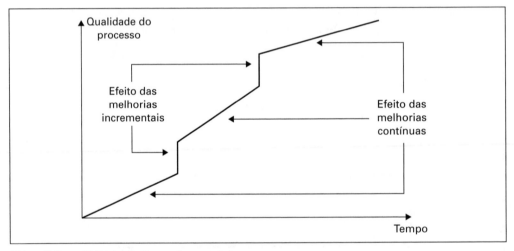

Figura 6.9   Melhorias contínuas e incrementais

As melhorias contínuas, podem, em geral, ser obtidas usando ferramentas simples de análise, como as que serão vistas no próximo item. O uso de técnicas mais sofisticadas, envolvendo uma estatística mais avançada, pode resultar em melhorias incrementais.

Algumas dessas técnicas são:

- **Análise de Variância**, desenvolvida pelo grande estatístico inglês Sir Ronald Fisher, uma técnica para a comparação simultânea de várias médias, aplicável em diversas situações e sob diversas condições;
- **Correlação e regressão**, referente ao estudo de problemas bi ou multivariados, oferecendo modelos de previsão aplicáveis sob determinadas condições;
- **Análise de séries temporais**, cujo objetivo é o estudo do comportamento de variáveis no tempo objetivando a realização de previsões, levando em consideração aspectos característicos, como tendências e variações sazonais. Um estudo extensivo a respeito é encontrado em Morettin e Toloi (2006).

Administração da qualidade

- **Análise discriminante**, que fornece critérios para identificar elementos pertencentes a populações distintas;
- **Delineamento de experimentos**, que indica como realizar experimentos projetados de maneira mais eficaz e econômica, permitindo avaliar as influências de cada fator interveniente e das interações entre eles, como pode ser visto em Calegare (2009). A simplificação introduzida por Taguchi consiste em pressupor, com base em considerações práticas, que certas interações não são importantes, simplificando dessa forma o modelo.

A Figura 6.10, por sua vez, oferece uma outra forma de visualizar a questão das melhorias. O processo operava a um nível usual de defeitos n_1. No instante t_1 ocorreu uma não conformidade (ou falha) esporádica que foi detectada *on-line*, provavelmente por um gráfico de controle de processo, conforme será visto em 6.7, voltando-se ao nível usual. No instante t_2, dentro da linha de busca por melhorias contínuas, obteve-se uma redução da variação do processo mantendo o nível usual de defeitos. No instante t_3, provavelmente após a realização de uma análise mais profunda *off-line*, conseguiu-se trazer o processo a um patamar n_2, correspondente a um consideravelmente melhor nível de qualidade. Note-se que a perda causada pela não conformidade esporádica é, em verdade, muito menor que a perda crônica que havia quando o processo operava ao nível n_1, representada pela área da figura entre esses dois níveis, embora essa perda crônica seja mais difícil de enxergar, até porque pode-se estar acostumado com ela, considerando-a inerente ao processo.

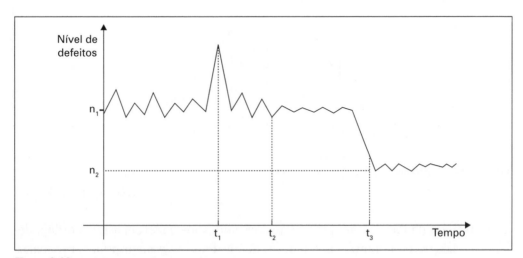

Figura 6.10   Melhorias contínua e incremental

A observação e o entendimento das duas figuras apresentadas neste item são de fundamental importância para a compreensão dos processos de melhora da Qualidade.

6.6 FERRAMENTAS PARA A MELHORIA DA QUALIDADE

Difundidas principalmente pela onda nipônica da qualidade, essas ferramentas englobam os clássicos 5W e 1H, já abordados no Capítulo 3 como grandes questionamentos para localizar problemas e decisões a tomar nos níveis de Planejamento e Organização, podendo também ser invocados em outras situações, incluem os 5S apresentados em 5.3.2.c e chegam às decantadas sete ferramentas básicas para a melhoria contínua apresentadas a seguir, além de outras incluídas neste item.

a) As sete ferramentas básicas

a.1) **Lista de verificação**, importante para garantir que nada do que deve ser realizado ou verificado seja esquecido. É o que faz qualquer dona de casa quando vai às compras no supermercado.

a.2) **Histograma**, ferramenta estatística básica de descrição gráfica de amostras de variáveis, útil para compreender o seu comportamento. A Figura 6.11 mostra o histograma, ao qual foi agregado um polígono de frequências, dos tempos em segundos gastos por um funcionário para preencher 50 vezes determinado formulário.

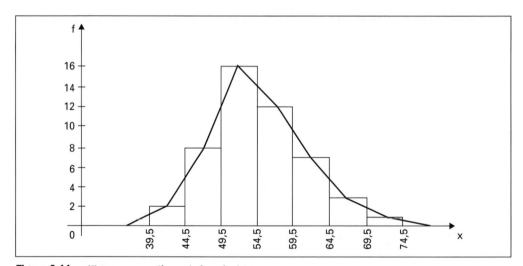

Figura 6.11   Histograma e polígono de frequências

Fonte: Costa Neto (2002, p. 18).

a.3) **Gráfico de Pareto**, em que se representam os itens sob análise em ordem decrescente de importância (valor, frequência, etc.), visando priorizar a análise dos mais importantes. Ver, a respeito, 5.9.1.b.

a.4) **Diagrama de Ishikawa**, ou de causa-efeito, ou espinha de peixe, exemplificado na Figura 6.12, usado para identificar as possíveis causas de problemas conforme sua natureza.

Administração da qualidade

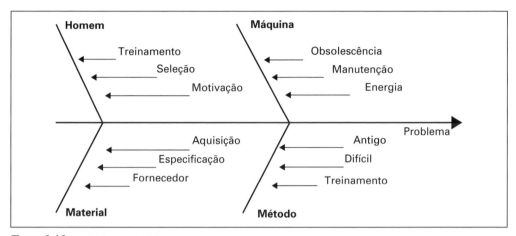

Figura 6.12   Diagrama de Ishikawa

Fonte: Costa Neto (2007-b).

Neste exemplo foram consideradas as quatro principais grandes causas de problemas na produção industrial, os 4 Ms (em inglês, Man, Machine, Material e Method), às quais outras poderiam ser agregadas, como Medição, Moral, Meio ambiente, etc.

a.5) **Gráfico de controle de processo**, principal ferramenta do Controle Estatístico de Processos, conforme discutido em 6.7.

a.6) **Estratificação**, usada quando se suspeita haver valores referentes a elementos de procedência diversa, conforme ilustrado na Figura 6.13.

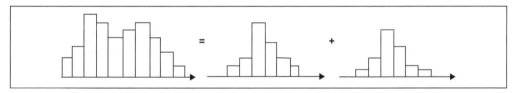

Figura 6.13   Estratificação (ilustração)

a.7) **Diagrama de dispersão**, adequado à análise do comportamento conjunto de duas variáveis quantitativas consideradas simultaneamente e avaliar sua correlação. Três situações podem ocorrer, conforme ilustrado na Figura 6.14.

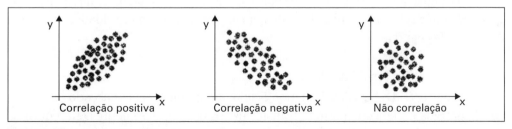

Figura 6.14   Diagrama de dispersão

A correlação indica a tendência de variação conjunta das variáveis:
Positiva: tendência a variarem no mesmo sentido
Negativa: tendência a variarem no sentido oposto
Não correlação: não há tendência

b) Fluxograma

Deveria, a nosso ver, ser a primeira das ferramentas básicas, mas não é considerado naquela lista. Sua importância é vital para qualquer análise que se queira fazer de qualquer processo, pois fornece a representação gráfica do inter-relacionamento de todas as suas atividades, permitindo sua melhor visualização e compreensão. Uma ilustração simples é dada na Figura 6.15, para a montagem de um suporte de televisão.

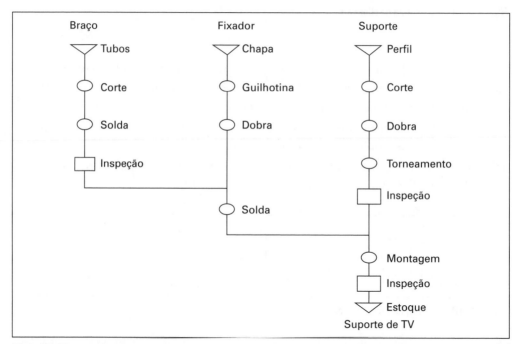

Figura 6.15   Fluxograma (ilustração)

c) Novas ferramentas

São as chamadas ferramentas gerenciais, tais como diagrama de afinidades, diagrama de inter-relacionamento, diagrama em árvore, matriz de prioridades, diagrama de atividades em rede, etc.

d) Desdobramento da Função Qualidade

Em inglês, QFD – Quality Function Deployment, um sistema baseado em matrizes de entrada e saída que permite transformar os desejos dos clientes em requisitos de projeto, processo e produto. Empresas brasileiras têm implementado o QFD e outras

Administração da qualidade

estão buscando isso, mas é um processo lento e não trivial. Para aprofundamento na questão, veja-se Cheng e Melo Filho (2007).

e) FMEA – Failure Mode and Effect Analysis

Em português, Análise do Modo e Efeito de Falha. Trata-se de um método para avaliar as possíveis falhas de produtos ou processos, estabelecendo uma priorização para o seu combate com base em indicadores de gravidade, frequência e dificuldade de detenção. Uma interessante ilustração pode ser vista em Braz (2002).

f) *Poka Yoke*

Esta expressão que, em japonês, significa "evitar distrações", refere-se a qualquer dispositivo ou condição de projeto que impeça erros dos operadores dos processos de produção, tais como montagens incorretas, aceitação de peças fora do padrão, ocorrência de acidentes, etc. Calibres do tipo "passa-não-passa" oferecem uma ilustração trivial dessa proposta. A adoção da solução *poka yoke* é um importante passo para o autocontrole, em que o próprio operário se responsabiliza pela qualidade dos itens que produz, eliminando a necessidade de inspeção posterior.

Essas e outras possíveis ferramentas para a qualidade constituem o arsenal de trabalho das análises para a melhoria contínua, o *Kaizen*, como isso se denomina em japonês. No Japão, sob a batuta e o incentivo de Kaoru Ishikawa, intensificou-se a prática dos **Círculos de Controle da Qualidade** – CCQ, grupos formados por colaboradores de distintas funções visando resolver problemas específicos em reuniões de trabalho fora do expediente normal, usando as ferramentas de análise disponíveis. As atividades dos CCQ têm sido motivo de orgulho dos trabalhadores japoneses, sendo seus bons resultados divulgados e catalogados, em geral recompensados de alguma forma, mesmo que moralmente. A multifuncionalidade dos participantes é uma das razões do êxito dessa iniciativa, mais uma vez conforme a filosofia da Engenharia Simultânea, vista em 4.7.6.

No Brasil tem havido tentativas de utilizar os CCQ, sem o mesmo sucesso dos nipônicos, muito provavelmente devido a fortes diferenças culturais.

6.7 CONTROLE ESTATÍSTICO DA QUALIDADE

No presente item se discutem brevemente os principais conceitos referentes ao assunto. Para maior aprofundamento, sugere-se Branco Costa et al. (2005).

6.7.1 Controle estatístico de produtos

Esta modalidade, mencionada em 6.1, que teve sua maior voga na primeira metade do século XX, se vale da análise de amostras extraídas de lotes de produtos finais, podendo levar à aceitação ou rejeição do lote. Baseia-se nos seguintes conceitos:

NQA = nível de qualidade aceitável
NQI = nível de qualidade inaceitável, também chamado de
FDT = fração defeituosa tolerável
α = risco do produtor = probabilidade de se rejeitar um lote dentro da especificação
β = risco do consumidor = probabilidade de se aceitar um lote fora da especificação.

Mediante tábuas de amostragem e em função de quantidades prefixadas dentre as citadas (em geral NQA e α), definem-se as condições de aceitação ou rejeição do lote. Dentre essas tábuas se destacam as publicadas por Harold Dodge e Henry Romig na década de 1930 e as Military Standards, surgidas nos Estados Unidos quando da Segunda Guerra Mundial para inspecionar material bélico, editadas no Brasil pela ABNT – Associação Brasileira de Normas Técnicas sob a sigla NBR 5426, que fornecem as informações necessárias para estabelecer os planos de amostragem aplicáveis a cada caso (ABNT, 1985).

6.7.2 Controle estatístico de processos

Considerados uma das sete ferramentas básicas da Qualidade, os gráficos de controle de processos propostos por Walter Shewhart na década de 1920 constituem, até hoje, a base para esse controle estatístico.

Esses gráficos têm duas finalidades principais:

- Verificar se um processo está sob controle;
- Verificar se um processo mantém-se sob controle.

Processo sob controle é aquele que opera com seus parâmetros estabilizados, ou seja, sujeito somente a causas aleatórias de variação (causas comuns) e, portanto, isento de outras causas de variação, as causas imprevisíveis, assinaláveis (causas especiais).

Os gráficos de controle de processo são uma excelente ferramenta para a detecção de causas especiais de variação, mas não servem para a identificação das causas comuns. O Quadro 6.3 ilustra as principais diferenças entre os dois tipos de causas de problemas nos processos.

Quadro 6.3 Comparação entre causas comuns e causas especiais de variação

Aspecto	Causas especiais	Causas comuns
Perdas monetárias	Pequenas	Grandes
Visibilidade do problema	Grande – a natureza súbita chama a atenção de todos	Pequena – a natureza contínua faz com que todos se acostumem ao problema
Ação requerida	Restabelecer o nível anterior	Mudar para nível melhor
Dados	Simples, coleta rotineira e muito frequente	Complexos, coleta especial e pouco frequente
Análise	Simples e feita por pessoal próximo ao processo	Complexa e feita por pessoal técnico
Responsabilidade pela ação	Executantes (pessoal próximo ao processo)	Analistas (pessoal da gerência)

Administração da qualidade   183

Na Figura 6.10, apresentada em 6.5, foi ilustrada a questão das perdas invisíveis causadas pelo efeito das causas comuns de variação.

São os seguintes os principais gráficos de controle utilizados:

- **No controle de variáveis**, quando se deseja controlar variáveis quantitativas, obtidas por medição:
  - gráfico da média amostral $\overline{X}$;
  - gráfico da amplitude amostral **R**;
  - gráfico do desvio padrão amostral **s**.
- **No controle de atributos**, quando se deseja controlar variáveis qualitativas, obtidas por contagem:
  - gráfico da fração defeituosa na amostra, no caso de produtos simples, classificáveis em perfeitos ou defeituosos (parafusos, lâmpadas, etc.);
  - gráfico do número de defeitos por unidade;
  - gráfico do número de defeitos na amostra.

    Estes dois últimos usados no caso de produtos mais complexos, onde se contam os defeitos encontrados.

O gráfico de controle (sistema americano) consiste de um diagrama em que são marcados os valores da quantidade controlada observados em amostras colhidas ao longo o tempo. Há três linhas básicas:

LSC – Limite superior de controle
LM   – Linha média, correspondente ao valor médio da quantidade controlada
LIC – Limite inferior de controle

Se o gráfico de controle visar verificar se o processo está sob controle, os valores acima são determinados a partir de uma amostra de valores da quantidade a controlar (sugere-se pelo menos 20 valores) e a seguir se observa o aspecto do gráfico. Se for bem-comportado, sem pontos fora dos limites de controle,[3] o processo deve estar sob controle. Um ponto fora deve ser eliminado e recalculados os limites. Irregularidades ou vários pontos fora indicam processo fora de controle. O problema é, então, averiguar as causas disso, eliminá-las e controlar o processo.

Se o gráfico de controle visar controlar um processo já sob controle, ele será construído a partir dos parâmetros desejados para o processo (caso em que servirá também para verificar se o processo atende a esses parâmetros) ou a partir da estimativa desses parâmetros a partir das amostras (sugerem-se pelo menos 20 amostras). Enquanto os pontos sucessivamente marcados no gráfico estiverem na zona de controle (entre LIC e LSC), tudo bem; aparecendo um ponto fora, é forte indicação

---

[3] Esses limites são calculados, em cada caso, usando fórmulas e tabelas dadas na literatura especializada.

de que alguma causa especial está agindo sobre o processo, afetando sua operação. Então, em geral, o processo é interrompido para identificar e eliminar essa causa especial. De fato, os gráficos de controle no sistema americano têm, em geral, seus limites de controle construídos de forma a que a probabilidade de um ponto cair fora da zona de controle por mero acaso seja muito pequena, da ordem de 0,003.

A Figura 6.16 ilustra o aspecto de um gráfico do controle de processo genérico.

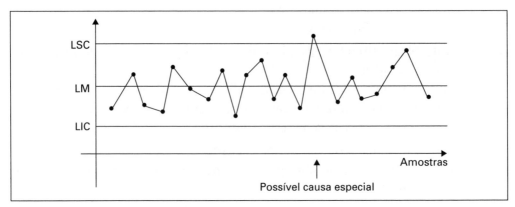

Figura 6.16   Gráfico de controle genérico

Além disso, outras conclusões podem ser tiradas analisando-se visualmente o gráfico de controle, como a existência de tendências, ciclos, variações anormais, etc.

No gráfico das médias amostrais, o mais usado na prática, os limites de controle são dados teoricamente por

$$\mu \pm 3 \cdot \frac{\sigma}{\sqrt{n}} \qquad (6.1)$$

onde:

μ = média da população de valores de variável
σ = desvio padrão da população de valores da variável
n = tamanho das amostras

mas, na prática, há vários casos em que esses limites podem ser calculados de outras maneiras.

A formulação dada em (6.1) assume que a distribuição dos valores a serem marcados no gráfico obedece, ao menos aproximadamente, ao modelo normal (de Gauss), o que em geral ocorre na prática para amostras com cinco ou mais elementos.

6.7.3   Capacidade do processo

Um processo é dito capaz de satisfazer determinada especificação de projeto se sua variação é compatível com essa especificação, conforme ilustrado na Figura 6.17, onde t representa a especificação de tolerância na forma $\mu \pm t$.

Administração da qualidade

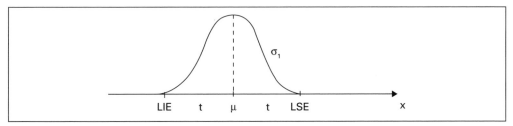

Figura 6.17 Processo capaz

A Figura 6.17, entretanto, ilustra um caso em que o processo satisfaz a especificação *in limine*. Por uma questão de segurança, é preferível se tem uma condição conforme ilustrado na Figura 6.18, na qual mesmo pequenas variações na média do processo não acarretariam falha na especificação.

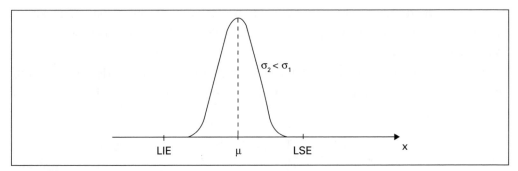

Figura 6.18 Processo capaz com folga

O que não se pode é conviver com situações conforme ilustrado na Figura 6.19, na qual o processo, além de não ser capaz, está descalibrado em relação à média da especificação.

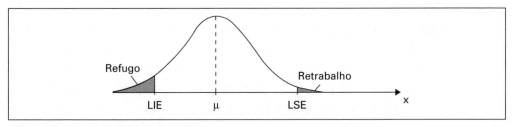

Figura 6.19 Processo não capaz

A capacidade de um processo em satisfazer determinada especificação é dada pelo índice de capacidade

$$C_p = \frac{\text{LSE} - \text{LIE}}{6\sigma} = \frac{2t}{6\sigma} = \frac{t}{3\sigma},$$

sendo na prática desejável, conforme ilustrado na Figura 6.18, que se tenha $C_p \geq 1,3$, e não apenas $C_p = 1$, conforme a Figura 6.17. Se $C_p < 1$, o processo é decididamente incapaz.

Define-se também um índice assimétrico

$$C_{pk} = \min\left[\frac{LSE - \mu}{3\sigma} , \frac{\mu - LIE}{3\sigma}\right],$$

que tem em conta a capacidade de processos em que a média não é simétrica em relação aos limites da especificação.

6.8 CONFIABILIDADE E DURABILIDADE

Estas são duas das dimensões da qualidade apontadas por Garvin (1984), conforme visto no Quadro 6.2, a primeira ligada ao funcionamento sem falhas do produto, e a segunda, ao seu tempo de operacionalidade. Neste item vamos nos estender um pouco mais sobre elas.

Define-se tecnicamente a confiabilidade como a probabilidade de um elemento estar operando satisfatoriamente em um determinado instante. É, pois, uma função do tempo, dada por

$$R(t_0) = P(T > t_0),^{[4]} \quad t_0 > 0 \tag{6.2}$$

onde T é o tempo de vida do elemento.

Uma noção associada é a de taxa de falhas, definida por

$$Z(t_0) = \frac{f(t_0)}{R(t_0)} \tag{6.3}$$

onde $f(t)$ é a função densidade de probabilidade do tempo de vida do elemento. A taxa de falhas pode ser vista como a probabilidade instantânea de ocorrer a falha no instante imediatamente seguinte a t_0, dado que o elemento esteja operando no instante t_0. Essa função representa, portanto, o risco de a falha ocorrer imediatamente após o instante t_0 ou, o que dá no mesmo, no instante t_0.

A Figura 6.20 representa um caso típico das funções confiabilidade e taxa de falhas. Nessa figura, o instante t^* representa o ponto a partir do qual a confiabilidade do elemento começa a declinar e, concomitantemente, cresce a taxa de falhas.

---

[4] Costuma-se usar a letra R para designar a confiabilidade, pois a palavra equivalente em língua inglesa é *reliability*.

Administração da qualidade

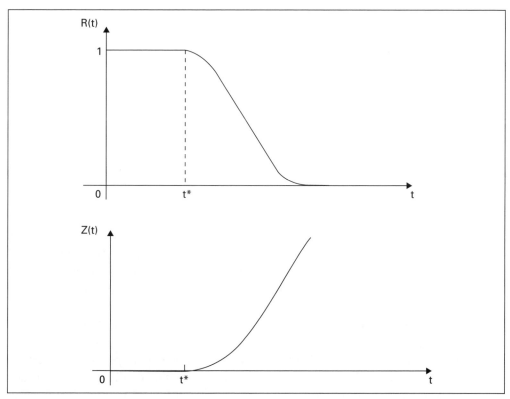

Figura 6.20 Funções confiabilidade e taxa de falhas

Um terceiro conceito a considerar é o de vida média do elemento, definido simplesmente por

$$\text{VM} = \int_0^\infty t f(t) dt$$

conforme preceitua o Cálculo de Probabilidades.[5] Se a distribuição de probabilidades do tempo de vida do elemento à qual se refere a Figura 6.20 for simétrica, VM será tal que R(VM) = 0,5. O conceito de vida média está ligado à dimensão durabilidade de Garvin.

Várias condições conjuntas de confiabilidade e durabilidade podem ocorrer. A Figura 6.21 ilustra uma delas.

---

[5] Do qual, neste item, são usados conceitos básicos. Para maiores detalhes, sugere-se Costa Neto e Cymbalista (2006).

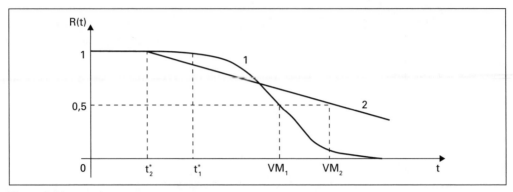

Figura 6.21 Confiabilidade e durabilidade

Neste caso, o elemento 2 tem maior durabilidade que o elemento 1, mas este é em princípio preferível em termos de confiabilidade. De fato, para T entre 0 e t_2^*, ambos são perfeitamente confiáveis mas, entre t_2^* e t_1^*, só o elemento 1 é perfeitamente confiável e existe um ponto próximo de VM_1 até o qual o elemento 1 ainda é mais confiável que o elemento 2.

Embora muitas vezes o elemento possa ser reparado em caso de falha, aumentando a sua durabilidade, em casos em que isto não se aplica pode-se pensar em relacionar o conceito de durabilidade ao instante t^*, ou seja, ao ponto onde passa a ser considerável o risco de falha. Neste caso, os conceitos de confiabilidade e durabilidade praticamente se confundem.

6.8.1 Confiabilidade de sistemas

Há duas formas clássicas de associar componentes formando sistemas:

a) **Associação em série**, conforme ilustrado na Figura 6.22.

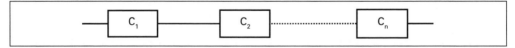

Figura 6.22 Associação em série

Neste caso, o funcionamento do sistema exige o funcionamento de todos os componentes. A falha de qualquer deles implica a falha do sistema.

Logo, se os componentes operarem independentemente:[6]

$$R_{sist}(t_0) = P[T_1 > t_0, T_2 > t_0, \ldots, T_n > t_0] =$$
$$= P(T_1 > t_0) \cdot P(T_2 > t_0) \ldots P(T_n > t_0) =$$
$$= \prod_{i=1}^{n} R_i(t_0)$$

---

[6] Ou seja, a falha de qualquer um não influi no tempo de vida dos demais.

b) **Associação em paralelo**, conforme ilustrado na Figura 6.23.

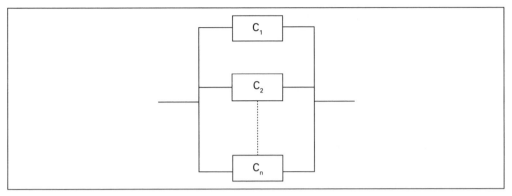

Figura 6.23 Associação em paralelo

Neste caso, o sistema falha se todos os componentes falharem. Logo, se os componentes forem independentes:

$$R_{sist}(t_0) = P(T_{sist} > t_0) = 1 - P(T_{sist} \leq t_0) =$$
$$= 1 - P[T_1 \leq t_0, T_2 \leq t_0, \ldots, T_n \leq t_0] =$$
$$= 1 - P(T_1 \leq t_0) \cdot P(T_2 \leq t_0) \ldots P(T_n \leq t_0) =$$
$$= 1 - \prod_{i=1}^{n} P(T_i \leq t_0) = 1 - \prod_{i=1}^{n} \left[1 - R_i(t_0)\right]$$

A associação de componentes em paralelo é um recurso frequentemente usado para aumentar a confiabilidade dos sistemas por meio de elementos redundantes. É a razão principal pela qual os aviões de carreira têm sempre mais de um motor.

Há uma terceira forma usual de se combinar elementos para formar um sistema, que não abordaremos neste texto, mediante a introdução de elementos de reserva (*stand by*), que são utilizados para substituir componentes que eventualmente falhem. O exemplo mais trivial deste caso é dado pelo pneu estepe dos automóveis.

6.9 CUSTOS DA QUALIDADE

Vale a pena investir em qualidade? Esta é uma pergunta que os empresários muitas vezes se fazem antes de decidir implementar um programa de qualidade, conscientes de que isso lhes custará dinheiro. A questão é saber se a recompensa pela iniciativa será economicamente vantajosa, além das demais vantagens que trará.

A primeira consideração que se deve fazer a respeito é de que a implementação deve ser adequadamente conduzida, por profissionais competentes e conscientes das resistências e dificuldades que se encontrarão. Isso posto, não há como negar as vantagens do investimento, como atestam as muitas empresas bem-sucedidas que primam pela qualidade dos seus produtos e serviços.

190   Administração com qualidade

Como se classificam os custos da qualidade? A literatura existente aponta a existência de duas categorias e quatro tipo de custos de qualidade, que são:

a) **Custos das falhas ou da não qualidade:**

São os custos que devem ser atacados e minimizados pelo investimento em qualidade por meio da prevenção e do estabelecimento de melhorias no processo. São de dois tipos:

a.1 **Custos das falhas internas**, resultantes das falhas que ocorrem dentro da empresa, portanto durante o processo de fabricação ou de serviço (*back room*);

a.2 **Custos das falhas externas**, resultantes das falhas que ocorrem fora do ambiente de produção, ou seja, envolvendo os produtos vendidos ou o serviço (*front office*).

b) **Custos do controle[7] ou da qualidade**

Referem-se aos investimentos feitos para a melhoria de qualidade. Também são de dois tipos:

b.1 **Custos de avaliação**, referentes às atividades necessárias para se conhecer os processos, identificar as possíveis causas de falhas e permitir o estabelecimento dos controles e demais providências necessárias;

b.2 **Custos de prevenção**, referentes às ações que visam a não ocorrência de defeitos e não conformidades no processo.

No Quadro 6.4 são apresentados exemplos de cada um desses tipos de custos da qualidade.

Quadro 6.4 Custos da qualidade – Exemplos

Falhas internas	Falhas externas	Avaliação	Prevenção
Retrabalho, reprojeto	Multas	Equipamentos de inspeção	Engenharia da qualidade
Refugos e sucata	Reposições	Inspeções de processo e finais	Administração da qualidade
Tempo perdido	Garantias	Laboratórios externos	Treinamentos
Compras extra	Assistência técnica	Verificação do desempenho	Manutenção e ações preventivas
Desconto no preço	Expedição e recepção extra	Depreciação dos equipamentos de teste	Implementação de sistemas da qualidade
Manutenção e ações corretivas	Vendas perdidas	Auditorias internas	Relações com fornecedores
Inspeção de lotes retrabalhados	Perda de imagem	Protótipos	Inspeção e testes de recebimento
Custos de estoques adicionais	Perda de clientes	*Benchmarking*	Controle de processos
Horas extras		Pesquisas de opinião	

---

[7] O termo controle é classicamente usado nesta discussão, mas deve ser entendido no sentido mais amplo da obtenção da qualidade.

Deve-se notar que, dentre os custos das falhas externas, a perda de imagem da qual resulta a perda de clientes certamente é um custo de difícil determinação, mas também é um dos mais nocivos à empresa, levando à perda de competitividade e aos problemas daí decorrentes.

A Figura 6.24 ilustra o que se deve esperar desses custos quando se enceta um investimento em qualidade bem estruturado. Vê-se que o efeito do investimento não é imediato, leva algum tempo para mostrar seus efeitos positivos, mas, via de regra, vale a pena.

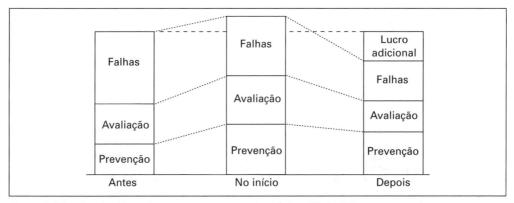

Figura 6.24 Evolução dos custos da qualidade com o investimento em melhorias

Outra relação entre esses custos é dada na Figura 6.25, classicamente encontrada na literatura. Nela se vê que deve existir um nível de qualidade Q_m que minimiza o custo total da qualidade, e que, caso se deseje um nível de qualidade excelente, próximo de 100%, em geral é necessário um alto investimento em prevenção e avaliação, o que tende a fazer crescer o custo total da qualidade. A questão não discutida na literatura é: será que a qualidade Q_m corresponde àquela desejada pelos clientes?

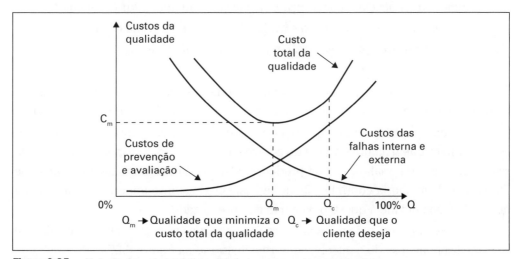

Figura 6.25 Variação do custo total da qualidade com seus custos componentes

Fonte: Adaptado de Juran e Gryna (1991).

Nas condições mostradas na Figura 6.25, para atender às expectativas do cliente haveria que se arcar com um custo total da qualidade que não seria o mínimo possível de se conseguir, pois seria necessário um investimento adicional em prevenção e avaliação. O fornecedor deve, portanto, buscar evoluir para a situação apresentada na Figura 6.26, que lhe seria economicamente a mais interessante. A questão agora é: como consegui-lo?

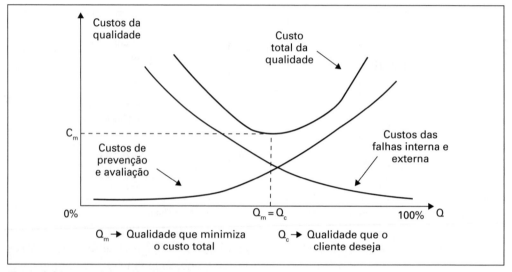

Figura 6.26 Situação ideal para os custos da qualidade

Fonte: Rospi (2006).

A resposta a essa pergunta pode ser encontrada de algumas formas possíveis:
- Aumentar a eficácia da prevenção e avaliação sem aumentar o seu custo;
- Reduzir o custo de prevenção e avaliação sem reduzir a sua eficácia;
- Conseguir prevenção e avaliação mais eficazes com redução do seu custo.

Outras possibilidades certamente também poderiam existir, porém contemplando modificações no processo, como por meio do uso de inovações ou novas tecnologias.

Há ainda a se considerar aspectos de custos referentes a aprendizado e inovações. Por mais que haja um sistema de controle estabelecido, a responsabilidade pela realização física da qualidade é da produção, através do seu permanente controle e da busca pela melhoria contínua, sendo um aspecto bastante importante que afeta a obtenção da qualidade a questão da curva do aprendizado.

Na fase do aprendizado de uma operação, as perdas começam altas, vão caindo e se estabilizam na fase do controle, conforme ilustrado na Figura 6.27.

Administração da qualidade

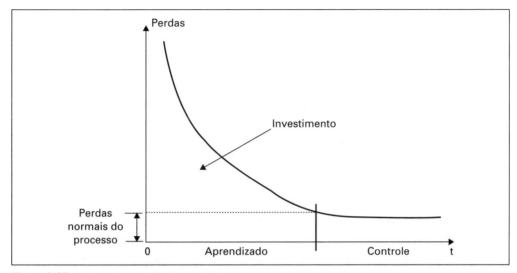

Figura 6.27 Fases de aprendizado e controle

Fonte: Rospi (2006).

Outras ações que podem influenciar a curva das perdas das atividades são o *Kaizen*, entendido como o sentido de melhoria contínua (IMAI, 2000), e as inovações tecnológicas. O *Kaizen* contribui para reduzir os níveis de perdas consideradas normais, e as inovações tecnológicas oferecem reduções mais drásticas, porém sujeitas a um período próprio de aprendizagem, conforme ilustrado na Figura 6.28.

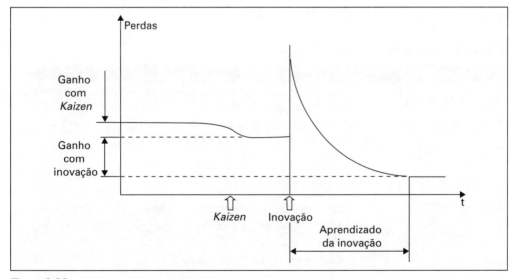

Figura 6.28 Efeitos do *Kaizen* e da inovação

Fonte: Rospi (2006).

6.10 QUALIDADE EM SERVIÇOS

Os princípios e técnicas da Gestão da Qualidade, inicialmente utilizados nas atividades de manufatura, foram sendo paulatinamente estendidos e aplicados ao aprimoramento dos serviços, com as devidas adaptações.

Assim, as abordagens da qualidade apresentadas em 6.2 valem também para os serviços, preservando os mesmos conceitos. Para ilustrar isso, vamos também aqui adotar um exemplo, tomando para tanto o serviço de um restaurante.

- Abordagem transcendental

  O restaurante Fasano, é, presentemente, um paradigma da qualidade transcendental na cidade de São Paulo.

- Abordagem baseada no produto

  O restaurante A é melhor que o restaurante B porque tem melhor carta de vinhos.

- Abordagem baseada no usuário

  Frequento o Sujinho porque gosto, lá me sinto à vontade e a comida é boa.

- Abordagem baseada no processo

  O filé ao alho e óleo do restaurante Moraes é excelente, tem sempre o mesmo sabor inigualável.

- Abordagem baseada no valor

  Não vou ao restaurante C, não porque não seja bom, mas porque é muito caro.

Vimos também que as dimensões da qualidade de Garvin, dadas no Quadro 6.2, podem ser utilizadas para serviços. Entretanto, Parasuraman, Zeithaml e Berry (1990) propuseram um outro conjunto de dimensões voltadas especificamente para os serviços, as quais são apresentadas no Quadro 6.5.

Quadro 6.5 Dimensões da qualidade em serviços

Dimensão	Conceito
Aspectos tangíveis	Evidências físicas do serviço, aparência das instalações, pessoas, materiais, objetos e ferramentas
Confiabilidade	Consistência e capacidade demonstradas na prestação de serviço
Responsabilidade	Disposição para ajudar o cliente e proporcionar com presteza o serviço
Competência	Habilidades específicas e conhecimentos necessários para executar o serviço
Cortesia	Fineza, respeito, consideração e amabilidade no contato pessoal
Credibilidade	Confiança, honestidade e integridade transmitidas pelo prestador de serviço
Segurança	Ausência de risco, perigo ou dúvida
Acesso	Proximidade e facilidade de contato
Comunicação	Manter o cliente informado de forma compreensível e escutá-lo
Conhecimento do cliente	Esforço para conhecer e atender suas necessidades

Fonte: Adaptado de Parasuraman et al. (1990).

Administração da qualidade 195

É interessante cotejar as dimensões de Parasuraman et al. (1990) e Garvin (1984), apresentadas em 6.2. Isto é feito no Quadro 6.6.

Quadro 6.6 Comparação entre as dimensões da qualidade de Parasuraman et al. e Garvin

Dimensões da qualidade aplicadas a serviços	
Parasuraman et al.	**Garvin**
Aspectos tangíveis	Desempenho, Complementos, Confiabilidade, Estética e Qualidade Percebida
Confiabilidade	Confiabilidade e Qualidade Percebida
Responsabilidade	Desempenho, Confiabilidade, Conformidade e Qualidade Percebida
Competência	Desempenho, Confiabilidade, Conformidade, Assistência Técnica e Qualidade Percebida
Cortesia	Complementos e Qualidade Percebida
Credibilidade	Conformidade, Assistência Técnica, Estética e Qualidade Percebida
Segurança	Desempenho, Conformidade, Durabilidade e Qualidade Percebida
Acesso	Qualidade Percebida
Comunicação	Complementos, Assistência Técnica e Qualidade Percebida
Conhecimento do cliente	Desempenho, Assistência Técnica e Qualidade Percebida

Fonte: Oliveira (2006).

Note-se o fato de que a dimensão Qualidade Percebida de Garvin está relacionada com todas as dimensões da qualidade de serviços de Parasuraman et al., o que realça a sua importância para os serviços.

6.10.1 Qualidade nos serviços de varejo

Uma importante categoria dos serviços prestados ao consumidor é constituída pelos serviços de varejo, em que ocorre grande diversificação de situações e que têm indiscutível importância por representarem o elo final de inúmeras cadeias produtivas, responsável por grande parte do suporte econômico e financeiro dessas cadeias. Dentre as diversas possíveis definições do varejo, citamos Pinto e Lara (2003), para quem consiste em todas as atividades que englobam o processo de venda de produtos e serviços para atender a uma curiosidade, desejo ou necessidade do consumidor final.

Kotler e Armstrong (2001) indicam três pontos críticos para o sucesso do varejo: localização, localização e localização. Isso envolve estudos demográficos, disponibilidade de colaboradores, nível de renda e escolaridade dos potenciais compradores, concorrência, estacionamento e outros possíveis aspectos relevantes.

Os serviços de varejo têm, via de regra, uma forte participação de bens físicos associados, que constituem o objeto da venda no varejo. Ou seja, a dimensão de Parasuraman et al. (1990) referente aos aspectos tangíveis, neste caso, tem duas componentes: aquela considerada para efeito geral, apresentada no Quadro 6.6, e outra, referente à qualidade dos produtos associados objeto de venda no varejo.

Silva (2008) mostra ser importante considerar que a qualidade no serviço varejo, seja este qual for, está ligada umbilicalmente à qualidade dos produtos objeto da venda, além, é claro, dos aspectos da qualidade ligada à prestação do serviço em si. Assim, se consideramos essas duas componentes fundamentais da qualidade no serviço varejo, temos as situações típicas possíveis de ocorrer apresentadas na Figura 6.29

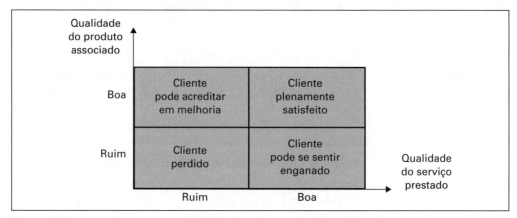

Figura 6.29 Qualidade do serviço prestado X qualidade do produto associado

Fonte: Costa Neto e Silva (2007).

Esta figura ilustra a importância representada pela qualidade do produto (ou serviço) associado ao serviço varejo em geral, sugerindo que, perante o cliente, é mais grave uma falha no produto associado do que na prestação do serviço em si.

Além disso, Napolitano (2008) considera que a participação dos produtos (ou serviços) associados pode se dar de maneiras distintas:

1. Os produtos tangíveis associados são adquiridos pelos clientes e passam a fazer parte do seu patrimônio, para uso subsequente. É o caso da compra de um livro, uma lata de azeite, um automóvel, etc. Note-se que, neste caso, o ato da compra pode ser realizado por outra pessoa, designada pelo cliente.
2. Os produtos associados são incorporados pelo cliente no ato da prestação do serviço. É o caso de um restaurante, um instituto de beleza, uma cartomante, etc. Sendo assim, o ato de compra do serviço não pode ser delegado a outra pessoa pelo cliente. Além disso, a seguinte subdivisão é possível, neste caso:
   2.1 O produto associado é tangível e incorporado fisicamente pelo cliente. Ex.: restaurante.
   2.2 O resultado do serviço é intangível e, portanto, incorporado imaterialmente pelo cliente. Ex.: cartomante. (Esta situação se aplica também a vários casos de serviços profissionais, como psicólogos, consultores, etc.).
   2.3 Casos em que ambas as situações acima citadas se aplicam: Ex.: instituto de beleza, em que uma parte do serviço prestado envolve produtos tangíveis

Administração da qualidade

(como cremes, xampus, perfumes, maquiagem, etc.), que se incorporam fisicamente ou não ao corpo do cliente, e resultados intangíveis que se incorporam imaterialmente (como aspecto estético e, principalmente, satisfação psicológica).

6.10.2 O modelo dos cinco *gaps*

Parasuraman et al. (1990) também propuseram um interessante modelo que busca identificar os desvios (*gaps*) responsáveis pelo não oferecimento do serviço conforme as expectativas do cliente. O modelo procura esclarecer as razões do *gap*, em geral existente, entre o serviço esperado pelo cliente e o serviço por ele percebido, conforme ilustrado na Figura 6.30.

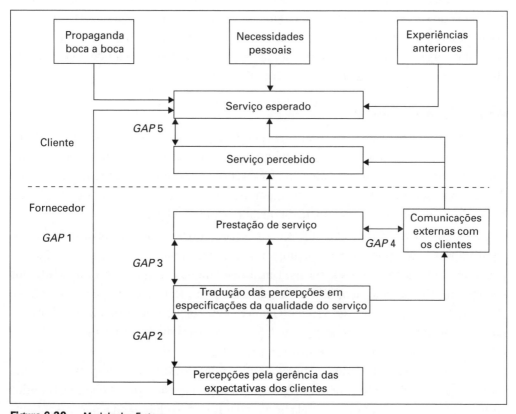

Figura 6.30   Modelo dos 5 *gaps*

Fonte: Parasuraman et al. (1990).

O *gap* 1 mede a diferença entre as expectativas do cliente (baseada em anúncios, experiências anteriores com a empresa e a concorrência, necessidades pessoais e comunicação com amigos) e a percepção por parte da gerência do fornecedor sobre essas expectativas.

O *gap* 2 mede a diferença da percepção pela gerência das expectativas dos clientes e a tradução dessas percepções em especificações da qualidade do serviço.

O *gap* 3 mede a diferença entre o serviço especificado e o serviço efetivamente prestado pela administração, ou seja, sua conformidade. Pode originar-se das falhas da equipe de trabalho, seleção inadequada de funcionários, treinamento inadequado e projeto inapropriado das tarefas.

O *gap* 4 mede a diferença entre as expectativas dos clientes de um serviço anunciado, prometido via propaganda em mídia e outras comunicações realizadas pela empresa, e o serviço executado.

O *gap* 5 mede a diferença entre a expectativa do serviço pelo cliente e o serviço efetivamente percebido. Resulta da somatória dos demais *gaps*. É com base nele que o cliente penaliza o prestador de serviço, seja não retornando, seja propalando a má qualidade do serviço prestado, caso o percebido seja inferior ao esperado. Entretanto, pode também acontecer o caso oposto, em que o serviço percebido seja superior ao esperado, caso em que o cliente ficará mais do que satisfeito, podendo se tornar um aliado do fornecedor para efeito de sua divulgação positiva.

6.10.3 O modelo Servqual

Como se observa até este ponto, os serviços podem ser considerados produtos intangíveis e consumidos simultaneamente à sua produção, mas ainda existem dificuldades para os clientes na avaliação desses serviços antes de sua prestação. Diante destes pontos, desenvolveram-se ferramentas, instrumentos, técnicas e controles na busca de entendimento e conquista da qualidade em serviços.

Segundo Parasuraman et al. (1988), os consumidores procuram atribuir valor aos serviços recebidos por meio de alguns critérios relacionados com a percepção que eles têm em relação a esses serviços. Um procedimento para medir a qualidade dos serviços recebidos pelo usuário é a **Escala Servqual**, desenvolvida por tais autores. Esse modelo (abreviação de Service Quality) estabelece que a qualidade é avaliada pelo consumidor na comparação entre suas expectativas e a percepção que ele teve do desempenho do serviço prestado pelo fornecedor. Cinco fatores principais: **tangibilidade**, **confiabilidade**, **responsividade**, **adequabilidade** e **empatia**, segundo Parasuraman et al. (1988), podem representar a percepção que os clientes têm dos serviços adquiridos. Embora a Escala Servqual tenha sido elaborada a partir de alguns setores econômicos específicos, como o setor financeiro, ela é uma escala padronizada, podendo ser aplicada a qualquer segmento da economia que envolva atividades de prestação de serviços. O conjunto de questões que constitui a Escala Servqual é apresentado no Quadro 6.7.

Administração da qualidade

199

Quadro 6.7 Escala Servqual

Escala Servqual
Aspectos: tangíveis
1) A Empresa dispõe de modernos sistemas de informações
2) As instalações da empresa são visualmente atraentes
3) Os funcionários da empresa estão sempre bem-apresentados
4) Os meios de divulgação da empresa chamam a atenção
Aspectos: confiabilidade
5) A empresa cumpre os prazos estabelecidos para a realização dos serviços
6) Quando o cliente tem um problema, a empresa demonstra sincera disposição em resolvê-lo
7) A empresa se empenha em realizar o serviço corretamente
8) A empresa procura amenizar eventuais transtornos aos seus clientes
9) A empresa busca continuamente a melhoria de seus processos
Aspectos: responsividade
10) A empresa transmite com clareza aos seus clientes quais os serviços que podem ser realizados
11) Os funcionários da empresa realizam os serviços com rapidez
12) Os funcionários da empresa estão sempre dispostos a ajudar os clientes
13) Os funcionários da empresa nunca estão tão ocupados que não podem responder a perguntas dos clientes
Aspectos: adequabilidade
14) Os funcionários da empresa inspiram confiança aos clientes
15) Os clientes se sentem seguros em seu relacionamento com a empresa
16) Os funcionários da empresa são corteses com os clientes
17) Os funcionários da empresa são capacitados a responder às perguntas dos clientes
Aspectos: empatia
18) A empresa dá atenção personalizada aos clientes
19) A empresa tem horários de atendimento conveniente aos clientes
20) A empresa tem funcionários que dão atenção especial aos clientes
21) A empresa demonstra consideração pelos clientes
22) A empresa compreende as necessidades de seus clientes

Fonte: Parasuraman et al. (1988).

A esse conjunto de 22 perguntas se associa uma escala de Likert de respostas, onde:

1 = Discordo plenamente   4 = Concordo

2 = Discordo   5 = Concordo plenamente

3 = Intermediário ou indefinido

Com isso se consegue fazer uma avaliação de quais são os aspectos da qualidade do serviço melhor e pior avaliados pelos clientes respondentes da pesquisa. Um exemplo de aplicação de uma adaptação da Escala Servqual é apresentado em 11.5.

6.11 QUESTÕES PARA REFLEXÃO E DISCUSSÃO

1. A norma NBR ISO 9000:2005 define "qualidade" como "o grau em que um conjunto de inerentes características satisfaz os requisitos" e "satisfação do cliente" como "a percepção do cliente do grau em que seus requisitos foram satisfeitos". Discuta estas definições à luz dos conceitos apresentados neste capítulo.

2. A seguinte notícia saiu em uma crônica musical: "A Orquestra Sinfônica do Estado de São Paulo teve como solista a violinista alemã Isabelle Faust, tocando o Concerto de Dvorák Op. 53 em seu violino Stradivarius de 1704. Tanto a perfeição da execução pela artista quanto o belíssimo som proporcionado por seu instrumento entusiasmaram o público, que aplaudiu longamente o espetáculo". Como analisar e interpretar a(s) qualidade(s) do instrumento em questão?

3. Discuta quais das abordagens vistas em 6.2 podem ser invocadas para caracterizar a qualidade de obras de arte, como quadros, estátuas, livros, músicas, etc.

4. Discuta a qualidade de:
   a) Uma excelente casa de tolerância;
   b) Uma empresa que produz cigarros com excelente aceitação pela sua clientela;
   c) Um escritório de advocacia especializado em inocentar corruptos.
   Identifique outros casos assemelhados.

5. Escolha um produto e um serviço de sua familiaridade e procure caracterizar, para cada um deles, o significado das dimensões da qualidade de Garvin.

6. Para o mesmo serviço escolhido na questão anterior, procure caracterizar o significado das dimensões de Parasuraman et al. e compare-os com os das dimensões de Garvin.

7. Identifique e discuta fatores positivos e negativos que influem na sua qualidade de vida. O que poderia ser feito para lhes impor melhorias, em ambos os casos?

8. Analise o processo de informatização da nossa vida cotidiana e discuta as melhorias e pioras que ele tem trazido em termos de qualidade no trabalho e no lazer.

9. Recorde situações em que você trocou fornecedores de serviços por não ter suas expectativas atendidas. Há também casos em que a troca é mais complicada, ou mesmo inviável, pois os serviços são exclusivos de certos fornecedores. Como agir nestes casos se o serviço for insatisfatório?

10. Considere um sistema de produção como um conjunto de atividades em série e discuta a sua confiabilidade. Discuta também a confiabilidade de sistemas em paralelo e *stand by* em casos como:

Administração da qualidade

a) Do apostador que compra vários bilhetes de loteria;

b) De um time de futebol.

11. Estabeleça e discuta uma analogia entre as dimensões Desempenho e Complementos de Garvin, vistas no Quadro 6.2, e as duas subdivisões da dimensão Aspectos Tangíveis de Parasuraman et al. no caso do serviço varejo, conforme ilustrado na Figura 6.29.

12. Existe um aforismo da Administração segundo o qual "o ótimo é inimigo do bom". Discuta essa afirmação à luz dos conceitos examinados neste capítulo.

7

Modernos padrões da qualidade

Neste capítulo vamos nos preocupar com as maneiras presentemente empregadas para se conseguir realizar Qualidade e Produtividade na prática. Isto não significa que os preceitos e técnicas vistos no capítulo anterior não sejam úteis para esse objetivo, até porque eles vão aparecer, de uma forma ou de outra, nas abordagens que aqui serão vistas. Na verdade, estas abordagens representam formas, normalizadas ou não, de que se dispõe para o objetivo colimado, ou seja, atingir a competitividade da empresa por meio dos seus pilares básicos: a qualidade e a produtividade dos seus processos.

A importância que modernamente se confere à questão da Qualidade e Produtividade como elementos básicos da Competitividade coloca essa questão ao nível da alta administração das empresas e organizações. A Gestão da Qualidade, que embute a problemática da Produtividade, embora esta componente da Competitividade seja menos explicitada, impõe se, portanto, fortemente, na própria Gestão Organizacional.

O que pode diferir, em cada caso, é o sistema adotado para a Gestão da Qualidade. A decisão quanto ao sistema a ser implementado depende, em geral, do estágio de desenvolvimento da organização e da visão dos consultores ou colaboradores nisso envolvidos.

A questão da Gestão da Qualidade, evidentemente, já era preocupação, até em países emergentes como o Brasil, bem antes que sua importância estratégica fosse reconhecida, como em nossos tempos. Um bom exemplo disto é o caso da Metal Leve (ver 2.5.2), indústria do ramo automobilístico que, na década de 1950, não só produzia pistões e bronzinas de primeira qualidade para a nascente indústria automobilística brasileira, como exportava para vários outros países. Certamente a visão de seu dono e notável empresário José Mindlin teve grande papel nesse êxito, cercando-se de profissionais categorizados capazes de criar as condições para a produção com qualidade excepcional.

Nos anos 1980 para 1990, o Programa Brasileiro da Qualidade e Produtividade – PBQP incentivou missões ao exterior e treinamentos intensivos no país, com o objetivo de ensinar e difundir os preceitos e técnicas para a obtenção da Qualidade e Produtividade pelas empresas e demais organizações aqui radicadas. O efeito multiplicador desse processo atingiu milhares de engenheiros, especialistas e técnicos, resultando no que podemos chamar de Movimento Brasileiro pela Qualidade e Produtividade. Essa iniciativa, que contou com o comprometimento de excelentes cabeças da inteligência brasileira, dentre as quais citamos o saudoso Juarez Távora Veado e José Paulo Silveira, desencadeou um processo sem retorno que segue em andamento e é responsável pelo crescente desenvolvimento em prol das ações pela Qualidade e Produtividade no País, colocando-o na posição de liderança quanto a esse aspecto na América Latina. Os principais frutos dessa iniciativa foram a disseminação do sistema japonês de gestão pela qualidade, o início da implementação das normas de série ISO 9000, o surgimento do Prêmio Nacional da Qualidade e o fortalecimento do Sistema Metrológico Brasileiro, conforme apresentado na sequência do capítulo.

7.1 SISTEMA DE GESTÃO DA QUALIDADE

No Capítulo 3 deste livro foram abordadas as funções da Administração, que formam um ciclo completo e fechado tendo em vista garantir a eficácia do processo administrativo. Essas considerações envolvendo o Planejamento, a Organização, a Direção e o Controle têm validade geral e, em particular, para os processos de gestão da qualidade.

De fato, quando se trata de administrar a qualidade e a produtividade dos processos de produção – visando a competitividade do negócio, conforme deixado claro em 6.2 – é preciso planejar a Qualidade e a Produtividade, organizar para atender as suas necessidades, dirigir a implementação e a rotina dos processos envolvidos, e controlar as atividades realizadas, a fim de verificar a adequação dos resultados obtidos e a possibilidade de se estabelecerem melhorias. Isto, conforme visto em 1.1, é parte integrante do processo administrativo do negócio como um todo, visando a sua plena e exitosa realização.

As formas de se gerenciar a qualidade – e a produtividade dos processos, conforme doravante subentendido – pode variar em seus aspectos exteriores, valendo-se deste ou daquele modelo, desta ou daquela forma de estabelecer princípios e controles, mas certamente todas as possíveis maneiras de fazê-lo hão de ter muitos aspectos comuns.

Antes de tudo, é importante deixar claro como se abordará a questão da qualidade, quais os objetivos que se perseguem com isso, aonde se quer chegar com as determinações e providências que serão adoradas. É preciso que a alta administração da organização estabeleça qual a **Política da Qualidade** que será seguida com essas finalidades. Essa política, válida para toda a organização, será subsequentemente desdobrada em **programas da qualidade** válidos para setores e situações específicos.

Tomamos como exemplo a Política da Qualidade e Meio Ambiente do SENAI – SP, enunciado que representa uma das exigências da norma ISO 9001, pela qual a citada entidade é certificada:

Modernos padrões da qualidade

"O Senai – SP, no cumprimento da sua missão, promove o contínuo aprimoramento dos serviços educacionais e tecnológicos, direcionando esforços para:

- Atendimento à legislação aplicável aos seus processos;
- Prevenção da poluição e de acidentes no trabalho;
- Atendimento às necessidades e expectativas dos clientes".

Enunciados os princípios básicos, nos detalhamentos resultantes da Política da Qualidade deverão ser consideradas as estratégias da empresa junto ao mercado e aos clientes, os investimentos a serem feitos visando a melhoria da qualidade, aí incluída a capacitação dos colaboradores, a obtenção de novas e modernas tecnologias, a certificação do sistema da qualidade, o aporte de novos conhecimentos, e assim por diante.

Todo esse esforço na busca pelo aprimoramento da qualidade deve ser feito tendo em mente a colocação trazida à luz por Armand Feigenbaum, o princípio da Qualidade Total, segundo o qual a qualidade resulta do esforço coordenado de todos as colaboradores envolvidos. Para o atingimento deste objetivo, é bom lembrar, dificuldades e resistências deverão ser superadas, o que faz parte dos processos de implementação de novas práticas em qualquer tipo de organização.

Tudo isto é fruto do esforço das pessoas. Dentre estas, surge com destaque a figura do gerente da qualidade, ou outra designação qualquer que possa ter o "cavaleiro andante" da qualidade, aquele abnegado que, com sua pequena equipe, é o encarregado de pensar a qualidade, enxergar os seus problemas, propor as soluções adequadas, conseguir o esforço de todos para tão nobre causa. Essa pessoa, além de convenientemente treinada em assuntos da qualidade e produtividade, deve ter características de liderança, capacidade para motivar pessoas, conhecimento técnico sobre os processos e produtos da empresa, compreensão do mercado e dos clientes e, sobretudo, uma boa capacidade de relacionamento com seus superiores, comandados e colaboradores da empresa em geral, pois faz parte do seu mister conhecer e se fazer entender por todas as partes da instituição, em decorrência do princípio da Qualidade Total. Entretanto, de nada valerão os esforços desse cavaleiro andante se não contar com o decidido e comprometido apoio da alta administração da organização, sem o qual todos os seus esforços serão baldados. Esta palavra-chave é fundamental para o sucesso do empreendimento da qualidade: **comprometimento** – e não apenas envolvimento – da alta administração.

7.2 SISTEMA JAPONÊS

Este sistema, que os nipônicos batizaram TQC, de Total Quality Control, embora na verdade seja um sistema bastante integrado voltado à gestão, resulta do conjunto de práticas utilizadas naquele país que conduziram suas principais empresas à condição de paradigmas mundiais no tocante à Qualidade e Produtividade. Sem uma norma específica, o sistema se baseia em um conjunto de preceitos e práticas bem-sucedidas no Japão e que se difundiram no Brasil principalmente graças à equipe de especialistas treinados naquele país tendo à frente o Prof. Dr. Vicente Falconi Campos (ver 6.4), que pertenciam à Fundação Christiano Ottoni, ligada à Universidade Federal de Minas Gerais, hoje substituída nesse trabalho pela Fundação do Desenvolvimento Gerencial.

Inspirada em boa parte nos ensinamentos de Kaoru Ishikawa e outros especialistas japoneses de renome, como Taiichi Ohno, Shigeo Shingo, Yoji Akao e Genichi Taguchi, passou a ser utilizada uma série de preceitos básicos que constituem a essência do sistema japonês, tais como:

▭ **Comprometimento da administração**

Conforme já visto, o termo "comprometimento" é essencial. Não é o mesmo que envolvimento, participação e outros. Comprometimento significa ter a questão da Qualidade como compromisso de vida, de responsabilidade total.

▭ **Decisões baseadas em fatos e dados**

Nada de palpites ou opiniões pessoais. Aqui muito ajudam o uso da Estatística, o ciclo PDCA e as ferramentas apresentadas em 6.6 para a resolução de problemas, intensamente utilizadas pelos trabalhadores japoneses.

▭ **Emprego vitalício**

Este componente possivelmente foi um dos pilares do sucesso nipônico sem a adoção de normas formais para retenção do conhecimento.

▭ **Melhoria contínua (*Kaizen*)**

Preocupação permanente, objeto constante das atividades a seguir descritas, conforme pode ser visto em Imai (1986).

A esses preceitos se acrescentam diversos outros já anteriormente tratados neste livro, como a produção *just in time,* os círculos de controle da qualidade, o uso intensivo das ferramentas para a qualidade, os 5W e 1H, os 5S, o QFD, etc.

Essa filosofia de trabalho que se desenvolveu no Japão após a Segunda Guerra Mundial, da qual o país emergiu praticamente destruído, provaram a sua eficácia pela extraordinária competitividade das empresas oriundas daquela nação e seus produtos. Entretanto, as práticas acima citadas, evidentemente, não são exclusivas do sistema japonês, mas têm sido, individualmente ou em bloco, adotadas também por organizações que priorizam outros sistemas de gestão da qualidade.

Acima do uso intensivo dessas práticas, o sistema administrativo que tem sido levado a cabo a nível gerencial pelas empresas japonesas bem-sucedidas e vem ganhando adeptos no mundo ocidental é o *Hoshin Kanri*, traduzido por Gerenciamento pelas Diretrizes, conforme pode ser visto em Akao (1997). Trata-se de uma sistemática para estabelecer caminhos eficazes de comunicação bidirecional da alta administração com a média gerência e desta com os escalões inferiores da organização, de forma que

Modernos padrões da qualidade

as decisões da cúpula sejam discutidas e entendidas pela média gerência e, da mesma forma, desta com os demais, com a devida decodificação na linguagem compreensível em cada nível. A média gerência deverá debater interativamente e compreender as determinações da alta administração para, em seguida, debatê-las interativamente e fazê-las compreendidas pelo nível imediatamente abaixo, e assim por diante.

Os japoneses, em alusão ao jogo de beisebol, muito popular em seu país, referem-se a essa troca de informações entre níveis como *catch ball*. Esse processo tem a finalidade de incorporar às decisões os conhecimentos existentes nos diversos níveis da organização, evitando resoluções que não podem ser executadas a contento na prática. Sua eficácia é atestada pela crescente número de empresas que o estão adotando.

O Gerenciamento pelas Diretrizes surge como um contraponto à Administração por Objetivos (ver 1.4), que teve muita voga no Ocidente em meados do século XX. Uma comparação entre essas duas orientações administrativas pode ser encontrada em Turrioni e Costa Neto (1995), e maiores detalhes sobe o Gerenciamento pelas Diretrizes podem ser vistos em Bouer (2006).

7.3   AS NORMAS DE SÉRIE ISO 9000

Norma é um documento estabelecido por consenso e aprovado por um organismo reconhecido que fornece, para uso comum e repetitivo, regras, diretrizes ou características para atividades ou seus resultados, visando a obtenção de um grau ótimo de ordenação em um dado contexto (ABNT, 2007). As normas podem ser regionais, nacionais ou internacionais, como visto no Quadro 7.1.

Quadro 7.1   Tipos de normas – ABNT (2007)

Regional	Norma que é adotada por uma organização regional com atividades de normalização, ou por uma organização regional de normalização, e colocada à disposição do público. Exemplos: NM (normas do Mercosul), EM (normas da Comunidade Europeia).
Nacional	Norma que é adotada por um organismo nacional de normalização e colocada à disposição do público. Exemplos: NBR (Brasil), DIN (Alemanha), ANSI (Estados Unidos), JIS (Japão), IRAM (Argentina).
Internacional	Norma que é adotada por uma organização internacional com atividades de normalização e colocada à disposição do público. Exemplos: ISO (International Organization for Standardization), IEC (International Electrotechnical Commission) e ITU (International Telecommunication Union).

Fonte: ABNT (2007).

A ABNT possui quatro Organismos de Normalização Setorial e 57 Comitês Brasileiros (CB), dos quais o CB-25 é voltado aos assuntos da qualidade.

As normas ABNT NBR ISO 9000 são a versão brasileira das normas internacionais ISO 9000, que constam de três documentos, conforme mostrado no Quadro 7.2.

Quadro 7.2   Normas de série ISO 9000

Norma	Identificação	Escopo principal
ISO 9000:2005	Sistemas de Administração da Qualidade – Fundamentos e vocabulário	Fornece um ponto de partida para compreender os padrões e define os termos e conceitos fundamentais usados na família ISO 9000, necessários para evitar seu emprego incorreto.
ISO 9001:2008	Sistemas de Administração da Qualidade – Requisitos	Padrão dos requisitos usados para avaliar a capacidade de atendimento aos requisitos estabelecidos pelo cliente e pela legislação, de forma a obter a satisfação do cliente.
ISO 9004:2000	Sistemas de Administração da Qualidade – Diretrizes para o aprimoramento do desempenho	Padrão de diretrizes que fornece orientação para o aprimoramento contínuo de seu sistema de administração da qualidade, de forma a atender a todas as partes interessadas por meio da satisfação permanente do consumidor.

Fonte: Manual de Implementação ISO 9000.

Essas normas, como as demais patrocinadas pela organização ISO, resultam da aplicação dos princípios internacionais de normalização, que se baseiam na igualdade de direitos dos membros da ISO, na emissão de normas voluntárias (não obrigatórias) direcionadas aos interesses de mercado, resultantes de consenso e acordos técnicos entre os membros. O comitê ISO TC 176 cuida da gestão e garantia da qualidade, sendo o responsável pela emissão e atualização das normas da série ISO 9000.

Tanto na ISO como na ABNT, as normas são criadas em comitês técnicos que reúnem representantes dos fabricantes, consumidores e governo. No caso das normas para sistemas de gestão da qualidade e afins, a ABNT decidiu não inovar, adotando as normas ISO, às quais agregou, na versão em português, a sua sigla.

O surgimento das normas ISO 9000 representou uma evolução de algumas normas nacionais com finalidade semelhante, com destaque para a congênere inglesa BS 5750, na qual BS significa British Standard.

A série de normas ISO 9000 teve forte aceitação mundial, havendo mais de um milhão de empresas certificadas por essa norma nos cinco continentes (887.256 certificados emitidos até 31/12/2006, segundo o Inmetro – Instituto Nacional de Metrologia, Normalização e Qualidade Industrial, consulta em 08/2009).

A Tabela 7.1 indica o número de empresas nacionais e estrangeiras certificadas no Brasil pela norma NBR ISO 9001:2000 entre 2004 e 2008.

Modernos padrões da qualidade

Tabela 7.1 Certificados emitidos no Brasil pela norma NBR ISO 9001

Ano	Certificados
2004	3.465
2005	3.061
2006	4.132
2007	3.594
2008	3.430
Total	17.682

Fonte: Inmetro.

A obtenção do certificado pela empresa interessada se dá mediante auditoria por algum OCC – Organismo Credenciado de Certificação. No Brasil, esses organismos são credenciados (ou acreditados) pelo Inmetro, mediante auditorias específicas para esse fim. O Inmetro está, pois, no cerne do Sistema Brasileiro de Certificação, cuja estrutura é mostrada na Figura 7.1.

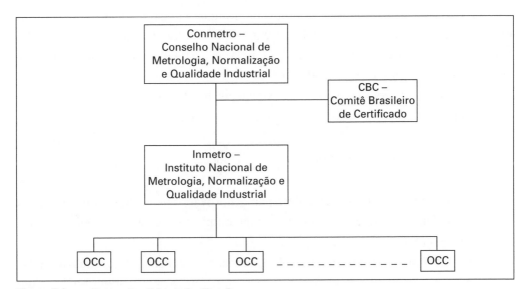

Figura 7.1 Sistema Brasileiro de Certificação

O coautor desse livro teve a oportunidade de participar de diversas auditorias de sistema de gestão da qualidade pela Fundação Carlos Alberto Vanzolini, primeiro OCC brasileiro acreditado pelo Inmetro. Em palestras nas quais apresentava a Fundação, costumava dizer que seu maior patrimônio se chamava **credibilidade**, um ativo difícil de constituir e fácil de perder, baseado no tripé **competência, seriedade e indepen-dência**. Esta terceira perna do tripé em princípio exclui entidades de governo do processo de certificação, pois essas entidades perdem sua independência por injunções políticas.

A Fundação Vanzolini é representante do Brasil em uma rede internacional de entidades certificadoras, denominada Iqnet – International Quality Network, formada por organismos de diversos países cujos certificados são reciprocamente reconhecidos, simplificando, dessa forma, o reconhecimento internacional das empresas certificadas.

A certificação de entidades pelos OCCs é dita certificação de terceira parte, pois é um organismo externo que reconhece a sua aderência à norma. Isso representa uma facilitação do processo de reconhecimento da qualidade de fornecedores de produtos e serviços, sem a qual o processo de verificação dessa qualidade seria muito mais complexo e exaustivo, exigindo uma muito maior atividade de auditores das empresas examinando caso a caso esses fornecedores.

As normas da série ISO 9000 tiveram sua primeira versão em 1987, à qual seguiram-se revisões em 1994, 2000, 2005 (para a norma de fundamentos e vocabulário) e 2008. Dessas, a revisão mais profunda foi aquela realizada em 2000. A última revisão, de 2008, pouco mudou em conteúdo em relação à versão anterior.

São normas que complementam as exigências das da série ISO 9000:

- ISO 9011 – Diretrizes sobre auditorias em sistema de gestão da qualidade ou ambiental;
- ISO 10005 – Diretrizes para planos da qualidade.

Existem também normas específicas para a aprovação de produtos que encerram riscos potenciais de danos e/ou acidentes, como extintores de incêndio, pneumáticos, preservativos sexuais, etc.

Deve-se lembrar ser a norma ISO 9001 aquela pela qual a certificação voluntária de sistemas de gestão da qualidade é feita mediante aprovação em auditoria de algum OCC, sendo, pois, aquela que traz as exigências necessárias a serem cumpridas pela organização interessada na certificação.

São fundamentos da norma NBR ISO 9001:2008:

- Foco no cliente;
- Liderança;
- Envolvimento de pessoas;
- Abordagem de processo;
- Enforque sistêmico da gestão;
- Melhoria contínua;

Modernos padrões da qualidade

> Enfoque factual para tomada de decisão;
> Relacionamento mutuamente benéfico com os fornecedores e demais partes interessadas.

É interessante notar, como ilustração da importância das revisões periódicas feitas na norma, por determinação da própria norma, que a versão do ano 2000 da norma ISO 9001 incorporou em seus fundamentos três importantes deles que não eram contemplados na versão anterior, de 1994: foco no cliente, visando a sua satisfação; abordagem de processo; e melhoria contínua. Ao enfatizar esses fundamentos, a norma deu um passo a mais rumo à exigência de excelência nos processos de gestão da qualidade, evoluindo na direção do que pedem os prêmios da qualidade.

Os fundamentos aparecem pontualmente em diversos requisitos da norma. Esses requisitos estão estruturados da seguinte forma:

> **Sistema de gestão da qualidade**
> - Registros gerais
> - Requisitos de documentação
> **Responsabilidade da direção**
> - Comprometimento da direção
> - Foco no cliente
> - Política da qualidade
> - Planejamento
> - Responsabilidade, autoridade e comunicação
> - Análise crítica pela direção
> **Gestão de recursos**
> - Provisão de recursos
> - Recursos humanos
> - Infraestrutura
> - Ambiente de trabalho
> **Realização do produto**
> - Planejamento da realização do produto
> - Processos relacionados a clientes
> - Projeto e desenvolvimento
> - Aquisição
> - Produção e fornecimento de serviço
> - Controle de dispositivos de medição e monitoramento
> **Medição, análise e melhoria**
> - Generalidades
> - Medição e monitoramento

- Controle de produto não-conforme
- Análise de dados
- Melhorias

O item Projeto e desenvolvimento, para efeito de certificação, não se aplica a empresas que não tenham essa atividade. O item Melhorias embute as ações corretivas e preventivas, obrigatórias quando da detecção de falhas ou não-conformidades.

Alguns acusam a norma ISO 9001 de burocratizante, mas isto só ocorrerá se houver exageros na sua implementação. Sem dúvida que a norma exige um certo nível de documentação, por meio de manuais, procedimentos e registros, necessários à devida conservação do conhecimento e da organização existentes, mas os procedimentos documentados a rigor exigidos pela norma são apenas seis: controle de documentos, controle de registros da qualidade, auditoria interna, controle de não-conformidades, ações corretivas e ações preventivas. Esta documentação é condição necessária, mas em geral não suficiente para a implementação da norma.

Cabe deixar clara a diferença entre procedimento e registro. O procedimento se refere a instruções de trabalho, como as operações devem ser feitas. Quando da implementação do sistema de gestão da qualidade, que exige a documentação das operações, o trabalho muitas vezes é o de descrever em palavras como uma operação é realizada, qual o seu procedimento, para que, posteriormente, com a aprovação desse documento, a operação possa ser realizada sempre da mesma forma, enquanto alguma ação de melhoria contínua não promover uma alteração nesse documento. Já os registros representam a anotação dos resultados das operações. Assim, a utilização de um procedimento para realizar repetitivamente uma operação deve levar à emissão de sucessivos registros dos resultados dessa operação. É através dos registros que se pode avaliar e controlar a adequada ou não realização das operações.

Um dos requisitos importantes da norma diz respeito à exigência de auditorias internas periódicas, sem o que certamente não se poderia garantir que o sistema implementado não se deteriorasse paulatinamente. De fato, um dos sustentáculos do sistema da qualidade patrocinado pela adoção das normas ISO 9000 está no fato de que o certificado tem prazo de validade – hoje, no Brasil, de três anos – durante o qual são feitas pelo menos duas auditorias periódicas de verificação pelo OCC. Há também as auditorias internas, realizadas por equipes da própria empresa, que ajudam a detectar por conta própria não-conformidades que poderiam aparecer na auditoria externa, além da garantir a integridade do sistema.

As auditorias são conduzidas com base no conceito fundamental de **evidência objetiva**, ou seja, a palavra do auditado, a menos que seja para negar o atendimento a alguma exigência da norma, quando a não conformidade fica caracterizada, deve ser corroborada pela demonstração visual de que a exigência está satisfeita.

O produto final de uma auditoria é um relatório onde são registradas as não conformidades, que podem ter maior ou menor gravidade. Esse relatório é encaminhado

Modernos padrões da qualidade

ao OCC, que decide pela concessão/manutenção ou não do certificado, encaminhando sua decisão à sanção do Inmetro. Em geral, algumas não-conformidades sem gravidade não comprometem o resultado, mas sua eliminação será verificada na auditoria seguinte:

Deve-se notar que a norma não é prescritiva, ou seja, ela coloca seus requisitos sem dizer como devem ser atendidos, ficando esta decisão por conta de quem a adota. Isto confere à norma um vasto campo de aplicabilidade, seja para manufaturas ou prestadores de serviço, seja para grandes, médias e pequenas empresas. Um aprofundamento desta e outras questões referentes à norma pode ser encontrado em Mello et al. (2009).

As normas da série ISO 9000 dão, indiscutivelmente, uma importante contribuição à melhoria da qualidade e produtividade praticada pelas empresas certificadas. Sua adoção, entretanto, não deve ser vista como uma garantia final de que não haverá produtos ou serviços não-conformes, mas como uma base para que a produção ocorra em boas condições. Sua adoção pode ser encarada como um passo importante, mas não definitivo, na escalada rumo a patamares de excelência.

Por fim, há a se destacar que, ao contrário do que se deveria esperar, a grande motivação para as empresas se certificarem pela norma ISO 9001 é externa. São as exigências dos grandes compradores (empresas de governo, indústria automotiva, etc.) e a necessidade para exportação que têm levado as empresas a buscar a certificação, bem como o marketing, e não necessariamente o desejo de ter um sistema de gestão de qualidade organizado, como seria de se esperar de empresários esclarecidos.

7.4 OUTRAS NORMAS IMPORTANTES

Na esteira do sucesso das normas de série ISO 9000 vieram outras normas que complementam as necessidades das empresas, mencionadas a seguir.

7.4.1 Norma ISO 14001:2004

Esta norma (ABNT, 2004–a) para o sistema de gestão ambiental incorpora várias exigências comuns com a ISO 9001 e acrescenta outras referentes à sua função específica. Seus requisitos estão organizados nesta sequência:

- Requisitos gerais
- Política ambiental
- Planejamento
  - Aspectos ambientais
  - Requisitos legais e outros requisitos
  - Objetivos e metas
  - Programa(s) de gestão ambiental
  - Implementação e operação

214   Administração com qualidade

☐ Estrutura e responsabilidade
– Treinamento, conscientização e competência
– Comunicação
– Documentação do sistema de gestão ambiental
– Controle de documentos
– Controle operacional
– Preparação e atendimento a emergências
☐ Verificação e ação corretiva
– Monitoramento e medição
– Não-conformidade e ações corretivas e preventivas
– Registros
– Auditoria do sistema de gestão ambiental
☐ Análise crítica pela administração

Existem hoje no Brasil mais de mil empresas certificadas pela norma NBR ISO 14001:2004. No mundo, havia 130.038 certificados emitidos até 31/12/2006 (INMETRO, consulta em 08/2009).

7.4.2 Norma OHSAS 18001

Ainda não chancelada pelo ISO, a norma OHSAS 18001:1999 (de Ocupational Health and Safety Assessment Series) (BSI, 1999) se preocupa com os aspectos de segurança e saúde no trabalho. Segue a sequência dos seus requisitos:

☐ Requisitos gerais
☐ Política de Segurança e Saúde Ocupacional
☐ Planejamento
– Planejamento para identificação de perigo e avaliação e controle de risco
– Requisitos legais e outros
– Objetivos
– Programa(s) de gestão de segurança e saúde ocupacional
☐ Implementação e operação
– Estrutura e responsabilidade
– Treinamento, conscientização e competência
– Consulta e comunicação
– Documentação
– Controle de documentos e de dados
Controle operacional
– Preparação e atendimento a emergências
☐ Verificação e ação corretiva
– Monitoramento e medição do desempenho

Modernos padrões da qualidade　　　　　　　　　　　　　　　　　215

- – Acidentes, incidentes, não-conformidades e ações corretivas e preventivas
- – Registros e gerenciamento dos registros
- – Auditoria
- ▭ Análise crítica pela administração

A existência em uma empresa dos três sistemas até agora citados (gestão da qualidade, gestão ambiental, e gestão da segurança e saúde ocupacionais), promovidos pelas respectivas normas, é desejável e sinergética, no sentido de que a implementação conjunta é facilitada pela existência de exigências comuns.

7.4.3　Norma ABNT 16001

Esta norma, que representa uma iniciativa da ABNT (ABNT, 2004-b), preocupa-se com a emergente questão da responsabilidade social das empresas. Essa questão está ligada a uma importante tendência nos dias presentes, sendo considerada fundamental para o reconhecimento das empresas classe mundial. Isto vem ao encontro da consideração de que uma empresa não deve ter como objetivo básico a maximização do lucro a qualquer preço, conforme discutido em 2.3. Há que haver responsabilidade social, manifestada mediante o evidente comportamento da empresa no que diz respeito a questões como ética nos negócios, ações em prol da sustentabilidade ambiental, do tratamento adequado no relacionamento com as pessoas, sejam estas internas ou externas à organização, não bastando o comprometimento com alguns benefícios visíveis e de autenticidade duvidosa.

As colocações da norma ABNT 16001 têm um precedente internacional na sua congênere britânica SA 8000 (Standard Assessment 8000), estando previsto para o ano 2010 o lançamento da norma internacional ISO 26000 de responsabilidade social sobre essa importante questão. Espera-se que o principal sustentáculo para o sucesso dessa norma venha do esclarecimento da sociedade, pela determinação de adquirir produtos ou serviços preferencialmente de empresas que primem pela adoção das determinações da norma.

São preocupações da norma SA 8000: trabalho infantil, trabalho forçado, horário de trabalho, segurança e saúde, remuneração, liberdade de associação, discriminação e práticas disciplinares.

Hoje se considera que uma organização possui um Sistema Integrado de Gestão – SIG quando está certificada pela norma de gestão da qualidade, a ISO 9001, pela de gestão ambiental, a ISO 14001, e pela de segurança e saúde no trabalho, a OHSAS 18001. Nossa posição é de que se inclua nesse conjunto, para efeito da existência de um efetivo SIG, também a norma de responsabilidade social.

A norma ABNT 16001 está estruturada da seguinte forma:

- ▭ **Requisitos gerais**
- ▭ **Política de responsabilidade social**

216   Administração com qualidade

- Planejamento
  - Aspectos da responsabilidade social
  - Requisitos legais e outros
  - Objetivos, metas e programas
  - Recursos, regras, responsabilidade e autoridade
- **Implementação e operação**
  - Competência, treinamento e conscientização
  - Comunicação
  - Controle operacional
- **Requisitos de documentação**
  - Generalidades
  - Manual do sistema de gestão de responsabilidade social
  - Controle de documentos
  - Controle de registros
- **Medição, análise e melhoria**
  - Monitoramento e medição
  - Avaliação da conformidade
  - Não-conformidade e ações corretiva e preventiva
  - Auditoria interna
  - Análise pela alta administração

7.4.4 ISO TS 16949

Considerada ainda uma especificação técnica (TS – Technical Specification) e não uma norma, a ISO TS 16949:2002 – Sistemas de Gestão da Qualidade – Requisitos particulares para aplicação da norma ISO 9001:2000 para organizações de produção automotiva e peças de reposição, estabelece a compatibilização da norma-mãe para esse importante setor industrial.

Esse documento, sobre o qual não nos estenderemos no presente texto, representa um exemplo de colaboração e esforço conjunto de empresas concorrentes na elaboração de algo que lhes é de interesse comum (ver, a respeito, 9.1.4). É adotado como obrigatório por livre decisão das principais empresas da indústria automobilística mundial, como Ford, General Motors, Mercedes, Fiat, Renault e outras.

7.5 PRÊMIOS DA QUALIDADE

Há hoje instituídos diversos prêmios nacionais ou de blocos econômicos destinados a distinguir entidades ou personalidades que se destacam sobremaneira na busca da qualidade e produtividade. No Japão, o Prêmio Deming existe desde de 1951. Muito após, ao final da década de 1980, começaram a surgir prêmios dessa natureza no Ocidente, como o Malcolm Baldrige norte-americano, o prêmio europeu e o Prêmio

Nacional da Qualidade, atribuído no Brasil desde 1992 às empresas e outras organizações pleiteantes que primem pela excelência da sua gestão, com ênfase na qualidade e produtividade.

De fato, em outubro de 1991, inspirado na experiência do Prêmio Malcolm Baldrige, um grupo de 39 empresas, contando com o empreendedorismo de alguns idealistas, dentre os quais se destaca o saudoso engenheiro Carlos de Mathias Martins, que foi o primeiro superintendente da entidade então instituída, contribuiu para a criação da FPNQ – Fundação para o Prêmio Nacional da Qualidade, com a missão apresentada como exemplo em 3.2. A Figura 7.2 ilustra o troféu do prêmio.

Posteriormente, em 2006, a entidade promotora do PNQ alterou seu nome para Fundação Nacional da Qualidade, mais consentâneo com a sua finalidade, que não é apenas outorgar o prêmio, mas, muito mais do que isso, propugnar pelo uso do modelo de excelência por ela adotado, como forma de aprimorar a gestão organizacional em todos os seus aspectos.

Figura 7.2 Troféu do Prêmio Nacional de Qualidade

A primeira e inteligente decisão da FPNQ foi a de não reinventar a roda, na tentativa de inovar mediante a criação de um conjunto de critérios de excelência específicos para o Brasil. Decidiu-se adotar, ao menos para a primeira versão do prêmio, os mesmos critérios do congênere norte-americano, simplesmente traduzidos para o português, como também a sistemática de avaliação das empresas candidatas.

A FPNQ desenvolveu então, concomitantemente, as importantes atividades de divulgar o prêmio e formar uma banca de examinadores e juízes aptos a julgar os relatórios de gestão apresentados pelas candidatas, realizar as visitas às instalações e, no caso dos juízes, decidir pela continuidade no processo e eventual premiação.

No Quadro 7.3 são apresentadas as empresas e entidades ganhadoras do PNQ desde a sua instituição.

218　Administração com qualidade

Quadro 7.3　Vencedoras do Prêmio Nacional de Qualidade

Ano	Vencedoras	UF	Categoria
1992	IBM Brasil – Divisão Sumaré	SP	Indústria
1993	Xerox do Brasil	SP	Manufatura
1994	Citibank – Global Consumer Bank	SP	Serviços
1995	Serasa	SP	Serviços
1996	Alcoa Alumínio Poços de Caldas	MG	Manufatura
1997	Citibank – Corporate Banking	SP	Serviços
	Copesul	RS	Manufatura
	Weg Motores	SC	Manufatura
1998	Siemens – Divisão Telecomunicações	SP	Manufatura
1999	Caterpillar do Brasil	SP	Manufatura
	Cetrel Proteção Ambiental	BA	Média empresa
2000	Serasa	SP	Grande empresa
2001	Bahia Sul Celulose	BA	Grande empresa
2002	Gerdau Aços Finos Piratini	RS	Grande empresa
	Politeno	BA	Média empresa
	Santa Casa de Porto Alegre	RS	Organização sem fins lucrativos
2003	Dana Albarus – Divisão Cardans	RS	Grande empresa
	Escritório de Engenharia Joal Teitelbaum	RS	Média empresa
2004	Belgo Juiz de Fora	MG	Grande empresa
2005	CPFL Paulista	SP	Grande empresa
	Petroquímica União	SP	Grande empresa
	Serasa	SP	Grande empresa
	Suzano Petroquímica	SP	Média empresa
2006	Belgo Siderúrgica – Usina de Monlevade	MG	Grande empresa
2007	Albrás Alumínio Brasileiro	PA	Grande empresa
	Fras-le	RS	Grande empresa
	Gerdau Aços Longos	RS	Grande empresa
	Promon	SP	Grande empresa
	Petróleo Brasileiro S.A. – Área de Negócio de Abastecimento	RJ	Grande empresa
2008	Suzano Papel e Celulose	SP	Grande empresa
	CPFL Paulista	SP	Grande empresa
2009	Brasal Refrigerantes	DF	Grande empresa
	CPFL Piratininga	SP	Grande empresa
	AES Eletropaulo	SP	Grande empresa
	Volvo do Brasil Caminhões	PR	Grande empresa

Fonte: FNQ (2009).

Deve ficar claro que as exigências do PNQ, voltadas à excelência da gestão, contemplando os mais variados aspectos a ela referentes, representa muito mais em termos de elementos da qualidade do que, por exemplo, um certificado da norma ISO 9001. Isto fica bem claro pelo fato de que no Brasil só foram concedidos, até 2009, 34 troféus do PNQ, contra milhares de certificados da ISO. Pode-se entender que a certificação ISO 9001 representa um primeiro passo na direção da excelência,

Modernos padrões da qualidade 219

consistindo da organização dos sistemas internos para usufruir um sistema de gestão da qualidade confiável.

O MEG – Modelo de Excelência em Gestão do PNQ é baseado nos seguintes fundamentos da excelência:

1. Pensamento sistêmico
2. Aprendizado organizacional
3. Cultura de inovação
4. Liderança e constância de propósitos
5. Orientação por processos e informações
6. Visão de futuro
7. Geração de valor
8. Valorização das pessoas
9. Conhecimento sobre o cliente e o mercado
10. Desenvolvimento de parcerias
11. Responsabilidade Social

A representação adotada para o MEG é dada na Figura 7.3.

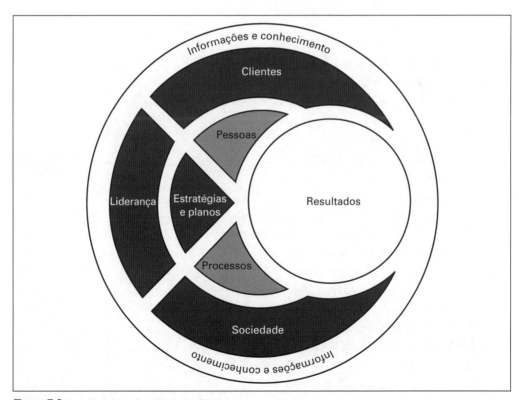

Figura 7.3   Modelo de Excelência em Gestão

Fonte: FNQ (2009).

220 Administração com qualidade

Nessa figura aparecem os oito critérios pelos quais se distribuem os fundamentos da excelência e que são avaliados no processo de exame das candidatas ao PNQ, para efeito de pontuação. Estes oito critérios são subdivididos em itens, conforme mostrado no Quadro 7.4.

Quadro 7.4   Critérios e itens do PNQ

Critérios e itens	Pontuação máxima
1. Liderança	**110**
1.1 Governança corporativa	40
1.2 Exercício da liderança e promoção da cultura da excelência	40
1.3 Análise do desempenho da organização	30
2. Estratégia e planos	**60**
2.1 Formulação das estratégias	30
2.2 Implementação das estratégias	30
3. Clientes	**60**
3.1 Imagem e conhecimento de mercado	30
3.2 Relacionamento com clientes	30
4. Sociedade	**60**
4.1 Responsabilidade socioambiental	30
4.2 Desenvolvimento social	30
5. Informações e conhecimento	**60**
5.1 Informações da organização	25
5.2 Informações comparativas	10
5.3 Ativos intangíveis e conhecimento organizacional	25
6. Pessoas	**90**
6.1 Sistemas de trabalho	30
6.2 Capacitação e desenvolvimento	30
6.3 Qualidade de vida	30
7. Processos	**110**
7.1 Processos principais do negócio e processos de apoio	50
7.2 Processos de relacionamento com os fornecedores	30
7.3 Processos econômico-financeiros	30
8. Resultados	**450**
8.1 Resultados econômico-financeiros	100
8.2 Resultados relativos aos clientes e ao mercado	100
8.3 Resultados relativos à sociedade	60
8.4 Resultados relativos às pessoas	60
8.5 Resultados dos processos principais do negócio e dos processos de apoio	100
8.6 Resultados relativos aos fornecedores	30
Total de pontos possíveis	**1.000**

Fonte: FNQ (2009).

Modernos padrões da qualidade

Os critérios não são prescritivos, dizem o que deve haver, não como fazer. Isto fica por conta de cada empresa e suas peculiaridades. Os primeiros sete critérios abordam processos gerenciais, incluindo enfoque, aplicação, aprendizado e integração. A título de ilustração, são apresentados a seguir o *caput* do quarto critério, Sociedade, e o item 4.2 – Desenvolvimento Social, com seu próprio *caput* e os tópicos abordados.

---

4 – SOCIEDADE (60 PONTOS)

Este critério aborda a responsabilidade e atuação socioambiental voltadas para o desenvolvimento sustentável e o desenvolvimento social.

4.2 – Desenvolvimento social (30 pontos)

Este item aborda a implementação de processos gerenciais que contribuem diretamente para estimular o desenvolvimento social e promover uma imagem favorável da organização perante as comunidades vizinhas e a sociedade.

a) Como as necessidades e expectativas da sociedade, incluindo as comunidades vizinhas às instalações da organização, são identificadas, analisadas, compreendidas e utilizadas para definição e melhoria da sua atuação social?

b) Como a organização direciona esforços para o fortalecimento da sociedade e das comunidades vizinhas, executando ou apoiando projetos voltados para o desenvolvimento nacional, regional, local ou setorial?

– Apresentar os critérios estabelecidos para seleção, acompanhamento e avaliação do êxito destes projetos sociais;

– Citar os principais projetos implementados ou apoiados.

c) Como a organização desenvolve parcerias, conscientiza, incentiva e envolve a força de trabalho, clientes, fornecedores e demais partes interessadas na implementação e apoio aos seus projetos sociais?

d) Como é avaliado o grau de satisfação da sociedade, incluindo as comunidades vizinhas, em relação à organização?

e) Como as informações obtidas da sociedade e comunidades vizinhas são analisadas e utilizadas para intensificar a sua satisfação, aperfeiçoar ou desenvolver novos processos e produtos?

f) Como a organização avalia e zela por sua imagem perante a sociedade, incluindo as comunidades vizinhas?

O oitavo critério refere-se aos resultados da organização, incluindo relevância, tendência e nível atual. A título de ilustração, são apresentados o *caput* do critério e o item 8.1 – Resultados econômico-financeiros.

8 – RESULTADOS (450 PONTOS)

Este critério aborda os resultados da organização, abrangendo os econômico-financeiros e os relativos aos clientes e mercados, sociedade, pessoas, processos principais do negócio e de apoio, assim como os relativos ao relacionamento com fornecedores. A avaliação dos resultados inclui a análise da tendência e do nível atual de desempenho, pela verificação do atendimento dos requisitos das partes interessadas e pela comparação com o desempenho de outras organizações.

8.1. – Resultados econômico-financeiros (100 pontos)

Este item aborda os resultados econômico-financeiros da organização, incluindo os relativos à estrutura, liquidez, atividade e rentabilidade.

a) Apresentar os resultados dos principais indicadores relativos à gestão econômico-financeira, classificando-os segundo os grupos de estrutura, liquidez, atividade e rentabilidade. Estratificar os resultados por unidades ou filiais, quando aplicáveis.

- Incluir os níveis de desempenho associados aos principais requisitos de partes interessadas assim como os níveis de desempenho de organizações consideradas como referencial comparativo pertinente; explicar, resumidamente, os resultados apresentados, esclarecendo eventuais tendências adversas, níveis de desempenho abaixo do esperado pelas partes interessadas e comparações desfavoráveis.

Com base nesses critérios e itens, que são devidamente desdobrados na publicação dos critérios, examinadores treinados pela FNQ e um corpo de juízes indicam anualmente quais são as empresas candidatas que fazem jus ao PNQ e quais podem ser consideradas finalistas do prêmio. Este processo se desenvolve em ao menos duas etapas. Para tanto, as empresas participantes enviam à FNQ um Relatório de Gestão, no qual informam como estão atendendo às exigências do MEG. Este relatório é a base para a pontuação pelos examinadores e para o exame pelos juízes. Entretanto, antes do julgamento final, as empresas que passarem pelas etapas iniciais do processo recebem a visita dos examinadores, para comprovação *in loco* das afirmações do seu relatório e o esclarecimento de possíveis dúvidas ou pendências. Todas as empresas participantes desse processo, sejam reconhecidas ou não, recebem da FNQ um Relatório de Avaliação que certamente será útil ao seu aprimoramento futuro.

Deve-se notar que o processo de caracterização do PNQ é dinâmico, ou seja, sujeito a sucessivas análises e aperfeiçoamento, o que pode ser constatado examinando as diversas versões da brochura dos Critérios de Excelência ao longo dos anos.

Outra interessante contribuição ao processo de melhoria contínua que o PNQ embute é o chamado Diagrama de Gestão apresentado junto com os critérios, ilustrado na Figura 7.4.

Esse diagrama contempla dois ciclos do tipo PDCA. O ciclo menor, aplicável a cada uma das práticas, preocupa-se com a manutenção do padrão estabelecido, sendo também identificado como um ciclo SDCA de padronização (Stardandize – Do – Check – Act), ao passo que o ciclo maior, externo, é o PDCA clássico.

A ideia contida nesse diagrama é simples: cada operação é realizada conforme os padrões vigentes e se monitora a sua execução para se garantir que o padrão está

Modernos padrões da qualidade 223

sendo cumprido. Paralelamente, análises mais profundas são processadas para introduzir melhorias que, quando aprovadas, modificam os padrões, passando a execução a ser realizada sob novas e melhores condições, e assim por diante.

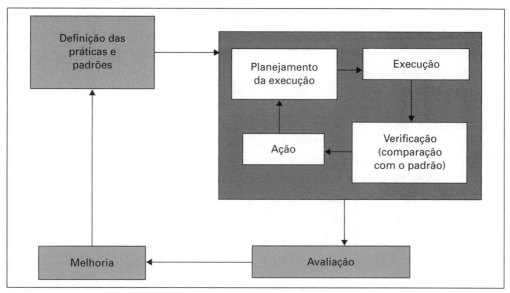

Figura 7.4 Diagrama de Gestão

Fonte: FNQ (2009).

Fica claro, evidentemente, que a ideia contida no Diagrama de Gestão é fortemente ligada ao exercício da quarta e absolutamente importante das funções de Administração discutidas no Capítulo 3: o Controle, entendido como subsídio não só para verificar se o que foi planejado está sendo devidamente executado, mas também como elemento para o aprimoramento contínuo dos processos.

O MEG fornece as orientações para as entidades que pretendam se aproximar daquelas consideradas classe mundial. A busca deste caminho pode ser a sequência natural de quem obteve, por exemplo, uma certificação ISO 9001.

Há, entretanto, etapas intermediárias possíveis, que a prudência recomenda. Versões simplificadas dos critérios têm sido adotadas pelos prêmios estaduais, que atuam sob égide do PNQ formando a Rede Nacional da Gestão Rumo à Excelência, constituída para abrigar e uniformizar os diversos prêmios regionais. Ver, por exemplo, FNQ/IPEG (2009-2010).

Há também uma série de prêmios setoriais e/ou promovidos por associações de classe, com maior ou menor valor em termos do que representam e da credibilidade que possuem. Entretanto, quanto ao PNQ e ao PPQG – Prêmio Paulista de Qualidade da Gestão, podemos atestar a seriedade e cuidado com que são atribuídos, por ter militado nesses processos, por muitos anos, o coautor deste livro.

7.6 METODOLOGIA SEIS SIGMA

Esta metodologia, presentemente em voga, pratica o uso de diversas técnicas para se elevar a qualidade de produtos e processos sob uma nova roupagem e colocando a condição título como principal objetivo a alcançar. Clareemos este ponto.

Em 6.7.3, ao discutir a capacidade de processos, foi apresentada a Figura 6.17, na qual se imagina um processo com $C_p = 1$, ou seja, uma especificação da forma $\mu \pm t$ é satisfeita *in limine* por um processo cujos valores produzidos têm distribuição normal com média μ e desvio padrão $\sigma = t/3$, ou $t = 3\sigma$. Nessas condições, a consulta à tabela de probabilidades da distribuição normal indica como sendo 0,0026 ou 0,26% a probabilidade de se obter um valor fora da especificação. A condição Seis Sigma trabalha com uma relação $t = 6\sigma$, representada na Figura 7.5, em que a probabilidade de se obter um valor fora da especificação é da ordem de 0,0000034 ou 3,4 ppm (partes por milhão). Isso, na prática, significa um processo tão preciso, com uma variação tão pequena, que praticamente não produzirá itens não-conformes. Essa é a meta buscada pela Metodologia Seis Sigma.

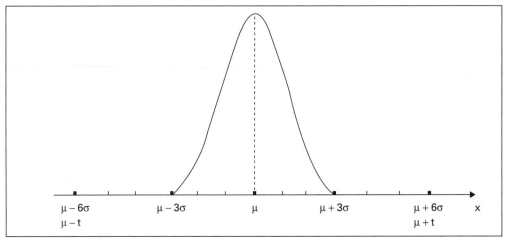

Figura 7.5   Condição 6σ

Ora, a busca dessa condição privilegiada de produção passa pela intensificação das obtenções de melhorias contínua e incremental, discutidas em 6.5. Na sistemática Seis Sigma, indica-se como recomendável para tanto a ferramenta DMAIC – Define, Measure, Analyse, Incorporate, Control (definir, medir, analisar, incorporar e controlar), o que não deixa de ser uma nova forma de se contemplar o ciclo PDCA.

Na definição da equipe que promoverá as ações rumo ao objetivo colimado é usada uma analogia às figuras da luta japonesa judô, classificando seus integrantes conforme a cor da faixa que usam:

Black belts (faixas pretas): são profissionais treinados, com fortes conhecimentos de técnicas estatísticas (conforme citadas em 6.5, necessárias para a obtenção de melhorias *off-line*) e grande familiaridade com os processos sendo aperfeiçoados.

Modernos padrões da qualidade

Green belts (faixas verdes): são os profissionais não tão qualificados que, sob orientação dos primeiros, se envolvem na monitoração dos processos sob análise.

Acima dos *black belts*, há ainda figuras mais categorizadas, como o *master black belt*, o *champion* e o executivo líder do projeto Seis Sigma

A metodologia Seis Sigma como estratégia gerencial para a melhoria é recomendada por ilustres figuras do cenário administrativo, entre as quais o lendário Jack Welch, que conseguiu excelentes resultados econômicos com o seu uso na General Electric, além de vários outros exemplos de sucesso, como pode ser visto em Rotondaro (2002).

O próprio Welch explicava o sucesso do Seis Sigma na GE devido à sua insistência com que apontava a importância do programa. Isso levava as pessoas a se comprometer com o processo de melhoria e a encontrar novas soluções, ganhando novo entusiasmo pelo próprio trabalho e transformando a empresa em uma organização de aprendizado. Este é, sem dúvida, um exemplo notável da importância das ações e comprometimento do líder para o sucesso de uma iniciativa.

7.7 METROLOGIA

Em 7.3, ao apresentar as atividades de certificação no Brasil, foi feita referência ao Inmetro, em cujo nome aparece explicitamente a Metrologia como parte integrante das suas atribuições. De fato, da mesma forma como existe o Sistema Brasileiro de Certificação, ilustrado na Figura 7.1, existe paralelamente o Sistema Nacional de Metrologia, Normalização e Qualidade Industrial – Sinmetro, tendo na base da figura laboratórios acrededitados[1] pelo Inmetro para realizar atividades nesse campo.

O Vocabulário Internacional de Metrologia – VIM a define simplesmente como a "ciência da medição", que abrange todos os aspectos técnicos e práticos relativos às medições, qualquer que seja a incerteza, em quaisquer campos da ciência ou da tecnologia, tendo como problema central a credibilidade e a universalidade dos resultados (INMETRO, 2008).

É fácil entender a importância e a universalidade da metrologia no mundo globalizado, onde é necessário que as medidas realizadas por instrumentos de medição em qualquer lugar sejam compatíveis, sob pena de a não intercambialidade das peças impossibilitar o uso desses itens conjuntamente com outros de procedência diferente. Essa necessidade já era pressentida, na segunda metade do século XVIII, por Eli Whitney, empresário norte-americano do ramo têxtil que após se dedicou à produção militar, e se tornou imperativa com o advento da produção em larga escala e da indústria automobilística.

Para tanto, é fundamental o conceito de rastreabilidade metrológica. Ou seja, todos os instrumentos de medição utilizados em processos em qualquer lugar devem

---

[1] Modernamente é utilizado o termo acreditação em vez de credenciamento.

ter confiabilidade metrológica. A rastreabilidade se dá por meio do processo de calibração, resultante do estabelecimento de uma cadeia contínua de comparações, desde aquela do mais elementar dos instrumentos de medição a padrões utilizados no chão de fábrica, passando por comparações de padrões de classe superior, até chegar aos padrões mantidos pelo Bureau Internacional de Pesos e Medidas – BIPM, onde estão os padrões com menores incertezas da medição, que constituem referências mundiais.

No Brasil, os padrões nacionais, que são periodicamente calibrados junto aos internacionais, encontram-se no Inmetro. Esses padrões nacionais servem de referência aos padrões dos laboratórios acreditados que, por sua vez, fornecem referência às indústrias, seja diretamente, seja através de laboratórios internos por várias delas mantidos.

Os instrumentos de medição usados nos processos produtivos devem ter planos de calibração periódica estabelecidos conforme as necessidades de cada caso. A norma ISO 9001:2008 dedica a seção Medição, Análise e Melhoria a essa questão, onde se estabelecem as exigências para que essa conformidade se verifique.

Distinguem-se as seguintes vertentes da Metrologia:

a) **Metrologia legal,** voltada a estabelecer e assegurar o cumprimento das exigências legais referentes aos direitos básicos da sociedade e dos consumidores;

b) **Metrologia industrial,** voltada a controlar as especificações técnicas e/ou o processo de fabricação de produtos, visando a garantia da qualidade, por meio da confiabilidade das medições;

c) **Metrologia científica,** que trata dos padrões de medição internacionais e nacionais, dos instrumentos laboratoriais e das pesquisas relacionadas ao mais alto nível de qualidade metrológica.

As incertezas de medição podem ser por falta de precisão e/ou de exatidão, conforme mostrado na Figura 7.6, na qual esses conceitos são ilustrados usando a metáfora da tentativa de se atingir um alvo.

Vê-se que a exatidão diz respeito à média dos resultados e a precisão, à sua variância. Nos processos de calibração de instrumentos de medida se procura fazer com que meçam com exatidão ou, pelo menos, se possa avaliar os eventuais erros sistemáticos de medição. Já a precisão está ligada à escolha adequada do instrumento de medida a ser utilizado em cada caso.

Modernos padrões da qualidade 227

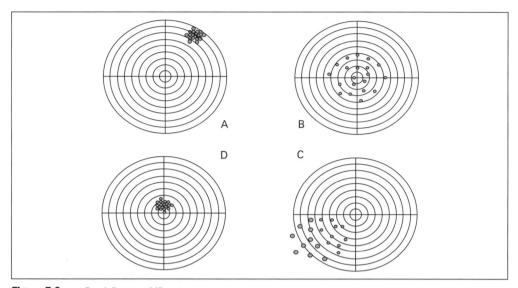

Figura 7.6 Precisão e exatidão

Fonte: Adaptado de Albertazzi e Sousa (2008).

A – boa precisão, má exatidão
B – má precisão, boa exatidão
C – boa precisão, quase perfeita exatidão
D – má precisão, má exatidão

A questão da incerteza de medição (IM) se relaciona com as especificações de tolerância diminuindo a região de aceitação das dimensões do produto, conforme indicado na Figura 7.7, onde ZR é a zona de rejeição, LIE, o limite interior de especificação e LSE, o limite superior da especificação.

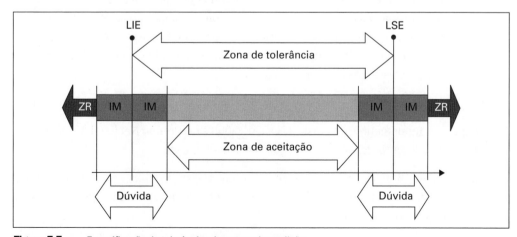

Figura 7.7 Especificação de tolerância e incerteza de medição

Fonte: Fernandes et al. (2009) – adaptado de Albertazzi e Sousa (2008).

Vê-se que a incerteza de medição deve ser considerada no processo de medição, sendo que quanto maior essa incerteza, menor será o real intervalo de tolerância que corresponde aos itens aceitáveis.

Estas considerações não esgotam a problemática associada aos problemas de medição, pois muitos outros preceitos e técnicas estatísticas são necessários para um aprofundamento nas questões mais complexas que aparecem em problemas de Metrologia.

Finaliza-se esta breve apresentação com uma frase atribuída a F. K. Richtmyer sobre o impacto de melhores medições: "Muitas descobertas importantes foram feitas investigando a próxima casa decimal".

7.8 QUESTÕES PARA REFLEXÃO E DISCUSSÃO

1. Qual colaborador tem sua figura mais consentânea com a de um gerente da qualidade nos seguintes casos:

   a) Um restaurante

   b) Uma editora de livros

   c) Um time de futebol

   d) Um partido político

   e) Outros, a seu critério

2. Puxe pela memória, recorde e discuta casos nos quais você observou insucessos em empreendimentos por falta de comprometimento.

3. Você certamente já amargou alguns dissabores por não tomar ações preventivas contra potenciais falhas previsíveis. Recorde alguns e discuta-os.

4. Identifique ações de responsabilidade social que você certamente pratica, possivelmente inconscientemente. Discuta sua razão de ser, seu alcance e casos em que essa prática poderia ser amplificada.

5. Gastar um pouco menos de água para tomar banho ou economizar um pouco mais de eletricidade em sua casa são atos de cidadania com os quais provavelmente você não se preocupa, até porque nada significariam em termos de consumo global da população. Entretanto, você já imaginou o quanto se poderia ganhar – ou deixar de perder – se todos nós tivéssemos essa preocupação?

6. Discuta, à luz do diagrama de gestão mostrado na Figura 7.4, a frase "Está bom assim."

7. Compare os fundamentos da norma ISO 9001:2008 e do Prêmio Nacional da Qualidade, analisando e discutindo as suas diferenças e semelhanças.

8. Confiabilidade 3 sigma significa aproximadamente três falhas em cada mil casos, e 4 sigma, uma falha em cada dez mil casos. Você viajaria em um avião com essas confiabilidades de não cair em cada voo?

   Dado: A aviação comercial de boa qualidade se exerce com confiabilidade aproximada de um acidente grave a cada milhão de voos.

Modernos padrões da qualidade

9. À luz do princípio da responsabilidade social, discuta a diferença entre ações legais e ações legítimas, buscando ilustrar essa discussão com exemplos reais.

10. O dicionário Caldas Aulete (2007) define ética como "ramo de filosofia que trata das questões e dos preceitos relacionados aos valores morais e à conduta humana". Discuta a transposição deste conceito para a realidade organizacional.

11. É comum, ao se experimentarem roupas ou sapatos, verificar que os números identificadores do tamanho das peças têm considerável variação quanto à real informação que transmitem, impossibilitando praticamente a compra sem experimentação. Discuta este fato à luz dos conceitos apresentados em 7.7.

12. Estude como a incerteza de medição, representada na Figura 7.7, afeta o conceito de capacidade do processo, apresentado em 6.7.3.

13. A revista Exame de 18/11/2009 trouxe anexo o Guia Exame 2009, contendo uma pesquisa de sustentabilidade que apontou as vinte empresas-modelo em responsabilidade social corporativa no Brasil. São elas, em ordem alfabética: AES Brasil, Alcoa, Amanco, Anglo Americana, Bradesco, BRF (Perdigão-Sadia), Bunge Alimentos, Coelce, CPFL, EDP, Fibria, Itaú-Unibanco, Masisa, Natura, Philips, Promon, Serasa, Suzano, Tetra Pak e Walmart. Note-se que, certamente não por acaso, essa lista contém seis ganhadoras do Prêmio Nacional da Qualidade. Pesquise a citada referência para entender e discutir as razões que levaram à indicação dessas empresas.

8

Conhecimento e aprendizado

Para Peter Drucker (2001), "a formação de conhecimento já é o maior investimento em todos os países desenvolvidos. O retorno que um país ou uma empresa obtém sobre o conhecimento certamente será, de maneira crescente, um fator determinante da sua competitividade. Cada vez mais a produtividade do conhecimento será decisiva para seu sucesso econômico e social, e também para seu desempenho econômico como um todo. E sabemos que existem diferenças tremendas na produtividade do conhecimento – entre países, entre indústrias e entre organizações individuais".

Entretanto, embora, em coerência com esse pensamento, a retenção de talentos já fosse anteriormente praticada pelas melhores empresas – e isso está associado à fuga de boas cabeças para o exterior, que se observa em países como o Brasil, onde a competência e o conhecimento não são devidamente recompensados – o conceito de capital intelectual só foi devidamente consagrado bastante recentemente, em contribuições como a de Stewart (1998), envolvendo conhecimento, propriedade intelectual, experiência e tudo o mais que pode ser usado para gerar riqueza.

De fato, cada vez mais se reconhece a importância do conhecimento e, por consequência, do aprendizado, condição ligada à sua construção, como um dos mais importantes patrimônios da empresa moderna. Esse reconhecimento tem sido explicitado em modelos e métodos de gestão, como nos critérios do Prêmio Nacional de Qualidade, no *Balanced Scorecard* (ver 9.3), e outros.

Este capítulo foi, devido a isso, incluído neste livro, por ter o conhecimento – e, portanto, também o aprendizado – tudo a ver com o objetivo do texto.

8.1 CONHECIMENTO, COMPETÊNCIA E SABEDORIA

Foi vista em 4.7.2 e ilustrada na Figura 4.5 a diferença conceitual entre dado, informação e conhecimento. Tem-se, ali, uma apresentação do que leva ao conhecimento:

fatos que geram dados, que produzem informação, que, analisada e interpretada, gera conhecimento.

Entretanto, para que serve o conhecimento? Para simplesmente ser acumulado, gerando um acervo próprio? Esta possibilidade estática pode até ser considerada como parte de um processo de aquisição de conhecimento, mas a real utilidade do conhecimento na prática é como subsídio para a tomada de decisões com qualidade, o que leva à consideração de um outro conceito associado a esse problema: a competência.

Entretanto, se o percurso dado – informação – conhecimento é, como visto em 4.7.2, amparado por uma ciência, a Estatística, a passagem do conhecimento para a competência é um processo muito mais aberto à discussão, em que o elemento humano tem importante participação. Formação, treinamento, capacidade intelectual e experiência, certamente podem ajudar no processo de geração de competências, mas muitas vezes não são suficientes.

De fato, já há literatura e experiências interessantes voltadas à questão do conhecimento e sua gestão, mas a questão da competência ainda espera por contribuições mais consolidadas. Aqui interessa-nos o fato de que a competência, que se manifesta no processo de tomada de decisões, em maior ou menor grau tem sua base no conhecimento, mas também em outros possíveis pilares, como intuição, avaliação de riscos, conhecimento de pessoas, além dos já citados anteriormente.

A geração do conhecimento ocorre primordialmente nas universidades, nos laboratórios e nos centros de pesquisas. A formação de competências ocorre, em geral, nas organizações privadas ou públicas, envolvidas com seus problemas de competitividade e/ou de eficácia, com decisões que necessitam ser tomadas permanentemente. Dirigentes consagrados e consultores renomados representam, em geral, a tipificação da competência. Ou então, por exemplo, cirurgiões que se destacam por sua alta confiabilidade, fruto de muitos casos de sucesso, mas que chegaram a essa condição após intensa absorção de conhecimento e um longo processo de aquisição de experiência.

A questão do conhecimento e da competência, entretanto, não pode ser circunscrita aos limites das empresas privadas ou das organizações de governo que executam funções específicas. Há pelo menos um passo a mais que precisa ser dado nessa sequência de aprendizado, que leva ao patamar da sabedoria, definida nos dicionários como abundância de conhecimento. Entretanto, julgamos que a sabedoria, além de implicar grande ou notório conhecimento, também embute uma transcendentalidade, no sentido de enxergar adiante do que todo esse conhecimento proporciona *tout court*. É preciso extrair desse acervo de conhecimento o como ele pode ser usado para causas nobres. E o que seriam essas causas nobres? Eis aí o fulcro da questão. Do ponto de vista de uma empresa, pode ser a condição em que a empresa exerça todas as ações a que tem direito dentro da lei e sem ferir a ética, que lhe proporcionem lucratividade, segurança, prosperidade, mas sem esquecer o seu papel social, que compreende também, dentre outros aspectos, a geração de empregos, a satisfação dos colaboradores, a preservação do meio ambiente, a participação positiva junto à sociedade. Do ponto

Conhecimento e aprendizado

de vista de um governo, pode ser a visão de futuro que lhe permita adotar ações que visem o progresso da nação, o bem-estar dos cidadãos, a coexistência pacífica.

A propósito, o leitor já parou para pensar no que poderá estar acontecendo em nosso planeta dentro de 10 a 20 anos?

Esta preocupação certamente vai de encontro à de Carlos Vogt, ao colocar que: "Um dos grandes desafios do mundo contemporâneo é, ao lado do chamado desenvolvimento sustentável, a transformação do conhecimento em riqueza. Como estabelecer padrões de produção e de consumo que atendam às demandas das populações crescentes em todos os cantos da Terra, preservando a qualidade de vida e o equilíbrio do meio ambiente no planeta? Esta é, em resumo, a pergunta que nos põe o assim chamado desafio ecológico. Como transformar conhecimento em valor econômico e social, ou, num dos jargões comuns ao nosso tempo, como agregar valor ao conhecimento?" (VOGT, 2005).

Buscando caminhar nessa direção, desenvolvemos a Figura 2.3, apresentada inicialmente em Costa Neto (2007).

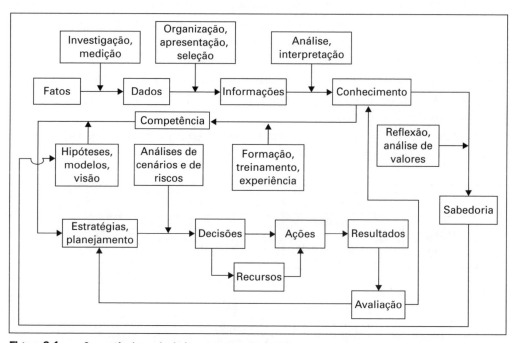

Figura 8.1 Competência e sabedoria no processo de decisão

Fonte: Adaptado de Costa Neto (2007-c, 21).

Acreditamos que os blocos colocados nessa figura dispensem maiores comentários. A análise de valores que alimenta a sabedoria se relaciona com as causas nobres supracitadas. Os resultados fornecem realimentação para as estratégias e planejamento, mas as hipóteses, modelos e, sobretudo, visão, devem ser reavaliados com aporte de sabedoria, para que haja uma evolução mais eficaz e justa.

A Figura 8.1 já apresenta uma evolução em relação à original e está aberta à discussão dos interessados, visando o seu aprimoramento como modelo que envolve ciclos de melhoria do conhecimento e da sabedoria.

8.2   O PAPEL DA EDUCAÇÃO

Por que países do chamado terceiro mundo têm enormes dificuldades para vencer as barreiras do subdesenvolvimento e se projetarem como nações de melhor qualidade, aproximando-se daqueles que são considerados de ponta, mesmo tendo todas as condições para isso, como é o caso do Brasil? Quais as causas desse crônico subdesenvolvimento?

Há os que considerem ser a impunidade aos chamados crimes de colarinho branco a principal causa, por permitir o estabelecimento da corrupção generalizada, com o consequente desvio de numerosos recursos financeiros que seriam destinados ao desenvolvimento, além de influir na legislação, impedindo que esta seja benéfica aos interesses nacionais. Esse é, sem dúvida, um grave problema, que se apresenta diariamente aos nossos olhos, mas, na nossa opinião, ainda não é a causa básica do atraso.

Essa causa está na falência da educação, a começar pela básica, fundamental. O processo educacional tem características semelhantes às de outros processos quanto ao aspecto de que as falhas se propagam e se amplificam ao longo do processo, se não forem evitadas desde o início. Uma má formação básica dos jovens leva a dificuldades no ensino médio e também no ensino superior, não só quanto a aspectos pedagógicos, como quanto aos de caráter.

A Figura 8.2 ilustra como a melhoria na educação resulta em ciclos virtuosos de melhorias para a sociedade.

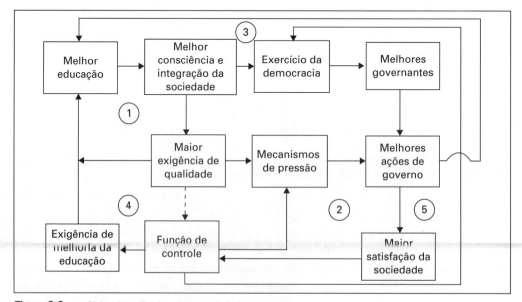

Figura 8.2   Ciclos de melhorias para a sociedade

Conhecimento e aprendizado 235

A Figura 8.2 embute cinco ciclos de melhoria:

1. De melhoria da educação por pressão da sociedade (curto e médio prazo);
2. De melhoria das ações de governo por pressão da sociedade (médio prazo);
3. De melhoria da educação em decorrência de melhor governo (médio e longo prazo);
4. De melhoria da educação por pressão da sociedade sobre o governo (médio e longo prazo);
5. De melhoria dos governantes por decisão da sociedade (médio e longo prazo).

Um excelente exemplo da importância de se investir em educação vem da comparação do que ocorreu historicamente na Coreia do Sul e no Brasil, dois países que, na década de 1960, eram tipicamente subdesenvolvidos, mas optaram por trajetórias diferentes. O Quadro 8.1 sumariza essa comparação.

Quadro 8.1 Comparação Coreia do Sul x Brasil (1960-2004)

Valores em bilhões de dólares			
Ano	Indicador	Coreia do Sul	Brasil
1960	PIB	1,9	17,1
	Exportações	0,033	1,3
2004	PIB	925,1	604,0
	Exportações	250,6	96,5

Fonte: MDIC/SECEX, in Vendrametto (2007).

Deve-se notar que a relação atual entre as populações dos dois países é de quatro vezes a favor do Brasil, e que os coreanos têm hoje uma fábrica de automóveis e utilitários da empresa Hyundai instalada no Brasil, na cidade de Anápolis, GO.

A grande diferença se deu por terem os coreanos, naquele momento histórico, adotado um projeto de país que priorizou, acima de tudo, a educação básica e tecnológica, usando um modelo bastante simples, mas levado a sério, com as características apresentadas no Quadro 8.2.

Quadro 8.2 Modelo educacional sul-coreano

1. Concentrar os recursos públicos no ensino fundamental – e não na universidade – enquanto a qualidade nesse nível for sofrível
2. Premiar os melhores alunos com bolsas e aulas extras para que desenvolvam seu talento
3. Racionalizar os recursos para dar melhores salários aos professores
4. Investir em polos universitários voltados para a área tecnológica
5. Atrair o dinheiro das empresas para a universidade, produzindo pesquisa afinada com as demandas do mercado
6. Estudar mais. Os brasileiros dedicam cinco horas por dia aos estudos, menos da metade do tempo dos coreanos
7. Incentivar os pais a se tornarem assíduos participantes nos estudos dos filhos

Enquanto isso, dados do IPEA – Instituto de Pesquisa Econômica Aplicada, ligado ao Ministério do Planejamento, indicavam em 2005 que os gestos da União com educação caíram 57,8% nos nove anos anteriores, passando de R$ 1,874 bilhões em 1995 para R$ 791 milhões em 2004, em valores atualizados pelo IGP – Índice Geral de Preços, da Fundação Getúlio Vargas.

Urge começar a modificar esse quadro, até porque os efeitos dos investimentos em educação – e talvez por isso não sejam prioritários na visão dos políticos – só começam a aparecer uma geração após serem efetuados.

8.3 GESTÃO DO CONHECIMENTO

É curioso como certas obviedades tardam a ser reconhecidas, e a história dos processos administrativos está cheia de exemplos disso. Foi o que ocorreu com a importância das pessoas na organização, com a importância da qualidade e produtividade como fatores básicos para a competitividade, com a importância do conhecimento como valioso ativo intangível para o sucesso da administração.

Assim, por exemplo, foi apenas com o surgimento das normas da série ISO 9000 em 1988 que se passou a exigir o controle da documentação dos processos nas empresas, o que não deixa de ser um elemento de gestão do conhecimento. Mas a Gestão do Conhecimento como uma disciplina, ou um conjunto de preceitos com essa precípua finalidade, somente começou a surgir na última década do século XX, aí despontando as ideias desenvolvidas, dentre outros, por Stewart (1998) e Nonaka e Takeuchi (1997).

A obviedade de que conhecimento é poder certamente foi a chave do sucesso de líderes que tinham tal visão antes dessa época, mas a busca da sistematização da gestão do conhecimento é, de fato, bastante recente. Em compensação, o reconhecimento da sua importância é, nos tempos que correm, óbvio, como atesta, por exemplo, a chamada para o XLI SBPO – Simpósio Brasileiro de Pesquisa Operacional, em setembro de 2009, para o qual os rígidos cultores da matemática aplicada elegeram o tema "A Pesquisa Operacional na Gestão do Conhecimento".

Segundo Stewart (2002):

- O conhecimento tornou-se o mais importante fator de produção (veja-se, a propósito, 1.2), impregnando tudo o que compramos, vendemos e produzimos;
- O capital intelectual corresponde aos ativos do conhecimento e passou a ser mais importante para as empresas do que os ativos financeiros físicos;
- Para prosperar na nova economia pela exploração desses ativos cruciais, são necessários um novo léxico, novas tecnologias, novas técnicas de gestão e novas estratégias.

Muñoz-Seca e Riverola (2004) apresentam as seguintes propriedades do conhecimento:

- É volátil, sujeito a imprevisto;
- Desenvolve-se por aprendizagem;

Conhecimento e aprendizado

- Transforma-se por ação do impulso da motivação;
- Transfere-se sem perder-se.

A menção a este assunto traz logo à mente alguns verbos a ele relacionados, conforme ilustrado na Figura 8.3, na qual a Gestão do Conhecimento se apresenta como um processo, envolvendo fases ou atividades:

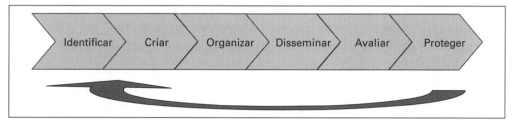

Figura 8.3 Subprocessos do Conhecimento

Fonte: Adaptado de Storch (2008).

O coautor deste livro, consciente da importância do conhecimento para efeito das decisões empresariais, promoveu uma discussão sobre o assunto em aulas do seu curso de pós-graduação, da qual surgiu, por sua vez, a concepção de um modelo alternativo não encontrado na literatura, apresentado na Figura 8.4.

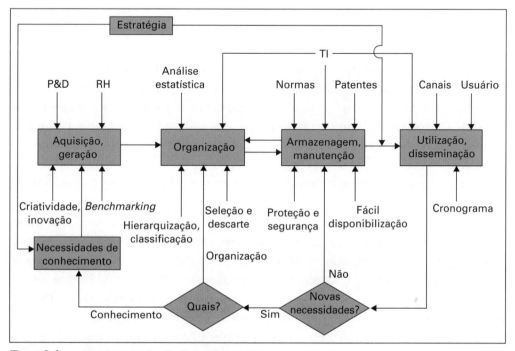

Figura 8.4 Modelo para a Gestão do Conhecimento

238 — Administração com qualidade

Vê-se que, no modelo apresentado, são considerados quatro grandes grupos de ações que integram a Gestão do Conhecimento:

- **Aquisição ou geração:** início do processo de onde surge o conhecimento, adquirido externamente, por contratação de especialistas, *benchmarking* ou mesmo compra de conteúdos específicos de conhecimento, ou por geração interna, por meio de pesquisa e desenvolvimento, criatividade, treinamento de recursos humanos, etc;

- **Organização:** onde o conhecimento é tratado de forma a se tornar útil. Pode englobar a transformação de dados e informações em conhecimento, já discutida em 4.7.2. Esta função tem relacionamento recíproco com a seguinte;

- **Armazenagem, manutenção:** corresponde ao processo de estocagem do conhecimento, em documentos impressos ou eletrônicos, com os respectivos *back-ups* para a segurança, de maneira acessível e prática, porém protegidos da curiosidade ou espionagem indevidas;

- **Utilização, disseminação:** representam a finalidade da Gestão do Conhecimento. A disseminação é, em geral, seletiva, pois cada porção de conhecimento tem a sua utilidade específica e de interesse de determinados grupos de pessoas.

Note-se que são definidas pela estratégia da organização as necessidades de conhecimento e o uso que dele será feito. Esse uso, por sua vez, fornece realimentação, que pode ser um simples *feedback* ao processo de armazenagem e manutenção, ou necessidades de melhor organização, ou da obtenção de novos conhecimentos.

8.3.1 Evolução e conceitos

Consideramos bastante adequada a caracterização da Gestão do Conhecimento apresentada por Catão e Cândido (2003), como um conjunto de técnicas e ferramentas que permitem identificar, analisar e administrar, de maneira estratégica e sistêmica, o ativo intelectual da empresa e seus processos associados, segundo a abordagem de macroprocesso organizacional, compreendendo o planejamento, a execução e o controle de ações voltadas para desenvolver o conhecimento da entidade e seus processos correlatos, tendo em vista a excelência empresarial e a criação de vantagens competitivas sustentáveis.

A Gestão do Conhecimento, vista na perspectiva atual, surgiu na década de 1990, como uma proposta de agregar valor à informação e facilitar o fluxo interativo em toda a corporação. Usada adequadamente, é tida como instrumento estratégico competitivo, resistente ao modismo da eficiência operacional. Para Sveiby (1998), o tema é centrado em aproveitar recursos existentes na empresa, proporcionando a seus integrantes empregar as melhores práticas, poupando o reinvento de processos.

Na busca pelo conhecimento, é possível identificar diversas formas de ações, como o desenvolvimento das teorias estatísticas de análise e inferência, os círculos de

Conhecimento e aprendizado

controle de qualidade muito utilizados no Japão, a criação de grandes bases de dados (que, exatamente por serem grandes demais, camuflam as informações relevantes, o que forçou a criação dos SIG – Sistemas de Informações Gerenciais, nos quais uma súmula do que realmente interessa é apresentada, permitindo rápida leitura), o surgimento e intenso uso da Internet, tendo como decorrência os *blogs, wikis, sites* de busca, redes de pessoas e instituições, e muito mais coisas que vêm por aí.

Prax (2004) identifica três gerações da Gestão do Conhecimento, desde que esta foi entendida como um ramo científico de primordial importância estratégica:

- A primeira, calcada no **compartilhamento de conteúdo**, baseado na cultura americana e no desenvolvimento de poderosas ferramentas de Tecnologia da Informação para dar conta da grande massa de informações advinda do surgimento da Internet;

- A segunda, baseada no **compartilhamento de contexto**, desenvolvida na Europa, em especial na França, como resposta ao fato de que ter abundância de dados não resolve o problema de conhecimento, mas sim mediante a sua inserção no contexto adequado. Reconheceu-se a importância da motivação e confiança das pessoas na criação do conhecimento;

- A terceira, fundada no **compartilhamento de cultura**, oriunda do Japão, tendo como elemento de profundidade o conceito de *Ba*, desenvolvido por Ikujiro Nonaka.

  Ba é um lugar (no sentido mais amplo, incluindo o tempo e as pessoas) onde se criam relações dinâmicas em um contexto que permite o desenvolvimento de uma atmosfera. Nonaka o descreve com o contexto compartilhado em movimento.

  A emoção e a verdade estão mudando rapidamente; por isso, para se conseguir uma relação sustentável, deve-se compartilhar pensamentos profundos e não conhecimento explícito. No *Ba* não se busca a simplificação, se mantém a complexidade e se adicionam pontos de vista diferentes. No *Ba* as pessoas buscam relações superiores, onde elas podem se energizar mutuamente, conseguindo melhorias significativas.

Mais pragmático, Terra (2005) enxerga o processo de Gestão do Conhecimento como uma ação que pode ser desenvolvida por gerentes organizacionais que dão sentido de direção e de utilização para o ativo organizacional denominado conhecimento. Esse autor propôs um modelo de gestão empresarial focado em "sete dimensões da prática gerencial":

1. O papel da alta administração, revelando quais conhecimentos devem ser aprendidos pelos funcionários, além da definição de estratégias e desafios motivadores;

2. Uma cultura organizacional voltada à inovação e ao aprendizado contínuo, comprometendo-se com resultados de longo prazo e com a maximização dos recursos operacionais;

3. Renovação das estruturas hierárquico-burocráticas de forma a desenvolver o trabalho de equipes multifuncionais, com autonomia para superar limites à inovação e aos novos conhecimentos;
4. Melhores políticas de administração de recursos humanos para atrair e manter talentos e competências, criando sistemas de remuneração adequados;
5. O avanço das tecnologias de informação que afetam os processos de geração, difusão e armazenamento de conhecimento nas empresas, equilibrado com as necessidades de interação com as pessoas;
6. Garantir a mensuração de resultados com o uso de indicadores para as áreas significativas e de uma política de divulgação interna dessas informações;
7. A necessidade crescente de engajamento em processos de aprendizado com o ambiente onde interagem as empresas, firmando alianças com outras empresas, e no relacionamento com os clientes.

A gestão do conhecimento, ainda segundo Terra (2005), tem um "caráter universal", ou seja, aplica-se a empresas de todos os portes e nacionalidades, e a sua efetividade requer a criação de novos modelos organizacionais (estruturas, processos, sistemas gerenciais), novas posições quanto ao papel da capacidade intelectual de cada funcionário e uma efetiva liderança, disposta a enfrentar ativamente as barreiras existentes ao processo de transformação.

Angeloni (2009) define que "a gestão do conhecimento organizacional é um conjunto de processos que governa a criação, a disseminação e a utilização de conhecimento no âmbito das organizações". Acrescenta ser uma organização do conhecimento aquela em que o repertório de saberes individuais e socialmente compartilhados pelo grupo é tratado como um ativo valioso, capaz de entender e vencer as contingências ambientais.

É interessante a observação de Bukowitz e Williams (2002), para quem a Gestão do Conhecimento é "um campo em rápida evolução que foi criado pela colisão de diversos outros – recursos humanos, desenvolvimento organizacional, gestão da mudança, tecnologia da informação, gestão da marca e reputação, mensuração e avaliação de desempenho".

A Gestão do Conhecimento pode também ser estudada como um processo administrativo que desemboca na Inteligência Empresarial, um processo analítico sistemático que transforma informações desagregadas em conhecimento estratégico preciso e relevante, em especial quanto às ações da concorrência e às tendências dos negócios, gerando a necessária competência para a tomada de decisões corretas, conforme visto no modelo apresentado na Figura 8.1.

A essa conceituação, Grandjean e Kroemeran (2005) acrescentam que a Inteligência Empresarial está diretamente relacionada com a gestão da inovação nas organizações, sendo o mercado a última e decisiva instância da inovação, pois dele depende a sua aceitação ou não (ver, a propósito, 8.6).

Conhecimento e aprendizado

8.3.2 Conhecimento tácito e explícito

Nonaka e Takeuchi (1997), em sua obra considerada um marco no estudo da Gestão do Conhecimento, consideram esses dois tipos de conhecimento e estabelecem um modelo de relacionamento entre eles.

Para esses autores, o conhecimento tácito[1] é composto por conclusões, *insights* e palpites subjetivos, estando "profundamente enraizado nas ações e experiências de um indivíduo, bem como em suas emoções, valores ou ideais"; é percebido como "algo dificilmente visível e exprimível. O conhecimento tácito é altamente pessoal e difícil de formalizar, o que dificulta sua transmissão e compartilhamento com os outros". Para eles, o conhecimento tácito tem duas dimensões:

- **Técnica**, referente a habilidades do tipo "como fazer" (*know-how*), muitas vezes difíceis de exprimir formalmente;
- **Cognitiva**, resultante de modelos mentais, crenças e percepções arraigadas que assumem caráter de certeza, exprimindo subjetivamente as visões da pessoa sobre a realidade e o futuro.

Um dos problemas que desafia a Gestão do Conhecimento é o compartilhamento do conhecimento tácito, para o que necessita ser traduzido em palavras ou símbolos que permitam a sua compreensão pelo grupo.

Já o conhecimento explícito, conforme o próprio nome indica, é aquele que pode ser compartilhado, processado, transmitido, armazenado e ensinado, por estar expresso de forma acessível. Fornece subsídio para o estabelecimento de teorias, regras, procedimentos.

Como lidar com os dois tipos de conhecimento, ou seja, como transitar de um tipo para o outro, proporcionando a possibilidade da geração de mais conhecimento? Para responder a esta pergunta, os autores citados propõe o modelo da "espiral do conhecimento", que contempla as mutações entre os dois tipos e os estados correspondentes de conhecimento, conforme ilustrado na Figura 8.5.

A Figura 8.5 apresenta as quatro formas de conversões do conhecimento, que são:

a) **Socialização** (de tácito para tácito), que corresponde a um processo de compartilhamento e aquisição de conhecimento tácito por meio de observação, ganho de experiência, interação entre indivíduos, treinamento *on the job*, ou outras formas mais sofisticadas, como o *brainstorming*, a interação com clientes, fornecedores, ou mesmo interação social. Para ser eficaz, é preciso que o repasse de conhecimento tácito seja completo, com a adequada compreensão do conhecimento adquirido, para que não resulte em falhas, sem o que não se caracteriza o adequado aprendizado do conhecimento.

---

[1] Palavra que, segundo o dicionário Aurélio, significa "silencioso, implícito, secreto, subentendido, que não se exprime por palavras."

Figura 8.5 Espiral do conhecimento

Fonte: Adaptado de Nonaka e Takeuchi (1997).

b) **Externalização** (de tácito para explícito), onde entram os processos de comunicação humana, incluindo conceitos, hipóteses, modelos, analogias, metáforas. Processa-se pela comunicação verbal ou escrita, devendo levar em conta as diferenças de capacidade cognitiva entre as pessoas, para a devida eficácia da transmissão do conhecimento. Deve ser acompanhado de um processo de reflexão e interação entre os envolvidos para alinhar e interpretar os conceitos, de modo a permitir o surgimento de novos conceitos e soluções, gerando inovações, ou seja, o surgimento de conhecimento novo.

c) **Combinação** (de explícito para explícito), em um processo de sistematização do conhecimento através da interação entre fontes de conhecimento explícito, por meio de situações em que as pessoas se reúnem com esse objetivo, seja na educação formal, em treinamentos, discussão de documentos e várias outras formas de intercâmbio. É uma das características das organizações de aprendizado para incrementarem o seu acervo do conhecimento.

d) **Internalização** (de explícito para tácito), em que o conhecimento explícito é absorvido pelas pessoas, transformando-se em tácito, para dessa forma, internalizados, permitir a elaboração mental que resulta em novos conhecimentos nas dimensões técnicas e cognitivas, ou seja, novos modelos mentais que vão realimentar a espiral do conhecimento. É uma das características dos processos de "aprender fazendo". Segundo os autores, isso leva ao incremento na base de valores intangíveis e nas fontes de inovação e competitividade das organizações, pela evolução do ativo de conhecimento.

Conhecimento e aprendizado

Os idealizadores do modelo visto acrescentam que, para que os resultados da espiral do conhecimento sejam efetivos, é necessário que:

- Haja uma ação estratégica organizacional na determinação do uso do modelo;
- Seja concedida autonomia às pessoas, ampliando as possibilidades de introdução de novas oportunidades;
- Promova-se um "caos criativo",[2] estimulando a interação com o ambiente externo;
- Existam redundâncias, ou superposições intencionais de informações e atividades, promovendo o compartilhamento de conhecimento e percepções;
- Haja variedade de requisitos e diversidade interna na organização, para fazer frente à complexidade do ambiente.

O respeitado modelo de Nonaka e Takeuchi, que certamente tem em sua concepção as observações dos autores na realidade de seu país, deve ser devidamente considerado e utilizado pelos interessados na gestão à luz da realidade de cada caso. Não é um modelo trivial, de fácil interpretação, mas não pode ser ignorado pelos que se dispõem a compreender as sutilezas e desafios da Gestão do Conhecimento.

8.3.3 Relação com a norma ISO 9001

Gnidarxic (2009) estabeleceu um interessante paralelo entre o modelo de conhecimento de Nonaka e Takeuchi e a norma NBR ISO 9001:2008, ao apontar a sinergia existente entre a Gestão do Conhecimento e a norma, pois a organização que dispõe de um Sistema de Garantia da Qualidade implementado e certificado já possui diversos fundamentos críticos da Gestão do Conhecimento em operação. A análise dessa sinergia permite que a implementação da Gestão do Conhecimento seja realizada a partir do alicerce da Gestão da Qualidade fornecido pela norma, otimizando recursos e partindo de práticas já implementadas e consagradas na organização.

O Quadro 8.3 representa a relação entre requisitos da norma NBR ISO 9001:2008 e o modelo de conhecimento de Nonaka e Takenuchi, incluindo as respectivas ferramentas de aprendizagem.

---

[2] Termo que faz lembrar o "ócio criativo", preconizado por Domenico de Masi, em uma insinuação de que é difícil criar coisas novas em um ambiente de contínua solicitação. O coautor deste livro conheceu um consultor que era pago por uma grande empresa simplesmente para trazer novas ideias, podendo dispor de seu tempo como quisesse, sem obrigação de horários e ainda contando com verba para as viagens que julgasse necessárias.

244 Administração com qualidade

Quadro 8.3 Relação entre o conhecimento e a norma NBR ISO 9001:2008

Característica do conhecimento	Requisito da norma ISO 9001:2000	Ferramenta de aprendizagem
Conhecimento compartilhado (socialização)	7.3 Projeto e Desenvolvimento 8.3 Controle de produto não conforme	Brainstorming Trabalho em equipe Análise crítica Diagrama de causa e efeito
Conhecimento conceitual (externalização)	4.2 Documentação 8.5.1 Melhoria contínua	Manuais Procedimentos Instruções de processos Métodos de inspeção Planos de controle Plano de sugestões
Conhecimento sistêmico (combinação)	6.2.2 Competência, conscientização e treinamento	Intranet Internet Lições aprendidas Bancos de dados Treinamentos
Conhecimento operacional (internalização)	Todos os requisitos	Aprender fazendo

Fonte: Gnidarxic (2009).

Assim, por exemplo, o item 7.3 da norma ISO 9001:2000, Projeto e Desenvolvimento, declara que a organização deve planejar e controlar o projeto e desenvolvimento do produto, quando aplicável. Esta atividade requer a reunião de pessoas das mais diversas áreas da empresa, dentro do espírito da Engenharia Simultânea, visto em 4.7.6, para analisar os seus respectivos envolvimentos no novo projeto e sugerir ideias para a melhoria. Esta reunião de pessoas que utilizam seus conhecimentos tácitos para desenvolver um novo projeto caracteriza a interação entre a Gestão da Qualidade e a Gestão do Conhecimento.

Deixamos a cargo do leitor verificar a validade e as peculiaridades dos demais relacionamentos mostrados no Quadro 8.3.

8.3.4 Propriedade intelectual

A propriedade intelectual, conforme o próprio termo sugere, refere-se ao direito sobre bens intangíveis representados pelo produto do intelecto humano, direito este que, por existir, deve ser de alguma forma protegido, garantindo-se as vantagens da sua posse a quem produzir esse resultado. Esse direito de propriedade intelectual se exerce de duas maneiras:

- Direito de propriedade industrial;
- Direito autoral.

Conhecimento e aprendizado 245

A ABPI – Associação Brasileira de Propriedade Industrial inclui como sujeitos à propriedade industrial direitos relativos a invenções, marcas, patentes, desenhos e modelos industriais, descobertas científicas e obras artísticas, dentre outros.

O efeito prático da posse de direitos de propriedade intelectual está na exclusividade de uso do resultado da produção intelectual, garantido por legislação específica, a menos que seja concedida autorização expressa para tal, o que poderá ser feito graciosamente ou mediante o pagamento de *royalties*. A legislação que governa as questões relativas aos direitos de propriedade intelectual é atinente às decisões políticas de cada nação, mas têm em geral respaldo nas determinações da OMPI – Organização Mundial de Propriedade Intelectual (em inglês WIPO – World Intellectual Property Organization), sediada em Genebra, Suíça, uma das várias agências especializadas da ONU, e de tratados como o TRIPS – Trade on Related Aspects of Intellectual Property Rights, responsáveis pela recomendação da legislação para proteger esses direitos e dificultar a sua violação em um mundo onde a pirataria e a espionagem são duras realidades.

A problemática da propriedade intelectual tem, evidentemente, muito a ver com a Gestão do Conhecimento, pois a devida proteção dos ativos de conhecimento de que as organizações dispõem é uma das suas importantes atribuições.

8.3.5 Esquecimento organizacional

Por paradoxal que possa parecer, aspectos referentes a esta questão dizem respeito à Gestão do Conhecimento. Holan e Phillips (2004) tratam deste assunto, apontando quatro causas principais para o esquecimento organizacional, das quais as duas últimas citadas cabem entre as determinações da Gestão do Conhecimento. São elas:

a) Incapacidade para reter novos conhecimentos

Esta é uma falha de consolidação, de organização. Apesar de ter chegado à organização, o conhecimento é perdido antes que possa ser devidamente armazenado na memória da organização. As normas ISO 9000, ao exigirem controle da documentação interna da empresa, contribuem para evitar esta falha.

b) Deterioração do conhecimento existente

Esta é uma falha de manutenção do conhecimento. Pode ter origem na rotatividade de pessoas ou na relutância dos colaboradores em criar conhecimento coletivo. A não documentação do conhecimento, conforme determinam as normas ISO 9000, deixando-o a cargo da memória e prática de pessoas, é decerto uma das principais razões para esta falha.

c) Inovações abandonadas

Trata-se do gerenciamento para esquecer um novo conhecimento, em ocasiões em que isto é recomendável. Pode ser desejável quando o novo conhecimento, ao invés de ser útil, atrapalha, seja por interferir em rotinas consagradas e eficazes, seja por exigir novos investimentos considerados inoportunos, seja por embutir riscos não controláveis, ou por outras razões.

d) Desaprendizado gerencial

Trata-se do gerenciamento para esquecer conhecimento estabelecido, quando este representa obstáculo à eficácia da organização, ou quando se torna totalmente desnecessário. É o caso, por exemplo, do descarte total de documentos obsoletos quando a retenção dessa memória já não faz mais nenhum sentido. Outro exemplo seria o caso de, ao se implementar uma nova ordem administrativa, contribuir para o abandono da forma anterior de pensar mediante a eliminação das fontes de memória da antiga ordem.

8.4 SISTEMAS DE INFORMAÇÃO

Estes sistemas constituem importante elemento de apoio à Gestão do Conhecimento e à tomada de decisões nas organizações. Com o crescimento vertiginoso proporcionado pelas ferramentas da TI – Tecnologia da Informação (ver 8.7), os sistemas de informação vêm passando por um processo contínuo de evolução, forçando os responsáveis pelo provimento de informações aos interessados a se manterem sempre atentos às novidades que aparecem no mercado de informática e congêneres.

A informação é a matéria-prima para a obtenção do conhecimento, conforme visto em 8.1. Davenport e Prusak (1998) fornecem no Quadro 8.4 uma relação de características entre dado, informação e conhecimento que se acrescenta ao relacionamento mostrado na Figura 4.5.

Quadro 8.4 Dado, informação e conhecimento

Dado	Informação	Conhecimento
Simples observações sobre o estado do mundo	Dados dotados de relevância e propósito	Informação valiosa da mente humana. Inclui reflexão, síntese, contexto
Facilmente estruturado	Requer unidade de análise	De difícil estruturação
Facilmente obtido por máquinas	Exige consenso em relação ao significado	De difícil captura em máquinas
Frequentemente quantificado	Exige necessariamente a mediação humana	Frequentemente tácito
Facilmente transferível		De difícil transferência

Fonte: Baseado em Davenport e Prusak (1998).

Uma definição abrangente é dada por Rezende (2005), para quem "Todo sistema, usando ou não recursos de Tecnologia da Informação (TI), que manipula e gera informação, pode ser genericamente considerado um Sistema de Informação".

Conhecimento e aprendizado

Sampaio et al. (2005) ressalta que os requisitos de um sistema especificam o conjunto de suas funcionalidades, ou seja, o que este sistema deve prover para satisfazer as necessidades de todos os seus *stakeholders*, as características de qualidade e as restrições a que devem estar sujeitas as funcionalidades. Os usuários de um sistema de informação sempre anseiam por benefícios, sejam eles financeiros, técnicos, sociais ou políticos, e é justamente para atender esses anseios que são projetados os sistemas. Mas o que são esses sistemas, como funcionam e quais suas subdivisões?

Para Rezende (2005), existem diversos conceitos de sistema, porém modernamente destacam-se os seguintes:

- Conjunto de partes que interagem entre si, integrando-se para atingir um objetivo ou resultado;
- Partes integrantes e interdependentes que conjuntamente formam um todo unitário com determinado objetivo e efetuam determinadas funções;
- Em informática, o conjunto de *software*, *hardware* e recursos humanos;
- Componentes da Tecnologia da Informação e seus recursos integrados;
- A empresa e seus vários subsistemas.

Esta concepção vale para os sistemas de informação, que podem ter enfoques diferentes nas organizações. Com a necessidade da tomada de decisão cada vez mais rápida e com uma complexidade maior, pode-se afirmar que esta ferramenta de armazenamento, processamento e disponibilização de dados atua como:

- Elemento para o funcionamento e controle dos departamentos das empresas;
- Instrumento para uma avaliação analítica e controle de metas;
- Integrador dos processos (internos/externos);
- Suporte para a obtenção da qualidade, melhoria da produtividade e inovação tecnológica;
- Gerador de modelos de informação (apoio à decisão).

Visto de outra forma, um sistema de informação representa uma solução aos problemas decorrentes da exploração de um negócio, sendo o principal objetivo do respectivo *software* transformar informação em conhecimento.

Um sistema de informação deve estar adequadamente integrado com a organização, ter um objetivo definido, com tecnologia que suporte as necessidades e os procedimentos existentes. Para sua eficaz utilização, os usuários devem ser adequadamente treinados, conforme discutido em Canuto (2007).

Organizando para informatizar

Antes de iniciar um processo de automatização, é necessário organizar a empresa. Com a definição dos processos internos e externos, é possível decidir quais serão os departamentos vitais para a implementação da correspondente tecnologia.

Caso a empresa já tenha um sistema em operação, é possível melhorar, atualizar ou, se necessário, substituir o existente por novas soluções ancoradas em Tecnologia da Informação.

Um adequado sistema de informação deve permitir a gestão do conhecimento da organização, apoiando o seu objeto principal e integrando todos os departamentos, sendo capaz de disseminar esses padrões apoiando a melhoria da qualidade, produtividade e competitividade da empresa. Para tanto, são primordiais a documentação e o controle, para ser possível avaliar e conhecer todos os processos da organização, possibilitando a diminuição dos custos e um maior retorno financeiro.

Existem também ferramentas específicas para a aproximação com os clientes, facilitando o acompanhamento não só da venda, como da entrega e do pós-venda, permitindo focar os esforços no negócio da empresa, preocupando-se com competitividade e concorrência.

A ação da Tecnologia da Informação e suas ferramentas possibilita identificar os pontos a serem alterados e até os processos a serem eliminados. Em contrapartida, a falta de organização contribui para o desperdício de recursos da empresa, podendo gerar diversos problemas internos.

Para Giuzio e Canuto (2009), quando a empresa decide formalizar o seu processo de sistema de informação, deve revê-lo, melhorá-lo e, em muitos casos, eliminar determinadas etapas que não agregam valor, antes mesmo de sacramentar o processo. Os autores destacam a necessidade de levantar as informações de como os departamentos funcionam e como interagem dentro da organização, para determinar o fluxo de informações. Uma forma adequada seria a subdivisão da empresa de forma gráfica, utilizando um adequado fluxograma, possibilitando a visualização dos processos para uma análise da distribuição das informações e integração das áreas.

Uma empresa está inserida em um ambiente complexo e sofre constante alteração, seja pela interação com o governo, a legislação, com os concorrentes, o mercado, os clientes, os fornecedores, e para manter sua fábrica de informações funcionando, necessita de um sistema que contemple todos os seus processos (GIUZIO e CANUTO, 2009).

8.5 APRENDIZADO

O que é aprender? Como se aprende?

Confúcio (551 a.C.-479 a.C.) dizia: "Eu ouço e eu esqueço, eu vejo e eu lembro, eu faço e eu aprendo". Um precursor, desde então, do "aprender fazendo"?

O fato é que, da época de Aristóteles (384 a.C.-322 a.C.) a nossos dias, tem-se praticado primordialmente a educação mediante um paradigma centrado na figura do professor e na conjugação do verbo "ensinar". O professor detém o conhecimento e o transmite aos alunos usando, qual se espera, os melhores procedimentos didáticos (hoje muito aperfeiçoados) de que disponha. O aluno aprende ou não. Há estudos mostrando que a porcentagem de conhecimentos transmitidos dessa forma que são absorvidos pelos alunos não ultrapassa a ordem de 15%.

Conhecimento e aprendizado

Os pedagogos modernos, em particular aqueles voltados às novas possibilidades oferecidas pelo ensino a distância (ver 8.5.4), propõem um novo paradigma centrado na figura do aluno e na conjugação do verbo "aprender". Mais do que isso, busca-se fazer o aluno "aprender a aprender".

A ideia vigente no novo paradigma é oferecer ao aluno um ambiente de aprendizagem onde ele seja a figura central, tudo convergindo para que aprenda da melhor forma os conteúdos designados, envolvendo esse mister a realização de tarefas programadas que o levem em boa parte a aprender fazendo. O papel do professor, sem descartar a sua capacidade de ser o expositor sempre que necessário, além de assíduo acompanhador e controlador do desenvolvimento dos alunos, segue sendo o do detentor do conhecimento que será transmitido, para o que pode se valer de uma equipe de tutores. As novas tecnologias de comunicação e ensino têm também papel de importância na facilitação da implementação do novo paradigma.

É preciso distinguir educação e treinamento:

◻ **Educação** é o processo de formação das pessoas mediante a absorção de conhecimentos úteis, a promoção do seu desenvolvimento intelectual, físico e moral, preparando-as para uma vida digna, feliz e bem-sucedida nos seus aspectos profissionais e éticos. É um processo que se inicia na tenra idade por iniciativa dos pais, passando na sequência pelos diversos níveis em que um sistema educacional a classifica;

◻ **Treinamento** é o processo de capacitação para uma atividade ou trabalho específico, deixando os treinandos adestrados para sua adequada realização. É em geral o que se pratica nas empresas, visando melhor capacitação dos seus quadros para as tarefas específicas daquele tipo de atividade.

Além disso, no mundo moderno, em constante evolução, onde novos conceitos técnicos e aplicações aparecem com velocidade de crescimento exponencial, as pessoas passam a necessitar de um contínuo aprimoramento profissional, sob pena de não estarem capacitadas a exercer funções que dependem desses novos conhecimentos e habilidades. Surge então a figura do aluno vitalício, aquele indivíduo que está sempre estudando e aprendendo coisas novas, pelos motivos expostos, sob pena de se transformar em um "analfabeto funcional".

8.5.1 Aprendizado organizacional

O aprendizado organizacional é intimamente ligado à problemática das mudanças que necessariamente devem ocorrer nas organizações vivas, conforme visto em 4.6. O mundo é dinâmico, os mercados são dinâmicos, os concorrentes existem, e a empresa que não se adaptar a essa realidade muito sofrerá com isso. É preciso mudar para se adaptar, e isso exige o aprendizado de coisas novas. Sendo assim, o aprendizado organizacional engloba o processo permanente de detectar, corrigir e prevenir erros e falhas, que devem ser encarados não como motivos para punições (exceto em certos casos), mas como oportunidades para melhoria.

Swieringa e Wierdsma (1995) consideram que esse processo de aprendizado para as mudanças pode ocorrer em três níveis:

- Das regras, que orientam o que se pode e deve fazer no dia a dia da organização, por meio de manuais, procedimentos, descrições de atividades, desenhos, além de atitudes comportamentais convenientes;
- Dos *insights*,[3] que dizem respeito às percepções, lógicas e teorias capazes de explicar e dar entendimento às regras vigentes;
- Dos princípios básicos, compartilhados, que representam a identidade organizacional e têm a ver com sua cultura e modo de ser.

A Figura 8.6 ilustra a relação existente entre essas três formas de aprendizado.

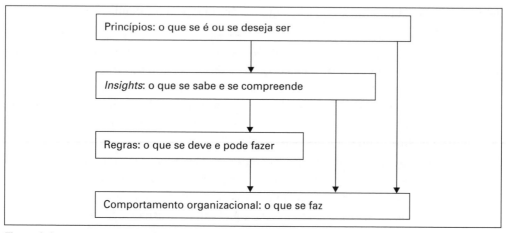

Figura 8.6 Relação entre regras, *insights* e princípios básicos

Fonte: Adaptado de Swieringa e Wierdsma (1995).

Ainda segundo os autores citados, esses níveis de aprendizado são conseguidos através de ciclos, conforme ilustrado na Figura 8.7.

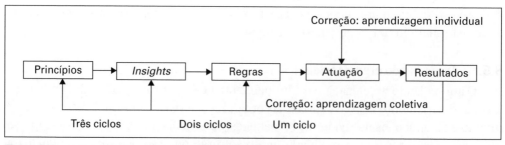

Figura 8.7 Ciclos de aprendizado organizacional ou coletivo

Fonte: Swieringa e Wierdsma (1995).

---

[3] Esta palavra é traduzida por visão interior. Não significa a visão conforme discutida em 3.2.

Conhecimento e aprendizado 251

Nessa figura pode-se perceber a existência de três ciclos, tanto mais profundos quanto mais à esquerda. Há a pressuposição de que os ciclos à direita ocorrem mais vezes antes de se passar a um ciclo mais profundo. Os resultados proporcionados por esses ciclos são dados no Quadro 8.4.

Quadro 8.4   Aprendizado coletivo, níveis de influência e resultados

Ciclos de aprendizagem	Áreas de aprendizagem	Níveis de aprendizagem	Resultados da aprendizagem
Simples	Regras	Obrigações e permissões	Melhoria
Duplo	*Insights*	Conceitos e entendimento	Renovações
Triplo	Princípios	Valores e desejos	Desenvolvimento

Fonte: Swieringa e Wierdsma (1995).

De acordo com Senge (1990), responsável pelo conceito de organização que aprende, para se obter uma aprendizagem organizacional eficiente, capaz de tornar uma organização cada vez melhor no processo de aprender, é preciso considerar cinco disciplinas, as quais devem trazer uma mudança na mentalidade do indivíduo:

1. **Domínio pessoal.** Por meio do domínio pessoal, as pessoas aprendem a clarear e aprofundar seus objetivos, são capazes de esclarecer o que realmente é importante para o indivíduo, onde devem concentrar suas energias, como desenvolver a paciência e como ver a realidade de maneira objetiva;

2. **Modelos mentais.** São ideias profundamente arraigadas, generalizações e imagens que influenciam o modo das pessoas encararem o mundo e suas atitudes. Os modelos mentais tornam-se espelhos, desenterraram imagens interiores do mundo, trazendo-as à superfície;

3. **Objetivo comum.** Consiste em objetivos, valores e compromissos que sejam compartilhados em conjunto por membros da organização. Se a organização tem um objetivo comum, concreto e legítimo, seus membros dão tudo de si e aprendem, não por obrigação, mas espontaneamente;

4. **Aprendizagem em grupo.** As habilidades coletivas são maiores que as habilidades individuais. Por meio do diálogo, o grupo poderá desenvolver várias ideias relevantes para a organização. Quando o grupo aprende, além de produzir resultados extraordinários, seus integrantes se desenvolvem com maior rapidez no sentido individual;

5. **Raciocínio sistêmico.** Só é possível entender um sistema observando-o como um todo, não apenas uma de suas partes. O negócio e outros trabalhos são sistemas que devem ser analisados em conjunto. Raciocínio sistêmico é uma estrutura conceitual, uma integração de conhecimentos e instrumentos com o objetivo de tornar mais claro esse conjunto e mostrar modificações para melhorá-lo. É consi-

derado a quinta disciplina, pois integra as demais, mostrando que o todo pode ser maior que a soma de todas as partes isoladas.

Senge (1990) define as organizações que aprendem como organizações nas quais as pessoas continuamente expandem suas capacidades no sentido de criar os resultados desejados, onde novos sistemas são gerados, onde se liberta a aspiração coletiva e onde as pessoas fazem continuamente uma aprendizagem de como aprender em conjunto.

Garvin (1993) define a organização que aprende como uma organização capacitada para criar, adquirir e transferir conhecimentos e modificar seu comportamento de modo a refletir novos conhecimentos e *insights*. Sendo assim, propõe cinco eixos para a aprendizagem organizacional:

- **Resolução sistemática de problemas:** este primeiro eixo privilegia a utilização de métodos científicos para diagnosticar problemas, em vez do tradicional e simples sentimento. Ratifica a utilização de dados ao invés de suposições para a tomada de decisão e o uso generoso de ferramentas estatísticas para a organização dos dados e estruturação dos problemas;

- **Experimentação:** consiste da procura sistemática de novos conhecimentos, na qual a utilização do método científico é essencial, sendo que a experimentação deve ser concomitante à resolução sistemática de problemas;

- **Aprendizagem com a experiência passada:** está baseada na revisão sistemática das experiências conhecidas, com ênfase na avaliação dos sucessos e fracassos, a fim de planejar as ações no presente e no futuro;

- **Aprendizagem com o ambiente externo:** a utilização de experiências vivenciadas por outras organizações também é um dos meios de se promover a aprendizagem. Significa o ganho de uma nova perspectiva por meio da análise sistemática das experiências alheias. A prática de *benchmarking,* conforme visto em 4.7.11, é potencialmente utilizada para a análise dos melhores desempenhos, de sua avaliação e de sua implementação, se for o caso;

- **Difusão do conhecimento:** decorre da transferência do conhecimento através de toda a organização como meio de capitalizá-lo. Pode ser promovida por meio de vários processos como, por exemplo, educação e treinamento, padronização, entre outras técnicas

Segundo Guaragna (2007), o aprendizado organizacional representa algo desejado por todas as organizações, com triplo benefício sinérgico:

- **Benefício 1: Constrói vantagem competitiva à organização.**
  À medida que a organização está perceptiva ao ambiente, recebe e busca informações, gera conhecimento e os aplica, criando novas ou fortalecendo estratégias de negócio já existentes. Com agilidade e antecipação aos seus concorrentes, ela constrói vantagem competitiva.

Conhecimento e aprendizado 253

☐ **Benefício 2: Proporciona o desenvolvimento do ser humano.**

O aprendizado trabalha fortemente com os diversos aspectos da pirâmide de Maslow, vista em 4.2, sendo efetivo instrumento de auxílio à evolução do indivíduo, quer como pessoa ou como profissional.

☐ **Benefício 3: Cria cultura e competência diferenciadas para tratar de mudanças e incertezas.**

Este benefício se estabelece à medida que as pessoas da organização adquirem uma dimensão elevada do aprendizado como forma de fazer frente às mudanças, indefinições e incertezas, para assim buscar a adaptabilidade necessária e extrair vantagem competitiva da mudança.

Finaliza-se este item com a afirmação de Arie de Geus, de que "a capacidade de aprender mais rapidamente do que os concorrentes talvez seja a única vantagem competitiva sustentável" (GEUS, 1998).

8.5.2 Treinamento

A norma NBR ISO 9004:2008 afirma que a educação e o treinamento contínuos são essenciais para todos. Os programas de educação e treinamento são importantes para criar e manter um ambiente propício à melhoria da qualidade. Todos os membros de uma organização, inclusive os dos mais altos níveis da administração, devem ser instruídos e treinados em princípios e práticas da qualidade e na aplicação de métodos apropriados de melhoria da qualidade, compreendendo também o uso de suas ferramentas e técnicas. Todos os programas de educação e treinamento devem ser analisados criticamente quanto à sua coerência com os princípios e práticas da qualidade. A eficácia da educação e do treinamento deve ser avaliada regularmente. Treinamento separado da aplicação raramente é efetivo (ABNT, 2008).

Para efeito de auditoria a respeito, a norma NBR ISO 9001:2008 estabelece, no seu item 6.2.2 – Competência, treinamento e conscientização, que a organização deve:

a) Determinar a competência necessária para as pessoas que executam trabalhos que afetam as conformidades com os requisitos do produto;

b) Onde aplicável, prover treinamento ou tomar outras ações para atingir a competência necessária;

c) Avaliar a eficácia das ações executadas;

d) Assegurar que o seu pessoal está consciente quanto à pertinência e importância de suas atividades e de como eles contribuem para atingir os objetivos da qualidade;

e) Manter registros apropriados de educação, treinamento, habilidade e experiência.

Ou seja, é competência da organização decidir onde aplicar ou não o treinamento. Entretanto, em uma auditoria da qualidade, a ausência de treinamento certamente será encarada como não conformidade à norma.

Auditar esta questão traz uma dificuldade adicional, referente ao levantamento das necessidades de treinamento, questão diretamente ligada à sua aplicabilidade e que representa um sério desafio às organizações. Esse levantamento, que deveria ser objeto de um detalhado estudo de necessidades, via de regra, por não comprometimento com o assunto ou por simples facilidade, é feito por meio de consulta aos futuros treinandos, optando-se pelas indicações mais frequentes, o que decididamente não é o procedimento mais adequado, contemplando somente os interesses dos consultados e não da organização como um todo.

É interessante apresentar aqui a comparação feita por Terra (2005) entre os paradigmas de treinamento e aprendizado, vistos no Quadro 8.5.

Quadro 8.5   Comparação dos paradigmas de treinamento e aprendizado

Variável	Paradigma de treinamento	Paradigma de aprendizado
Visão do processo de aprendizado	É um processo estritamente racional; Depende, em grande medida, da metodologia adotada; Instrutor desempenha um papel fundamental; Ocorre, frequentemente, desconectando da realidade; Ocorre principalmente, através da absorção de conhecimento explícito.	É um processo ativo e laborioso, que envolve todos os sentidos do corpo; Envolve um indissociável processo mental e emocional; Processa-se, em grande medida, no subconsciente; daí a importância da intuição e do conhecimento tácito; Resulta da resolução de tensões e liberação de angústias, principalmente quando envolve avanços importantes; Depende das experiências, tentativas e erros de cada indivíduo; é um processo social que depende da interação com outros; Inclui a capacidade de combinar diferentes *inputs* e perspectivas e compreender relações complexas através de um permanente processo de reformulação dos modelos mentais e mapas cognitivos; Está associado a mudanças de comportamento.
Método utilizado pelas empresas	Programas formais de treinamento; Treinamento individual através de diferentes mídias (inclusive computador).	Mesmos do paradigma anterior, mais: Aconselhamento; Aprendizado em equipe; *Benchmarking*; Compartilhamento de ideias e conhecimentos através de contatos informais, etc.
Conteúdo dos programas formais	Especialidades funcionais e técnicas gerenciais.	Especialidades funcionais e técnicas gerenciais; Estratégias de trabalho.
Responsabilidade	Primordialmente da empresa.	Compartilhada entre funcionário e empresa, mas, claramente, dependente das iniciativas e atitudes dos funcionários.
Avaliação de resultados	Pré-testes e pós-testes; Satisfação dos alunos; Avaliação formal do grau de aprendizado do conteúdo ensinado.	Melhorias nos resultados do trabalho.

Fonte: Adaptado de Terra (2005).

Conhecimento e aprendizado

8.5.3 Educação corporativa

A conscientização das organizações quanto às necessidades de educação e treinamento dos seus colaboradores nos tempos que correm é crescente, por razões expostas nos itens anteriores. Entretanto, existe a realidade de que o ensino tradicional em geral não atende às necessidades dessas organizações, seja por não se adaptar como deveria, acompanhando a evolução dessas necessidades, seja pela tradicional falta de diálogo entre as instituições de ensino e as empresas e demais organizações voltadas à sociedade. O próprio ensino técnico, muitas vezes, não supre devidamente as necessidades empresariais.

Sendo assim, as organizações procuram resolver suas necessidades criando seus próprios sistemas de treinamento e também, em diversos casos, patrocinando educação para categorias de seus colaboradores. Isso pode ocorrer de várias formas, tais como:

- A contratação de serviços especializados de treinamento, seja enviando colaboradores para receberem cursos nesses fornecedores, seja promovendo o treinamento *in company* com a formação de turmas inteiras;
- Recorrendo a egressos de organismos criados pelas associações empresariais, como o SENAI – Serviço Nacional de Aprendizado Industrial, o SENAC – Serviço Nacional do Aprendizado do Comércio, e outros;
- Criando seus próprios organismos internos de treinamento, valendo-se de profissionais próprios ou professores e instrutores contratados.

Grupos empresariais de grande porte têm se valido crescentemente da terceira alternativa, em um processo de educação e treinamento corporativo, que em diversos casos adotou a designação de Universidade Corporativa. Nelas se pratica a formação de profissionais voltados às necessidades da empresa, à sua estratégia de negócios, buscando a implementação da organização que aprende e que promove o aprendizado.

Segundo Eboli (2004), a missão das universidades corporativas é formar e desenvolver os talentos para a gestão dos negócios, promovendo a gestão do conhecimento organizacional, por meio de um processo de aprendizagem ativa e contínua. O objetivo principal desse processo é o desenvolvimento e a instalação das competências empresariais e estratégias do negócio.

Meister (1999) apresenta um comparativo entre o paradigma tradicional de treinamento e o paradigma de aprendizagem do século XXI, mostrado no Quadro 8.6.

Quadro 8.6 Mudança de paradigma do treinamento à aprendizagem

Item	Paradigma tradicional de treinamento	Paradigma de aprendizagem do século XXI
Local	Prédio	Qualquer lugar, a qualquer hora
Conteúdos	Atualizar qualificações	Desenvolver competências básicas do ambiente de negócios
Metodologia	Aprender ouvindo	Aprender agindo
Público alvo	Funcionários internos	Equipes de funcionários, clientes e fornecedores
Corpo docente	Professores/consultores externos	Gerentes seniors, professores universitários, consultores
Frequência	Evento único	Processo contínuo de aprendizagem
Meta	Desenvolver o estoque de qualificações do indivíduo	Solucionar problemas empresariais e melhorar o desempenho no trabalho

Fonte: Adaptado de Meister (1999).

Silva (2009) realizou uma pesquisa em 26 empresas do Polo Industrial de Manaus, entre manufaturas e prestadoras de serviços, das quais 9 possuíam universidades corporativas e 17 se valiam de tradicionais setores de T&D – Treinamento e Desenvolvimento. Todas as empresas pesquisadas têm atuação nacional ou multinacional, o que amplia a abrangência da pesquisa. São as seguintes algumas das conclusões dessa pesquisa:

- Uma dificuldade frequente é a falta de formação escolar mínima[4] para a qualificação dos participantes, levando à necessidade prévia de investir nessa formação, como também a falta de intimidade com as novas tecnologias;
- Muitos dos programas educacionais são centralizados nas sedes das empresas, o que torna pouco flexíveis as decisões sobre quem, quando e onde educar;
- O conceito de treinamento possui forte conotação, possivelmente por herança dos paradigmas de T&D;
- Existe despreparo dos educadores para atuar na educação corporativa.

Outra questão que está no cerne da problemática da educação corporativa é a do uso ou não das possibilidades oferecidas pela educação a distância, discutida a seguir.

8.5.4 Educação a Distância – EaD

A possibilidade de se promover educação e treinamento a distância usando as modernas tecnologias da informação e das telecomunicações é uma realidade cada

---

4   O velho e grande problema nacional...

Conhecimento e aprendizado

vez mais presente no mundo moderno, embora essa prática não seja nova, tendo-se iniciado no século XIX com a realização de cursos por correspondência.

Existem algumas boas razões para se cogitar do oferecimento de cursos a distância, dentre as quais:

- A possibilidade de satisfazer a necessidade de educandos que, de outra forma, não teriam acesso ao conhecimento, seja por estarem geograficamente longe dos pontos de oferecimento das aulas ou palestras, seja por não poderem delas participar por impossibilidade de horário, seja por outras razões;

- A possibilidade de se oferecerem programas de ensino com excelente qualidade para muitos participantes, devido à possibilidade de uso de sessões com os melhores comunicadores disseminadas sincrona ou assincronamente a grandes públicos;

- A possibilidade de se conseguirem melhores resultados no aprendizado pela introdução de uma mudança de paradigma na maneira tradicional de ensinar, que remonta aos tempos de Platão e Aristóteles, como visto a seguir.

Entretanto, a implementação de programas de EaD, como sempre ocorre na introdução de algo novo, tem encontrado diversas resistências, mormente nos meios acadêmicos, usando alegações como as de que não pode ser eficaz e trará o desemprego de professores, desconsiderando o fato de que a EaD veio para somar esforços educacionais e não para prejudicar ninguém.

Não se pretende, neste livro, aprofundar no assunto. Entretanto, ele é aqui mencionado por se reconhecer na educação a distância um importante caminho para resolver os graves problemas educacionais que afligem países como o Brasil, como também por ser um recurso que pode ser eficazmente utilizado na educação corporativa.

Vejamos um pouco mais sobre a questão:

a) As palavras-chave em EaD

Costa Neto (2003) considera serem três as principais palavras-chave em educação à distância: **mudança de paradigma**, **interatividade** e **economia de escala**. Comentemos cada uma delas.

A mudança do paradigma instrucional responde à pergunta, feita pelos céticos, de como pode a EaD funcionar tão bem, e amiúde até melhor, que a educação tradicional, presencial. Isto se deve à mudança de paradigma, sem o que a EaD fracassaria.

O paradigma clássico da educação é centrado na figura do professor e no verbo ensinar. O douto mestre, como um sol, irradia seus conhecimentos, repassando-os aos humildes alunos, que aprenderão ou não. Estudos recentes, conforme já foi dito, mostram que, em geral, os alunos absorvem cerca de 15% do que se lhes tentou transmitir.

No novo paradigma, a figura central passa a ser o aluno, evidentemente instalado em um adequado e meticulosamente planejado ambiente instrucional, e o verbo-chave é aprender, ou, melhor ainda, aprender a aprender. Não significa que os professores deixem de ter importância; pelo contrário, amplia-se o seu papel: além de transmitir conhecimento, devem fazê-lo da melhor forma compatível com o veículo de comunicação utilizado.

Do exposto, conclui se que a primeira palavra-chave da EaD tem cunho claramente pedagógico.

A segunda palavra-chave é a interatividade, sem a qual a EaD também fracassará. A ausência física do professor deve ser compensada por um eficaz sistema de comunicação com a coordenação, sem o que o aluno se sentirá abandonado, frustrado, inseguro, e tenderá a desistir do curso. As suas dúvidas devem ser prontamente esclarecidas, o seu aprendizado permanentemente avaliado, a sua participação no processo educacional sistematicamente incentivada.

Note-se que a interatividade deve ocorrer nos dois sentidos, os alunos acessando a fonte do conhecimento e o professor acompanhando o desenvolvimento dos seus alunos. Para isso, mecanismos de *chat* e *forum*, monitores, uso de fax e telefone têm sido usados.

A interatividade é, portanto, uma palavra-chave de cunho comunicacional e, diríamos também, psicológico.

A economia de escala, por sua vez, é obviamente uma palavra-chave de natureza econômica. Está relacionada com a viabilidade econômica dos projetos de EaD.

b) Veículos da EaD

Dentre eles, podem-se citar:

- **Videoconferência**, por linhas telefônicas dedicadas, que permite interatividade visual em ambas as direções, hoje mais usada para telerreuniões. Teve como pioneiros no Brasil uma série de cursos oferecidos pela Universidade Federal de Santa Catarina;
- **Teleconferência**, por via satelital, uma boa solução para grandes públicos dispersos, mas que peca por interatividade não adequada ao ensino e treinamento;
- **Teleconferência interativa**, que agrega à anterior a necessária interatividade mediante dispositivos individuais de comunicação;
- **e-learning**, caracterizado pelo uso da Internet. É a solução que mais tem sido utilizada, por requerer menor investimento. É popular entre o público jovem, familiarizado com o uso do computador. Tem a vantagem da assincronicidade, podendo ser acessada quando desejado pelo aluno, mas requer um cuidadoso e eficaz trabalho de preparação e organização dos conteúdos por especialistas. Já permite animações e apresentações do expositor mediante técnicas de *streamming* de vídeo;
- **Correspondência**, que teve no Brasil os significativos exemplos dos Institutos Monitor e Universal Brasileiro, ainda usada em vários casos.

Conhecimento e aprendizado 259

As três primeiras formas citadas são síncronas, ou seja, a transmissão do conhecimento se dá no instante em que é transmitido, obrigado o cumprimento de horário pelos alunos, enquanto as duas últimas são assíncronas.

c) Considerações e alerta

A EaD é uma importante possibilidade a ser utilizada no ensino em geral, e na educação e treinamento corporativo. Seu crescimento no Brasil, a partir da década de 1990, tem sido muito significativo. O Ministério da Educação e Cultura criou a SEED – Secretaria Especial de Educação a Distância para dar sua contribuição ao desenvolvimento da nova modalidade e fundou-se, em 21/06/1995, a ABED – Associação Brasileira de Educação a Distância (ver www.abed.org.br) como entidade de apoio, congraçamento, realização de congressos, etc. Um mais eficaz desenvolvimento das atividades de ensino em um país grande e carente como o nosso, na opinião dos autores deste livro, passa pela educação e treinamento a distância.

O alerta se refere ao uso, percebido em vários casos, de universidades e faculdades que estão se valendo de uma lei que permite ministrar por EaD 20% das aulas dos cursos de graduação e o estão fazendo sem o devido cuidado com a qualidade desses cursos, mediante o uso de recursos financeiros e humanos insuficientes e inadequados, visando redução de custos. Isto pode ser um fator desacreditador da eficácia da EaD perante a sociedade, que pode levar à sua injusta desmoralização, para alegria dos céticos que, por ignorância ou má fé, nela não acreditam.

8.6 INOVAÇÃO

A Figura 6.9, apresentada em 6.5, mostra, como contraponto às melhorias contínuas obtidas no dia a dia dos processos, as melhorias incrementais, que representam "saltos" de melhoria da qualidade devidos a intervenções mais eficazes. O que a mencionada figura e seus componentes têm a ver com o conceito de inovação?

Se recorrermos aos dicionários, encontraremos para inovação definições como "introduzir algo novo" ou equivalentes. Isto pode satisfazer os dicionaristas, mas não a nós quanto ao sentido do termo que nos interessa.

Consideramos inovação como algo novo que gera valor adicional. Uma invenção pura e simplesmente, por exemplo, não deve ser considerada como tal.

É claro que a questão da geração de valor é relativa, depende de quem a interprete. Uma novidade pode gerar valor adicional para certas aplicações (para as quais representará uma inovação) e não para outras.

Voltando à Figura 6.9, esta conceituação leva à consideração de que deve haver algum tipo de inovação tanto nas providências que resultaram em melhoria contínua quanto naquelas que produziram melhoria incremental. A diferença é que os efeitos das melhorias incrementais são mais fortes, mais visíveis, muito provavelmente devido à introdução de procedimentos diferenciados ou ao aporte de nova tecnologia.

De fato, a inovação é, via de regra, associada a um processo de geração de novas tecnologias, que se acelera exponencialmente nos tempos que correm. Nesse processo, pode ocorrer a inovação de produto (bens ou serviços), pelo aperfeiçoamento de produtos já conhecidos ou pelo surgimento de produtos tecnologicamente novos, cuja característica básica de funcionamento difere em essência das formas anteriormente conhecidas. Entretanto, a inovação de produto deve em geral ser acompanhada pela inovação tecnológica do processo produtivo, para permitir que essa inovação seja realizada na prática e possa atingir o seu potencial público consumidor. A Figura 8.8 mostra como em geral se relacionam esses dois tipos de inovação.

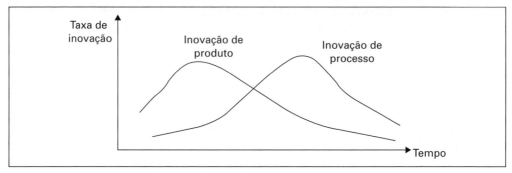

Figura 8.8   Inovação de produto e de processo

Uma visão a este respeito é oferecida pela PINTEC – Pesquisa Industrial de Inovação Tecnológica 2000, do IBGE – Fundação Instituto Brasileiro de Geografia e Estatística, para quem "a inovação tecnológica é definida pela implementação de produtos (bens ou serviços) ou processos tecnologicamente novos ou substancialmente aprimorados. A implementação da inovação ocorre quando o produto é introduzido no mercado ou o processo passa a ser operado pela empresa".

A Figura 8.9 procura situar a inovação e os elementos que a cercam a montante e a jusante de um processo sustentável de realização de novos produtos (bens ou serviços). Essa figura está em consonância com a definição de inovação como o estabelecimento de algo novo que representa agregação de valor econômico.

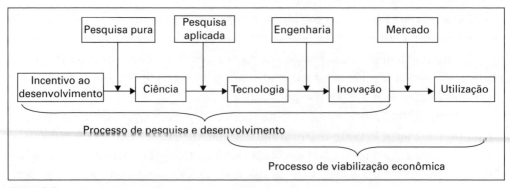

Figura 8.9   Processo sustentável de inovação tecnológica baseada em tecnologia

Conhecimento e aprendizado

Cabe caracterizar os elementos presentes na Figura 8.9 ainda não discutidos neste item:

- **Pesquisa pura** (ou básica, ou fundamental) é a pesquisa realizada com o objetivo de aumentar os conhecimentos científicos, sem se preocupar com a possibilidade de aplicações práticas;

- **Pesquisa aplicada** é a busca de novos conhecimentos científicos ou não, que ofereçam soluções a problemas objetivos, previamente definidos;

- **Ciência** é o conjunto organizado dos conhecimentos relativos ao universo objetivo, envolvendo seus fenômenos naturais, ambientais e comportamentais;

- **Tecnologia** é o conjunto ordenado de todos os conhecimentos científicos, empíricos ou intuitivos, empregados na produção e comercialização de bens ou serviços (LONGO, 1975).[5]

Quanto à Engenharia, Leme (1997), ao caracterizar o *"spectrum* da tecnologia", cita, em ordem decrescente de sofisticação (sendo as mais sofisticadas mais características dos países com maior desenvolvimento), respectivamente, as Engenharias de Desenvolvimento, de Projeto, de Produção, de Construção e de Manutenção, parecendo claro que as duas primeiras se relacionam à passagem do estágio de tecnologia para o de inovação.

Por mercado, conforme apresentado na figura, entende-se o conjunto de elementos que viabilizam a utilização econômica da inovação e seus derivados, incluindo aspectos de custos, de aceitação dos produtos pelos potenciais clientes, e mercadológicos. Por outro lado, voltando às colocações de Leme (1997), as três outras engenharias citadas podem ter a ver com o adequado atendimento das necessidades do mercado.

A inovação baseada em tecnologia exige investimento, risco, compartilhamento de conhecimento e adequada administração do processo de sua geração. Nos países desenvolvidos, é comum se conseguir essas condições por meio de centros de pesquisa associados às universidades, que realizam a ponte entre as pesquisas acadêmicas e as necessidades do mercado.

Deve-se, entretanto, relembrar que a inovação não depende necessariamente da incorporação de novas e revolucionárias tecnologias, mas de ideias novas que acrescentam valor, conforme os seguintes exemplos:

a) Mediante o uso das chamadas tecnologias apropriadas, que aproveitam peculiaridades específicas de certas regiões ou culturas, como no uso das pedras abundantes no local em vez de tijolos para a construção de casas na cidade de São Tomé das Letras, MG;

---

[5] Esta definição embute o conceito de inovação, conforme ilustrado na figura em questão, mas a recíproca não é verdadeira, pois pode haver inovação sem nova tecnologia.

b) A eliminação de procedimentos desnecessários em processos, aumentando a produtividade e reduzindo o custo, caso em que a inovação se apresente sob a forma de racionalização;

c) O surgimento há três décadas das empresas aéreas que competiam em custo mediante a eliminação de gastos com refeições, bebidas, *check-in* e outras atividades não diretamente ligadas ao escopo do serviço;

d) A introdução de faixas exclusivas para ônibus nas grandes cidades, como forma de melhorar o transporte público e incentivar o seu uso;

e) A criação e ampla disseminação dos restaurantes por quilo;

f) No futebol, a proibição de os goleiros agarrarem bolas recuadas, eliminando um recurso de empobrecimento do jogo;

g) O ato de se abaixar e beijar o chão em cada país visitado, pelo papa João Paulo II.

Por fim, é importante frisar o perigo social ligado ao surgimento de inovações. Quando, no século XVIII, as invenções do tear e da máquina a vapor trouxeram importantes inovações, substituindo o trabalho humano por máquinas, em compensação propiciaram a geração de numerosos outros empregos decorrentes da Revolução Industrial, que adveio junto com enorme incremento do comércio. No mundo saturado como o de hoje, inovações que representam automação de processos podem levar muitas pessoas ao desemprego sem ter alternativas compensadoras, gerando grave problema social cuja solução dependerá de ações de governo. Isso tem sido feito em diversos países por meio de sistemas de seguridade social. No Brasil, há a questionável solução do Fundo de Garantia por Tempo de Serviço.

Rifkin (2001), há quase uma década, advertia: "Se os dramáticos ganhos de produtividade da revolução tecnológica não forem compartilhados, mas sim usados principalmente para melhorar os lucros da empresa, para o benefício exclusivo dos acionistas, altos executivos e da emergente elite dos trabalhadores com conhecimento da alta tecnologia, há a possibilidade de que a lacuna cada vez maior entre os que têm e os que não têm leve a uma revolução social e política em escala global". Resta saber se, até que ponto e de que outra forma, suas palavras podem estar adquirindo foro de verdade.

Em 11.1 volta-se à questão das inovações mediante a apresentação de outras considerações e exemplos.

8.7 TECNOLOGIA DA INFORMAÇÃO – TI

Um dos campos onde as inovações têm surgido com mais intensidade na atualidade é o da TI, por razões facilmente compreensíveis. Basta imaginar o que existe em termos de controle do espaço aéreo e estabelecimento de rotas dos aviões,[6] de controle

---

[6] Apesar de haver opiniões de que os últimos grandes acidentes podem ter sido precipitados por excesso de computação embarcada, que restringe a autonomia dos pilotos.

Conhecimento e aprendizado

das linhas do Metrô, da automação bancária, do comércio eletrônico, dos sistemas de informações e busca na internet, e por aí vai. A própria Gestão do Conhecimento, discutida em 8.3, não pode prescindir da TI, conforme ilustrado na Figura 8.4. Esta colocação é endossada por Albertin (2009), para quem as organizações têm buscado um uso cada vez mais intenso e amplo da Tecnologia da Informação, descobrindo formas de utilizar esta poderosa tecnologia, capaz de transformar dados e informações em conhecimento. Porém, como conceituar a TI?

Porter e Millar (1985) consideram a TI como o campo do conhecimento que abrange todas as informações criadas e utilizadas pelos negócios, bem como o grande espectro de tecnologias, cada vez mais convergentes e interligadas, que processam essas informações. Essas tecnologias envolvem computadores, equipamentos de reconhecimento de dados, redes de comunicação, automação industrial e toda sorte de outros *hardwares*, *softwares* e serviços envolvidos.

Vê-se, da conceituação acima, que a TI se vale de duas categorias distintas, porém fortemente interligadas, de elementos: os físicos, tangíveis, representados pelos *hardwares*, e os de natureza mais tipicamente intangível, representados pelos *softwares* e serviços. Há, entretanto, uma relação de causalidade embutida nessa dicotomia, pois os *softwares* e serviços estão, de alguma forma, condicionados na sua possibilidade de ampliação e abrangência, às inovações em *hardware*, sem que isto signifique que também não haja inovações em *softwares* e serviços.

Discute-se entre os especialistas se os Sistemas de Informação, apresentados em 8.4, incluem-se entre as atribuições de TI, no caso como serviços, o que deixaremos a cargo da opinião de cada leitor. Neste item, a apresentação se centra na visão da conceituação supra.

Segundo Maeda Junior (2006), conforme citado por Costa (2007-b), a TI apresenta as seguintes características:

- Grande transitoriedade e rápida obsolescência;
- Como mercadoria, tem valor de troca e é negociável;
- É heterogênea;
- Pode gerar diferentes níveis de impactos sobre as organizações e sobre a sociedade;
- É apenas um meio para atingir objetivos e não um fim em si mesma;
- Assume diferentes funções, conforme as oportunidades e necessidades que surjam;
- Ajuda a perpetuar as relações de poder;
- Requer um contínuo aprendizado por parte de seus usuários;
- Está sendo democratizada.

Invocando a contribuição de outros autores, Costa (2007-b) apresenta também os impactos do uso da TI nas organizações:

- Aumenta a produtividade;
- Desenvolve uma memória das atividades executadas e das soluções aplicadas;
- Elabora projeções com base no desempenho passado;
- Influencia as estruturas organizacionais, negócios e vantagens competitivas;
- Aumenta a possibilidade do ensino a distância;
- Transformou e continua transformando as operações nos escritórios;
- Modifica relações pessoais e comportamentos;
- Melhora o relacionamento com clientes e parceiros de negócios;
- Provoca a dependência das organizações da TI;
- Aumenta a velocidade dos processos organizacionais.

À administração das empresas e organizações compete decidir de que maneira constituirá sua estratégia de TI. Isto envolve investimentos em *softwares* e *hardwares*, sendo que, nesta questão, a decisão quanto aos investimentos em *hardware* tendem a se condicionar àquela quanto aos investimentos em *software*.

O investimento em *software* pode se dar das seguintes formas:

a) **Desenvolvimento pelos próprios usuários**: pressupõe escopo restrito, equipamentos simples, equipe capacitada ao desenvolvimento e teste dos aplicativos, customização. Tem as desvantagens da duplicação de funções, dificuldades de manutenção, provável aumento no custo de operação, entre outras;

b) **Desenvolvimento interno à empresa**: pressupõe a existência de um grupo de desenvolvedores capacitado e atualizado, em permanente contato com os usuários e suas necessidades. Pode justificar-se quando as solicitações são aproximadamente uniformes no tempo e/ou pela alta responsabilidade envolvida. Tende a aumentar os custos do desenvolvimento;

c) **Aquisição de pacotes prontos**: justificável nos casos de urgência e de grande complexidade. Necessita em geral diversas adaptações à realidade da empresa. Deve ser cercada de cuidados com a manutenção e assistência técnica. Um típico exemplo é o caso dos sistemas ERP comerciais, discutido em 5.2.3;

d) **Recurso a consultorias externas**, no sentido de interagir com os especialistas próprios visando obter opiniões abalizadas sobre processos de *software* ou a integração de sistemas;

e) **Terceirização**, caso em que a empresa subcontrata suas atividades de TI de forma total ou parcial, em que é recomendável o estabelecimento da confiança mútua, ou mesmo de uma parceria ganha-ganha como elemento de sucesso na terceirização.

A importância da TI e seu alinhamento estratégico nas organizações levou ao surgimento do conceito de Governança de TI, onde a TI assume papel de relevo entre as

Conhecimento e aprendizado 265

atividades características de um sistema de governança corporativa. Uma introdução a respeito pode ser vista em Costa (2007-b).

8.8 QUESTÕES PARA REFLEXÃO E DISCUSSÃO

1. As Figuras 8.1 e 8.2 não constam de livros anteriores ao presente e, por serem novas, estão abertas à discussão. Proceda a essa discussão e, se julgar que conseguiu um aprimoramento significativo dessas representações da realidade, apresente-o aos autores, até como forma de prosseguimento da discussão.

2. Segundo o IBGE, o índice de analfabetismo no Brasil em 2009 é de 8,8%. Será mesmo? Evidentemente, seu estabelecimento depende de alguma metodologia que obedece a certos critérios. Será adequada? O que você considera uma pessoa alfabetizada?

3. Os *containers* são largamente utilizados nos serviços de transporte marítimo/rodoviário. Discutir o surgimento desta solução à luz do conceito de inovação.

4. Há que ter cuidado com as informações estatísticas. Foi noticiado no rádio que 46% dos adolescentes (faixa de 12 a 18 anos) no Brasil são vítimas de homicídio. Claro que isso não pode proceder. Leu-se então no jornal que "homicídio é a causa de 46% das mortes entre adolescentes". Ainda é terrível, mas, agora, realista. Lendo as entrelinhas da notícia, vê-se a informação de que, por essa via, devem morrer dois em cada mil adolescentes no Brasil. Ou seja: como 4,35% das pessoas morrem na adolescência, 46% dessas por homicídio. Com estas considerações em mente, analise com calma outras informações estatísticas que encontrar, buscando captar o que elas estão realmente informando.

5. Enumere facilidades baseadas em tecnologia de que você dispõe hoje e não dispunha há dez anos. Com base no fato de que o surgimento dessas novidades tem crescimento exponencial, faça o exercício de imaginar coisas inexistentes hoje de que você poderá estar desfrutando dez anos à frente.

6. Discuta se constituem ou não inovações:
   a) Os jogos eletrônicos
   b) A fila única
   c) Os moto-táxis
   d) Os jornais eletrônicos
   e) A bomba atômica

7. Faça uma avaliação da importância de Tecnologia da Informação na sua vida particular, discutindo os prós e contras dessa participação.

9

Contribuições recentes

9.1 COMPETITIVIDADE

Neste item voltamos a examinar a problemática da competitividade, cuja importância e conceitos básicos foram apresentados em 6.3, sob a ótica de três conceituados autores, selecionados entre os muitos que se ocuparam da questão.

9.1.1 A visão de Michael Porter

Segundo Porter (2005), o principal objetivo de um país consiste em proporcionar um padrão de vida elevado e crescente para os cidadãos. A capacidade para tanto depende da produtividade com que o trabalho e o capital atuam. Neste sentido, produtividade é o valor da produção de uma unidade de trabalho ou de capital. Não obstante, o resultado final de uma operação vai depender tanto da qualidade e das características dos produtos (que determinam o seu preço) como da eficiência com que são produzidos.[1] O autor afirma ainda que "a produtividade é o principal determinante do padrão de vida de longo prazo do país; é a causa primordial da renda per capita nacional". A produtividade dos recursos humanos determina o salário dos empregados, enquanto que a do capital estabelece o retorno gerado para seus detentores.

Em relação às empresas, Porter (2005) afirma que estas podem atingir uma potencial vantagem competitiva mediante iniciativas de inovação. Elas devem considerar a inovação em seu sentido mais amplo, abrangendo novas tecnologias e novas maneiras de fazer as coisas. A inovação manifesta-se no novo desenho do produto, no

---

[1] Os autores do presente livro consideram esta afirmação em perfeito acordo com o que foi discutido em 6.3.

novo processo de produção, na nova abordagem de marketing ou nos novos métodos de treinamento. Sempre demandam investimentos em habilidade e conhecimento, assim como em ativos físicos e na reputação das marcas.

A competitividade pode ser entendida como sendo a capacidade da empresa de formular e implementar estratégias simultâneas que lhe permitam conservar, de forma duradoura, uma posição sustentável no mercado. Portanto, a competitividade possui caráter sistêmico, resultante do fato de que o desempenho empresarial é dependente de fatores internos à empresa, estruturais e gerenciais, onde se inclui o enfoque estratégico da governança corporativa, para atender às demandas do meio ambiente (amplo e restrito) em que a empresa atua.

A competitividade está diretamente atrelada à obtenção de vantagens competitivas, que surgem fundamentalmente do valor que a empresa consegue estabelecer para seus produtos ou serviços conforme o julgamento dos seus potenciais clientes, valor que deve ser necessariamente superior ao custo total de obtenção e distribuição desses produtos e serviços. O valor, para a empresa fornecedora, é representado monetariamente pelo preço que os compradores estão dispostos a pagar pelo que oferecem. Poder oferecer esses produtos ou serviços por preços abaixo desse valor representa, frente à concorrência, uma clara forma de vantagem competitiva, baseada na liderança em custo (ver, a propósito, as Figuras 6.4 e 6.5).

Uma segunda forma de se conseguir vantagem competitiva é por diferenciação. Esta pode ser estabelecida de diversas formas, como o oferecimento de algo especial, o atingimento de público específicos e/ou nichos de mercado de difícil acesso aos concorrentes, o uso de marketing eficaz, a criação de ambientes especiais, a fidelização dos clientes pela exata compreensão das suas expectativas, etc.

Porter (2005) considera os fatores estruturais alavancadores de vantagens competitivas. Cinco forças competitivas foram consideradas em seu modelo como atuantes para efeito da rentabilidade de uma empresa: a entrada de novos concorrentes, a ameaça de produtos ou serviços substitutos, o poder de negociação dos compradores, o poder de negociação dos fornecedores e a rivalidade entre os concorrentes. O autor afirma também que o vigor de cada uma dessas cinco forças da competição é uma função da estrutura industrial, ou das características técnicas e econômicas subjacentes de um dado setor industrial. Apresenta, ainda, seis fatores determinantes para a competitividade de um dado setor industrial: existência de altas barreiras para a entrada de novos concorrentes, inexistência de barreiras para a sua saída, pequeno grau de rivalidade entre os concorrentes, inexistência de produtos/serviços substitutos, maior poder de negociação que os clientes e maior poder de negociação que os fornecedores.

Assim, se as cinco forças competitivas e seus seis determinantes estruturais fossem exclusivamente uma função de características intrínsecas de uma dada indústria,

Contribuições recentes 269

então a estratégia competitiva dependeria muito da escolha da indústria certa e da compreensão das cinco forças de uma forma melhor do que os concorrentes. As empresas, por meio de suas estratégias, podem influenciar as cinco forças. Se uma empresa pode modelar a estrutura, ela pode modificar fundamentalmente a atratividade de uma indústria para melhor ou para pior. Muitas estratégias de sucesso modificaram as regras da concorrência dessa forma.

Porter (1990) considera que a estratégia competitiva está associada à busca de um posicionamento favorável no ambiente concorrencial. A vantagem competitiva se origina do conjunto de atividades que a empresa executa no projeto, na produção, no marketing e na logística de suporte, configurando o que ele chama de cadeia de valor. Esta, por sua vez, se encaixa em uma corrente maior de atividades, ou sistema de valor, que abrange fornecedores, distribuidores e clientes. Para o autor, as atividades estão relacionadas por meio de elos. Nesse sentido, abre-se oportunidade para a obtenção da vantagem competitiva a partir do gerenciamento desses elos. Seguindo esta visão, em um sentido mais amplo, a cadeia externa de valor enfoca a necessidade de avaliação e aproveitamento de valores já embutidos nas relações com fornecedores, distribuidores e clientes. Além disso, é imprescindível que se investiguem aspectos ligados a variáveis tipicamente microeconômicas e culturais.

9.1.2 O modelo de José Celso Contador

Este pesquisador da Administração concebeu e vem aprimorando um modelo de gestão estratégica denominado de "campos e armas da competição", cuja presente versão é apresentada em Contador (2008). Para tanto, define campo de competição como o *locus* imaginário da disputa entre empresas pela preferência do cliente, onde a empresa busca alcançar e manter vantagem competitiva, e arma de competição como uma atividade executada ou um recurso utilizado pela empresa para conquistar e/ou manter vantagem competitiva.

Segundo o autor, são catorze os campos da competição, agregados em cinco macrocampos, conforme apresentado no Quadro 9.1. Já as armas da competição, arsenal a que se recorre em decorrência do campo escolhido para competir, englobam um conjunto bem mais vasto de possibilidades, tais como administração de vendas, tecnologia inovadora, gerenciamento da cadeia de suprimentos, sistema de informações estratégicas, projeto auxiliado por computador – CAD (de Computer Aided Design), administração participativa, etc.

Há ainda o conceito de alvo das armas, o objetivo a ser por elas atingido, sendo cada alvo relacionado a um campo da competição. O alvo é o elemento de ligação entre um campo de competição e as armas a serem utilizadas. O Quadro 9.1 também relaciona os alvos aos campos da competição.

270 Administração com qualidade

Quadro 9.1   Campos e alvos da competição

Macrocampos da competição	Campos	Alvos
Preço	Preço propriamente dito	Produtividade
	Condições de pagamento	Produtividade
	Prêmio e/ou promoção	Produtividade
Produto	Projeto do produto	Novidade
	Qualidade do produto	Qualidade no processo
	Diversidade de produto	Flexibilidade
Atendimento	Acesso ao atendimento	Acessibilidade
	Projeto do atendimento	Novidade
	Qualidade do atendimento	Qualidade no processo
Prazo	Prazo de entrega do produto	Velocidade
	Prazo de atendimento	Velocidade
Imagem	Do produto e da marca	Desejabilidade
	Da empresa confiável	Confiabilidade
	Em responsabilidade social	Responsabilidade social

Fonte: Adaptado de Contador (2008).

O modelo de campos e armas da competição – CAC tem uma proposição central muito forte que especifica claramente onde a empresa precisa ter alto desempenho para ser mais competitiva: "Para a empresa ser competitiva, não há condição mais relevante do que ter alto desempenho apenas naquelas poucas armas que lhe dão vantagem competitiva nos campos da competição escolhidos para cada par produto/mercado". Segundo seu autor, esta proposição foi enunciada como tese exatamente pela necessidade de ser validada, como de fato foi.

Contador (2008) descobriu que, para a empresa ser competitiva, não basta possuir produto adequado ao mercado, como pensam muitos teóricos de estratégia e de marketing. Pelo CAC, quatro são os condicionantes da competitividade:

1. Produto adequado ao mercado a que se destina;
2. Escolha adequada dos campos da competição e dos coadjuvantes para cada par produto/mercado;
3. Uso adequado das armas da competição, o que significa identificar as armas que são relevantes, semirrelevantes e irrelevantes para os campos da competição e para os coadjuvantes, e definir a intensidade dessas armas;
4. Alinhamento das armas aos campos da competição e aos coadjuvantes.

O modelo de campos e armas da competição é simultaneamente qualitativo e quantitativo, trabalha com variáveis matemáticas e tem-se mostrado muito adequado e eficiente para explicar as vantagens competitivas, analisar e ampliar a competitividade da empresa.

9.1.3   A colocação de Eliezer Arantes da Costa

Tarimbado colaborador da Cia. Vale do Rio Doce e da Promon, e hoje consultor de empresas, Costa (2007-a) relaciona a competitividade com a atratividade de áreas estratégicas, oferecendo uma ponderação interessante a empresas que trabalham com um portfólio diversificado de produtos e serviços, em múltiplas áreas de atuação. Nesse contexto:

- São consideradas com alta atratividade as áreas com boas perspectivas de crescimento, baixa concorrência aliada à dificuldade na entrada de novos concorrentes, bom retorno sobre os investimentos, baixa turbulência, bons canais de distribuição, dentre outras características;
- São consideradas de alta competitividade as áreas onde a empresa se destaca no mercado como uma das primeiras opções entre os fornecedores que concorrem naquela área de negócios.

O autor estabelece uma associação entre competitividade e atratividade, que tem a ver com o ciclo de vida apresentado em 3.7.b aplicado a cada uma das áreas de negócios da empresa, conforme mostrado nos quatro quadrantes da Figura 9.1, na qual:

Quadrante Infância	Representa o conjunto das áreas com alta atratividade e baixa competitividade; são as áreas nascentes, pioneiras, com perspectivas de crescimento que possam justificar investimentos nelas.
Quadrante Estrela	Representa o conjunto das áreas com alta atratividade e alta competitividade; são as áreas de grande crescimento e sucesso, em geral provenientes de áreas novas que progrediram bastante.
Quadrante Vaca leiteira	Representa o conjunto das áreas com baixa atratividade e alta competitividade; são áreas na maturidade lucrativa, estabilizadas, com poucos riscos à vista, embora sem perspectiva de mais crescimento.
Quadrante Cão de estimação	Representa o conjunto das áreas com baixa atratividade e baixa competitividade; são áreas que já sofreram declínio e não têm mais perspectivas de recuperação.

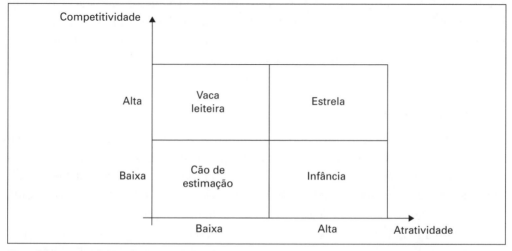

Figura 9.1 Competitividade x atratividade

Fonte: Adaptado de Costa (2005).

Essas quatro posições decisórias típicas sugerem estratégias competitivas distintas:

- Para as áreas no quadrante **Infância**: Decidir se merecem investimento em vistas a resultados futuros ou se devem ser descartadas já no nascedouro;
- Para as áreas no quadrante **Estrela**: Prestigiar, buscar perenizar, continuar investindo;
- Para as áreas no quadrante **Vaca leiteira**: Cuidar, sustentar, evitar (ou retardar ao máximo) o declínio;
- Para as áreas no quadrante **Cão de estimação**: Descartar, desinvestir, liquidar, passar o negócio.

9.1.4 Competição e cooperação

A ideia de competição entre empresas traz logo à mente um processo de disputa em certos aspectos assemelhado a uma guerra. Este tipo de situação acontece, de fato, algumas vezes e o resultado final é, quase sempre, danoso para ambas as partes.

Na verdade, a competição entre empresas por fatias do mercado deve ser encarada como salutar, desde que exercida civilizadamente e dentro dos limites da lei, pois representa um elemento de busca por melhor atender às necessidades e exigências dos clientes, o que passa pela melhoria da qualidade e produtividade dos processos, conforme discutido em 6.3, e pela busca de inovações.

Mais do que isso, competição e cooperação muitas vezes não são antagônicas. O próprio subtítulo do livro *Concorrência, Cooperação e Desenvolvimento* – Do falso dilema entre competição e cooperação ao conceito de concorrência cooperativa (CAMPOS, 2008) sugere este fato.

A existência de *clusters* de negócios (ver 10.2), em que diversas empresas concorrentes entre si se aproximam com vistas a usufruir uma série de vantagens comuns, atesta essa afirmação. Outro bom exemplo foi proporcionado pelas três grandes montadoras de veículos norte-americanas, General Motors, Ford e Chrysler, que, em determinado momento, se uniram para constituir um centro de pesquisas único, cujos resultados eram compartilhados e aproveitados pelas três empresas, passando, daí para a frente, a serem incorporados ao seu processo competitivo.

9.2 MARKETING

O conceito de marketing evoluiu com o tempo e com as características dos mercados (oferta e demanda), mas modernamente, a partir da década de 1950, tem sua ênfase na satisfação das necessidades dos clientes do produto ou serviço a que se refere. Isto representa uma superação da visão anterior, pela qual o marketing era orientado para vendas, para a persuasão do consumidor a adquirir um produto ou serviço.

Certamente influiu nessa evolução do conceito de marketing o fato de que a oferta de produtos ou serviços passou a ser superior à demanda, na maioria dos casos, dando aos clientes um amplificado poder de decisão, conforme já discutido em 2.2.

Contribuições recentes

Além disso, já há considerações sobre o conceito de marketing pós-moderno, referente aos tempos a partir da década de 1990, pois o advento da internet, da globalização, dos portais informativos, das vendas eletrônicas e outras novidades que virão, estão trazendo aos estudiosos do marketing um quadro complexo de análise de como atender agora, da melhor forma, as necessidades desses clientes em face da pulverização e sofisticação dos mercados.

O marketing admite diversas possíveis estratégias, sobre as quais não vamos nos estender neste livro. Entretanto, uma delas, bastante usada desde então, foi citada na referência a Alfred P. Sloan Jr. (ver 1.3.1): a de oferecer o mesmo produto ou serviço com vários níveis de elementos acessórios, para poder estabelecer diferenciações no preço e atingir diversas faixas de consumidores. Sloan fez isso com os seus automóveis, prática que segue sendo usada no presente pelas montadoras, como também pode ser encontrada em muitos outros casos: no vestuário (com presença ou não de determinada marca), nas casas de espetáculos, nas passagens aéreas, em hotéis, etc.

Outra importante atribuição do marketing é o fortalecimento das marcas. Quanto valem as marcas Petrobrás, Embraer, Coca Cola, Nike? A esse respeito, citando Hamel e Prahalad,[2] Las Casas (1999) se refere ao complexo empresarial Disney, que "cria um vínculo emocional entre sua marca e o consumidor, viabilizando a alavancagem de uma série de produtos de consumo, filmes, programas de televisão, revistas, livros, etc".

Philip Kotler é considerado a maior autoridade mundial em marketing, autor das mais importantes obras já editadas nesta área, traduzidas para mais de vinte idiomas e que ultrapassam a marca de 5 milhões de cópias vendidas em 58 países. Escreveu mais de quarenta livros, sendo que doze foram publicados nos últimos cinco anos.

Para Kotler (2001), não existe tranquilidade para os especialistas de marketing. O autor destaca fatores que vêm forçando estes profissionais a um maior esforço para obter grandes resultados, como:

1. **Inflação mundial alta e persistente** – O mundo globalizado está cada vez mais instável, onde guerras, crises financeiras, falências de grandes organizações ou desmando de algum líder isolado afetam todo o planeta;

2. **Escassez de material e energia** – Preocupam o uso abusivo das fontes não renováveis de matéria-prima, a poluição, o desmatamento, a contaminação do planeta e os problemas da mão-de-obra;

3. **Estagnação econômica** – Vários mercados estão se fechando para a proteção do próprio sistema;

4. **Consumerismo** – O novo consumidor está preocupado com etiqueta, marca e *status*, não apenas com o produto;

5. **Ambientalismo** – Cresce a visão de meio ambiente, preocupação com a sociedade, com os problemas além dos muros da organização;

---

[2] Autores do *best-seller Competindo pelo futuro* (HAMEL e PRAHALAD, 1995).

6. **Regulamentações governamentais cada vez maiores** – Os governos estão aumentando as normas e regras a que as empresas estão submetidas;
7. **Mudanças no estilo de vida dos consumidores** – Há novas modas, novos valores e até novas realidades financeiras de cada região;
8. **Necessidades do setor público** – As empresas do setor público estão procurando prestar um serviço mais digno à população, ou ao menos melhorar a própria imagem mediante um esforço de marketing.

O papel do novo especialista de marketing, além das atividades tradicionais, está em encontrar soluções para tais problemas, de modo a conciliar a lucratividade da empresa, a satisfação do cliente e a responsabilidade social.

Analisados de maneira apropriada, esses problemas não deixam de ser também oportunidades. O marketing é o elo que liga as necessidades da sociedade e as atividades industriais. O sucesso de um setor de marketing está na capacidade de ajustar as ofertas da organização às necessidades sempre mutáveis do mercado. As visões do mercado e do mundo além da organização possibilitam a adaptação e o crescimento do poder de competição da empresa diante dos concorrentes.

O autor citado destaca três fatores a serem considerados:

1. Segmentar o mercado mais criativamente do que seus concorrentes e encontrar novos segmentos em que possa se posicionar melhor;
2. Cercar seus produtos com uma reputação de qualidade melhor, ou que sejam mais difíceis de ser imitados;
3. Trabalhar em cima de planos melhores para criar clientes leais (tais como programas de fidelidade).

Kotler (2001) indica quatro orientações que as empresas podem adotar: para o produto, vendas, mercado e marketing. A primeira teve sua grande voga quando, em fases de expansão industrial, a demanda superava a oferta. A segunda, historicamente subsequente, correspondeu a grandes esforços de venda e uso maciço de propaganda. As orientações para o mercado e o marketing, mais consentâneas com os tempos atuais, diferem principalmente pelo fato de que as empresas orientadas para o mercado se valem da efetividade da comunicação de massa, ao passo que aquelas orientadas para o marketing visam o relacionamento duradouro entre os clientes e a empresa.

Segundo esse prestigiado autor, os gerentes de marketing têm duas responsabilidades em uma empresa centrada na qualidade. Primeiro, devem participar da formulação de estratégias e políticas destinadas a ajudar a empresa a obter excelência em Qualidade Total. Segundo, devem praticar qualidade em marketing, acompanhada de qualidade na produção. Assim, os profissionais de marketing exercem vários papéis ao ajudar suas empresas a definir e entregar bens e serviços de alta qualidade aos consumidores alvo. Para tanto:

Contribuições recentes

1. Assumem grande responsabilidade para identificar corretamente as necessidades e exigências dos consumidores;
2. Devem comunicar adequadamente as expectativas dos consumidores aos *designers* dos produtos;
3. Devem assegurar que os pedidos dos consumidores são corretamente atendidos e em tempo;
4. Devem checar se os consumidores receberam instruções apropriadas, treinamento e assistência técnica no uso do produto;
5. Devem manter contato após a venda para acompanhar o nível de satisfação dos consumidores;
6. Devem organizar e encaminhar as ideias dos consumidores aos departamentos apropriados das empresas, para permitir a realização das melhorias cabíveis.

Ferreira (1995) considera cinco etapas de atividades de marketing, desde a concepção do produto até a sua colocação no mercado:

- **Análise ambiental** – Estudam-se o ambiente, a concorrência, mercados-alvos, tecnologia e competitividade;
- **Objetivos de marketing** – Estabelecem-se escopo de atuação, informações dos clientes, proposta de valor;
- **Definições estratégicas** – Propõem-se a segmentação, posicionamento, pontos fortes e fracos, oportunidades e diferenciação;
- **Decisões de marketing-mix** – Examinam-se detalhadamente os 4 P's do marketing: Produto, Preço, Praça (distribuição) e Promoção;
- **Ações táticas de marketing** – Determinam-se as formas de comercialização, pós-venda, garantias e assistência.

Bazanini (2007) chama a atenção para o risco de se basear as decisões de marketing apenas na análise de casos de sucesso, pois, em virtude da vertiginosa velocidade com que as mudanças ocorrem nos mercados atuais, uma das principais habilidades do executivo de marketing é a capacidade de saber diferenciar o que ainda é o que não é mais válido nos procedimentos mercadológicos. O autor recomenda também que as decisões em marketing sejam acompanhadas por medidas preventivas, ou planos alternativos, para minimizar os efeitos das turbulências a que os mercados estão constantemente sujeitos, por inúmeras razões, nos tempos presentes.

Finalizamos este item com uma consideração a ser ponderada pelos administradores das empresas privadas. No início do livro, em 1.1, enfatizamos que a Administração Organizacional e a Administração da Qualidade, na moderna concepção estratégica de gestão, confundem-se, são indissociáveis. Nesse contexto, a ponderação que colocamos é se o marketing, pela sua importância na consecução do objetivo comercial dessas empresas, que é a realização a contento da venda de seus produtos ou serviços, não deveria ser igualmente incluído nesse elenco de prioridades. Ou seja, a alta administração da empresa não deveria, no estabelecimento das estratégias que determinam as demais decisões a serem tomadas, considerar em pé de igualdade com a Administração Empresarial e a Administração da Qualidade também as determinações do marketing?

Nosso sentimento é de que a resposta a essa pergunta é claramente afirmativa, ao menos para as empresas privadas, que devem sobreviver em um mercado altamente competitivo, por força do resultado de suas vendas. No caso de outras organizações, como empresas públicas, associações e órgãos de governo, não haveria a motivação comercial para a propositura, o que não diminui a importância do marketing, como elemento de promoção da devida valorização dos serviços prestados pela instituição à sociedade.

9.3 *BALANCED SCORECARD* – BSC

O BSC é uma metodologia desenvolvida por Kaplan e Norton (1997) que permite traduzir a missão e a estratégia das empresas em um conjunto abrangente de medidas de desempenho que serve de base para um sistema de medição e gestão estratégica, permitindo que as organizações acompanhem seu desenvolvimento financeiro ao mesmo tempo em que monitoram outros indicadores fundamentais para alcançar os seus objetivos (SHIBUYA, 2005). Mais especificamente, "o BSC leva o conjunto de objetivos das unidades de negócios além das medidas financeiras sumarizadas. Os executivos podem agora avaliar até que ponto suas unidades de negócios geram valor para os clientes atuais e futuros, e como devem aperfeiçoar as capacidades internas e os investimentos necessários em pessoal, sistemas e procedimentos visando melhorar o desempenho futuro" (KAPLAN e NORTON, 1997).

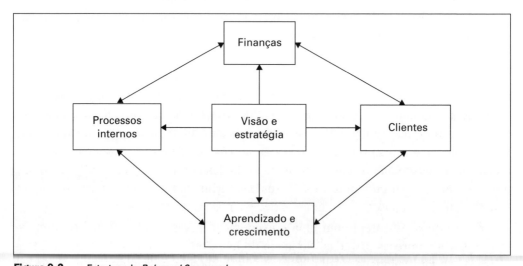

Figura 9.2   Estrutura do *Balanced Scorecard*

A Figura 9.2 representa esquematicamente os relacionamentos e os focos de atenção primordiais propostos pelo BSC. Essa proposta de visão balanceada da empresa como um todo, entre outras vantagens, tem o mérito de corrigir o viés, tradicional nas administrações empresariais, de concentrar a maioria dos esforços gerenciais e dos controles nas atividades e resultados financeiros, legando a segundo plano outros aspectos igualmente importantes, contemplados no BSC, e que, mais do que isso, são necessários para garantir o próprio sucesso financeiro da organização.

Quatro perguntas básicas podem ser associadas aos quatro elementos gerenciais priorizados pelo BSC:

- **Finanças**: Para sermos bem-sucedidos financeiramente, como deveríamos ser vistos pelos proprietários da empresa (donos, acionistas)?
- **Processos internos**: Para satisfazer os donos do negócio e os clientes, em que processos internos devemos ter excelência?
- **Clientes**: Para alcançarmos a nossa visão, como devemos ser vistos pelos nossos clientes?
- **Aprendizado e crescimento**: Para alcançarmos a nossa visão, como devemos sustentar a nossa capacidade de mudar?

É importante notar que os quatro aspectos básicos focados pelo BSC se inter-relacionam de várias maneiras, mas existe uma identificável relação de causa e efeito entre eles, conforme mostrado na Figura 9.3, na qual as linhas tracejadas representam realimentações altamente desejáveis. Essa figura foi estabelecida imaginando empresas operando em regime de normalidade e/ou crescimento. A existência de crise, com decréscimo no resultado financeiro, tende a estabelecer uma realimentação corretiva sobre os demais aspectos.

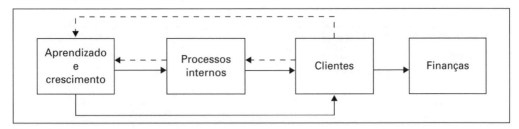

Figura 9.3   Relações de causa e efeito no BSC

O termo *Scorecard* foi deliberadamente usado para frisar a importância de que os resultados referentes aos quatro aspectos básicos considerados sejam permanentemente acompanhados e conhecidos a cada período de verificação por meio de indicadores convenientes. A escolha dos indicadores deve ser criteriosa, verificando todas as variáveis importantes para o negócio, mas também cuidando para que não haja indicadores em excesso, muitos dos quais desnecessários ou sem importância, que poderiam contribuir para desviar a atenção dos aspectos principais.

Exemplos de prováveis indicadores importantes para os quais interessam não só os valores, mas também sua comparação com referenciais de aceitação e excelência, bem como sua tendência de evolução com o tempo, são:

Finanças	Retorno sobre investimento Receita bruta Lucro líquido Custos da produção
Clientes	Fatia do mercado Número de reclamações Investimento em propaganda
Processos internos	Níveis de estoque Índices de qualidade Índices de acidentes
Aprendizado e crescimento	Horas de treinamento Resultados de pesquisas de avaliação Número de sugestões para melhoria

A operacionalização do BSC na prática se faz por meio de mapas estratégicos em que são representadas as atividades importantes referentes a cada uma das quatro perspectivas de interesse do BSC e os relacionamentos entre elas, conforme ilustrado na Figura 9.4.

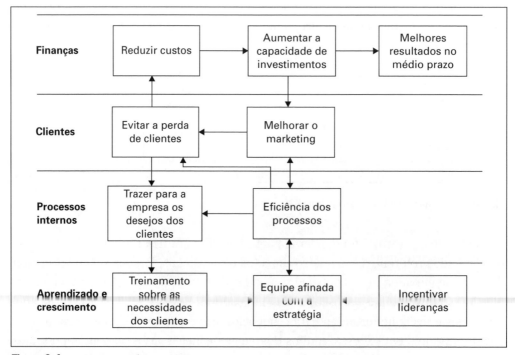

Figura 9.4   Mapa estratégico do BSC

Contribuições recentes 279

Evidentemente, de alguma forma os indicadores selecionados para acompanhar e controlar os processos envolvidos devem estar associados às atividades que aparecem no mapa estratégico, para que possam ser efetivamente utilizados. Com isso, a administração do sistema disporá dos meios para gerenciá-lo adequadamente, tomando as providências que se fizerem necessárias.

Para que o BSC seja eficaz na tomada de decisões estratégicas, é importante considerar os seguintes pontos:

- Haver envolvimento da alta direção;
- Haver capacitação e desenvolvimento das pessoas para a compreensão e operacionalização do BSC;
- Incentivar os funcionários a sugerirem as soluções para que a estratégia possa ser implementada;
- Divulgar o BSC a todos os funcionários, desde o nível hierárquico mais elevado ao mais baixo, de forma que todos possam ser capazes de interpretá-lo;
- Submeter o conjunto de medidores de desempenho a uma análise crítica periódica, ajustando o BSC às mudanças causadas por fatores externos ou mesmo por alterações da estratégia organizacional promovidas pela própria direção da empresa;
- Usar o aprendizado estratégico que o BSC possibilita à organização em todos os níveis hierárquicos. Tradicionalmente, a estratégia organizacional é um assunto veiculado aos níveis hierárquicos mais elevados, não sendo de conhecimento dos funcionários de nível operacional. A divulgação da estratégia e o seu conhecimento através do *Scorecard* por todos os colaboradores pode trazer inúmeros benefícios à organização, visto que todos caminharão na mesma direção e estarão capacitados para participar na consecução das metas e objetivos estratégicos planejados (SHIBUYA, 2007).

Adicionalmente, Shibuya (2005) mostrou como é possível acoplar os mecanismos de acompanhamento e controle do BSC aos indicadores do sistema de gestão da qualidade da empresa. Em seu trabalho, esse autor estabeleceu um paralelo entre a funcionalidade do BSC e as exigências da norma NBR ISO 9001, buscando auxiliar na identificação e no gerenciamento dos indicadores de desempenho para melhoria da qualidade total.

9.4 REENGENHARIA

A Reengenharia é um conceito disseminado por Michael Hammer e James Champy através do *best-seller* Reengineering the corporation, publicado em 1993. Este conceito consiste em repensar e redesenhar radicalmente as práticas e processos das organizações, assim como os serviços junto aos clientes e o desenvolvimento de produtos (HAMMER E CHAMPY, 1995).

O foco da Reengenharia consiste em analisar de forma racional todo o processo, visando agregar valor a ele e/ou ao produto. Os estudos propostos por esses autores tinham por objetivo disponibilizar uma tecnologia para os gerentes melhorarem os processos e reduzirem os desperdícios.

Para os citados autores, na década de 1990 as organizações não se encontravam preparadas para enfrentar os desafios dos novos tempos, como também o advento das novas tecnologias e da globalização. A rápida evolução tecnológica veio disponibilizar para as organizações um aparato de equipamentos, computadores, máquinas modernas, redes de informação, dentre outras tecnologias, configurando uma revolução no controle, armazenamento e processamento das informações. Com isso, parte dos problemas resultava da mecanização dos processos na forma como estavam, simplesmente automatizando as atividades como eram exercidas, sem avaliar se geravam valor. Ou seja, os processos antigos permaneceram intactos (e consequentemente as suas deficiências) e os computadores eram (e ainda são, em muitos casos) utilizados apenas para torná-los mais rápidos.

O problema do controle não estava nas informações, mas sim nos processos inadequados e ineficientes. A preocupação estava na qualidade do produto e não na melhoria do processo. Com isso, mesmo com elevados investimentos em Tecnologia da Informação, o resultado não era o esperado.

Quanto a essa questão da automatização, Hammer (1997) afirmou não ser possível aumentar a eficiência com os processos como eram antes. Para conseguir a melhoria proposta com a Reengenharia, seria preciso quebrar as regras e pressupostos das operações ultrapassadas. Deve-se planejar a forma de obter maior eficiência e controle nos processos, para o que os autores destacam as palavras inovação, rapidez e qualidade.

Assim, surgiu a proposta da Reengenharia que, segundo Hammer e Champy (1995), "... consiste no *repensar fundamental* e no *redesenhar radical* dos *processos de trabalho* com o objetivo de obter *melhorias dramáticas* nas medidas contemporâneas críticas da performance da empresa, seja nos custos, na qualidade, no serviço ou no tempo".

O termo *radical* implica redesenho, e não aperfeiçoamento, ajuste ou modificação; os autores destacam que devemos fazer outro desenho, fazer outro projeto, se possível sem influência do atual. A Reengenharia requer avaliar o que é fundamental no processo do negócio de uma perspectiva funcional, ou seja, atividades, não setores, gerando melhor integração em todas as atividades envolvidas no processo de desenvolvimento do produto.

Segundo Oliveira (1994), a Reengenharia significa, entre outras coisas, re-criar, re-inventar, re-pensar, re-fazer. Para ele, ousadia e criatividade são essenciais para a realização da Reengenharia.

Pode-se avaliar a Reengenharia por três pontos:

Contribuições recentes

- **Organizacional:** com novos objetivos para a organização, novas estratégias, alteração nos negócios;
- **Processos:** alterando as operações, reduzindo processos e até excluindo atividades;
- **Tarefas ou cargos:** definindo as atividades, as funções e os cargos que devem ser mantidos e ou alterados para a geração de valor no processo.

No final da década de 1990, a Reengenharia teve certa voga no Brasil, mas em diversos casos foi acusada de ser usada como pretexto para o *downsizing*, ou seja, a demissão de trabalhadores, diminuindo a folha de pagamento das empresas. Esta é, em geral, uma das consequências da aplicação da Reengenharia, mas só tem sentido se acompanhada de uma reorganização que a justifique, sem prejudicar os objetivos do negócio.

Nossa opinião é de que as modificações drásticas que a Reengenharia se propõe a fazer podem ser necessárias em situações bastante críticas, de empresas que necessitam um tratamento de choque por estarem próximas à falência, com sistemas organizacionais deteriorados. Seria uma última tentativa de salvar a empresa, vencendo as resistências com a necessária energia e com o argumento de que, sem isso, o naufrágio viria para todos. Como muito possivelmente a empresa chegou a essa situação devido a graves erros administrativos, existe sempre a possibilidade de que o redirecionamento proporcionado pela Reengenharia corte esses males pela raiz e a faça respirar novamente.

9.5 TEORIA DAS RESTRIÇÕES

O físico israelense Eliyahu Goldratt é o idealizador dessa teoria (Theory of Constraints – TOC, em inglês), segundo a qual todo sistema existente, em particular as empresas, é sujeito a pelo menos uma restrição, caso contrário o seu desempenho seria infinito. Esse autor parte do princípio de que toda organização deve ter uma meta,[3] que orientará as suas atividades, e que, no caso das empresas privadas, essa meta, a curto ou longo prazo, é o lucro (ver, a respeito, 2.3).

Com esse pensamento, o referido autor coloca as seguintes provocações gerenciais:

- Todas as unidades funcionais estão totalmente comprometidas com o compartilhamento de esforços voltados ao alcance da meta da organização?
- Nós estamos sempre cientes de como uma decisão local pode impactar outras funções na organização?
- As medições de desempenho das gerências locais são construídas baseadas no alcance de objetivos locais ou no de contribuições reais para o alcance da meta da organização?

---

[3] Goldratt se notabilizou por divulgar suas ideias por meio de livros romanceados, como *A meta* (GOLDRATT e COX, 1992).

Apresenta também proposições usualmente aceitas que, à luz da Teoria das Restrições, precisam ser superadas:

- Toda melhoria local é importante para o aprimoramento do sistema como um todo;
- Todo problema deve ser resolvido diretamente e independentemente para melhorar o sistema como um todo;
- Para que uma parte do sistema ganhe, outra parte deve perder;
- Quanto mais complexo for um sistema, mais difícil será gerenciá-lo.

As restrições podem se apresentar sob a forma de gargalos da produção, conforme visto em 5.3.2.a, ou com outras conotações. O Quadro 9.2 apresenta uma comparação entre o pensamento convencional e o que preceitua a Teoria das Restrições.

Quadro 9.2 Ideias convencionais x Teoria das Restrições

Convencional	TOC
Balancear a capacidade e tentar manter o fluxo.	Balancear o fluxo, não a capacidade.
Utilização e ativação de recursos são a mesma coisa.	Ativação e utilização de recursos não são sinônimos.
Uma hora perdida em um gargalo é somente uma hora perdida daquele recurso.	Uma hora perdida em um gargalo é uma hora perdida no sistema inteiro.
Uma hora economizada em um não gargalo é somente uma hora economizada daquele recurso.	Uma hora economizada em um não gargalo é apenas uma miragem.
Os gargalos limitam temporariamente o fluxo, mas têm pouco impacto sobre o estoque.	Os gargalos governam tanto o fluxo quanto o estoque.

Fonte: Soler (2009).

A Teoria das Restrições direciona todos os esforços para a resolução dos problemas que prejudicam a perseguição à meta do sistema, consciente de que a eliminação da restrição do momento inevitavelmente conduzirá ao aparecimento de nova restrição, e assim sucessivamente.

No caso de projetos, em que existem atividades críticas (restrições), conforme visto em 3.9, é comum haver incertezas aleatórias associadas a essas atividades. Por exemplo, a duração considerada do projeto leva em conta a soma das incertezas dessas atividades críticas. Para tanto, o autor propõe o Método da Corrente Crítica, segundo o qual uma condensação dessas incertezas é alocada de uma só vez ao caminho crítico como um todo, resultando um ganho no resultado com incerteza estatisticamente menor.

Em tempos recentes, Goldratt lançou uma ousadia chamada Visão Viável, segundo a qual é possível – e ele se propõe a consegui-lo se solicitado – em, no máximo quatro anos, fazer com que uma empresa tenha lucro líquido igual às suas receitas presentes!

Contribuições recentes

9.6 QUESTÕES PARA REFLEXÃO E DISCUSSÃO

1. Identifique pontos comuns e diferenças entre as visões sobre competitividade de Porter, Contador e Costa, vistas em 9.1.

2. O Brasil vai disputar a Copa do Mundo de Futebol na África do Sul em 2010 na condição de um dos favoritos ao título. Identifique e discuta as suas possíveis vantagens competitivas para buscar ser o campeão.

3. Identifique casos notórios de marketing bem e malsucedidos, apontando e discutindo as razões para o sucesso ou fracasso.

4. Identifique e discuta pontos comuns e diferenças entre as metodologias do *Balanced Scorecard* e da Reengenharia.

5. Explique as diferenças entre as ideias convencionais e dadas pela Teoria das Restrições apresentadas no Quadro 9.2, mostrando que compreendeu o significado de cada uma.

10

Administração de empresas em redes

José Paulo Alves Fusco
José Benedito Sacomano

O presente livro sobre Administração e os diversos assuntos correlatos de indispensável conhecimento pelos administradores situados nos vários níveis das organizações não poderia se encerrar sem discutir, ao menos introdutoriamente, a atualíssima questão das redes de empresas e cadeias de suprimento, objeto do presente capítulo.

Para tanto, os autores se sentiram mais à vontade ao convidar dois colegas especialistas no assunto, que a ele vêm se dedicando já há bom tempo, com diversos livros e artigos publicados, por se estar, dessa forma, transferindo esses conhecimentos aos leitores diretamente pela lavra dos mais categorizados a fazê-lo, contribuição que merece a mais genuína gratidão.

10.1 REDES DE EMPRESAS

De acordo com o mencionado em 2.2, existem usualmente redes de empresas que caracterizam cadeias de suprimento e de relacionamento técnico e comercial adequadas a propiciar fluxos de materiais, produtos e serviços no sentido de satisfação das necessidades dos clientes finais e fluxos financeiros e de informações no sentido contrário, conforme ilustrado na Figura 2.3. O presente capítulo é dedicado à apresentação e análise dessa problemática do universo empresarial, estando colocado neste livro devido à grande importância da questão, embora seu estudo mais aprofundado e sistemático somente tenha sido encetado em tempos bastante recentes.

De maneira geral, as redes de empresas podem ser entendidas como sendo uma forma organizacional, já que, segundo Powell (1990), não são nem mercado nem hierarquias. As redes são alternativas às formas de mercado e de integração vertical por conter estruturas horizontais e verticais de troca, interdependência de recursos e linhas recíprocas de comunicação. Suas características estão na velocidade da comunicação, na decisão, no desenvolvimento de produto ou tecnologia, assim como consideram a credibilidade entre os atores envolvidos, a negociação de itens de difícil mensuração, as habilidades específicas, o espírito de inovação, a experiência, a filosofia de defeito zero, os benefícios mútuos, a confiança, as ações recíprocas e a estrutura formal. Assim, as redes estão localizadas na essência da teoria organizacional e compreende-se que uma rede interfirmas constitua-se na forma de regular a interdependência de sistemas complementares, como produção, pesquisa, engenharia e coordenação, o que é diferente de agregá-los em uma única firma. Dessa forma, as competências e atribuições de uma rede de empresas estão basicamente ligadas a processos de coordenação que uma coalizão de empresas pode empregar (AMATO NETO, 2000). Porter (2005), por sua vez, define redes de empresas como sendo o método de se organizar atividades econômicas por meio da coordenação e/ou cooperação interfirmas.

Em outra direção, Britto (2002) define redes de empresas como sendo arranjos organizacionais baseados em vínculos sistemáticos – muitas vezes de caráter cooperativo – entre empresas formalmente independentes, que dão origem a uma forma particular de coordenação das atividades econômicas. Tanto Corrêa (1999) como Casarotto Filho e Pires (1999) concordam que o nascimento e a sobrevivência das redes depende da discussão e do equacionamento destes três aspectos: a cultura da confiança, a cultura da competência e a cultura da Tecnologia da Informação.

Cultura da confiança: ligada aos aspectos de cooperação entre as empresas, envolvendo características culturais e de interesse de pessoas e de empresas. A ética assume um papel fundamental e o conhecimento sobre as pessoas ou empresas que têm interesses comuns torna-se o primeiro passo para a geração dessa cultura. Conforme Corrêa (1999), o fortalecimento da confiança entre os parceiros é fundamental para todo o desempenho das redes.

Cultura da competência: refere-se às questões ligadas às competências essenciais de cada parceiro. Engloba desde aspectos materiais, como as instalações e equipamentos, até aqueles imateriais, como os processos e o saber como operá-los (*know-how*). Na literatura há evidências sobre os aspectos relevantes na análise da competência de cada parceiro.

Cultura da Tecnologia da Informação: a agilização do fluxo de informações é de vital importância para a implementação e o desenvolvimento de redes flexíveis. Aqui se trata, portanto, de todos os aspectos ligados aos recursos computacionais para o processamento dos dados.

Segundo Britto (2002), existem quatro elementos morfológicos genéricos, apresentados na Figura 10.1, que constituem a estrutura das redes, a saber: nós, posições, ligações e fluxos.

Administração de empresas em redes

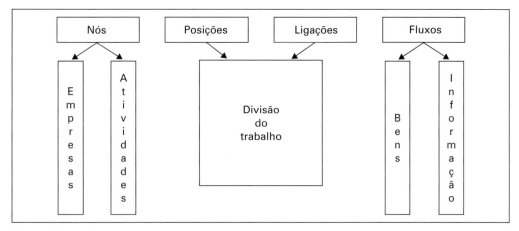

Figura 10.1 Elementos estruturais das redes de empresas

Fonte: Britto (2002).

Como ilustração de uma rede de empresas bastante consolidada e com importância econômica no Brasil, a Figura 10.2 apresenta a rede do setor do couro e calçado, na qual a linha mestra central contém as atividades precípuas dessa rede, sendo incluídas as demais empresas e atividades correlatas.

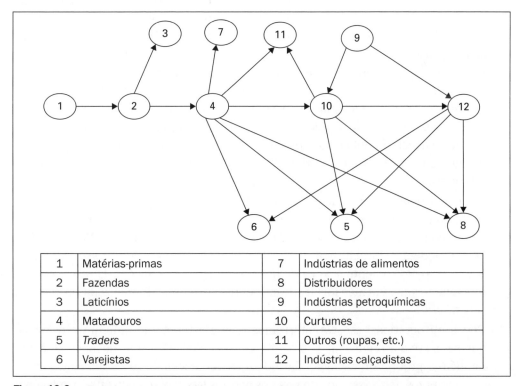

Figura 10.2 Rede de empresas envolvidas com couro e calçado

Fonte: Fusco e Sacomano (2005).

A Figura 10.2 representa uma rede do ponto de vista focal do conjunto dos tipos de empresas/atividades envolvidas. Na Figura 10.3 é mostrada uma rede de empresas sob a ótica de uma determinada empresa, designada por empresa-foco, do ramo de abate e comercialização de carne avícola, ocupando a 10ª posição no ranking de abatedouros de aves no Brasil.

O número e o tipo de atores são relevantes para assegurar os atributos das redes, pois representam as dimensões quantitativas e qualitativas dos atores. Essa variável envolve aspectos como necessidades, interesses, capacidade, recursos e desempenho.

Para tentar reduzir o amplo espectro de aspectos a serem analisados para a compreensão da dinâmica de uma rede de empresas, Grandori e Soda (1995) propõem uma nova tipologia conhecida como "redes interfirmas", descritas e classificadas segundo seus graus de formalização, centralização e mecanismos de cooperação, que podem se apresentar como: sociais, burocráticas e proprietárias.

a) **Redes sociais:** são redes em que o relacionamento dos integrantes não é regido por nenhum tipo de contrato formal. Destacam-se dois tipos de redes sociais: as simétricas e as assimétricas.

   As redes sociais simétricas são aqueles nas quais não existe um polo detentor de poder diferenciado, isto é, todos os participantes têm a mesma capacidade de influência. São caracterizadas pelos contatos sociais entre empresários e gerentes. As relações entre os atores funcionam como uma rede exploratória de troca de informações confidenciais. Este tipo de rede é aconselhado para estimular desenvolvimentos de caráter exploratório, em que as informações tratadas apresentam alto potencial, mas valor econômico desconhecido. É útil também para regular transações entre parceiros quando as contribuições e performances são muito difíceis de avaliar por meios contratuais ou burocráticos. Polos e distritos industriais de alta tecnologia e de pesquisa e desenvolvimento são exemplos clássicos deste tipo de rede, já que, por um lado, a propagação e o compartilhamento de informações e conhecimentos entre as empresas dos distritos são bastante eficientes e, por outro, a coordenação dessas trocas é baseada em mecanismos informais.

   As redes sociais assimétricas, segundo Sacomano Neto (2004), têm a presença de um agente central. Frequentemente, essas redes são coordenadas verticalmente ou apresentam interdependência transacional entre firmas. Nessas redes, as transações são formalizadas por meio de contratos; entretanto, esses contratos dizem respeito somente à troca de bens e serviços. As relações da rede, embora funcionem como um mecanismo de coordenação, não são formalizadas através de contratos.

b) **Redes burocráticas:** são caracterizadas pela existência de um contrato formal que se destina a regular não somente as especificações de fornecimento, como também a própria organização da rede e as condições de relacionamento entre seus membros. Para esse tipo de rede, os autores Grandori e Soda (1995) aplicam a classificação de simétricas e assimétricas.

Administração de empresas em redes 289

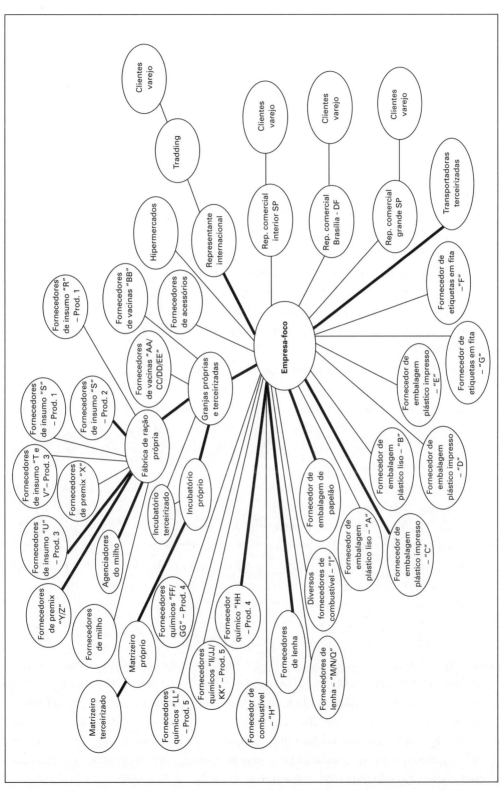

Figura 10.3 Rede da empresa-foco

Fonte: Rubiato (2009).

As redes burocráticas simétricas auxiliam no desenvolvimento de acordos formais de relacionamento entre diversas firmas dos mesmos setores, sem que prevaleçam interesses particulares. Como exemplos citam-se as associações de comércio, cartéis e federações, as cooperações em pesquisa e desenvolvimento e o consórcio, a forma mais complexa desse tipo de rede. Os autores destacam, ainda, os sistemas de controle para o monitoramento do desempenho, sistemas de incentivos e punições, que constituem mecanismos formais de coordenação, e observam que, no caso dos consórcios, há também uma intensa coordenação social.

Nas redes burocráticas assimétricas, em geral redes de agências, especificam-se cláusulas, inspeções, controle dos direitos e transferência de *know-how*, para alinhar o interesse dos agentes. Com relação ao licenciamento, os contratos de mercado incluem cláusulas acompanhadas por relações extracontratuais, como no caso da produção de fármacos e das revendedoras de veículos. Nas redes de franquia, para garantir um alto padrão de qualidade e maior visibilidade dos produtos e serviços, os contratos devem aplicar uma variedade de mecanismos operacionais que permitem a padronização e a transferência de *know-how* técnico e gerencial e, ainda, o controle de desempenho do franqueador e franqueado (SACOMANO NETO, 2004).

c) **Redes proprietárias**: são aquelas que também dispõem de um contrato formal, como nas redes burocráticas, porém com acordos de propriedade. Os direitos de propriedade são entendidos como sistemas de incentivos para manter alguma forma de cooperação. Grandori e Soda (1995) destacam duas formas de coordenação interfirmas que utilizam acordos sobre os direitos de propriedade: *joint ventures* (simétricas) e *capital ventures* (assimétricas).

As *joint ventures* são definidas como sendo o resultado da junção de duas ou mais firmas que conduzem atividades e criação conjuntas e são proprietárias e gestoras de uma terceira empresa, que necessita de diversos mecanismos de coordenação, comunicação, decisões compartilhadas e processos de negociação para balancear os acordos de capitais. Apresentam efetividade para a regulação das trocas em pesquisa e desenvolvimento, atividades inovadoras, produção de alta tecnologia ou produção altamente automatizada. A simetria de investimentos em ações é caracterizada como um tipo simétrico de aliança, apesar de não ser uma condição obrigatória (SACOMANO NETO, 2004).

As *capital ventures* são tipos de redes proprietárias assimétricas em que um investidor financia um outro participante da rede, que está com dificuldade em obter crédito pelas formas tradicionais, para desenvolver atividades inovadoras e arriscadas. Como destacam Grandori e Soda (1995), essa relação vai além de uma forma de financiamento. Exige um profundo conhecimento do parceiro, direitos de propriedade assegurados para o empreendedor, um conjunto de canais de decisões conjuntas e, ainda, a transferência de *know-how* gerencial.

Amato Neto (2000), por sua vez, propõe uma classificação de acordo com o posicionamento dos nós da rede no fluxo dos materiais que caracteriza o processo de produção de uma determinada cadeia produtiva. O autor sugere duas categorias de redes de cooperação: a vertical, composta por empresas que realizam atividades em diferentes etapas do processo de transformação dos materiais, e a horizontal, composta por empresas que realizam atividades em uma mesma etapa do processo de transformação dos materiais e/ou em um mesmo setor.

Qualquer tipo de rede encerra uma estrutura e determinadas relações entre os atores. O ambiente onde os atores transacionam bens e serviços pode ser expresso por meio de estruturas ou regularidades nas relações de interação entre as unidades. A presença de regularidades nas relações caracteriza a existência de uma estrutura.

A estrutura contém canais em que os atores trocam bens e serviços, transferem recursos e informações. Na estrutura estão presentes a relação de poder, a confiança, o oportunismo, o controle social, os sistemas de alinhamento de interesses, as formas de negociação e as formas de seleção de fornecedores, entre outros aspectos (SACOMANO NETO e SACOMANO, 2004). Além disso, dentro da perspectiva analítica de redes, existe a análise posicional, que considera seus aspectos estruturais e relacionais. Para um ator, seu posicionamento estrutural varia entre a rede densa e a rede difusa. O conceito de densidade é entendido por meio da intensidade da interconexão entre os atores da rede – quanto maior a interconexão, maior a densidade (GNYAWALI e MADHAVAN, 2001). A Figura 10.4 ilustra estes dois tipos de redes.

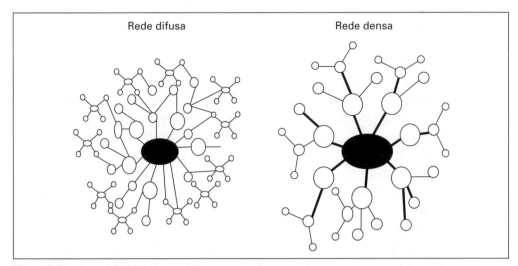

Figura 10.4 Posicionamento estrutural – rede difusa e rede densa

Fonte: Gnyawali e Madhavan (2001).

Como exemplo de rede difusa pode-se citar a de distribuição dos produtos da empresa Natura, feita por milhares de pessoas, em geral mulheres, que são representantes de vendas capilarmente espalhadas pelos inúmeros rincões do país, e como exemplo de rede densa apresentam-se as da indústria automobilística, com relações bastante sólidas entre as montadoras e suas cadeias de fornecimento.

A interconexão nas redes de fornecimento realiza-se por meio dos contratos de longo prazo, dos mecanismos de coordenação complexos, das informações qualitativamente diferentes, da confiança dos atores e ainda de arranjos para resolução de problemas, entre outros aspectos.

Gnyawali e Madhavan (2001) definem três características das redes densas, afirmando que:

- Facilitam o fluxo de informação e outros recursos;
- Funcionam como sistemas fechados de confiança e normas divididas, nos quais as estruturas de comportamento padrão se desenvolvem mais facilmente;
- Facilitam a atribuição de sanções.

As redes difusas originam-se quando o grau de interconexão é relativamente menor. Um dos aspectos positivos das redes difusas para o desempenho das empresas que as integram está associado ao acesso às novas informações, pelo caráter não redundante das relações (SACOMANO NETO, 2004).

Uma das formas de se entender o posicionamento relacional é através da coesão das relações entre os atores. A Figura 10.4 ilustra um ator central em uma rede difusa e em uma rede densa. O grau de interconexão das relações é ilustrado pelos traços mais espessos nas redes densas. A coesão das relações é uma propriedade relacional dos pares de atores de uma rede e pode ser compreendida por meio da intensidade do relacionamento (forte ou fraco, estratégia de saída ou diálogo, relações de longo prazo, etc). De acordo com Sacomano Neto (2004), a coesão tem relação com a densidade, embora haja uma grande confusão dos termos. A densidade é uma variável da estrutura geral da rede e a coesão é uma variável referente às relações entre os pares de atores da rede. Mesmo que a coesão seja fundamental para a maior densidade de uma rede, é possível que haja também relações coesas dentro de rede difusas. Nas relações interorganizacionais, a estrutura pode ser compreendida pelo grau de densidade da rede e as relações podem ser compreendidas pelo grau de coesão entre os pares de atores.

O posicionamento estrutural e relacional dos atores em uma determinada rede compreende diferentes configurações possíveis nos processos de troca. É possível participar de uma rede altamente conectada, com relações de longo prazo, mas também é possível participar de uma rede difusa e conseguir informações novas. Dimensionar estas propriedades permite compreender qual é o posicionamento estrutural e relacional mais adequado ao contexto de uma organização (SACOMANO NETO, 2004).

10.2 *CLUSTERS* DE NEGÓCIOS

Também modernamente, em vários casos, designados por APLs – Arranjos Produtivos Locais, este tipo de organização conjunta de empresas tem certas características

Administração de empresas em redes

das rede de empresas, mas distinguem-se delas por alguns aspectos, dentre os quais se destaca a condição de agrupamento geográfico. Muitos exemplos são encontrados na prática, como se pode ver na pesquisa realizada por Amato Neto (2009) em diversos desses agrupamentos localizados no Estado de São Paulo, apresentados no Quadro 10.1.

Quadro 10.1 *Clusters*/APLs no Estado de São Paulo

Cluster/APL	Local
Gemas/folheados	Limeira
Joias	São José do Rio Preto
Cerâmica de revestimento	Santa Gertrudes
Cerâmica artística e utilitária	Porto Ferreira
Cerâmica vermelha	Itu e Salto
Plástico	Grande ABC
Calçados	Franca/Jaú/Birigui
Têxtil/confecções	Americana e região
Cama, mesa, banho, enxoval	Cerquilho e Tietê Indaiatuba Ibitinga
Bichos de pelúcia/enxoval de bebê	Tabatinga
Móveis	ABC paulista Itatiba Mirassol e Votuporanga
Equipamentos médico-odontológicos	Ribeirão Preto
Indústria aeroespacial	São José dos Campos
Instrumentos óticos	São Carlos
Bens de capital	Sorocaba

Fonte: Adaptado de Amato Neto (2009).

Os *clusters* podem também se apresentar sob a forma de polos empresariais, como o petroquímico de Camaçari – BA, e o outros resultantes de facilidades concedidas pelo governo, como aquele constituído em Manaus – AM, como consequência do estabelecimento de uma zona franca de livre comércio. Há ainda os casos dos consórcios modulares e condomínios industriais, conforme pode ser visto em 11.7.

Estudando a questão, Zaccarelli et al. (2008) estabeleceram a distinção entre os fundamentos dos *clusters* de negócios e das redes de empresas, conforme mostrado no Quadro 10.2.

294
Administração com qualidade

Quadro 10.2 Fundamentos dos *clusters* de negócios e das redes de empresas

Clusters de negócios	Redes de empresas
Concentração geográfica	Fidelização crescente entre fornecedores-clientes
Abrangência de negócios viáveis e relevantes	Abrangência de negócios presentes na rede
Especialização das empresas do *cluster*	Especialização das empresas presentes na rede
Equilíbrio com ausência de posições privilegiadas	Compra direta de insumos usuários-produtores
Substituição seletiva de negócios do *cluster*	Agilidade na substituição de empresas
Complementaridade por utilização de subprodutos	Homogeneidade da intensidade de fluxos
Cooperação entre empresas do *cluster* de negócios	Inovação para alinhamento de negócios
Uniformidade do nível tecnológico	Aperfeiçoamento por introdução de novas tecnologias
Cultura da comunidade adaptada ao *cluster*	Compartilhamento de investimento, riscos e lucros
Estratégia de resultado orientado para o *cluster*	Estratégia de grupo para competir como rede
Caráter evolucionário por introdução de (novas) tecnologias	

Fonte: Adaptado de Zaccarelli et al. (2008).

Os autores enfatizam que os nove primeiros fundamentos enunciados para os *clusters* são viáveis por auto-organização, não exigindo governança, o que não acontece com os dois últimos.

10.3 GOVERNANÇA

10.3.1 Definindo governança

O conceito de governança é abordado em múltiplas áreas do conhecimento e segundo várias perspectivas teóricas. Milani (1999) afirma que a noção de governança é ligada à ideia de "gestão do desenvolvimento". É definida como sendo um conjunto de mecanismos de administração de um sistema social e de ações organizadas no sentido de garantir a segurança, a prosperidade, a coerência, a ordem e a continuidade do próprio sistema. Portanto, a governança corresponde às formas de administração desse sistema que melhor atendam aos anseios da maioria das pessoas envolvidas, gerando uma gestão saudável do desenvolvimento. Os pressupostos que asseguram o equilíbrio geral do sistema, segundo Oliveira (1992), caracterizam a constância no intercâmbio de energia no ambiente. Assim, o princípio básico é o da preservação do caráter do sistema, com a intenção de fazer com que o mesmo continue a ser coerente

Administração de empresas em redes 295

com os objetivos a serem alcançados e levados a efeito de forma dinâmica, com ganhos contínuos em todo o sistema. Desta forma, a heterostase, que é obtida por meio da realimentação de cada sistema, explica, para os sistemas empresariais, os processos de crescimento e diversificação, os novos níveis de equilíbrio que são estabelecidos e, consequentemente, os novos objetivos que os sistemas passam a ter.

O conceito de sistema aberto é uma das formas de descrever as organizações modernas, no qual estas são definidas como constituídas de diversas partes interdependentes e que se relacionam entre si a fim de alcançar objetivos comuns, ao mesmo tempo que estão em constante interação dinâmica com seu meio ambiente, sejam clientes, fornecedores, concorrentes, entidades sindicais, órgãos governamentais e outros agentes externos (CHIAVENATO, 2000). Esta abordagem pressupõe que a interação das corporações acontece por meio da assimilação de entradas (*inputs*), que geram saídas (*outputs*), as quais, por sua vez, têm como resultado uma retroalimentação (*feedback*) do meio ambiente. Estas entradas e saídas são de naturezas muito distintas, como: informação, energia, materiais, pessoas, dinheiro, tecnologia e outros recursos. A importância deste conceito de organização é que valoriza os efeitos da interação dinâmica da corporação com os outros agentes do mercado, o que representa um aspecto determinante para sua competitividade. Segundo o mesmo autor, as organizações são definidas a partir do seu processo de interação dinâmica com o meio ambiente, o qual é constituído por outras organizações. Portanto, não existe uma clara delimitação das suas fronteiras, uma vez que são definidas a partir do intercâmbio de recursos e informação com seu ambiente. Outra característica apontada pelo autor é que os processos internos às organizações formam subsistemas em interação dinâmica uns com os outros, os quais são mutuamente dependentes e têm seu comportamento afetado por quaisquer mudanças em um deles.

Silva (1997) afirma que as partes ou subgrupos da organização, isoladamente, não têm as mesmas características e comportamentos que o sistema como um todo, isto é, o sistema é mais que a soma de suas partes. Esta capacidade de ampliar e potencializar os resultados, pelo esforço simultâneo de todos os integrantes de um sistema, a um nível superior que ultrapassa a soma dos resultados individuais das partes, é denominada sinergia, conforme visto em 3.4.3.

Uma característica básica da organização, vista pela abordagem sistêmica, é apresentada na Figura 10.5. Estruturalmente, pode-se separar as partes de um sistema, como se fossem divisíveis, porém, funcionalmente, o sistema forma um todo completo, que perderia suas características específicas se qualquer parte fosse separada. Dessa forma, as regras para a governança atuam de forma sistêmica nas corporações, no mercado, na sociedade e nos órgãos do governo, buscando o equilíbrio em relação aos objetivos.

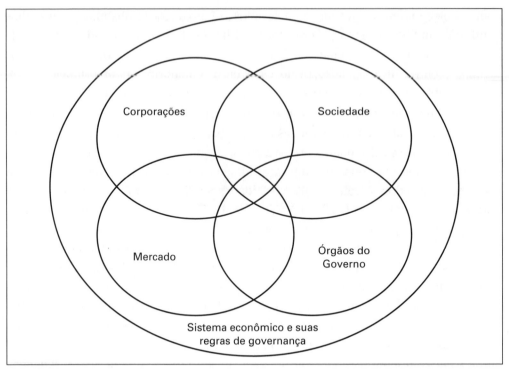

Figura 10.5 Modelo de governança

Andrade e Rossetti (2004) afirmam que "(...) uma boa governança corporativa certamente torna os negócios mais seguros e menos expostos a riscos externos ou de gestão". Enfatizam os autores que "Um bom sistema de governança ajuda a fortalecer as empresas, reforça competências para enfrentar novos níveis de complexidade, amplia as bases estratégicas da criação de valor, é fator de harmonização de interesses e, ao contribuir para que os resultados corporativos se tornem menos voláteis, aumenta a confiança dos investidores, fortalece o mercado de capitais e é fator coadjuvante do crescimento econômico"

Ocorre um predomínio de abordagens cuja proposta é discutir e propor políticas para o trabalho do Conselho de Administração. Estas abordagens partem do princípio de que há uma diferença de interesses ou de propósitos entre os atores que se ocupam da gestão da organização e os atores que detêm a propriedade. Por esta ótica, governança é um conceito necessário que emerge da existência de um paradoxo entre administração e propriedade.

O conceito de governança tem, claramente, estratégica importância para as corporações (ver, a propósito, 11.3). No caso de uma corporação bem definida, os componentes que asseguram o controle da propriedade sobre a gestão são: o Conselho de Administração, a Auditoria Independente e o Conselho Fiscal. A governança corporativa está relacionada à gestão da organização, sua relação com os acionistas (*shareholders*) e demais partes interessadas (*stakeholders*): clientes, funcionários,

Administração de empresas em redes 297

fornecedores, comunidade, entre outros. No caso de uma rede de empresas, uma forma semelhante e com os mesmos propósitos de governança deve ser estabelecida em cada caso.

10.4 ALIANÇAS E PARCERIAS

10.4.1 Confiança para alianças e parcerias

Em qualquer tipo de relacionamento, um dos fatores determinantes para o sucesso é a confiança entre os parceiros envolvidos. Para Arruda e Arruda (1998), confiança é definida como sendo a crença de uma das partes em que suas necessidades serão satisfeitas no futuro, por ações tomadas pela outra parte. Dessa maneira, confiança é um "tipo de expectativa que alivia o medo de que o parceiro do intercâmbio atue de forma oportunista".

Para Fusco et al. (2004), a confiança não pode ser imposta. Provavelmente, seu desenvolvimento pode implicar um processo de longo prazo, no sentido de que o "gerador" da rede desenvolveria, pouco a pouco, relacionamentos pessoais e uma reputação de justiça. Isso explica por que muitas redes apresentam um forte componente geográfico ou cultural, porque é mais fácil desenvolver relacionamentos estreitos com alguém que possua um registro de integridade pessoal.

Na visão de Humphrey e Schmitz (2002), as relações baseadas em confiança entre agentes econômicos têm sido consideradas parte da vantagem competitiva das empresas. A questão confiança surge porque as transações econômicas envolvem riscos. Na concorrência perfeita, os riscos são eliminados pelas suposições de informações perfeitas e racionalidade imparcial. Para que haja informações perfeitas, presume-se que os agentes são informados de maneira sincera e gratuitamente sobre todos os aspectos das transações. Em relação à racionalidade imparcial, pressupõe-se que as pessoas buscam o interesse próprio, mas somente de uma forma honesta, o que descarta a fraude e o oportunismo.

Na realidade, entretanto, os autores citados sugerem que os agentes enfrentam risco quando existe a troca de informações, por terem capacidade limitada de reuni-las, armazená-las e processá-las, sendo esse processo por si só um custo. Há limites para analisar até que ponto as probabilidades podem ser preestabelecidas e incorporadas no contrato, tanto quanto as relações podem ser monitoradas. Diante da impossibilidade do controle e monitoramentos dos riscos de maneira eficaz, muitas trocas que seriam benéficas para as partes não se concretizam, ocasionando transações independentes que acabam sendo limitadas e ineficazes.

Na visão de Humphrey e Schmitz (2002), a confiança ampla se desenvolve quando as empresas criam interações e interdependências mais complexas. A interdependência não é algo novo, mas a literatura recente sobre cadeia de fornecimento, aglomerados e redes sugere um grau de entrosamento que só pode funcionar quando as relações entre as empresas são sustentadas por mais do que a confiança restrita.

A necessidade de confiança ampla é mais clara onde as eventualidades imprevistas podem ser solucionadas por meio de cooperação.

As alianças, normalmente, são estabelecidas pelos parceiros com numerosos objetivos em mente, inclusive o compartilhamento de riscos em projetos complexos ou de alta tecnologia. Além disso, o aumento da confiança entre os parceiros da aliança incentiva um retorno econômico para ambos, podendo desenvolver confiança mútua, diminuindo os efeitos negativos da racionalidade limitada, dos investimentos específicos e do oportunismo, reduzindo ainda os custos de transação (CHILD e FAULKNER, 1998).

10.4.2 Alianças estratégicas

Alianças estratégicas são formas que as empresas de um mesmo setor, embora baseadas em países diferentes, utilizam para competir em uma escala mais global, preservando contudo sua independência. Historicamente, as empresas voltadas para a exportação, nos países industrializados, procuravam fazer alianças com empresas localizadas em países menos desenvolvidos, para importar e comercializar seus produtos no local. Esses arranjos eram necessários para obter acesso aos mercados dos países menos desenvolvidos (THOMPSON Jr. e STRICKLAND III, 2004). Esses autores afirmam, também, que uma aliança pode envolver esforços conjuntos de pesquisa, compartilhamento de tecnologia, utilização conjunta de instalações produtivas, comercialização mútua dos produtos ou concentração de esforços para a fabricação de componentes ou montagem de produtos acabados.

No entanto, as alianças também têm seus riscos. A coordenação eficiente entre empresas independentes, cada uma com motivações diferentes e talvez objetivos conflitantes, representa um grande desafio. Essa tarefa exige muitas reuniões, contatos envolvendo muitas pessoas diferentes, às vezes com formação diferente, para resolver o que deve ser partilhado, o que deve permanecer como propriedade particular e como os arranjos corporativos vão funcionar. Os parceiros precisam superar barreiras culturais e reunir esforços para reduzir os custos de transação, que normalmente são altos se tais barreiras forem também muito significativas.

Outro aspecto muito importante é o perigo de dependência da outra empresa para habilidades essenciais a longo prazo. Para disputar com seriedade o mercado, a empresa precisa desenvolver capacidades internas para reforçar sua posição competitiva e formar uma vantagem competitiva sustentável. Em situações em que isso não for viável, a fusão é uma solução melhor que a aliança estratégica.

As alianças estratégicas são melhor utilizadas como um meio transitório para combater a desvantagem competitiva em mercados internacionais; raramente, se é que isto ocorre alguma vez, pode-se contar com elas para criar vantagem competitiva (THOMPSON Jr. e STRICKLAND III, 2004). Portanto, a formação de alianças estratégicas, para ter sentido, deve ocorrer no momento em que se identifica uma expectativa de expansão de mercado, aquisição de *know-how* tecnológico, oportunidade de negócios e de melhoria de uma posição competitiva, que não seria viável de atingir em

Administração de empresas em redes

outra situação. A aliança provê as empresas constituintes de recursos tecnológicos, humanos e financeiros para o atendimento rápido de demanda do mercado (GUERRINI e SACOMANO, 2002).

Lorange e Roos (1996) propõem quatro modelos de alianças estratégicas:

- **Acordo provisório**: as empresas-mãe colocam o mínimo de recursos, temporariamente. Normalmente, ocorre a recuperação plena dos recursos empregados. Um exemplo seria uma campanha unificada de vendas de automóveis de várias marcas.

- **Consórcio**: empregado quando as partes estão dispostas a investir mais recursos para um projeto maior e o retorno obtido é dividido entre as sócias participantes quando as metas do projeto são alcançadas. A construção de grandes empreendimentos na construção civil constitui um exemplo.

- *Joint venture* **baseada em projeto**: as empresas-mãe colocam o mínimo de recursos estratégicos, entrando em um acordo para criá-los e ampliá-los em conjunto através de uma organização comum. Distribuem-se entre as partes apenas os resultados financeiros gerados (dividendos, *royalties,* etc). A criação de uma aliança estratégica para facilitar a entrada de uma empresa estrangeira em um determinado país para agilizar a distribuição de tecnologias é um exemplo deste tipo de aliança.

- *Joint venture* **plena**: neste modelo, ambas as partes colocam recursos em abundância, permitindo que os resultados gerados permaneçam na aliança (exceto dividendos, pagamento de *royalties,* etc). Um exemplo é a cooperação a longo prazo entre sócios para o desenvolvimento de um negócio totalmente novo.

10.4.3 Parcerias

As parcerias representam um estágio intermediário entre o formato convencional de relacionamento comprador/fornecedor e as alianças estratégicas. No relacionamento tradicional, que prevaleceu durante toda a era da industrialização, cada parte buscava exclusivamente atender a seus interesses sem se preocupar com as necessidades da outra parte. Nas parcerias, já se podem verificar alguns acordos que trazem facilidades para ambos atores e começa a se desenvolver um relacionamento de maior confiabilidade, do tipo "ganha-ganha".

Nas parcerias, normalmente são negociadas as condições favoráveis para as duas partes, restritas ao campo dos suprimentos de produtos e serviços. Nessa modalidade de relacionamento cliente-fornecedor, ainda não se verifica compartilhamento de estratégias de cada organização. Mantém-se uma certa reserva sobre como cada empresa planeja atuar no mercado.

Uma parceria, portanto, deve ser vista como sendo um relacionamento muito mais amplo e envolvente do que um simples contrato de prestação de serviços, devendo contemplar o conjunto de decisões e operações que resultem em benefícios para ambas as partes. Estendendo este conceito a ponto de considerar o fornecedor como

300 Administração com qualidade

uma extensão da fábrica do cliente, pode-se estabelecer, de um a outro extremo, um fluxo de bens e serviços contínuo e sem interrupção. Nesse relacionamento, o cliente imediato busca reduzir os custos do fornecedor e não mais somente aumentar os seus lucros, uma vez que o que passa a vigorar é a visão do atendimento do cliente final (da rede) como sendo o principal vetor a dirigir as operações de todos os envolvidos. Usando a nomenclatura de Merli (1998), *comakership* refere-se a uma relação evoluída entre cliente e fornecedor como um fator prioritário a ser considerado na formulação de uma estratégia de operações. O autor aborda três níveis de relacionamento operacional, em razão do grau de desenvolvimento do *comakership*.

Classe III: Fornecedor normal. Neste tipo de fornecimento, são considerados os seguintes fatores: negociação baseada em especificações de qualidade mínimas e focalizada nos preços, lotes individuais em curto prazo, inspeções sistemáticas dos fornecimentos (recebimento) e a necessidade de prever estoques de segurança. Neste caso, as negociações se dão a partir da capacidade do cliente de aproveitar a necessidade do fornecedor para obter um preço melhor, ao mesmo tempo em que o fornecedor se aproveita da necessidade do cliente para eliminar sobras de estoque com preços superiores.

Classe II: Fornecedor integrado. Esta classe encontra-se entre o fornecedor normal e o fornecedor *comaker* verdadeiro, pois neste caso são imitadas as atividades operacionais e o relacionamento se dá a longo prazo, revisto periodicamente, admite a possibilidade de oscilação dos preços com base em critérios concordados, trabalha-se com qualidade garantida e autocertificada, responsabilidades globais pelos produtos fornecidos, nenhuma inspeção de recebimento, reabastecimentos diretos aos setores em *pull* e sem estoque intermediário, fornecimentos frequentes, em pequenos lotes, no âmbito de pedidos em aberto, melhora sistemática da qualidade e dos preços dos produtos fornecidos, consultoria e treinamento dos fornecedores.

Classe I: Fornecedor *comaker*. O *comakership* global no negócio assume características de parceria plena. A relação das atividades operacionais é a mesma da classe II, acrescida dos seguintes aspectos: cooperação no projeto de novos produtos/ tecnologias, investimentos comuns em pesquisa e desenvolvimento e em realizações tecnológicas, intercâmbio contínuo de informação sobre os processos e produtos.

10.5 O MODELO DE REDES SIMULTÂNEAS (*CONCURRENT NETWORKS*)

Rede pode ser definida como sendo a dimensão espacial de uma forma de regulação entre unidades produtivas e a governança corresponde ao modo de regulação dessas relações (BENKO, 1996). Sacomano Neto (2004) explora o potencial de se utilizar a organização em rede, em si, como sendo uma forma de governança. Neste caso, rede poderia ser interpretada como uma alternativa de organização para se manter o sistema de operações sob controle. O conceito de redes de cooperação, segundo Paulillo (2000), tem como objetivo prover o conjunto dos atores de condições agregadas superiores de competitividade e, nesse caso, rede seria uma alternativa de organização para se otimizar as operações (eficiência) ou atender melhor as necessidades ditadas pelo contexto concorrencial (eficácia).

O modelo aqui sugerido pretende categorizar e apresentar uma abordagem metodológica baseada nos três principais tipos de "redes simultâneas" – **física, de valor e de negócios** – para subsidiar a análise crítica das estratégias de cadeia de fornecimento. Considerando as condições de competitividade existentes nos diferentes tipos de negócio explorados, conforme pode ser visualizado na Figura 10.6, uma empresa pode estar presente em mais de uma rede, de acordo com a natureza das atividades desenvolvidas. O modelo abrange contribuições de diversos autores, conforme pode ser visto em Fusco e Sacomano (2009).

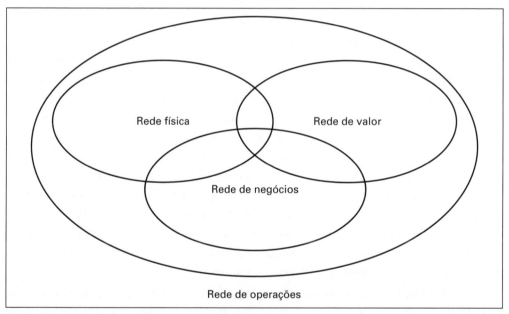

Figura 10.6   Redes simultâneas

Williamson (1985, 1991) afirma que, para haver governança, devem existir três fatores: o grau de completude do contrato, a possibilidade do não cumprimento de promessas (*opportunistic behaviour*) e o grau de identificação entre as partes. Há que se notar, contudo, que, na abordagem proposta, os próprios assuntos considerados têm implicações profundas uns com os outros. Desse modo, quando se opta por um determinado papel estratégico a ser desempenhado por uma planta em uma rede, necessariamente a opção por um determinado nível de custo de transação entre os atores está sendo feita.

Nos casos de elevada especificidade dos ativos envolvidos, considerando-se as definições de Williamson (1985) e Paulillo (2000), por exemplo, torna-se necessário trabalhar de uma forma mais profunda as questões referentes à governança do relacionamento e ao grau de confiança entre os parceiros. Em casos de alta especificidade de ativos, é desejável que haja um horizonte previsível e adequado para assegurar a continuidade da transação em uma intensidade adequada. De qualquer modo, é importante verificar que, quanto maior a especificidade, maiores deverão ser os riscos e problemas de adaptação quando de um eventual rompimento de contrato.

A estrutura de governança deve, portanto, ser modelada para impedir eventuais condutas oportunistas de alguma das partes envolvidas em uma dada transação. A repetição (ou grau de frequência) de um mesmo tipo de transação, juntamente com o grau de risco envolvido, representa elemento relevante para escolha da estrutura de governança mais adequada para uso, em função de seu efeito no nível do custo de transação.

As diferenças básicas entre as redes, conforme sugerem Marsh e Rhodes (1992), não estão unicamente na sua forma de coordenação (grande empresa, organização supracadeias), mas nos tipos de interesses envolvidos, na utilização e distribuição dos recursos de poder entre os atores e na qualidade da sua integração (em termos de frequência, continuidade e existência de conflito). Assim, é importante que sejam envolvidos recursos por parte de todos os participantes. Isto facilitará que estes, quando os interesses forem econômicos e profissionais, mantenham relações frequentes e contínuas, sem conflito, uma vez que todos poderão participar e avaliar os resultados para legitimá-los. Neste caso, a rede tende a se tornar mais fechada, pois é mais estável, institucionalizada e integrada. De modo contrário, quando existirem vários tipos de interesses (nem sempre harmônicos entre si) permeando as relações em rede, os contatos tenderão a ser mais superficiais e certos atores poderão investir uma quantidade relativamente menor de recursos, podendo prevalecer o resultado de "soma zero" na relação (um ganha e outro perde), uma vez que a rede resultante tende a ser instável, aberta, pouco institucionalizada e integrada.

Os participantes dentro da rede física desenvolvem e desempenham as atividades de entrega de fornecimentos e produtos entre os atores e para os clientes finais. Essa rede faz as coisas acontecerem concretamente, como levar fornecimentos e matérias-primas dos fornecedores aos locais de produção ou de seu efetivo uso, produzir fisicamente produtos e serviços, movimentar materiais internamente às plantas produtivas, estocar, distribuir e entregar produtos aos clientes finais. Segundo a abordagem proposta, esses tipos de atividades devem ser considerados de uma forma ampla, envolvendo cada uma das empresas dentro da rede, objetivando manter o sistema produtivo funcionando e em equilíbrio.

A rede física, com suas atribuições de produção, logística e demais relacionamentos visíveis, é aquela mais facilmente identificada pelos interessados na questão. Entretanto, segundo a abordagem de redes simultâneas, conforme mostrado na Figura 10.6, atuam também as redes de valor e de negócios. O Quadro 10.3 apresenta as atividades e atores típicos das três redes simultâneas.

Administração de empresas em redes

Quadro 10.3 As redes simultâneas, suas atividades e seus atores típicos

Redes	Atividades ou funções	Atores
Física	– Viabilizar o atendimento físico (ou objetivo) das necessidades definidas; – Desenvolver alternativas para obtenção de cada uma das condições físicas (ou objetivas) que levem ao atendimento de alguma das necessidades definidas; – Determinar quem faz o que dentro da rede; – Aferir e medir o grau de atingimento dos valores e metas definidas; – Operacionalizar o fluxo físico de bens ou linhas de fluxo de serviço entre os atores principais da rede de operações como um todo, e entre estes e o mercado atendido; – Aferir e medir variáveis de fluxo; – Atender programas de pedidos.	– Empresas que efetivamente produzem os bens e serviços (físicos ou não) que contém os valores que se deseja para atendimento do mercado; – Empresas que transportam (fisicamente ou não) bens e serviços entre os envolvidos nas operações; – Empresas que operacionalizam (fisicamente ou não) a distribuição de produtos e serviços ao mercado.
Valor	– Desenvolver alternativas para obtenção das condições que permitem atender (via produto e serviço) as necessidades que os clientes consideram importantes; – Determinar quem faz o que dentro da rede; – Aferir e medir a obtenção dos valores definidos.	– Empresas ou atores dentro da rede de formação do valor (sob a ótica dos clientes); – Empresas com suas áreas de projeto de produtos e serviços e de processos; – Empresas ou atores ligados à obtenção de um determinado item de valor.
Negócios	– Aferir e medir as necessidades ditadas por um determinado mercado; – Descobrir tais necessidades e repassar para os parceiros de negócios; – Desenvolver as atividades comerciais e negociais; – Desenvolver e executar atividades para facilitar o acesso de clientes a produtos e serviços (sob o ponto de poder de troca); – Dar o *input* para as atividades de produção; – Determinar quem faz o que na rede.	– Representantes comerciais; – Varejistas; – Intermediários financeiros; – Atacadistas; – Empresas com suas áreas comerciais e de marketing; – Empresas de pesquisa de mercado; – Infomediários; – Seguradoras.

Fonte: Fusco et al. (2004).

Outras classificações das redes de empresas são possíveis. Assim, Paulillo e Mello (2005) ilustram o conceito de redes de poder analisando o caso do agronegócio paulista. Essas redes se caracterizam por "relações hierarquicamente estruturadas de autonomia e dependência", conforme Reed (1998). São extremamente assimétricas por sua própria natureza, em que há um elemento concentrador do poder de decisão e atribuição de condições de funcionamento da rede, às quais os demais participantes devem se adaptar. A origem do poder que determina a forma de governança da rede pode ser econômica (como no caso de grandes empresas que estabelecem condições a seus fornecedores, concessionários, varejistas, etc.) ou institucional (como no caso de determinações governamentais que orientam o funcionamento da rede).

10.6 QUESTÕES PARA REFLEXÃO E DISCUSSÃO

1. Uma rede difusa é mais competitiva do que uma rede densa? Cite casos em que isso pode ocorrer.

2. Uma rede assimétrica, em termos de poder, é mais competitiva do que outra onde existe simetria? Cite casos em que isso pode ocorrer.

3. Defina as redes apresentadas nas Figuras 10.2 e 10.3 utilizando as tipologias sugeridas por Grandori e Soda (1995) e por Gnyawali e Madhavan (2001).

4. Considerando a tipologia sugerida por Merli (1998), classifique os fornecedores das redes referidas na questão anterior.

5. Quais critérios devem ser utilizados para se optar por uma forma de aliança? Qual tipo de aliança seria mais adequada em cada relacionamento das redes em estudo nas questões anteriores?

11

Contribuições acadêmicas

Neste capítulo final são apresentados assuntos e resultados surgidos no PPGEP – Programa de Pós-Graduação em Engenharia de Produção da Universidade Paulista, à exceção do primeiro em dissertações de mestrado defendidas e aprovadas, que tratam de aplicações envolvendo questões abordadas nos capítulos anteriores desta obra, contribuindo, dessa forma, para sua melhor complementação. Como mencionam-se no texto o nome de cada autor(a) e o título da dissertação, dispensa-se a repetição de sua citação nas referências bibliográficas ao final do livro. A sequência das contribuições obedece a ordem alfabética dos autores.

11.1 O IMPACTO ECONÔMICO DAS INOVAÇÕES

Ana Lucia Atrasas[1]

As mudanças tecnológicas produzem inovações e, evidentemente, causam impactos significativos do ponto de vista econômico. A produção crescente de inovações eleva a produtividade do capital, o lucro empresarial e ainda aumenta o salário real. O aumento do salário ocorre devido ao aumento da produtividade da mão-de-obra, independentemente das pressões sindicais, dos processos de regulamentação de monopólios e das intervenções assistenciais ou reguladoras do governo (SAMUELSON, 1966).

Schumpeter (1982) afirma que a manifestação do empresário (produtor de inovações), responsável pelo empreendimento (novas combinações de fatores de produção), constitui o "elemento fundamental do desenvolvimento econômico". Destaca também, na realização de combinações novas, o papel fundamental do financiamento, tanto nos aspectos práticos quanto do ponto de vista teórico.

---

[1] Doutoranda do PPGEP.

Samuelson (1966) cita os estudos do seu contemporâneo Robert M. Solow que, utilizando metodologias próprias e de outros pesquisadores do National Bureau of Economics Research, afirma que mais de 50% do aumento da produtividade *per capita* e salários reais se deve às mudanças técnicas – avanços científicos e de planejamento, melhoramento de processos industriais e *know-how* de métodos de direção e treinamento da mão-de-obra.

A inovação tecnológica, indutora do desenvolvimento econômico, crescimento de emprego e renda e inclusão social, depende também, entre outras coisas, de uma tessitura de "grande número de pequenas, médias e grandes empresas" permeando os setores produtivos e disseminadas em todos os segmentos da economia e regiões do país (CARON, 2004). As grandes empresas dependem das pequenas e médias que, por sua vez, dependem das grandes empresas. As empresas de médio e pequeno porte e as grandes não são alternativas ou competidoras entre si, mas, sim, complementares (DRUCKER, 1975).

No Brasil, as micro e pequenas empresas ressentem-se da dificuldade de se consolidar. Consequentemente, diversas instituições, públicas e privadas, promovem e apoiam iniciativas que assegurem a viabilidade econômica desses empreendimentos (incubadoras de empresas, universidades, centros de pesquisa, instituições de fomento, instituições financeiras).

De acordo com Rodgers (1995), efetivar a adoção de uma nova ideia, mesmo quando esta apresenta vantagens óbvias é, muitas vezes, bastante difícil. Muitas inovações requerem um longo espaço de tempo para que sejam adotadas. Quase sempre, muitos anos a partir da data em que foram concebidas.

O autor define inovação como uma ideia prática ou um produto percebido como novo por um indivíduo, ou por qualquer outro receptor como, por exemplo, uma empresa. Esse autor afirma que a percepção dos receptores sobre as características de uma inovação (produto, processo ou serviço) está associada à sua taxa de adoção. Esta taxa de adoção é definida pela velocidade relativa com que a inovação é adotada por determinado grupo social. Por exemplo, o número de pessoas que passaram a utilizá-la no período de um ano.

Dentre as características percebidas por determinados indivíduos ou grupos, Rodgers (1995) relaciona como atributos positivamente associados à adoção da inovação a vantagem relativa, a compatibilidade, a comunicabilidade e a divisibilidade de uso. A complexidade, por outro lado, é um atributo negativo.

A vantagem relativa de uma inovação é a capacidade de superação da concorrente. Expressa-se por características como rentabilidade econômica, custos reduzidos, prestígio social do uso e outros benefícios. Segundo Kotler (2001), o grau em que o produto parece ser superior aos seus congêneres no mercado.

A compatibilidade é a harmonia com os valores, crenças e produtos utilizados pelo grupo social dos usuários potenciais. Isto inclui experiência passada e necessidades dos indivíduos.

A comunicabilidade representa a percepção dos usuários potenciais em relação aos resultados de determinada inovação. A facilidade de observação e/ou uma comunicação muito boa dos resultados contribui para o seu sucesso.

Contribuições acadêmicas

A divisibilidade é a faculdade de se reproduzir, em bases limitadas, o resultado do uso de determinada inovação. O fato de se poder experimentá-la.

Já a complexidade de uma inovação reside na dificuldade existente de entender o seu funcionamento ou de se efetivar a sua utilização. Evidentemente, dificulta e exige esforço maior para a adoção da tecnologia.

No livro *Administração de marketing*, Kotler (2001) cita exemplos dessas características. Assim, quanto mais se percebe a vantagem de um microcomputador para os trabalhos de rotina de um escritório, mais rápida é a sua adoção. Essa adoção também é favorecida pela sua compatibilidade com o estilo de vida das classes de renda média e alta e com o nível de escolaridade. Entretanto, por serem equipamentos mais complexos, levam mais tempo para serem introduzidas nas residências de baixa renda e no meio rural. Por outro lado, podem ser disponibilizados para uso, por tempo determinado, com opção de compra, e os resultados de seu uso são facilmente comunicados, observáveis, descritíveis e demonstrados.

Além disso, o sucesso da implementação de um produto ou processo inovador dependerá sempre dos esforços dos agentes de promoção, da natureza do sistema social (as normas, as leis, os relacionamentos, o grau de conexão das redes de informação) e da eficiência dos canais de comunicação entre os detentores e os receptores da tecnologia inovadora.

Além das características citadas por Rodgers, Kotler menciona outras, como o custo, o risco e a incerteza, a credibilidade científica e a aceitação social das inovações.

11.1.1 As inovações no agronegócio brasileiro

O enorme crescimento na produção de grãos no Brasil, principalmente soja nos últimos 20 anos, foi o catalisador da notável transformação do agronegócio, cujos efeitos afetaram a dinâmica da economia brasileira.

De início, surgiu um vasto parque industrial para a produção de farelo e óleo de soja, e de outros grãos. A disposição de maior oferta, principalmente de farelo de soja, levou ao desenvolvimento de estruturas modernas de produção de suínos, aves e gado de corte e leite e, consequentemente, à instalação de frigoríficos e fábricas para a sua industrialização. Desenvolveu-se também um eficiente sistema de suprimento de fertilizantes, defensivos, máquinas e equipamentos agrícolas. Paralelamente, surgiu uma vasta rede de distribuição, incluindo grandes redes de supermercados no território nacional e até pequenos varejistas em diferentes localidades (COELHO, 2006).

A Embrapa, bem como as demais instituições do Sistema Nacional de Pesquisa Agropecuária – SNPA, tem contribuído significativamente para o crescimento do agronegócio brasileiro mediante as mudanças introduzidas na tecnologia de produção, na criação de cultivares adaptadas aos mais diferentes ecossistemas como também nas tecnologias de manejo e produção pecuária:

> "O desenvolvimento de diversos cultivares de soja adaptadas ao clima tropical alavancaram o agronegócio no centro-oeste, no norte, sudeste e no nordeste

brasileiro. Essa inovação permitiu ao complexo agroindustrial da soja a geração de R$ 76,24 bilhões em 2003 e tem permitido a geração de emprego para 4 a 5 milhões de pessoas. Igualmente importante para o crescimento do agronegócio foi o desenvolvimento de tecnologias de cultivo e a adaptação de cultivares de milho nas áreas de cerrado, antes inapropriadas para o seu cultivo (ROESSING e LAZZAROTO, 2005).

O desenvolvimento que permitiu, nos últimos 30 anos, a transformação dos cerrados em um celeiro de enormes proporções constitui uma inovação radical em relação ao pensamento vigente até os anos 60 do século passado. Naquela época, predominava na academia a ideia de preservar os cerrados com as espécies próprias daquele ecossistema, original e intocável. Mais recentemente, nos últimos dez anos, em razão da oferta de cultivares novas de algodão herbáceo produzidas pela Embrapa, a produção brasileira cresceu substancialmente, principalmente nos estados do Mato Grosso e Bahia. A empresa desenvolveu também cultivares de algodão naturalmente colorido, com grande apelo comercial em nichos de mercado que demandam produtos orgânicos. Essas cultivares apresentam boa produtividade, uniformidade, comprimento e resistência de fibras, qualidades requeridas pela indústria. A sua produção em escala comercial causará significativos impactos no emprego e na renda da agricultura familiar.

A Embrapa está também envolvida no processo de inovações da tecnologia de produção do biodiesel, que poderá introduzir mudanças radicais na matriz energética brasileira, com aspectos positivos nas condições ambientais e sociais, além de contribuir para a economia de divisas. Dentre as matérias-primas sendo pesquisadas para tanto estão a soja, o girassol, o dendê, a mamona e o pinhão manso."

11.2 MANUFATURA DE VESTUÁRIO DE MODA

Francisca Dantas Mendes (2006), em sua dissertação de mestrado "Cadeia têxtil e as estratégias de manufatura na indústria do vestuário de moda", faz um estudo extensivo dessa importante cadeia de empresas, responsável, em 2005, por 4,1% do produto interno bruto do país e 17,4% da parcela correspondente às indústrias de transformação (IEMI, 2006).

Segundo a autora, a moda movimenta uma engrenagem contínua e em constante alteração. Seus movimentos podem ser considerados espiralados, uma vez que sempre há retorno de formas, cores e texturas, de tempos em tempos, porém com uma aparência renovada e aplicação de modernas tecnologias nos materiais e nos processos de produção. O visual é continuamente modificado e a estética sempre apresenta novidades em cada lançamento, em uma gama de produtos que compreende desde artigos de decoração até aparelhos eletrônicos, passando pelas peças de vestuário. Em particular, o vestuário de moda movimenta uma cadeia que tem a participação de diversos atores, com foco em um público consumidor ávido por inovações constantes, criações exclusivas ou estéticas que o distinguirão entre as demais pessoas.

Araújo (1996) afirma que por produto têxtil considera-se todo o produto que, no estado bruto, semiaberto, aberto, semimanufaturado, manufaturado, semiconfeccionado ou confeccionado, se apresenta exclusivamente constituído por fibras têxteis de qualquer natureza, independentemente da técnica de mistura ou da união utilizada.

A cadeia têxtil, que envolve produtos de moda ou tendendo a *commodities*, compreende uma rede heterogênea de setores industriais com estruturas diversas quanto ao tamanho e número de empresas, intensidade de mão-de-obra, capital e complexidade tecnológica, conforme pode ser visto na Figura 11.1.

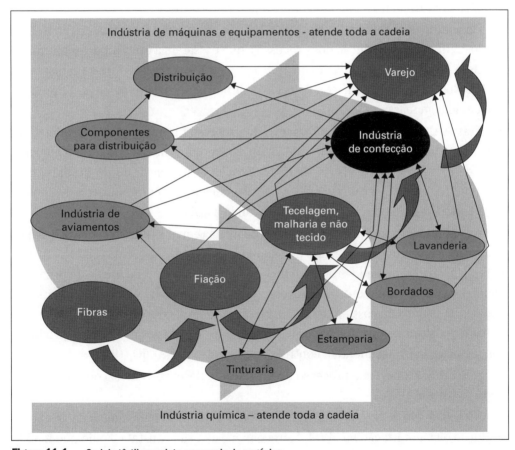

Figura 11.1 Cadeia têxtil completa e sua rede de negócios

Fonte: Mendes (2006).

O eixo principal dessa cadeia compõe-se de:
1) **Fibras**: agropecuária, agroindústria, petroquímica, química;
2) **Fiação**: produção de fios e linhas;

3) **Tecelagem, malharia e não tecido**: produção de matérias-primas para os confeccionados;

4) **Confecção**: produto final da indústria de transformação da cadeia têxtil;

5) **Varejo**: comércio, serviços e rede de distribuição para o consumidor final.

A confecção, parte central da MVM – Manufatura de Vestuários de Moda, finaliza o eixo principal da série produtiva da cadeia têxtil com os segmentos de confecção de produtos do vestuário, meias e assessórios, linha lar e artigos técnicos, conforme segmentação do IEMI (2006). Seus insumos são os fios, tecidos planos, malhas, não tecidos, aviamentos, componentes para distribuição. Seus produtos têm como destino os distribuidores no mercado interno, varejo e exportação.

De acordo com Maluf e Kolbe (2003), com o advento da Revolução Industrial no século XVIII e com a evolução dos processos, que passaram a utilizar partes intercambiáveis, a produção evoluiu da era do artesanato para a era da produção em massa. Já em fins dos anos 1940, começou a surgir uma nova era, hoje denominada produção sob medida em massa.

Trata-se, portanto, da transformação do processo produtivo dos trajes da MVM, com dimensões padronizadas que se ajustam às diferentes medidas do corpo humano. Além de satisfazer necessidades de diversificação e diferenciação do produto, com itens que passaram a ser novas exigências dos consumidores, a indústria de confecção adaptou-se ao modo de produção em grande escala.

A confecção de uma peça de vestuário de moda requer a utilização de vários tipos de costura e uma grande variedade de maquinários. A organização da produção para a montagem de determinado produto é fundamental para atender a escala de produção e dela depende o rendimento do processo, tanto na qualidade quanto na quantidade exigidas. O sistema de costura deve considerar os materiais a serem utilizados, as máquinas de costura, os operadores, os sistemas de transporte, os métodos de produção e as técnicas de planejamento e controle da produção (ARAÚJO, 1996).

A Figura 11.2 ilustra o processo de produção e desenvolvimento de produtos de moda.

Na sequência do trabalho, Mendes (2006) examina os paradigmas da gestão da produção e sua utilização na MVM. Merece menção a sua constatação de que a MVM vem operando de forma empírica e a obtenção de melhores resultados depende profunda, básica e fundamentalmente da administração da produção que, nesse segmento, tem sido relegada nos estudos acadêmicos. Finalmente, se medidas não forem adotadas na administração da produção da manufatura, a indústria brasileira do segmento será conhecida apenas pelo *design* e *glamour* de sua criatividade, mas não pela tecnologia e processos produtivos modernos e de alta competitividade.

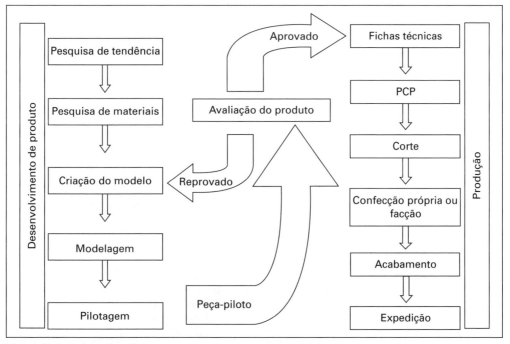

Figura 11.2 Fluxo de desenvolvimento e produção de produtos de moda

Fonte: Mendes (2006).

11.3 GOVERNANÇA CORPORATIVA NO BRASIL

Francisco José Santos Milreu (2006), em sua dissertação de mestrado "Uma análise da governança corporativa em uma rede do setor automotivo utilizando a abordagem das redes simultâneas", se refere a essa prática no Brasil, afirmando que os mecanismos de governança corporativa vêm evoluindo gradativamente no país. Esse movimento é muito importante para a consolidação de um ambiente de mais proteção aos acionistas investidores e maior incentivo às empresas na busca de recursos no mercado de capitais.

O grande avanço ocorreu em 1999, com a criação IBGC – Instituto Brasileiro de Governança Corporativa, com o objetivo de divulgar as boas práticas de governança no país. Em 2000, publicou o "Código das melhores práticas de governança corporativa". Ampliando os princípios do relatório da OCDE – Organização de Cooperação para o Desenvolvimento Econômico, o código brasileiro versou sobre os temas mais modernos, representando um grande passo no aprimoramento das relações corporativas no país.

O código objetiva indicar os caminhos para os tipos de sociedades (por ações de capital aberto ou fechado), limitadas ou civis, objetivando o aumento do seu valor, melhorando o seu desempenho, facilitando o acesso ao capital a custos mais baixos e contribuindo para sua continuidade. É delegado ao agente o poder de decisão sobre essa propriedade, pelo principal titular. Com isso surgem os chamados conflitos de agência, porque os interesses daquele que administra a propriedade nem sempre estão alinhados com os de seu titular.

A preocupação é ter mecanismos eficientes (sistemas de monitoramento e incentivos) que garantam o comportamento dos executivos, alinhado com o interesse dos acionistas. A ideia é proporcionar aos proprietários (acionistas ou cotistas) a gestão estratégica de sua empresa e a efetiva monitoração da direção executiva.

A eficácia do processo de governança corporativa é delimitada pela atuação de três atores principais. O equilíbrio no exercício do poder na empresa é definido pelo grau de interação entre esses agentes independentes, que são os **Acionistas**, que detêm a propriedade, o **Conselho de Administração**, responsável pelos processos de direção e controle e a **Diretoria Executiva**, responsável pela gestão e execução, representados na Figura 11.3, por meio de um modelo organizacional genérico.

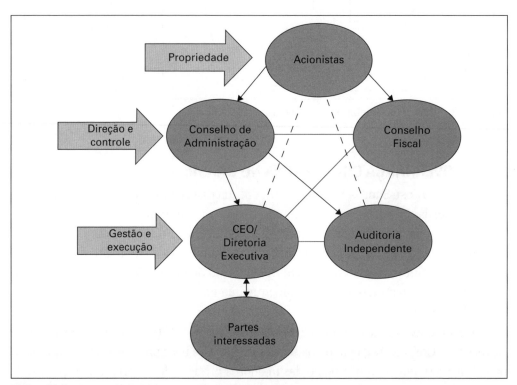

Figura 11.3 Modelo organizacional genérico

Fonte: IBGC (2006).

Os componentes que asseguram o controle da propriedade sobre a gestão são: o Conselho de Administração, a Auditoria Independente e o Conselho Fiscal, que têm como linhas mestras:

- **Transparência** (*disclosure*): mais do que "a obrigação de informar", a Administração deve cultivar o "desejo de informar", sabendo que da boa comunicação interna e externa, particularmente quando espontânea, franca e rápida, resulta um clima de confiança, tanto internamente, quanto nas relações da empresa com terceiros. A comunicação não deve se restringir ao desempenho econômico-financeiro, mas deve contemplar também os demais fatores (inclusive intangíveis) que norteiam a ação empresarial e que conduzem à criação de valor;

- **Equidade:** caracteriza-se pelo tratamento justo e igualitário de todos os grupos minoritários, sejam do capital ou das demais "partes interessadas" (*stakeholders*), como colaboradores, clientes, fornecedores ou credores. Atitudes ou políticas discriminatórias, sob qualquer pretexto, são totalmente inaceitáveis;

- **Prestação de contas (*accountability*):** os agentes de governança corporativa devem prestar contas de sua atuação a quem os elegeu e respondem integralmente por todos os atos que praticarem no exercício de seus mandatos;

- **Responsabilidade corporativa (sustentabilidade):** conselheiros e executivos devem zelar pela perenidade das organizações (visão de longo prazo) e, portanto, devem incorporar considerações de ordem social e ambiental na definição dos negócios e operações. Responsabilidade corporativa é uma visão mais ampla da estratégia empresarial, contemplando todos os relacionamentos com a comunidade em que a sociedade atua. A "função social" da empresa deve incluir a criação de riquezas e de oportunidades de emprego, qualificação e diversidade da força de trabalho, estímulo ao desenvolvimento científico por intermédio de tecnologia, e melhoria da qualidade de vida por meio de ações educativas, culturais, assistenciais e de defesa do meio ambiente. Inclui-se neste princípio a contratação preferencial de recursos (trabalho e insumos) oferecidos pela própria comunidade.

Nessa direção, a governança corporativa solidificou-se na última década com o objetivo de atrair capitais e fontes de financiamento para a atividade empresarial, que foi acelerada pelo processo de globalização e pelas privatizações de empresas estatais no país. Em consequência, conselheiros profissionais e independentes começaram a surgir.

A governança corporativa está relacionada à gestão de uma organização, sua relação com os acionistas (*shareholders*) e demais partes interessadas (*stakeholders*): clientes, funcionários, fornecedores, comunidade, entre outros. Sua essência está baseada em mecanismos de solução para o conflito de agência, decorrente da assimetria informacional e conflito de interesses entre as partes envolvidas.

A importância da governança corporativa não se concentra apenas em disciplinar as relações entre as diversas áreas de uma organização ou com partes externas. A implementação das práticas de governança corporativa possibilita uma gestão mais profissionalizada e transparente, diminuindo a assimetria informacional, minorando o problema de agência, procurando convergir os interesses de todas as partes relacionadas, buscando maximizar a criação de valor na empresa.

11.4 A TERCEIRIZAÇÃO DA LOGÍSTICA

Geraldo Cardoso de Oliveira Neto (2008), em sua dissertação de mestrado "Integração complexa entre empresa contratante e operador logístico: critérios para contratação", refere-se à definição de Fleury et al. (2006), segundo a qual o operador logístico (OPL) é o fornecedor de serviços logísticos especializados em gerenciar e executar todas as partes das atividades logísticas nas várias fases na cadeia de abastecimento de seus clientes, que tenha competência para, no mínimo, prestar simultaneamente serviços nas três atividades básicas de controle de estoque, armazenagem e gestão de transporte. Os demais serviços que porventura sejam oferecidos funcionam como diferenciais de cada operador.

OPL, de acordo com uma definição mais específica, é o prestador de serviços logísticos que tem competência reconhecida em atividades logísticas, desempenhando funções que podem englobar todo o processo logístico de uma empresa cliente ou somente parte dele. Mas, qualquer que seja a amplitude da terceirização, o processo deve ser tratado de maneira integrada, de forma a permitir a visão do fluxo todo (LUNA, 2007).

O OPL é, portanto, o responsável pela terceirização dos serviços logísticos da empresa, passando a adquirir fundamental importância por executar atividades que determinam a colocação de insumos e/ou produtos nos locais e instantes especificados, sob pena de acarretar danosas consequências.

Entretanto, a integração de um OPL na cadeia de suprimentos é fator de complexidade para a gestão de materiais e sua logística. Se as organizações, após analisarem os critérios para a terceirização, decidirem segmentar uma atividade terceirizada na cadeia de suprimentos, precisam claramente ter um contrato conciso, contendo as regras e procedimentos para o delineamento das operações logísticas. Também é importante buscar a flexibilidade no atendimento da demanda junto ao OPL. Outro fator de suma importância é a mensuração do desempenho em todo o ciclo logístico, para informação e redirecionamento em caso de necessidade e, até mesmo, promover uma gestão à vista para melhor comprometimento de todos os funcionários, conhecendo as metas e os erros. Muitas vezes, o foco somente no custo causa negociações no escuro que prejudicam a integração do OPL.

Diante da complexidade e possíveis problemas que causam insucesso, a empresa tomadora precisa analisar adequadamente os critérios, estabelecer valores de prioridade e conhecer os fatores de insucesso já ocorridos em outras empresas, para ser possível estabelecer um excelente contrato junto ao OPL.

A pesquisa realizada pelo autor teve, entre seus objetivos básicos, estudar empresas que terceirizam ou terceirizaram seus serviços logísticos a um OPL e avaliar os resultados dessa terceirização. O estudo de casos envolveu seis empresas, conforme informado no Quadro 11.1.

Contribuições acadêmicas 315

Quadro 11.1 Identificação das empresas

Empresa	Ramo	Localização	Número de funcionários	Experiência no mercado	Entrevistado
EQ	Química	São Paulo – SP	500	10 anos	Gerente de materiais
EM1	Metalurgia	Taubaté – SP	6800	60 anos	Coordenador de logística
EM2	Metalurgia	Vinhedo – SP	100	70 anos	Logística operacional
EPM	Produtos médicos	São Paulo – SP	50	15 anos	Gerente de materiais
EE	Eletrodomésticos	Varginha – MG	700	60 anos	Gerente de materiais
ECN	Cosméticos	Cajamar – SP	3800	38 anos	Gerente de materiais

Fonte: Oliveira Neto (2008).

O Quadro 11.2 apresenta as indicações mais frequentes quanto aos principais aspectos das terceirizações, conforme mencionado na pesquisa.

Quadro 11.2 Indicações mais frequentes

Aspectos	Indicações mais frequentes	Porcentagens
Objetivo	Redução de custo Flexibilidade	100% 67%
Plano que apoiou a decisão	Focar competências essenciais Crescimento das vendas	67% 50%
Estágio da terceirização	Recebimento, armazenagem e expedição	83%
Tomador de decisão	Diretoria Logística Gestão de materiais	50%* 50% 50%
Responsável pelo contrato	Gestão de materiais	50%
Parceria com OPL	Sim Não	50% 50%

Fonte: Adaptado de Oliveira Neto (2008).

*As indicações não são mutuamente excludentes.

Quanto à informação sobre o sucesso da terceirização, 50% indicaram sucesso e 50% indicaram insucesso e, por razão que só poderia ser invocada como coincidência devido ao tamanho da amostra disponível, as empresas que indicaram sucesso na terceirização foram precisamente as mesmas 50% que afirmaram parceria com os OPL no Quadro 11.2.

Em um dos casos de insucesso, ocorreu a negativa surpresa de ver as porcentagens de entregas com atraso subirem de 6,7% ao mês para 96,6% com a introdução do OPL, embora este tivesse sido contratado com base em considerável *portfolio* de experiências bem-sucedidas. Só não se atentou para o fato de que o tipo de serviço em que era especializado era diferente em essência daquele necessário para o negócio em questão. O contrato precisou ser rescindido e desistiu-se da terceirização.

A pesquisa trouxe diversos ensinamentos. Ao OPL não cabe a realização de atividades isoladas dos objetivos estratégicos da empresa contratante. Deve haver um acordo estratégico entendido como forma de a empresa atingir suas metas, ser mais competitiva e melhorar a lucratividade. As ações devem ser sintonizadas e articuladas de maneira que o cliente tenha sua satisfação atendida sem necessitar distinguir se a operação foi realizada pela empresa líder ou por uma terceirizada. As partes devem manter um processo de aprendizado contínuo, de longo prazo, que possibilite sistematicamente agregar valor ao serviço e que seja perceptível ao cliente. Este comportamento promove uma interação entre as partes com direcionamento que impede o afastamento das metas, solidifica o entendimento e estimula a integração. O sistema como um todo ganha eficiência e eficácia.

Entretanto, o relacionamento costuma ser complexo entre os agentes internos da mesma empresa e, com a chegada do OPL terceirizado, essa complexidade aumenta. Devido a essa dificuldade, muitos gestores das áreas de Materiais e Logística precisam ser mais cuidadosos na decisão de contratação de um operador logístico. Parece existir uma miopia que dificulta ver o terceirizado como parte estratégica do negócio. O OPL é visto como um prestador de serviços subalterno, sem que se faça entre ele a empresa nenhuma integração.

Algumas empresas tradicionais coordenam seu fluxo de produtos e serviços a montante e a jusante por meio do setor de Gestão de Materiais. A estruturação deste setor mostra muitas vezes deficiências e fracassos evidenciados nas inconsistências de estoque, nas informações centralizadas nos gerentes e na falta de integração. Em outras empresas, a logística tem adquirido independência e se posicionado como uma área de responsabilidade e autoridade organizacional, normalmente focalizada em distribuição física ou gestão de materiais.

Prazos, qualidade, garantias e tudo mais que agrega valor ao cliente passaram a ser imprescindíveis na disputa do mercado, que tem agora concorrência mundial. Isto obrigou as empresas a transferirem para fora tudo aquilo que elas realizavam internamente com precariedade ou ineficiência. Nesse cenário moderno, com a organização das cadeias de fornecimento, a produção em regime *just in time*, a grande quantidade de fornecedores e pontos de distribuição, o OPL, por suas características, se apresenta naturalmente como um importante colaborador, desde que a sua inserção no contexto estratégico da empresa contratante seja adequadamente realizada. A decisão de contratar um OPL e transferir-lhe atividades reconduz a empresa a suas competências essenciais, possibilitando concentrar esforços nos planos de melhorar o desempenho em competitividade e lucratividade, conforme o que se deseja, embora a presente pesquisa tenha corroborado a afirmação de Fleury et al.(2006), de que 70% dos contratos desse tipo terminam em conflito antes do prazo previsto, devido a diversas

Contribuições acadêmicas

317

causas, dentre as quais destacamos pouca capacitação tecnológica do OPL e dificuldades de relacionamento e medição dos resultados.

11.5 COMÉRCIO B2C

João Gilberto Mendes dos Reis (2008), em sua dissertação de mestrado "Análise da qualidade no segmento do *Business to Customer*: um estudo exploratório", pesquisa o relacionamento entre a qualidade e os fatores ganhadores de pedidos na cadeia de suprimentos e de serviços no B2C – *Business to Customer*. Esta é uma das quatro possibilidade de comércio eletrônico, conforme ilustrada no Quadro 11.3.

Quadro 11.3 Matriz de relacionamento consumidor/empresa

	Empresa	Consumidor
Empresa	**B2B** Relacionamento • Mais comum. Presente em toda a rede, exceto no último elo da cadeia de suprimentos Exemplos de *e-commerce* • Redes EDI	**B2C** Relacionamento • Operações varejistas • Operações de catálogos, etc. Exemplos de *e-commerce* • Varejistas da internet
Consumidor	**C2B** Relacionamento • Consumidor "oferece", a empresa responde Exemplos de *e-commerce* • Algumas operadoras de passagens áreas	**C2C** Relacionamento • Relação de leilão *swap* e *trading* Exemplos de *e-commerce* • *Sites* especializados de "colecionadores"

Fonte: Adaptado de Slack et al. (2002).

O conceito de fator ganhador de pedido foi abordado pela primeira vez por Hill (1993), que apresenta uma relação desses fatores: preço, confiabilidade de entrega, tempo de atendimento, qualidade, resposta a aumento de demanda, variedade de produtos e serviços, às quais Reis (2008) acrescenta projeto e distribuição.

A pesquisa inclui, além de uma grande rede varejista, o Grupo Pão de Açúcar, a Oceanair, Editora Atlas e a Videolar, empresas que se dispuseram a participar. Foram usados dois questionários, o primeiro com perguntas abertas dirigidas às empresas, com a finalidade de conhecer sua prática quanto a prestação de serviços, distribuição e pós-venda dos produtos comercializados pelos portais, e o segundo com perguntas fechadas dirigidas a 120 compradores via *web*.

A qualidade no B2C foi avaliada seguindo doze aspectos, em sua maioria sugeridos pelas dimensões da qualidade em serviços vistas em 6.10, conforme mostrado no Quadro 11.4, no qual também se buscou interpretar cada aspecto conforme seu significado para o B2C. Cada um desses aspectos foi avaliado mediante uma ou mais perguntas a ele concernente, em um total de 34 questões.

Quadro 11.4 Qualidade no B2C

Dimensão	Aspectos
Confiabilidade	Refere-se à capacidade da empresa de comércio eletrônico de cumprir o que promete, entregando no prazo correto, o produto certo, sem defeitos e danos
Sensibilidade do serviço	Refere-se à prontidão dos empregados para atender e resolver rapidamente os problemas dos clientes do portal, sanar dúvidas e reduzir o *gap* existente entre o ato da compra e o recebimento do produto
Competência	Refere-se ao conhecimento e às habilidades do pessoal de contato com os clientes do portal, seu conhecimento e suas habilidades do suporte operacional dos clientes
Acesso	Refere-se à facilidade dos clientes do portal de terem disponibilidade de serviço por telefone
Cortesia	Refere-se ao ato de preservar os produtos dos clientes e ser cortês na entrega
Comunicação	Refere-se a comunicar claramente todas as informações necessárias aos clientes quanto a dúvidas sobre a compra, entrega e formas de pagamento
Credibilidade	Refere-se à credibilidade da empresa perante os clientes do portal
Segurança	Refere-se à segurança do cliente do que seus dados serão preservados e que não terá problemas no que se refere à compra e o pagamento
Compreensão	Refere-se à capacidade da empresa de comércio eletrônico de compreender e premiar clientes habituais
Tangíveis	Refere-se ao ato da entrega, como aparência do veículo, dos entregadores, asseio, além dos aspectos operacionais do portal, como velocidade de navegação
Velocidade	Refere-se ao tempo de atendimento dos pedidos
Flexibilidade	Refere-se à capacidade de permitir ao cliente cancelamento, troca, devolução e alteração de endereços de entrega dos produtos e serviços após a execução do pedido

Fonte: Adaptado de Parasuraman et al. (1990) e Rotondaro e Carvalho (2005).

Reis (2008) apresenta detalhadas considerações sobre os resultados específicos dos dois questionários utilizados, culminando com uma análise dos principais fatores ganhadores de pedidos, conforme as indicações dos clientes do B2C, apresentados na Tabela 11.1.

Contribuições acadêmicas

Tabela 11.1 Fatores mais importantes citados pelos clientes

Pesquisa de graus de importância	QTD
Dados	TOTAL
Confiabilidade	31%
Segurança	23%
Credibilidade	11%
Comunicação	10%
Velocidade	10%
Competência	5%
Acesso	3%
Sensibilidade do serviço	2%
Tangíveis	2%
Flexibilidade	2%
Cortesia	0%
Compreensão	0%
Total	**100%**

Fonte: Reis (2008).

Dentre as considerações finais aprestadas por Reis (2008) em seu trabalho, destacam-se as seguintes:

☐ As empresas do comércio eletrônico, embora necessitem prover altos níveis de serviço para obter ganhos de pedidos, não se valem de sistemas de garantia da qualidade tradicionais, como ISO 9000, TQC, prêmios da qualidade, sendo que apenas uma empresa pesquisada reportou ter-se voltado a isso. Pode-se concluir que essa seria uma nova fronteira a ser vencida pelas empresas do B2C, até como forma de melhorar o marketing e a respeitabilidade da empresa perante os clientes;

☐ A relação dos fornecedores com as empresas ainda se encontra em um estágio de evolução, cada vez mais distante dos métodos tradicionais de compra pelo menor preço, mas com muito a se fazer para o alcance de relações de parceiras e confiabilidade com fornecedores, em um modelo de Gestão de Cadeias de Suprimentos;

☐ As empresas do B2C entendem que a confiabilidade do serviço é de suma importância para os seus negócios e procuram otimizar cada vez mais seus serviços. Entretanto, tendem a ter pouca influência na logística de *outbound*, ou seja, de saída, terceirizando operações e confiando na prestação dos serviços de empresas terceiras, que ainda são os maiores responsáveis pela insatisfação dos serviços, na visão dos consumidores;

☐ As empresas expõem claramente as informações no site, com políticas de trocas, preços, dados técnicos dos produtos, as quais são questões consideradas importantes para os clientes, que determinaram a comunicação como o quarto fator ganhador de pedidos;

320 Administração com qualidade

- As empresas têm procurado fornecer diversas formas de pagamento com o intuito de aumentar o ganho de pedidos;

- As empresas entendem que seus equipamentos e serviços de entrega são adequados ao serviço do B2C, embora os clientes, cada vez mais exigentes, busquem serviços de entrega com baixo tempo de atendimento, mantendo os preços aceitáveis;

- Quanto à flexibilidade, percebe-se que ainda existem restrições no segmento para conseguir realizar alterações uma vez feitos os pedidos – porém não tem sido um fator de impacto nos clientes, como a velocidade, que leva ao ganho de pedidos.

11.6 O SERVIÇO VAREJO

José Roberto Felipe da Silva (2007), em sua dissertação de mestrado "Qualidade no serviço varejo: um estudo de casos múltiplos", a fim de subsidiar sua pesquisa sobre o uso dos preceitos e técnicas da Qualidade nesse específico serviço, teceu sobre ele as interessantes considerações que seguem.

Varejo consiste em todas as atividades que englobam o processo de venda de produtos e serviços para atender a uma necessidade pessoal do consumidor final, define Parente (2000). O varejo pode ser qualquer instituição cuja atividade principal consiste na venda de produtos e serviços para o consumidor final. As atividades varejistas podem ser realizadas em lojas, por telefone, pelo correio, pela Internet e também na casa do consumidor. Segundo Parente (2000), o varejista difere do atacadista, porque o atacado consiste no processo de venda para clientes institucionais que compram produtos e serviços para revendê-los ou como insumo para suas atividades empresariais. A American Marketing Association define varejo como uma unidade de negócio que compra mercadorias de fabricantes, atacadistas e outros distribuidores, e vende diretamente a consumidores finais e eventualmente aos outros consumidores.

Com um volume anual de vendas superior a R$ 100 bilhões, vendidos por cerca de um milhão de lojas, e representando mais de 10% do PIB brasileiro, as atividades do varejo desempenham um papel de relevância no cenário econômico brasileiro. Os principais setores varejistas no Brasil são: o varejo de alimentos, as revendas e lojas de veículos, postos de gasolina, as lojas de eletrodomésticos e o varejo de confecção, afirma Parente (2000).

Segundo esse autor, o intenso ritmo de consolidação que tem caracterizado o varejo brasileiro nos últimos anos vem rapidamente tornando ultrapassadas as informações sobre o desempenho das empresas varejistas. O varejista agrega valor ao sistema de distribuição, há vantagens tanto para as empresas que participam na distribuição dos produtos quanto para seus consumidores. O varejista promove uma diminuição no número de contatos, proporcionando redução nos custos dos fabricantes ou atacadistas, que teriam de assumir os custos deste tipo de distribuição caso não houvesse esses intermediários. Ao transferir funções mercadológicas, as empresas obtêm vantagens permitindo que o fabricante se dedique ao seu objetivo principal de fabricação.

Contribuições acadêmicas

Ao mesmo tempo, cria-se uma especialização por parte dos varejistas, por exercerem e especializarem-se nesse tipo de atividade, o que pode proporcionar redução nos custos operacionais da empresa em decorrência dessa especialização, de acordo com Las Casas (2000). Continuando, o autor afirma que o varejo, dentro das condições de distribuição, proporciona utilidades de posse, tempo e lugar aos consumidores finais. Além disso, a especialização possibilita benefícios de compra, espaços para estacionamento, transporte gratuito, crédito direto, serviços de entrega e de manutenção, entre outros, para os consumidores. Segundo a revista Exame – Melhores & Maiores de 2009, os cincos maiores varejistas brasileiros em 2008, com as respectivas vendas em milhões de dólares, foram:

Carrefour	9,98
Walmart	7,53
Pão de Açúcar	6,41
Casas Bahia	6,04
Lojas Americanas	2,17

O varejo é essencialmente um operador logístico, ou seja, o elo de ligação entre o consumidor final e o fornecedor. Por decorrência, dois elementos interferem na determinação de sua real contribuição na cadeia de valor: as relações do varejo com os fornecedores e com o mercado consumidor. Aí estão, ao mesmo tempo, os problemas e as oportunidades para a melhoria das operações comerciais varejistas, segundo Ângelo e Silveira (1999).

Parente (2000) identifica possíveis maneiras pelas quais os produtos podem fluir do fabricante ao consumidor, apresentadas na Figura 11.4.

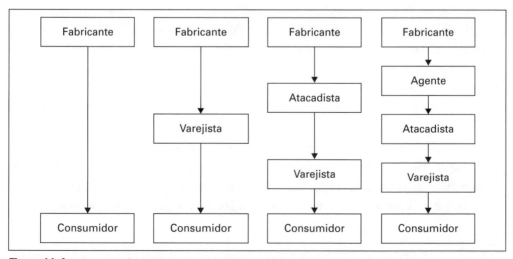

Figura 11.4 Esquema típico de estrutura de canal para bens de consumo

Fonte: Parente (2000).

O autor identifica algumas grandes classes de varejo que se destacam pela importância dada pelo porte em bloco: varejo alimentício, varejo não alimentício com lojas e varejo de serviços. Há também a considerar o varejo sem loja, representado pelo comércio eletrônico, objeto de discussão em 11.5.

Outra possibilidade provém do sistema de franquias, no qual pequenos empresários podem se beneficiar por serem parte de uma grande instituição de varejo em cadeia. A franquia consiste em um sistema contínuo e integrado de relacionamento entre franqueador e franqueado, que permite ao franqueado conduzir um certo negócio de acordo com um padrão de procedimentos e marca definidos pelo franqueador.

Segundo Kotler (2001), a franquia representa uma forma de organização de varejo que pode ser caracterizada pelos seguintes aspectos:

- O franqueador proporciona ao franqueado o sistema operacional e de marketing para desempenhar as atividades e uma certa exclusividade para operar em certa região;
- O franqueador possui uma atividade com marca registrada e licencia essa marca para franqueados que lhe pagam *royalties*;
- O franqueado paga o direito de fazer parte do sistema, os custos iniciais de montagem das instalações e uma taxa mensal e/ou *royalty* sobre as vendas.

Nos tempos presentes, por diversas razões dentre as quais se incluem aspectos de diversão e de segurança, o varejo tem encontrado nos shopping centers um grande canal de viabilização. O Quadro 11.5 define os tipos de shopping centers existentes no Brasil.[2]

Na sequência da pesquisa, ao se analisar a problemática da qualidade no serviço varejo, chegou-se à necessidade de subdividir os aspectos tangíveis do serviço varejo (ver dimensões da qualidade em serviços de Parasuraman et al. (1990), apresentadas no Quadro 6.5) em duas componentes: uma referente à qualidade do serviço prestado, que corresponde à concepção dos citados autores e se aplica a qualquer tipo de serviço, e a outra referente à qualidade do produto associado, objeto de venda pelo varejo. Essa subdivisão levou à concepção da Figura 6.29, apresentada e discutida em 6.10.1.

É interessante notar que a pesquisa, que envolveu o estudo de sete casos de empresas de varejo, cobrindo os ramos de livrarias, *fast-food*, telefones celulares, relojoaria, móveis, fotografia/ótica e material esportivo, apontou empate técnico na alta importância apontada para os dois tipos de aspectos tangíveis do serviço varejo.

---

[2] Os shopping centers constituem talvez o melhor exemplo daquilo que os especialistas em marketing denominam *meeting points*, ou pontos de encontro. São locais que atraem e induzem os frequentadores a efetuarem compras, muitas delas não inicialmente previstas.

Contribuições acadêmicas

Quadro 11.5 Tipos de shopping centers

Shopping regional
Este tipo de shopping fornece mercadorias em geral (uma boa porcentagem de vestuário), e serviços completos e variados. Suas atrações principais são âncoras tradicionais, lojas de departamento de desconto ou hipermercados. Um shopping regional típico é geralmente fechado, com as lojas voltadas para um *hall* interno.
Shopping comunitário
O shopping comunitário geralmente oferece um sortimento amplo de vestuário e outras mercadorias. Entre as âncoras mais comuns estão os supermercados e lojas de departamentos de descontos. Entre os lojistas do shopping comunitário, algumas vezes encontram-se varejistas de *off-price* vendendo itens como roupas, objetos e móveis para casa, brinquedos, artigos eletrônicos ou para esporte.
Shopping de vizinhança
É projetado para fornecer conveniência na compra das necessidades do dia a dia dos consumidores. Tem como âncora um supermercado. A âncora tem o apoio de lojas oferecendo outros artigos de conveniência.
Shopping especializado
Voltado para um mix específico de lojas de um determinado grupo de atividades, tais como moda, decoração, náutica, esportes ou automóveis.
Outlet center
Consiste em sua maior parte de lojas de fabricantes vendendo suas próprias marcas com desconto, além de varejistas de *off-price*.
Festival center
Está quase sempre localizado em áreas turísticas e é basicamente voltado para atividades de lazer, com restaurantes, *fast-food*, cinemas e outras diversões.

Fonte: Web site Abrasce – www.abrasce.com.br. Visitado em 24 de janeiro de 2007.

Todas as empresas pesquisadas também foram unânimes quanto à preocupação com a satisfação dos clientes, mostrando conscientização quanto à sua importância, como também preocupação com a concorrência. As empresas declararam que se preocupam em conhecer os desejos dos seus clientes.

Entretanto, quanto a esse aspecto, deve-se ter em mente uma ponderação de Whiteley (1995), na qual o autor afirma que ouvir a opinião do cliente significa duas coisas. A primeira é escutar – identificar o cliente e lhe dar ouvidos. A segunda, muito importante, é agir após escutar. O autor faz uma distinção entre a empresa voltada para o cliente e a empresa focada no cliente. Ele acredita que muitas organizações dirigem o foco para seus clientes, enviando pesquisas, fazendo grupos de opinião, ouvindo-os de várias formas, mas não estão agindo. Não deixam que a opinião dos clientes oriente as decisões que tomam em seus negócios. O mesmo autor prossegue afirmando que, quando se está próximo do cliente, se está no caminho para a real vantagem competitiva.

11.7 CONSÓRCIO MODULAR E CONDOMÍNIOS INDUSTRIAIS

Marcos José Correa Bueno (2007), em sua dissertação de mestrado "O *outsourcing* como vantagem competitiva na indústria automobilística", estuda os casos do consórcio modular instalado pela Volkswagen em Resende-RJ para produzir caminhões e ônibus e os condomínios industriais implementados pela General Motors em Gravataí-RS e pela Ford em Camaçari-BA. A principal diferença entre os dois conceitos está em que no primeiro a integração é mais próxima e a empresa-mãe, na verdade, só cuida da administração geral do consórcio e da aprovação final dos produtos, enquanto nos condomínios industriais há a participação produtiva da montadora e de seus fornecedores.

a) Consórcio modular da Volkswagen em Resende-RJ

Desenvolvido a partir de 1995, este empreendimento pode ser vislumbrado a partir do depoimento do controvertido executivo da empresa que o respaldou, Sr. José Inácio López de Arriortúa:

> Qualificamos o nosso relacionamento com os fornecedores de revolução, mas ele é, também, uma profunda parceria. Essa parceria é clara para a Volkswagen, no momento, com a instalação da nova fábrica de caminhões e ônibus que, por meio do sistema "consórcio modular", trará os fornecedores para dentro da nossa fábrica, com seus empregados, para montar nossos caminhões e ônibus. O mesmo acontecerá na futura fábrica de motores. Além disso, estamos em um processo de engenharia simultânea com nossos fornecedores. Dentro de poucos meses, a Volkswagen começará um programa de projeto e desenvolvimento de peças de novos produtos, em uma nova e importante parceria com seus fornecedores. A Volkswagen do Brasil é a criadora do processo de produção "consórcio modular" e será a primeira companhia do mundo a implementá-lo. A unidade de Resende se converterá na primeira fábrica desta nova geração no processo de manufatura. Resende é o novo "platô" da terceira revolução industrial [....]. Com o advento do "consórcio modular", a discussão sobre produtividade vai acabar. Nenhum processo de fabricação será mais moderno e não haverá maior produtividade e qualidade quando este conceito for definitivamente aplicado em todas as fábricas da Volks no mundo.

Apesar do projeto ter sido levado adiante calcado pelo espírito impulsivo do Sr. López, o consórcio modular foi consolidado como modelo único no mundo, sedimentando bases de reestruturação na cadeia de suprimentos com suas diversas variantes em diversos setores industriais. A fábrica de caminhões e ônibus da Volkswagen se instalou na cidade de Resende-RJ, distante 280 km de São Paulo e 150 km da cidade do Rio de Janeiro, com 80 mil metros quadrados de área construída em um terreno de mais de 1 milhão de metros quadrados. A Figura 11.5 ilustra a composição do consórcio.

Contribuições acadêmicas 325

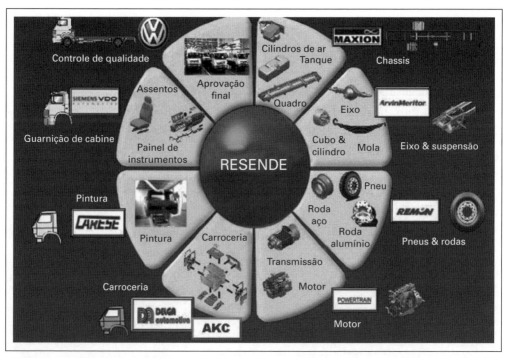

Figura 11.5 Modulistas e seus itens

Fonte: Volkswagen, adaptado por Bueno (2007).

Com o seu próprio ferramental e empregados, as empresas participantes se encarregam de todas as suas atividades no processo: transporte de peças, montagem de *kits*, estoque e controle de qualidade. Não se estabelece uma associação. Não há controle acionário entre as empresas e a Volkswagen. O que existe é uma parceria entre a Volkswagen e as empresas.

O resultado foi um empreendimento único, pioneiro, que se tornou *benchmark* mundial. A Tabela 11.2 mostra os dados da produção até 2006.

Tabela 11.2 Dados de produção da Volkswagen em Resende

	Caminhões	Ônibus	Total
1999	28.040	6.048	34.088
2000	32.781	5.680	38.461
2001	29.271	4.984	34.255
2002	22.649	6.370	29.019
2003	18.570	5.051	23.621
2004	18.989	4.639	23.628
2005	14.631	3.951	18.582
2006	10.641	1.741	12.382

Fonte: Anfavea (2007).

Tomamos conhecimento de que, no momento em que este livro estava sendo escrito, essa iniciativa estava em processo de mudança do controle organizacional, o que não invalida o estudo de caso feito.

b) Condomínio industrial da General Motors em Gravataí-RS

Como foi dito, nos condomínios convivem a montadora (empresa-mãe) e seus fornecedores. A Figura 11.6 ilustra o presente caso.

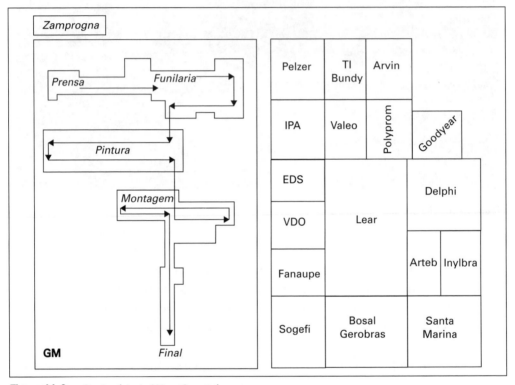

Figura 11.6   Condomínio da GM em Gravataí

Fonte: Zawislak et al. (2000).

Os principais resultados observados até 2007 são:
- O Celta é o primeiro produto 100% brasileiro da GM, cujo processo produtivo é uma evolução natural das experiências produtivas em andamento nas fábricas GM (menor distância montadora-sistemistas);
- Conforme dados da Anfavea, a GM, com o Celta, ultrapassou a VW em vendas de veículos leves, liderança esta que fora da VW durante décadas;
- A produção já atingiu em 2007 o nível de 90 veículos produzidos por hora;
- Aproveitando a flexibilidade da plataforma de produção do Celta, a GM lançou o Prisma em 2006, veículo que já atingiu 60.000 unidades produzidas em pouco mais de 6 meses de seu lançamento;

Contribuições acadêmicas 327

- Em 2004, foi ultrapassada a estimativa de produção de 120.000 veículos por ano projetada no início de suas operações;
- Agregou valor à comunidade, absorvendo atividades de mais de 800 fornecedores entre 1º e 4º níveis oriundos do estado do Rio Grande do Sul;
- São estimados para os próximos anos mais de US$ 250 milhões em investimentos;
- A unidade de Gravataí é uma das plantas mais desenvolvidas tecnologicamente entre as demais plantas da General Motors no mundo.

c) Condomínio industrial da Ford em Camaçari-BA

A Figura 11.7 ilustra este condomínio.

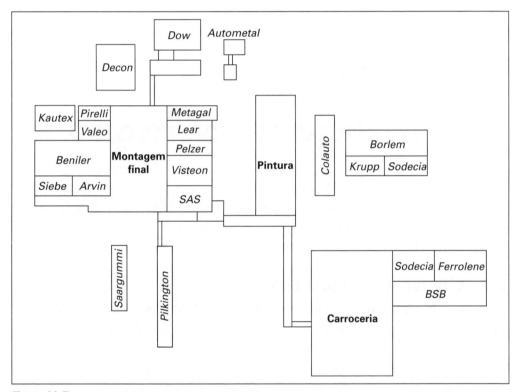

Figura 11.7 Condomínio industrial Ford em Camaçari

Fonte: Paraschiva (2001).

Os principais resultados até 2007 são:
- Atualmente, já tendo se passado quase seis anos da implantação de uma das mais modernas fábricas da Ford no mundo, o processo de parceria no condomínio industrial é nítido quando verificamos que todos os fornecedores que lá se instalaram permanecem até hoje;

No que tange à qualidade, em uma comparação com a antiga parceria com a VW na Autolatina, o índice de falhas em 1997 era de 20%. Segundo Edson Molina, Gerente de Logística da Ford, esse índice em 2005 atingiu o nível zero;

Houve um fornecedor que, em São Bernardo do Campo, apresentava diversos problemas de gestão e, em Camaçari, alinhou-se perfeitamente ao condomínio;

Segundo o Wall Street Journal, em 1999, a subsidiária brasileira da Ford estava lutando para sobreviver tanto quanto a indústria automotiva americana está lutando hoje. Depois de quatro anos consecutivos de prejuízos, a participação de mercado da Ford tinha caído no Brasil para apenas 6,5%, ficando em 4º lugar. Os diretores da Ford nos EUA estavam considerando seriamente sair da América do Sul. Sete anos mais tarde, a Ford da América do Sul se transformou no maior caso de virada da empresa e, em 2005, a divisão respondeu por 20% do lucro da Ford no mundo, tendo inclusive dobrado sua participação de mercado brasileiro para 12%;

Os dados da produção até 2006 são dados na Tabela 11.3.

Tabela 11.3 Veículos produzidos na Ford em Camaçari

	Fiesta	Ecosport	Total
2002	79.974	NP	79.974
2003	96.539	48.093	144.632
2004	116.346	81.060	197.406
2005	155.331	98.026	253.357
2006	144.380	10.0971	245.351

Fonte: Anfavea (2007).

11.8 QUALIDADE NA CADEIA TÊXTIL

Nilzeth Neres Gusmão (2008), em sua dissertação de mestrado "A qualidade na indústria têxtil, da tecelagem ao vestuário: estudo de casos múltiplos em pequenas e médias empresas no Estado de São Paulo", realizou pesquisa sobre o estado de aplicação dos conceitos e práticas da qualidade em empresas de pequeno e médio portes da cadeia têxtil nos segmentos de tecelagem, beneficiamento e confecção do vestuário, buscando avaliar melhor a realidade dessas empresas no tocante ao conhecimento dos conceitos, princípios e ferramentas da qualidade. Com esse intuito, foi realizada uma pesquisa de campo exploratória e qualitativa mediante a aplicação de um questionário a uma amostra de empresas nos segmentos acima citados.

O planejamento do estudo feito partiu de uma visão da cadeia têxtil conforme representado no fluxograma mostrado na Figura 11.8.

Contribuições acadêmicas

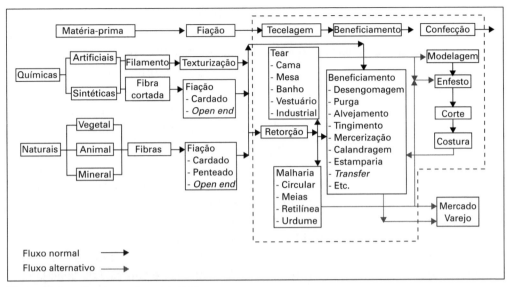

Figura 11.8 Fluxograma da cadeia têxtil

Fonte: Lobo (2005).

O questionário aplicado pela pesquisadora tinha 41 perguntas, divididas em três seções, referentes a caracterização da empresa (16 perguntas), planejamento da produção (10 perguntas) e planejamento da qualidade (15 perguntas). A análise completa dos resultados, por sua extensão, não é aqui reproduzida, mas são citados a seguir os pontos que apresentaram maior destaque:

a) Sobre o tempo de uso da mesma tecnologia, as respostas apontaram para prazos de 5 a 15 anos, ou mais. Não parece ter havido, pois, inovação no setor, ao menos recentemente. Isto é reforçado pela pergunta seguinte, em que apenas uma empresa de beneficiamento indicou a existência de previsão de troca de equipamentos.

b) Na pergunta sobre a relação com os fornecedores de matéria-prima, as respostas indicaram unanimente a existência de parceria. Isto vem de encontro a uma tendência que não é nova dos mercados, fundada em um relacionamento ganha-ganha propiciado pela gestão do processo de fornecimento baseado na confiança.

c) Também por unanimidade, as empresas pesquisadas da cadeia indicaram que o treinamento das equipes de trabalho é feito por funcionários da própria empresa, levando a sugerir que se trata de treinamento *on the job*. Apenas uma empresa de tecelagem e beneficiamento informa realizar treinamento em empresas especializadas.

d) Outra unanimidade refere-se à inspeção da qualidade da matéria-prima, feita manualmente. Ou seja, os fornecedores são parceiros, mas não confiáveis a ponto de se dispensar a inspeção de recebimento.

330   Administração com qualidade

e) Na pergunta sobre métodos e ferramentas usados para conseguir a melhoria dos processos, houve predominância da indicação "conhecimento acumulado", o que sugere uma não familiaridade com as técnicas específicas para o mister.

f) Das empresas pesquisadas, apenas uma tecelagem informou utilizar gráficos de controle de processos.

g) Foi mencionado o uso de normas da ABNT, especificamente referentes ao uso de etiquetas no caso do vestuário. Das empresas entrevistadas, apenas uma mencionou ter a certificação pela norma da série ISO 9001.

As demais perguntas do questionário tiveram respostas variadas, cujo conteúdo poderá ser verificado por interessados na questão. Merece, entretanto, menção ao ocorrido quanto às perguntas referentes à política da qualidade. Respostas do tipo "manter a qualidade preestabelecida", "manter a qualidade fazendo verificação constante de itens determinados", "avisar o cliente quando há falhas", indicam desconhecimento da questão e confusão entre política da qualidade e controle da qualidade.

Quanto às abordagens da qualidade apresentadas em 6.1, a pesquisa sugere ser a que mais se adequa à cadeia têxtil aquela baseada na produção, em que a qualidade é identificada como conformidade com as especificações, mormente no que diz respeito ao elo da confecção. Entretanto, o mercado deve ter se pautado pela necessidade de atender os desejos dos consumidores, o que também aponta para a abordagem da qualidade baseada no usuário. Quanto às dimensões da qualidade segundo Garvin (1984), coerentemente com as informações da pesquisa, prevalece a dimensão conformidade, embora também na ponta da cadeia deva certamente haver preocupação com as dimensões estética, durabilidade e qualidade percebida.

A autora ressalta ainda as seguintes conclusões baseadas na pesquisa:

a) A necessidade de conscientização para a qualidade dos produtos e serviços é percebida pelas empresas do setor, que a compreendem como um fator importante para a sua própria atuação e sobrevivência no mercado.

b) Entretanto, essa conscientização se dá de forma não estruturada. Possivelmente, no dia a dia dessas empresas não haja tempo hábil nem incentivo necessário para que alguém dentro delas se preocupe em conhecer melhor os conceitos e as ferramentas para se conseguir melhor qualidade e produtividade dos processos.

c) A necessidade da melhoria contínua e inovação precisa ser melhor entendida por essas empresas, o que poderá lhes conferir melhores condições para atuar no mercado e na cadeia produtiva a que pertencem.

d) Há falta de uma filosofia organizacional voltada para a qualidade por parte das empresas pesquisadas. O controle da qualidade é apenas mais um programa e é feito de forma intuitiva e não estruturada.

e) Na confecção, a falta de integração entre os profissionais de desenvolvimento de produto (estilista, modelista e gerente de produção), acarreta problemas com a produção que poderiam ser evitados. A preocupação com a qualidade é baseada mais no cliente e menos nos processos da produção.

11.9 APLICAÇÃO DO GERENCIAMENTO PELAS DIRETRIZES

Nivaldo Luiz Palmeri (2009), em sua dissertação de mestrado "Gestão da Qualidade Total integrada ao Gerenciamento pelas Diretrizes – Uma avaliação após dez anos de implementação", apresenta uma interessante colocação prática do Gerenciamento pelas Diretrizes, abordado em 3.2.1, em uma empresa montadora de veículos. Trata-se de uma sistemática que procura criar condições para o gerenciamento das prioridades da organização no dia a dia e alinhar a organização em torno de seus objetivos estratégicos, mostrando a contribuição de cada uma das partes, desdobrando objetivos gerais em objetivos específicos. Esse processo torna possível conferir autonomia às diferentes partes da organização, estabelecer a contribuição que se espera de cada parte e como devem proceder de maneira orientada por indicadores de desempenho guiados por plano de ações consistentes (Bouer, 2005).

Para Campos (2004), o Gerenciamento pelas Diretrizes é constituído por dois sistemas:

- Gerenciamento funcional, também chamado de "Gerenciamento da rotina do dia a dia", que cuida da manutenção e melhoria contínua das operações de uma empresa, ou "Gerenciamento pela Organização", que inclui a prática do controle da qualidade, conhecido como Gestão pela Qualidade Total;
- Gerenciamento interfuncional, que cuida da solução de problemas prioritários da alta administração por meio do desdobramento das diretrizes e seu controle interfuncional.

A Figura 11.9 apresenta uma visão sistêmica dos dois tipos de gerenciamento e seus desdobramentos na implementação do Gerenciamento pelas Diretrizes.

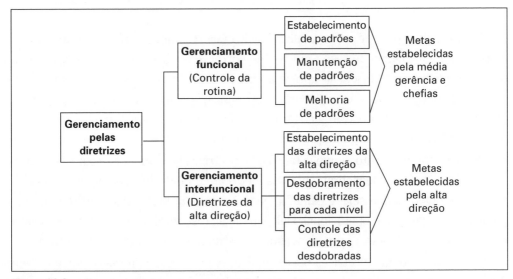

Figura 11.9 Tipos de gerenciamento e seus desdobramentos

Fonte: Adaptado de Campos (2004).

Segundo Palmeri (2009), o Gerenciamento pelas Diretrizes é a fase do sistema de gestão que trata do alinhamento de toda empresa em direção às "metas-chaves" e todos os níveis hierárquicos são influenciados a escolher atividades com objetivos estrategicamente importantes para o alcance das metas. São definidos pela alta administração os indicadores a serem trabalhados para o alcance das metas.

A Figura 11.10 apresenta o processo de definição de objetivos e desdobramento das metas na empresa em questão.

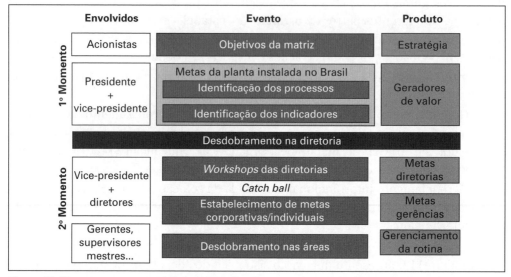

Figura 11.10 Processo de definição de objetivos e metas

Fonte: Fabricante de caminhões e chassis para ônibus – adaptado pelo autor.

No primeiro momento, são realizadas diversas reuniões com a alta direção da empresa para avaliação do resultado do ano corrente e discussão das diretrizes para o próximo ano. Nessa fase, são apresentadas as expectativas e o plano operacional para o próximo período, como: previsões de vendas, lançamentos de novos produtos, investimentos, projetos estratégicos e resultado financeiro esperado. Após o fechamento, o plano é enviado para aprovação da matriz.

No segundo momento, a explicitação das diretrizes busca indicar as áreas de melhoria operacional e o desdobramento das metas até o ponto de articular ações para o alcance de objetivos, ou seja, o caminho encontrado para partir das diretrizes da corporação e chegar à fase operacional. Delegam-se as responsabilidades em vários níveis hierárquicos até estabelecer um planejamento estratégico alinhado à gestão diária.

A explicitação das diretrizes busca indicar as áreas de melhoria operacional e o desdobramento das metas até o ponto de articular ações para o alcance de objetivos,

Contribuições acadêmicas

isto é, o caminho encontrado para partir das diretrizes da empresa e chegar à fase operacional. Delegam-se as responsabilidades em vários níveis gerenciais até estabelecer uma gestão diária alinhada ao planejamento estratégico.

As diretrizes são desdobradas e são propostas medidas prioritárias para atingir os resultados por meio da análise do processo. Essa análise é conduzida com base nos resultados do ano anterior, nas mudanças de cenário e na visão estratégia do gestor. O processo continua até o último nível gerencial, em que todas as medidas são não desdobráveis. A somatória de todas as metas dos gestores deve ser suficiente para atingir a meta do presidente, como mostra na Figura 11.11.

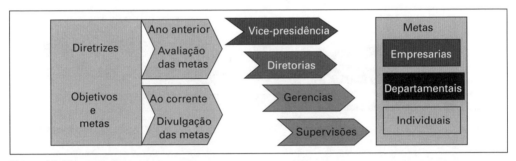

Figura 11.11 Desdobramento das metas

Fonte: Palmeri (2009).

Esse procedimento assegura o controle eficaz para que as estratégias de curto, médio e longo prazo se concretizem e transformem a rotina diária, de modo a resultar na melhoria dos processos e produtos.

A remuneração variável denominada Participação dos Trabalhadores nos Lucros e Resultados (PLR) é utilizada como elemento motivador para o cumprimento das metas. Este processo é dividido em dois grupos:

Executivos: A parcela da remuneração variável é distribuída no início do ano, após o fechamento de todas as metas do ano anterior. O valor é calculado levando-se em consideração o desempenho obtido pelo executivo no período, com base nas metas coletivas/globais e metas individuais. A Figura 11.12 mostra as etapas relacionadas ao acordo de metas executivo.

Horistas e mensalistas: São adotadas metas coletivas/globais, derivadas das diretrizes da empresa e definidas em acordo coletivo de participação nos resultados entre a montadora e o Sindicato dos Metalúrgicos. O pagamento é realizado em duas parcelas, a primeira em maio, a título de antecipação, e a segunda em dezembro, após apuração do valor calculado com base nos resultados obtidos com o cumprimento das metas, deduzida a antecipação.

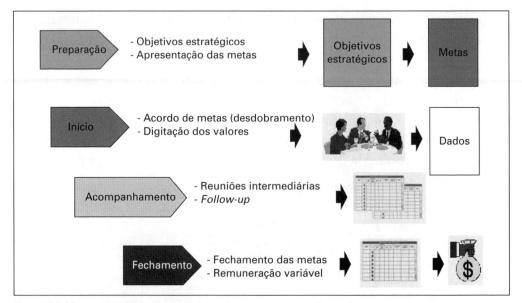

Figura 11.12 Acordo de metas executivo

Fonte: Adaptado por Palmeri (2009).

11.10 AS DIMENSÕES DA QUALIDADE NA PRÁTICA

Osmildo Sobral dos Santos (2006), em sua dissertação de mestrado "Administração de materiais como elemento para a Qualidade", analisando o assunto do título, estabeleceu um embasamento teórico usando as dimensões da qualidade de Garvin (1984), as tipologias de serviço de Silvestro (1992) e Cooke (2000), e as atividades de apoio que a Administração de Materiais fornece, conforme estabelecidas por Ballou (1993) e Pozo (2004). Encarada como um serviço interno das empresas, a Administração de Materiais presta, ao cliente interno Produção, importantes serviços para o atingimento dos objetivos desse setor.

Das oito dimensões da qualidade de Garvin (1984), vistas no Quadro 6.2, foram deixadas de lado Durabilidade e Estética, por não se aplicarem ao problema em estudo. As demais são Desempenho, Complementos, Confiabilidade, Conformidade, Assistência técnica e Qualidade percebida. As atividades de apoio à Produção consideradas foram Armazenagem, Embalagem de proteção, Manuseio de materiais, Obtenção (ou Suprimentos), Planejamento (ou Programação de produtos) e Sistema de informações, conforme visto em 5.3.3.f.

A pesquisa foi realizada em uma amostra de empresas do ramo industrial de médio e grande portes das cidades de São Paulo, Guarulhos e região, visando o critério de acessibilidade ao pesquisador, chegando-se a uma amostra de nove empresas, sendo entrevistados detentores de cargos gerenciais.

Contribuições acadêmicas 335

Para cada uma das atividades de apoio, foi investigado o grau de importância, avaliado em uma escala de Likert em que A = muito importante, B = importante, C = média importância, D = pouco importante e E = sem importância, e a eficiência com que se julgava ser realizada a atividade, avaliada em uma escala quantitativa de 0 a 100%, em que cada uma das seis dimensões da qualidade de Garvin (1984) relacionadas era avaliada com respeito a cada atividade de apoio. No presente texto limitamo-nos a apresentar os resultados correspondentes à pesquisa de importância, resumido na Tabela 11.4 (na página seguinte), dando os percentuais, em inteiros, com que foram contempladas, em cada cruzamento, as classificações A e B.

A partir da Tabela 11.4 foi emitido o Quadro 11.7, no qual é dado destaque às dimensões melhor contempladas pela pesquisa.

Quadro 11.7 Dimensões de Garvin conforme sua avaliação nas atividades de apoio

Atividades de apoio	Avaliações	
	100% A e B	78% ou 89% A e B
Armazenagem	Confiabilidade	Desempenho Conformidade Qualidade percebida
Embalagem de proteção	Confiabilidade Qualidade percebida	Desempenho Conformidade
Manuseio de materiais	Conformidade Qualidade percebida	Desempenho Confiabilidade Assistência técnica
Obtenção ou Suprimentos	Desempenho	Confiabilidade Conformidade Assistência técnica Complementos Qualidade percebida
Programação de produtos ou Planejamento	Desempenho Conformidade Assistência técnica	Confiabilidade Complementos Qualidade percebida
Sistema de informações	Confiabilidade Assistência técnica Qualidade percebida	Desempenho Conformidade Complementos

Atribuindo-se valor 2 a cada aparição na coluna de 100% e valor 1 a cada aparição na coluna seguinte, têm-se as seguintes "notas" de importância para as seis dimensões de Garvin (1984) consideradas:

Confiabilidade	9
Qualidade percebida	9
Desempenho	8
Conformidade	8
Assistência técnica	6
Complementos	3

Tabela 11.4 Percentagens de classificações A e B no cruzamento entre atividades de apoio e dimensões de Garvin (1984)

Dimensões / Atividades	Desempenho	Confiabilidade	Conformidade	Assistência técnica	Complementos	Qualidade percebida
Armazenagem	89	100	89	44	33	78
Embalagem de proteção	78	100	78	67	33	100
Manuseio ce materiais	89	89	100	89	56	100
Obtenção cu Suprimentos	100	89	89	89	78	89
Programação de produtos ou Planejamento	100	89	100	100	78	89
Sistema de informações	89	100	78	100	78	100

Fonte: Santos (2006).

Contribuições acadêmicas 337

A interpretação destes resultados, feitas as considerações cabíveis quanto a representatividade e tamanho da amostra, fica por conta de cada analista. Entretanto, parece oportuno salientar alguns aspectos:

- As quatro primeiras dimensões melhor avaliadas aparecem em todas as atividades no Quadro 11.7;

- A dimensão Desempenho foi contemplada com 100% nas atividades Obtenção ou Suprimentos e Planejamento. Espera-se, pois, o melhor funcionamento dessas atividades;

- A dimensão Confiabilidade foi contemplada com 100% nas atividades Armazenagem, Embalagem de proteção e Sistema de informações. Logo, ninguém quer admitir falhas nessas atividades;

- A dimensão Conformidade foi contemplada com 100% nas atividades Manuseio de materiais e Planejamento, indicando que todos esperam que essas atividades sejam executadas perfeitamente dentro do que foi especificado;

- A dimensão Qualidade percebida foi contemplada com 100% nas atividades Embalagem de proteção, Manuseio de materiais e Sistema de informações, indicando um desejo de se ter uma visão clara de que essas atividades estão sendo bem executadas.

11.11 GESTÃO DO CONHECIMENTO NA EMPRESA

Paulo José Gnidarxic (2009), em sua dissertação de mestrado "A Qualidade e o conhecimento como fatores para a melhoria de processos", conduziu uma pesquisa em uma indústria de autopeças fabricante de molas para veículos visando investigar a influência do conhecimento nas principais etapas do processo produtivo e a importância do aprendizado para a melhoria contínua da qualidade e produtividade. Pesquisou-se também a aplicabilidade dos conceitos de Gestão do Conhecimento na melhoria do processo fabril de produção e o entendimento desse tópico emergente nos diferentes níveis hierárquicos da empresa.

A pesquisa foi realizada em uma empresa de médio porte, com cerca de 350 funcionários, abrangendo três níveis hierárquicos – gerência, supervisão e chão de fábrica – sendo entrevistadas oito áreas gerenciais, cinco áreas de supervisão e 15% dos colaboradores do chão de fábrica.

Nas Tabelas 11.5 e 11.6 são apresentados os resultados da pesquisa atinentes aos aspectos ligados à Gestão do Conhecimento, associando-os aos seus processos característicos conforme discutidos em 8.3. Para maiores detalhes sobre essa pesquisa, ver Gnidarxic (2009).

Tabela 11.5 Identificação da Gestão do Conhecimento conforme respostas dos gestores e supervisores

Pergunta	Questões	Concordo (%)	Discordo (%)	Média	Processo
17	Esta empresa utiliza experiências vivenciadas por outras organizações para promover aprendizagem (*benchmarking*).	84,62	7,69	3,85	Identificar
5	A organização costuma utilizar alguma sistemática de resolução de problemas.	92,31	0,00	4,08	Criar
9	Esta empresa estimula o treinamento em novas habilidades.	76,92	0,00	3,85	Criar
16	Os novos conhecimentos adquiridos são utilizados para renovar as metodologias de trabalho.	69,2	7,7	3,62	Organizar
10	Os colaboradores conhecem o sistema de gestão ISO 9000.	53,8	0,0	3,69	Organizar
15	Na tomada de decisão é utilizado sistema de informações (banco de dados).	61,54	23,08	3,46	Armazenar
11	O programa de treinamento Universidade da Mola contribui para o aprimoramento técnico dos colaboradores.	100,00	0,00	4,31	Disseminar
9	Esta empresa estimula o treinamento em novas habilidades.	76,92	0,00	3,85	Disseminar
8	Os colaboradores estão comprometidos com o aprendizado.	53,8	7,7	3,54	Avaliar
12	O programa de treinamento Universidade da Mola contribui para diminuir os possíveis desperdícios e sucatas.	76,92	7,69	4,00	Avaliar
10	Os colaboradores conhecem o sistema de gestão ISO 9000.	53,8	0,0	3,69	Avaliar
15	Na tomada de decisão é utilizado sistema de informações (banco de dados).	61,54	23,08	3,46	Proteger

Fonte: Gnidarzic (2009).

Contribuições acadêmicas

Tabela 11.6 Identificação da Gestão do Conhecimento conforme respostas dos colaboradores

Pergunta	Questões	Concordo (%)	Discordo (%)	Média	Processo
3	Os colaboradores desta empresa aprendem com a prática.	85,29	5,88	3,75	Identificar
1	A organização costuma utilizar alguma sistemática de resolução de problemas.	67,65	20,59	3,52	Criar
5	Esta empresa estimula o treinamento em novas habilidades.	58,82	26,47	3,35	Criar
11	Os colaboradores conhecem o sistema de sugestões de melhoria.	82,35	8,82	3,79	Criar
10	Os procedimentos de produção são uma boa ferramenta de trabalho.	85,29	0,00	3,97	Organizar
6	Os colaboradores conhecem o sistema de gestão ISO 9000.	52,94	20,59	3,38	Organizar
7	O programa de treinamento Universidade da Mola contribui para o aprimoramento técnico dos colaboradores.	91,18	0,00	4,14	Disseminar
5	Esta empresa estimula o treinamento em novas habilidades.	58,82	26,47	3,35	Disseminar
4	Os colaboradores estão comprometidos com o aprendizado.	82,35	8,82	3,57	Avaliar
9	O programa de treinamento Universidade da Mola contribui para diminuir os possíveis desperdícios e sucatas.	82,35	5,88	4,00	Avaliar
6	Os colaboradores conhecem o sistema de gestão ISO 9000.	52,94	20,59	3,38	Avaliar

Fonte: Gnidarxic (2009).

Os resultados permitiram constatar que a empresa pesquisada aplica conceitos que podem servir de base para a Gestão do Conhecimento. A Tabela 11.7 apresenta os graus de concordância médios com esses conceitos, obtidos a partir das tabelas anteriores.

Tabela 11.7 Índices de concordância com a existência dos processos de Gestão do Conhecimento

Processos de GC	Porcentagens médias de concordância	
	Gestores e supervisores	Colaboradores
Identificar	84,62	85,29
Criar	84,62	69,61
Organizar	61,52	69,12
Armazenar	61,52	—
Disseminar	88,46	75,00
Avaliar	61,52	72,55
Proteger	61,52	—

Fonte: Extraído de Gnidarxic (2009).

É interessante notar que não há diferença significativa visual entre as respostas dos gerentes e supervisores e as dos colaboradores. Desses dados pode-se inferir que preceitos da Gestão do Conhecimento são praticados na empresa de maneira informal, mesmo sem ter ciência dessa vertente do saber como uma disciplina estabelecida. Entretanto, a pesquisa também mostra que há campo para melhoria na implementação formal da Gestão do Conhecimento na empresa, partindo da conscientização a respeito dos seus dirigentes.

11.12 PCP NO AGRONEGÓCIO

Silvânio Márcio Fernandes (2009), em sua dissertação de mestrado "Planejamento e Controle da Produção em usina sucroalcooeira", pesquisou o setor de empresas desse ramo, tendo se valido da classificação dessas empresas segundo Paiva (2006), em quatro categorias:

1. **Usinas autônomas não diversificadas**: produzem uma pequena variedade de produtos e comercializam de forma independente. Esta classe é composta por usinas e destilarias autônomas que utilizam contratos de médio e longo prazo com um número pequeno de compradores (por exemplo, empacotadoras de açúcar, distribuidoras de combustível, empresas que usam melaço como matéria-prima,

tradings), ou produzem para estoque e comercializam no mercado *spot* local. O planejamento agregado da produção neste tipo de empresa apresenta um papel importante para a garantia de cumprimento dos compromissos estabelecidos com o cliente. Porém, este planejamento é de fácil determinação e pode-se aplicar apenas um conjunto de planilhas e direcionar o foco para o planejamento da colheita.

2. **Usinas autônomas diversificadas**: produzem uma grande variedade de produtos e comercializam de forma independente. Estas empresas possuem foco mais direcionado a jusante da cadeia e normalmente utilizam várias estratégias de comercialização (mercado varejista, mercado local, mercado a termo, mercado futuro, contrato de longo prazo e exportação utilizando *tradings*). O planejamento agregado da produção neste tipo de empresa apresenta um papel fundamental para a melhoria dos resultados, principalmente na seleção dos processos produtivos e na determinação do ritmo de moagem. Neste tipo de empresa, o planejamento de safra deve ser avaliado constantemente para que se possam aproveitar melhor as oportunidades existentes no mercado.

3. **Usinas cooperadas não diversificadas**: produzem uma pequena variedade de produtos e comercializam por meio de *pools* ou cooperativas. Estas empresas apresentam um processo de produção extremamente focado e inflexível, com comercialização de seus produtos totalmente viabilizada pela cooperativa. Neste tipo de unidade produtora, o planejamento agregado da produção tem menor importância, pois as decisões são conhecidas *a priori*. Neste tipo de empresa é mais interessante efetuar o planejamento de safra apenas baseando-se no planejamento de colheita.

4. **Usinas cooperadas diversificadas**: produzem uma grande variedade de produtos e comercializam por meio de *pools* ou cooperativas. As usinas com este perfil normalmente são responsáveis pela produção do açúcar branco de varejo e/ou dos alcoóis de melhor qualidade nos sistemas cooperados. O planejamento agregado da produção neste tipo de empresa apresenta um papel importante para a melhoria dos resultados na safra, principalmente na seleção dos processos produtivos e na determinação do ritmo de moagem. Neste tipo de empresa, o planejamento de safra deve ser reavaliado constantemente para que possa existir uma boa negociação das metas de produção adotadas pela cooperativa.

Existem ainda grandes grupos produtores que comercializam seus produtos de forma autônoma, ou independente, como a Usina Caeté, objeto do presente estudo de caso. Este grupo possui seis unidades no Brasil, sendo duas situadas no Triângulo Mineiro, uma das quais ocupa o décimo primeiro lugar na produção e moagem de cana no Brasil e possui a maior coluna de desidratação de álcool da América Latina, com capacidade de 700 m^3 de álcool. As duas empresas geram em torno de 3.800 empregos diretos nos setores industrial e agrícola.

342   Administração com qualidade

Os critérios de escolha foram:

a) Empresa de grande porte, o que permite uma comparação com indústrias modernas;
b) Alto grau de automação;
c) Pertence a um grupo de empresas, o que é característica forte no Brasil;
d) Atua no mercado doméstico e nas exportações;
e) Trabalha com cana própria e terceirizada;
f) O corte da cana é mecanizado e manual.

Interessado no Planejamento e Controle da Produção da empresa em questão, o autor constatou que a produção de açúcar e álcool é composta de várias fases, divididas em dois grandes grupos distintos que se caracterizam pelas atividades agrícolas e a produção industrial. A automação industrial é notória nas duas fases, ou seja, tanto no processo agrícola como na produção industrial. Os processos automatizados tornam o fluxo operacional mais ágil e requerem uma série de modificações para sua implementação, assim como uma mão-de-obra mais especializada. Com isso, os processos de controle e acompanhamento da produção também requerem mais precisão nas informações, pois as decisões são tomadas a partir de dados confiáveis, o que requer sistemas computacionais interligados em todas as fases dos processos e, na sua grande maioria, com dados instantâneos para consulta e tomada de decisões.

As questões que interferem no Planejamento e Controle da Produção são decorrente das condições climáticas, teor de sacarose na cana (que pode se alterar em função de atraso no início da colheita ou na sua finalização), seleção de mudas de cana inadequadas para a região, manutenções corretivas, recursos humanos, tipo de colheita manual ou mecanizada, tipo de solo, legislações ambientais e ainda oscilações no mercado doméstico ou mundial, entre outros. Ao planejar, a usina pesquisada considera essencial ter em mente que estas questões precisam ser contabilizadas no PCP. A Figura 11.13 demonstra o inter-relacionamento de todo o processo produtivo com ao Planejamento e Controle da Produção. Esta figura é fruto de observações pelo autor em vários processos produtivos das usinas sucroenergéticas da região.

Os *softwares* mais empregados para a integração tecnológica entre o campo e a indústria no que se refere ao planejamento e controle das operações agrícolas e industriais são os sistemas SIAGRI (Sistema Integrado para o Gerenciamento Agrícola), desenvolvidos pela empresa Biosalc, que compreede os módulos SIGIND (Sistema de Informação para o Gerenciamento Industrial), SIMAN (Sistema para Planejamento e Controle da Manutenção Industrial) e SIFROTA (Planejamento e Controle da Manutenção de Frotas). Com o uso desses módulos, as usinas conseguem controlar em tempo real o monitoramento das atividades agroindustriais em geral. Os módulos do SIAGRI são responsáveis pela integração das informações e fornecem indicadores em forma de planilha que permitem o acompanhamento do planejamento das operações agrícolas e industriais das usinas sucroalcooleiras.

Contribuições acadêmicas 343

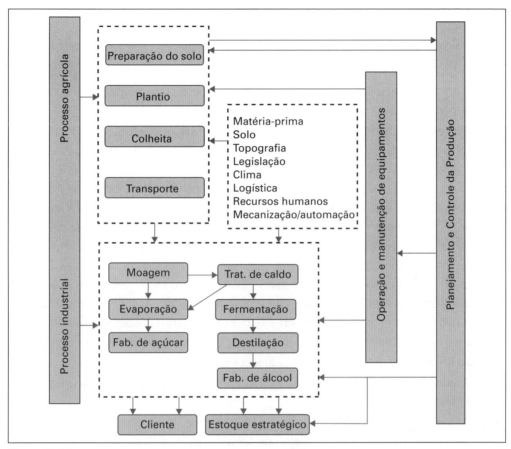

Figura 11.13 Inter-relacionamento do processo produtivo e o PCP

Fonte: Fernandes (2009).

11.13 O *SOFTWARE* NAS ORGANIZAÇÕES

Simone Aparecida Canuto (2007), em sua dissertação de mestrado "Avaliação e análise da qualidade no treinamento de usuários de *software*", durante a pesquisa buscando subsídios para o estudo do tema, abordou o assunto tratado neste item, aqui colocado para ciência dos interessados em Administração, devido a sua indiscutível importância nos tempos presentes.

De fato, o papel do *software* vem crescendo e se tornando imprescindível em todos os aspectos da vida cotidiana. Está presente no governo, nos bancos, nas finanças, na educação, no transporte, na área de entretenimento, na medicina, na agricultura e em toda a cadeia produtiva. O número, o tamanho e os domínios de aplicação de programas que são desenvolvidos cresceram dramaticamente; como resultado, bilhões de dólares estão sendo gastos em desenvolvimento de *software*. O sustento e as vidas de milhões de pessoas dependem diretamente da efetividade desse desenvolvimento.

Mollo Neto (2007) ressalta que "A capacidade do ser humano em agir de maneira inteligente é frequentemente associada ao conhecimento construído ao longo do tempo e, dentro deste contexto, é intuitivo direcionar o pensamento ao fato de que a incorporação deste conhecimento para a construção de sistemas computacionais 'inteligentes', conhecidos também por sistemas 'especialistas', permite dar suporte ao processo de tomada de decisão".

Hilburn et al. (1999) afirma que, infelizmente, há problemas graves no custo, oportunidade e qualidade de muitos produtos de *software*. Para o autor, o mais grave é o efeito causado pelas falhas. É possível haver problemas de segurança que, em casos de *software* crítico, podem afetar diretamente a saúde e bem-estar das pessoas.

O fato de os *softwares* estarem presentes em pontos vitais, como, por exemplo, o controle de transporte de milhões de pessoas, não permite a ocorrência de falhas, tanto de projeto, de execução e de utilização. As novas tecnologias desenvolvidas para este fim possibilitam melhorias que diminuem obstáculos como tempo e espaço, facilitando a comunicação entre todas as pessoas e entre as organizações. Toda essa estrutura gera uma ampla conectividade, possibilitando trocas de arquivos, informações e conhecimento, criando uma série de benefícios jamais antes imaginados.

Para Porter (1990), a empresa deve ser modelada segundo a cadeia de valores, agrupando as atividades realizadas na empresa em:

- **Atividades primárias**: logística interna, operações, logística externa, marketing, vendas e serviços;
- **Atividades de apoio**: infraestrutura da empresa, gerência de recursos humanos, desenvolvimento e aquisição de tecnologia.

Para uma adequação do *software* dentro das organizações, deve-se considerar a maneira como estas são formadas e como ocorrem suas atividades, tanto interna quanto externamente. A inter-relação dos departamentos e, principalmente, dos funcionários, interfere não só na definição dos requisitos do *software* como na sua utilização.

Existem maneiras de levantar as necessidades da empresa a serem automatizadas. Estas descrições estabelecem detalhadamente as funções e as restrições de sistema. Na engenharia de *software*, utiliza-se o levantamento de requisitos do sistema, algumas vezes chamado de especificação funcional, que deve ser, antes de mais nada, preciso. Sommerville (2003) destaca que este documento pode servir como um contrato entre o comprador do sistema e o desenvolvedor de *software*.

O grande desafio dos engenheiros de *software* é compreender a natureza do problema que se pretende resolver, especialmente quando se trata do desenvolvimento de um *software* novo. Um documento de requisitos de *software* deve possuir dois níveis de detalhamento e deve ser apresentado para validação em momentos diferentes. O primeiro nível de requisito deve tratar o problema de uma forma abrangente,

Contribuições acadêmicas   345

permitindo apresentar a forma de atender as necessidades do cliente para resolver seu problema. Uma vez estabelecida a forma macro para solução do problema, passa-se ao segundo nível, onde deve haver um detalhamento maior, permitindo a avaliação por parte do cliente.

O primeiro nível, ou alto nível, pode ser definido como *requisitos de usuário*. O segundo nível, o mais detalhado, define-se como *requisitos de sistema*, que são classificados como requisitos funcionais, não funcionais e de domínio:

- **Requisitos funcionais**: são declarações de funções que o sistema deve fornecer, como o sistema deve reagir a entradas específicas e como deve se comportar em determinadas situações. Em alguns casos, os requisitos funcionais podem também declarar o que o sistema não deve fazer;
- **Requisitos não funcionais**: são restrições sobre os serviços ou as funções oferecidas pelo sistema. Entre elas destacam-se restrições de tempo e restrições sobre o processo de desenvolvimento, padrões, equipamentos, linguagens e outras especificações de estrutura;
- **Requisitos de domínio**: são requisitos que se originam do domínio de aplicação do sistema e que refletem características desse domínio. Podem ser requisitos funcionais ou não funcionais.

Os requisitos não funcionais podem ser classificados ainda em requisitos de produtos, organizacionais e externos. Uma descrição ainda mais detalhada deve ser produzida para associar a engenharia de *software* e as atividades de projeto. Define-se, então, uma especificação de projeto de *software* (SOMMERVILLE, 2003).

O citado autor ressalta também que, durante a instalação de um sistema, ou seja, no momento em que este é colocado em operação, podem surgir muitos problemas. Sistemas complexos podem levar meses ou mesmo anos para serem totalmente implementados.

Alguns exemplos destes problemas são:

- O ambiente no qual o sistema deve ser instalado não é o mesmo considerado pelos desenvolvedores do sistema;
- Os usuários em potencial do sistema podem ser hostis à sua implementação (o sistema pode reduzir suas responsabilidades, ou o número de postos de trabalho);
- O novo sistema pode ter que coexistir com um sistema anterior, até que a organização esteja certa de que o novo sistema opera adequadamente;
- Pode haver problemas físicos de instalação, surgindo dificuldades para que o sistema se torne funcional.

Vários destes problemas podem ser evitados se os desenvolvedores utilizarem algum dos modelos de desenvolvimento e qualidade de *software* existentes, como o SWEBOK – Software Engineering Body of Knowledge (SWEBOK, 2004) ou o CMMI

– Capability Maturity Model Integration (KOSCIANSKI e SOARES, 2006), já que eles preveem o controle dos requisitos e o ciclo de vida do *software*.

Outro fator relevante destacado por Sommerville (2003) se refere à dificuldade dos usuários finais preverem como vão utilizar os novos sistemas de *software* para dar apoio ao seu trabalho diário. O autor ressalta que, dependendo da complexidade do sistema, torna-se impossível uma avaliação antes de a solução ser completamente construída e colocada em operação.

Referências

ABNT – Associação Brasileira de Normas Técnicas. NBR 5426. Planos de Amostragem na Inspeção por Atributos. Rio de Janeiro, 1985.

_____. NBR 14.001. Sistema de Gestão Ambiental – Especificações e diretrizes para uso. Rio de Janeiro, 2004-a.

_____. NBR 16.001. Responsabilidade Social – Sistema de Gestão – Requisitos. Rio de Janeiro, 2004-b.

_____. Disponível em: <http://www.abnt.org.br/detault.asp?resolucao=1024X768>. Acesso em: 01 maio 2007.

_____. NBR ISO 9004:2008. Sistemas de Administração da Qualidade – Diretrizes para desempenho. Rio de Janeiro, 2008.

ADIZES, I. *Os ciclos de vida das organizações:* como e por que as empresas crescem e morrem e o que fazer a respeito. São Paulo: Pioneira, 1990.

AKAO, Y. *Desdobramento das diretrizes para o sucesso do TQM*. Porto Alegre: Bookman, 1997.

ALBERTAZZI G. Jr., A.; SOUSA, A. R. *Fundamentos de metrologia científica e industrial*. São Paulo: Manole, 2008.

ALBERTIN, A. L. *Administração de informática:* funções e fatores críticos de sucesso. 6. ed. São Paulo: Atlas, 2009.

ALBRECHT, K. *A revolução nos serviços*. São Paulo: Pioneira, 2002.

ALVES, F. A. *Fundações, organizações sociais, agências executivas*. São Paulo: LTr, 2000.

AMATO NETO, J. *Redes de cooperação produtiva e clusters regionais:* oportunidades para pequenas e médias empresas. São Paulo: Atlas, 2000.

_____. *Gestão de sistemas locais de produção e inovação* (Clusters/APLs). São Paulo: Atlas, 2009.

ANDRADE, A.; ROSSETI, J. P. *Governança corporativa:* fundamentos, desenvolvimento e tendências. São Paulo: Atlas, 2004.

ANFAVEA – Associação Nacional dos Fabricantes de Veículos Automotores. *Anuário Estatístico da Indústria Automotiva Brasileira*. Disponível em: <http://www.anfavea.com.br>. Acesso em: 18 maio 2007.

348

Administração com qualidade

ÂNGELO, C. F.; SILVEIRA, J. A. G. *Marketing de relacionamento no varejo*. São Paulo: Atlas, 1999.

ANGELONI, M. T. *Organizações de conhecimento, infraestrutura, pessoas e tecnologias*. 2. ed. São Paulo: Saraiva, 2009.

ARAÚJO, M. *Tecnologia do vestuário*. Lisboa: Fundação Gulbenkian, 1996.

ARRUDA, M. C. C. A.; ARRUDA, M. L. Alianças estratégicas internacionais: desempenho e estratégias de marketing. *RAE – Revista de Administração de Empresas*. São Paulo, v. 38, n. 1, p. 27-37, 1998.

AZZOLINI JR., W. *Tendência do processo de evolução dos sistemas de administração da produção*. Tese de doutorado, Escola de Engenharia de São Carlos, USP, São Carlos, 2004.

BAILEY, J. L. Liderar é preciso. *Revista eletrônica*, site Executive Excellence. Disponível em: <http://www.qualitymark.com.br>. Acesso em: 22 maio 2009.

BALLOU, R. H. *Logística empresarial:* transporte, administração de materiais e distribuição física. 11. ed. São Paulo: Atlas, 1993.

BAZANINI, R. Decisões em marketing. In: COSTA NETO, P. L. O. (Coord.). *Qualidade e competência nas decisões*. São Paulo: Blucher, 2007.

BEKMAN, O. R.; COSTA NETO, P. L. O. *Análise estatística da decisão*. 2. ed. São Paulo: Blucher, 2009.

BENKO, G. *Economia, espaço e globalização na aurora do Século XXI*. São Paulo: Hucitec, 1996.

BERTALANFFY, L. et. al. *Teoria dos sistemas*. Rio de Janeiro: FGV, 1976.

BOTELHO, E. *A empresa inteligente*. 2. ed. São Paulo: Atlas, 1994.

BOUER, G. Gerenciamento das diretrizes. In: CARVALHO, M. M.; PALADINI, E. P. (Coord.). *Gestão da qualidade:* teoria e casos. Rio de Janeiro: Elsevier, 2006.

BRANCO COSTA, A. F., EPPRECHT, E. K.; CARPINETTI, L. C. R. *Controle estatístico de qualidade*. 2. ed. São Paulo: Atlas, 2005.

BRAZ, M. A. Ferramentas e gráficos básicos. In: ROTONDARO, R. G. (Coord.). *Seis sigma:* estratégia gerencial para a melhoria de processos, produtos e serviços. São Paulo: Atlas, 2002.

BRITTO, J. Redes de cooperação entre empresas. In: KUPFER, D. *Economia industrial:* fundamentos teóricos e práticos no Brasil. Rio de Janeiro: Campus, 2002.

BSI – British Standards Institution. OHSAS 18.001 – Occupation Health and Safety Assessment Series. United Kingdom, 1999.

BUKOWITZ, W. R.; WILLIAMS, R. l. *Manual de gestão do conhecimento*. Porto Alegre: Bookman, 2002.

CALEGARE, A. J. A. *Introdução ao delineamento de experimentos*. 2. ed. São Paulo: Blucher, 2009.

CAMP, R. C. *Benchmarking:* o caminho da qualidade total. 3. ed. São Paulo: Pioneira, 1996.

CAMPOS, M. V. *Concorrência, cooperação e desenvolvimento:* do falso dilema entre competição e cooperação ao conceito de concorrência cooperativa. São Paulo: Singular, 2008.

CAMPOS, V. FALCONI – *TQC – Controle da Qualidade Total*. 8. ed. Belo Horizonte: INDG, 2004.

CANUTO, S. A. *Avaliação e análise da qualidade no treinamento de usuários de software*. Dissertação de mestrado, Universidade Paulista, Programa de Pós-Graduação em Engenharia de Produção, São Paulo, 2007.

CARON, A. Inovação tecnológica em pequenas e médias empresas. *Revista FAE Business*, Curitiba, n. 8, p. 25-28, maio, 2004.

CASAROTTO FILHO, N.; FÁVERO, J. S.; CASTRO, J. E. E. *Gerência de Projetos/Engenharia Simultânea*. São Paulo: Atlas, 2002.

Referências

CASAROTTO FILHO, N. E.; PIRES, L. H. *Redes de pequenas e médias empresas e desenvolvimento local:* estratégias para a conquista da competitividade global com base na experiência italiana. São Paulo: Atlas, 1999.

CATÃO, M. C.; CÂNDIDO, G. A. *Tecnologia de suporte à gestão do conhecimento:* um estudo de caso numa empresa industrial. XXIII ENEGEP – Encontro Nacional de Engenharia de Produção, Ouro Preto, 2003.

CERQUINHO, F. *Ética e qualidade nas empresas.* Dissertação de mestrado, Escola Politécnica da USP, Departamento de Engenharia de Produção, São Paulo, 1994.

CHENG, L. C.; MELO FILHO, L. R. *QFD – Desdobramento da Função Qualidade na Gestão de Desenvolvimento de Produtos.* São Paulo: Blucher, 2007.

CHIAVENATO, I. *Introdução à teoria geral da administração.* Rio de Janeiro: Campus, 2000.

CHILD, J.; FAULKNER, D. *Strategies of co-operation:* managing alliances, networks and joint ventures. Oxford University Press, 1998.

COELHO, N. C. *Produção agrícola brasileira.* Disponível em: <http://mre.gov.br>. Acesso em: jan. 2006.

CONTADOR, J. C. Modelo geral das atividades da empresa. *Revista Gestão & Produção*, v. 8, n. 3, UFSCar, São Carlos, dez. 2001.

_____. *Campos e armas da competição.* São Paulo: Saint Paul, 2008.

CONWAY , W. *O segredo da qualidade.* São Paulo: MC Editora, 1996.

COOKE, C. S. *Gestão de serviços:* proposição de um método para obtenção de vantagem competitiva através da fidelização do consumidor. Dissertação de mestrado, Escola Politécnica da USP, Departamento de Engenharia de Produção, São Paulo, 2000.

CORREA, H. L.; GIANESI, I.; CAON, M. *Planejamento, programação e controle da produção –* MRPII/ERP. 5. ed. São Paulo: Atlas, 2007.

CORRÊA, H. L. *Proposta de integração de parceiros na formação e gerência de empresas virtuais.* Tese de doutoramento, Escola de Engenharia de São Carlos, USP, São Carlos, 1999.

COSTA, E. A. *Gestão estratégica:* da empresa que temos para a empresa que queremos. 2. ed. São Paulo: Saraiva, 2007-a.

COSTA, Ivanir. Decisões em tecnologia da informação: In: COSTA NETO, P. L. O. (Coord.). *Qualidade e competência nas decisões.* São Paulo: Blucher, 2007-b.

COSTA NETO, P. L. O. *Estatística.* 2. ed. São Paulo: Blucher, 2002.

_____. *Educação a distância por teleconferência interativa.* ICECE 2003 – International Congress on Engineering and Computer Education. Organização: IEEE – ES – Institute of Electrical and Electronic Engineers e outros, Santos, SP, 2003.

_____. *Qualidade e competência nas decisões.* São Paulo: Blucher, 2007-a.

_____. Decisões na gestão da qualidade. In: COSTA NETO, P. L. O. (Coord.). *Qualidade e competência nas decisões.* São Paulo: Blucher, 2007–b.

_____. Decisões com qualidade. In: COSTA NETO, P. L. O. (Coord.). *Qualidade e competência nas decisões.* São Paulo: Blucher, 2007-c.

_____; CYMBALISTA, M. *Probabilidades.* 2. ed. São Paulo: Blucher, 2006.

_____; ROSPI, L. *Sobre o conceito de qualidade.* XXVII ENEGEP – Encontro Nacional de Engenharia de Produção, Foz do Iguaçu, PR, 2007.

_____; SILVA, J. R. F. *Qualidade no varejo.* XXVII ENEGEP – Encontro Nacional de Engenharia de Produção. Foz do Iguaçu, PR, 2007.

CSCMP – Council of Supply Chain Management Professionals. *Supply Chain Management and Logisitics Management Definitions*. Disponível em: <http://cscmp.org/aboutcscmp/definitions/definitions.esp>. Acesso em: 21 mar. 2008.

DAVENPORT, T.; PRUSAK, L. *Ecologia da informação:* por que só a tecnologia não basta para o sucesso na era da informação. São Paulo: Futura, 1998.

DELUIZ, N. *Formação do trabalhador:* produtividade & cidadania. Rio de Janeiro: Shape, 1995.

DOLABELA, F. *O segredo de Luiza.* 2. ed. São Paulo: Cultura Editores, 2006.

DORNELAS, J. C. A. *Empreendedorismo:* transformando ideias em negócios. 3. ed. Rio de Janeiro: Elsevier, 2008.

DRUCKER, P. F. *Administração, tarefas, responsabilidades, práticas.* São Paulo: Enio Matteus Guazelli & Cia. Ltda., 1975.

_____. O advento da nova organização. *Harvard Business Review em português*. Rio de Janeiro, p. 9-26, 2001.

_____. *Administrando em tempos de grandes mudanças*. São Paulo: Pioneira, 2002.

EBOLI, M. *Educação corporativa no Brasil:* mitos e verdades. São Paulo: Gente, 2004.

FAYOL, H. *Administração industrial e geral.* 10. ed. São Paulo: Atlas, 1994.

FEIGENBAUM, A. *Controle da qualidade total.* São Paulo: Makron, 1994.

FERNANDES, F. C. C.; PACHECO, R. F.; LOPES, J. R.; GODINHO FILHO, M. Decisões empresariais: paradigmas comportamentais dos indivíduos: In: COSTA NETO, P. L. O. (Coord.). *Qualidade e competência nas decisões.* São Paulo: Blucher, 2007.

FERNANDES, W. D., SILVA, J. R.; COSTA NETO, P. L. O. *Metrologia e qualidade:* sua importância como fatores de competitividade nos processos produtivos. XXIX ENEGEP – Encontro Nacional de Engenharia de Produção. Salvador, BA, 2009.

FERREIRA, A. L. *Marketing para pequenas empresas inovadoras.* Rio de Janeiro: Expertbooks, 1995.

FIANI, R. *Teoria dos jogos com aplicações em economia, administração e ciências sociais.* 2. ed. Rio de Janeiro: Campus/Elsevier, 2006.

FLEURY, P. F.; WANKE, P.; FIGUEIREDO, K. F. *Logística e gerenciamento da cadeia de suprimentos:* planejamento do fluxo de produtos e dos recursos. São Paulo: Atlas, 2006.

FNQ – Fundação Nacional da Qualidade. *Critérios de excelência.* São Paulo, 2009.

FNQ/IPEG – Fundação Nacional da Qualidade/Instituto Paulista de Excelência da Gestão. *Critérios* – Compromisso com a excelência e Rumo à excelência. São Paulo, 2009-2010.

FURTADO, J. S.; FURTADO, M. C. Produção limpa. In: CONTADOR, J. C. (Coord.). *Gestão de operações.* 2. ed. São Paulo: Blucher, 1997.

FUSCO, J. P. A. et al. *Competition in a Global Economy:* towards a concurrent networks model. Proceedings of the Europa Conference, Fountainebleu, France, p. 213-222, 2004.

_____. Redes robustas e competitivas. In: FUSCO, J. P. A. (Org.). *Redes de empresas e cadeias de fornecimento*. São Paulo: Arte & Ciência, 2005.

_____; SACOMANO, J. B. *Alianças e parcerias*: análise dos relacionamentos utilizando o modelo de redes simultâneas. Redepro, Universidade Paulista, Programa de Pós-Graduação em Engenharia de Produção, São Paulo, 2009.

GARVIN, D. A. What does "Product Quality" really mean. *Sloan Management Review*, Cambridge, USA, Fall 1984.

_____. Building a Learning Organization. *Harvard Business Review*. Boston, jul./ago. 1993.

GIANNETTI, Biagio F.; ALMEIDA, Cecília M. V. B. *Ecologia industrial:* conceitos, ferramentas e aplicações. São Paulo: Blucher, 2006.

Referências 351

GIUZIO, Roberto; CANUTO, Simone A. *Implementando ERP:* Principais passos para aquisição e implementação de um sistema informatizado de gestão empresarial. São Paulo: LCTE Editora, 2008.

GNIDARXIC, P. J. *A qualidade e o conhecimento como fatores para a melhoria de processos.* Dissertação de mestrado, Universidade Paulista, Programa de Pós-Graduação em Engenharia de Produção, São Paulo, 2009.

GNYAWALI, D.; MADHAVAN, R. Cooperative Networks and Competitive Dynamics: a structural embeddedness perspective. *Academy of Management Review*, v. 26, n. 3, p. 431-445, 2001.

GOLDRATT, E. M.; COX, J. *A meta:* um processo de aprimoramento contínuo. 2. ed. São Paulo: Nobel, 2002.

GRANDJEAN, E.; KROEMERAN, K. H. E. *Manual de ergonomia:* adaptando o trabalho ao homem. Porto Alegre: Bookman, 2005.

GRANDORI, A.; SODA, G. Inter-firm networks: antecedents. Mechanisms and forms. *Organization Studies*, v. 16, n. 2, p. 183-214, 1995.

GUARAGNA, E. V. C. *Desmistificando o aprendizado organizacional:* conhecendo e aplicando os conceitos para alcançar a excelência e a competitividade. Rio de Janeiro: Qualitymark, 2007.

GUERRINI, F. M.; SACOMANO, J. B. Alianças estratégicas como forma emergente de organização de produção. In: FUSCO, J. P. A. (Org.). *Tópicos emergentes em engenharia de produção.* São Paulo: Arte & Ciência, 2002, v. 1.

GURGEL, F. C. A. Movimentação e armazenagem de materiais. In: CONTADOR, J. C. (Coord.). *Gestão de operações.* 2. ed. São Paulo: Blucher, 1997.

GUTIERRES, N. *Um panorama do mercado de créditos de carbono.* São Paulo: Banas Qualidade, junho de 2009.

HAMEL, G.; PRAHALAD, C. K. *Competindo pelo futuro:* estratégias inovadoras para obter o controle de seu setor e criar os mercados de amanhã. Rio de Janeiro: Elsevier, 1995.

HAMMER, M.; CHAMPY, J. *A revolução da reengenharia:* um guia prático. Rio de Janeiro: Campus, 1995.

HAMMER, M. *Além da reengenharia:* como organizações orientadas para processos estão mudando nosso trabalho e nossas vidas. Rio de Janeiro: Campus, 1997.

HILBURN, T. B. et al. *A Software Engineering Body of Knowledge Version 1.0.* Software Engineer Process Management. CMU/SEI – TR-004, 1999.

HILL, T. *Manufacturing strategy:* the strategic management of the manufacturing function for competitive advantage. London: McMillan, 1993.

HOLAN, P. M.; PHILLIPS, N. *Remembrance of things past?* The dynamic of organizational forgetting. Management Science, nov., 2004.

HORNE, D.; SEAGAL, S. *Human Dynamics*: um novo contexto para compreender pessoas e realizar o potencial de novas organizações. Rio de Janeiro: Qualitymark, 1998.

HUMPHREY, J.; SCHMITZ, H. Developing country firms in the word economy. Governance and upgrading in global value chains. *INEF-Report* n. 61, Institute of Development Studies, Duisburg, Alemanha, 2002.

HUNT, E. K. *História do pensamento econômico:* uma perspectiva histórica. 7. ed. Rio de Janeiro: Campus, 1989.

IBGC – Instituto Brasileiro de Governança Corporativa. Disponível em: <http//www.ibgc.org.br>. Acesso em: 13 mar. 2006.

IEMI – Instituto de Marketing Industrial. *Relatório da cadeia têxtil brasileira.* São Paulo: Free Press, 2006.

IMAI, M. *Gemba – Kaizen:* estratégias e técnicas do Kaizen no piso de fábrica. São Paulo: IMAM, 2000.

INMETRO – Instituto Nacional de Metrologia, Normalização e Qualidade Industrial. *Vocabulário Internacional de Metrologia* – conceitos fundamentais e gerais e termos associados. Rio de Janeiro, 2008.

IPEG – Instituto Paulista de Excelência da Gestão. *Regulamento do PPQG 2008/2009.* São Paulo, 2008.

JUNG, C. G. *Tipos psicológicos.* Rio de Janeiro: Vozes, 1991.

JURAN, J. M. *A qualidade desde o projeto*: os novos passos para o planejamento da qualidade em produtos e serviços. São Paulo: Thompson/Pioneira, 2002.

_____; GRYNA. F. M. *Controle da qualidade* handbook: conceitos, política e filosofia da qualidade. 4. ed. São Paulo: Makron Books, 1991, v. 1.

KAPLAN, R. S.; NORTON, D. P. *A estratégia em ação:* Balanced Scorecard. 13. ed. Rio de Janeiro: Campus, 1997.

KEHL, Sergio A. P. Metaqualidade. In: CONTADOR, J. C. (Coord.). *Gestão de operações.* 2. ed. São Paulo: Blucher, 1997.

KOSCIANSKI, A.; SOARES, M. S. *Qualidade de* software. São Paulo: Novatec, 2006.

KOTLER, P.; ARMSTRONG, G. *Princípios de marketing.* 7. ed. Rio de Janeiro: LTC, 1999.

_____. *Administração de marketing.* 10. ed. São Paulo: Prentice-Hall, 2001.

KRAJEWSKI, L. J. *Administração de produção e operações.* São Paulo: Pearson Prentice Hall, 2009.

LAS CASAS, A. L. *Marketing de varejo.* São Paulo: Atlas, 2000.

_____. *Qualidade total em serviços.* 3. ed. São Paulo: Atlas, 1999.

LEME, Ruy A. S. Engenharia de produção e administração industrial. In: CONTADOR, J. C. (Coord.). *Gestão de operações.* 2. ed. São Paulo: Blucher, 2007.

LOBO, Renato. *Processo de produção/tecnologia têxtil:* técnico têxtil. São Paulo – SENAI, 2006, apostila.

LONGO, W. P. Tecnologia e transferência de tecnologia, Código 2955, n. A-937 001.9. Biblioteca do Inmetro, 1975.

LORANGE, P.; ROOS, J. *Alianças estratégicas:* formação, implementação e evolução. São Paulo: Atlas, 1996.

LUNA, M. M. M. Operadores logísticos. In: NOVAES, A. G. *Logística e gerenciamento da cadeia de distribuição.* 3. ed. Rio de Janeiro: Elsevier, 2007.

MAEDA Junior, M. *Uma ferramenta de apoio à decisão na escolha de fornecedores de tecnologia de informação baseado na lógica paraconsistente anotada.* Dissertação de mestrado, Universidade Paulista, Programa de Pós-Graduação em Engenharia de Produção, São Paulo, 2006.

MALUF, E.; KOLBE, W. *Dados técnicos para a indústria têxtil,* IPT/ABIT, São Paulo, 2003, 2. ed.

MAQUIAVEL, N. *O príncipe.* Porto Alegre: L&PM Editores, 1998.

MANKINS, M. S. *Pare de perder um tempo precioso. Harvard Business Review em português,* setembro de 2004.

MARSH, D. e RODHES, R. A. Policy Networks in British Politics. A critique of existing approaches. In: RODHES, R. A.; MARSH, D. (Org.). *Policy Networks in British Government.* Clarendon Press, Oxford, 1992.

MASLOW, A. H. *Maslow no gerenciamento.* Rio de Janeiro: Qualitymark, 2000.

MATSUOKA, J. M. Decisões quanto ao tipo psicológico. In: COSTA NETO, P. L. O. (Coord.). *Qualidade e competência nas decisões.* São Paulo: Blucher, 2007.

Referências 353

MEISTER, J. *Educação corporativa:* gestão do capital intelectual através das universidades corporativas. São Paulo: Makron Books, 1999.

MELLO, C. H. P.; SILVA, C. E. S.; TURRIONI, J. B.; SOUZA, L. G. M. ISO 9001:2008. *Sistema de gestão da qualidade para operações de produção e serviços.* São Paulo: Atlas, 2009.

MERLI, G. *Comakership:* a nova estratégia para os suprimentos. Rio de Janeiro: Qualitymark, 1998.

MERTON, R. K. *Sociologia:* teoria e estrutura. São Paulo: Mestre Jou, 1970.

MILANI, C. R. S. Governança global e meio ambiente: como compatibilizar economia, política e ecologia. In: *Fundação Konrad Adenauer Stiftung. Pesquisas:* Governança Global – Reorganização da política em todos os níveis de ação. São Paulo, n. 16, 1999.

MINTZBERG, H. *Ascensão e queda do planejamento estratégico.* Porto Alegre: Bookman, 2004.

MOLLO NETO, M. Decisões usando inteligência artificial. In: COSTA NETO P. L. O. (Coord.). *Qualidade e competência nas decisões.* São Paulo: Blucher, 2007.

MONTEIRO, Rogério. Decisões em logística. In: COSTA NETO, P. L. O. (Coord.). *Qualidade e competência nas decisões.* São Paulo: Blucher, 2007.

MORAES, Fernando. *Montenegro:* as aventuras do Marechal que fez uma revolução nos céus do Brasil. São Paulo: Planeta, 2007.

MORAN, E. T.; VOLKWEIN, J. F. The cultural approach to the formation of organizational climate. *Human Relations*, v. 45, n. 1, 1992.

MORETTIN, P. A.; TOLOI, C. M. C. *Análise de séries temporais.* 2. ed. São Paulo: Blucher, 2006.

MUÑOZ-SECA, B.; RIVEROLA, J. *Transformando conhecimento em resultados.* São Paulo: Clio Editora, 2004.

MYERS, I. Briggs; MYERS, P. *Gifts differing*: understanding personality type. Lanham, MD, USA: NBN National Books, 1995.

NAPOLITANO, N. *Qualidade no setor de serviços dos institutos de beleza.* Dissertação de mestrado, Universidade Paulista, Programa de Pós-Graduação em Engenharia de Produção, São Paulo, 2008.

NONAKA, I.; TAKEUCHI, H. *Criação de conhecimento na empresa*: como as empresas japonesas geram a dinâmica da inovação. 4. ed. Rio de Janeiro: Campus, 1997.

NORMAN, E. D. Distribution Requeriments Planning: problems and promises. *Proceedings of the Logistics Resources Forum*. Cleveland, Ohio, USA: Patrick Gallagher, 1983.

OLIVEIRA, D. P. R. *Sistemas de informações gerenciais:* estratégias, táticas e operações. São Paulo: Atlas, 1992.

OLIVEIRA, J. S. G. *A qualidade do serviço logístico para produtos perecíveis.* Dissertação de mestrado, Universidade Paulista, Programa de Pós-Graduação em Engenharia de Produção, São Paulo, 2006.

OLIVEIRA, S. A. *Reengenharia de processos:* agite antes de usar. São Paulo: Érica, 1994.

PAIVA, R. P. O. *Um modelo baseado em seleção de processos e dimensionamento de lotes para o planejamento agregado da produção em usinas de açúcar e álcool.* Dissertação de mestrado, Universidade Federal de São Carlos, 2006.

PARASCHIVA, T. Amazon Program. *Lean Summit 2001*: Construindo o Lean Business System. Anais, Lean Institute Brasil, Curitiba, 2001.

PARASURAMAN, A.; ZEITHAML, V. A.; BERRY, L. L. Servqual: a multiple item scale of measuring customer perception of service quality. *Journal of Retailing,* v. 64, Spring, 1988.

_____. *Delivering Service Quality:* balancing customers perceptions and expectations. New York: Free Press, 1990.

PARENTE, J. *Varejo no Brasil:* gestão e estratégia. São Paulo: Atlas, 2000.

PAULILLO, L. F. O. *Redes de poder & territórios produtivos:* indústria, citricultura e políticas públicas no Brasil do século XX. RIMA/EDUFSCar, São Carlos, SP, 2000.

_____; MELLO, F. T. Redes de poder e instituições: limites, incentivos e exclusão no agronegócio paulista. In: FUSCO, J. P. A. (Org.). *Redes produtivas e cadeias de fornecimento.* São Paulo: Arte & Ciência, 2005.

PEREIRA, L. C. BRESSER; MOTTA, L. C. PRESTES. *Introdução à organização burocrática.* São Paulo: Brasiliense, 1987.

PÉREZ LÓPEZ, J. A. *Fundamentos de la dirección de empresas.* Madrid: Ediciones Rialp, 1993.

PINTO, M. R.; LARA, J. E. Ações socialmente responsáveis como estratégias de marketing no varejo. In: ÂNGELO, C. F.; SILVEIRA, J. A. G. (Org.). *Varejo competitivo.* São Paulo: Saint Paul Institute of Finance, 2003, v. 8.

PORTER, M. E.; MILLAR, V. E. How information gives you competitive advantage. *Harvard Business Review,* v. 63, n. 4, jul./ago. 1985.

PORTER, M. E. *Vantagem competitiva:* criando e sustentando um desempenho superior. Rio de Janeiro: Campus, 1990.

_____. *Estratégia competitiva:* técnicas para análise de indústrias e da concorrência. 2. ed. Rio de Janeiro: Campus, 2005.

POZO, H. *Administração de recursos materiais e patrimoniais:* uma abordagem logística. 3. ed. São Paulo: Atlas, 2004.

POWELL, W. Neither Market or Hierarchy Networks Forms of Organization. In: *The New Institutions in Organizational Analysis.* University of Chicago Press, 1990.

PRAX, J. Y. KM *Speaker Series, 5º Workshop Terraform International,* out. 2004.

REBOUÇAS DE OLIVEIRA, Djalma P. *O executivo estadista:* uma abordagem evolutiva para o executivo estrategista e empreendedor. São Paulo: Atlas, 1991.

REED, M. Teorização organizacional: um campo historicamente contestado. In: CLEGG, S.; HARD, C. Handbook *de estudos organizacionais.* São Paulo: Atlas, 1998.

REZENDE, D. A. *Sistemas de informações organizacionais:* guia prático para projetos em cursos de administração, contabilidade e informática. São Paulo: Atlas, 2005.

RIFKIN, J. *Fim dos empregos:* o declínio inevitável dos níveis dos empregos e a redução da força total de trabalho. São Paulo: Makron Books, 2001.

RODGERS, E. M. *Diffusion of innovations.* New York: The Free Press, 1995.

ROESSING, A. C.; LAZZAROTTO, J. J. *Criação de empregos pelo complexo agroindustrial da soja.* Londrina: Embrapa Soja, 2004.

ROSPI, L. *Gestão dos custos da qualidade em pequenas e médias empresas do setor industrial:* um estudo de casos múltiplos. Dissertação de mestrado, Universidade Paulista, Programa de Pós-Graduação em Engenharia de Produção, São Paulo, 2006.

ROTONDARO, R. G. (Coord.). *Seis sigma:* estratégia gerencial para a melhoria de processos e serviços. São Paulo: Atlas, 2002.

_____; CARVALHO, M. M. Qualidade em serviços. In: CARVALHO, M. M.; PALADINI, E. P. (Org.). *Gestão da qualidade:* teoria e casos. Rio de Janeiro: Campus/Elsevier, 2006.

RUBIATO, R. C. Uma análise das alianças numa rede do setor avícola. In: FUSCO, J. P. A.; SACOMANO, J. B. *Alianças em redes de empresas:* modelo de redes simultâneas para avaliação competitiva. São Paulo: Arte & Ciência, 2009.

SACOMANO NETO, M. *Redes, difusão de conhecimento e controle:* um estudo de caso da indústria brasileira de caminhões. Tese de doutorado. Universidade Federal de São Carlos, 2004.

Referências   355

_____; SACOMANO, J. B. Governança e análise de redes. In: FUSCO, J. P. A. *Tópicos emergentes em engenharia de produção.* São Paulo: Arte e Ciência, 2004, v. 2.

SACOMANO, J. B. Decisões no planejamento e controle da produção. In: COSTA NETO, P. L. O. (Coord.). *Qualidade e competência nas decisões.* São Paulo: Blucher, 2007.

SAMPAIO, A. L. S.; PRIMO, F. F.; MARTINO, W. R. *Método para definição de requisitos de* software *de um sistema a partir das necessidades dos seus stakeholders.* VII Simpósio Internacional de Melhoria de Processos de *Software*, 2005.

SAMUELSON, P. *Introdução à análise econômica.* Rio de Janeiro: Livraria AGIR Editora, 1996.

SCHUMPETER, J. A. *Teoria do desenvolvimento econômico.* São Paulo: Abril Cultural, 1982.

SENGE, P. M. *A quinta disciplina:* arte, teoria e prática da organização de aprendizagem. 13. ed. São Paulo: Best Seller, 1990.

SHIBUYA, M. K. *O uso do balanced scorecard como uma ferramenta para o gerenciamento dos indicadores de desempenho de um sistema de gestão da qualidade.* Dissertação de mestrado, Universidade Paulista, Programa de Pós-Graduação em Engenharia de Produção, São Paulo, 2005.

_____. Decisões baseadas no balanced scorecard. In: COSTA NETO, P. L. O. (Coord.). *Qualidade e competência nas decisões.* São Paulo, 2007.

SILVA, J. R. F. *Qualidade no serviço varejo:* um estudo de casos múltiplos. São Paulo: Blucher Acadêmico, 2008.

SILVA, M. T. A empresa moderna. In: CONTADOR, J. C. (Coord.). *Gestão de operações.* 2. ed. São Paulo: Blucher, 1997.

SILVA, Ozires. *Nas asas da educação:* a trajetória da Embraer. Rio de Janeiro: Campus/ Elsevier, 2008.

SILVA, R. S. A educação corporativa: universidades corporativas. In: LITTO, F. M.; FORMIGA, M. *Educação a distância:* o estado da arte. São Paulo: ABED Pearson/Prentice Hall, 2009.

SILVEIRA, J. R. Perspectivas da gestão da qualidade nas empresas. *Revista Banas Qualidade*, n. 177, fevereiro de 2007.

SILVESTRO, R.; FITZGERALD, L.; JOHNSTON, R.; VOSS, C. Towards a classification of service processes. *International Journal of Service Industry Management*, v. 3, n. 3, 1992.

SIMON, Herbert. *Administrative behaviour.* 2. ed. New York: Free Press, 1997.

SLACK, N.; CHAMBERS, S.; JOHNSTON, R. *Administração da produção.* 2. ed. São Paulo: Atlas, 2002.

SMITH, Adam. *A riqueza das nações:* investigação sobre sua natureza e suas causas. 3. ed. São Paulo: Nova Cultural, 2008.

SOLER, Alonso M. *Qualidade total e maturidade organizacional.* Tese de doutoramento, Escola Politécnica da USP, Departamento de Engenharia de Produção, São Paulo, 1997.

_____. *Rosalina e o piano:* estudo de caso de gerenciamento de projetos. Rio de Janeiro: Brasport, 2008.

_____. *Teoria das restrições, método da corrente crítica e visão viável.* IV Seminário de Qualidade e Produtividade da UNIP. Universidade Paulista, São Paulo, 2009.

SOMMERVILLE, I. *Engenharia de* software. São Paulo: Pearson, 2003.

STEWART, T. A. *A riqueza do conhecimento:* o capital intelectual e a organização do século XXI. Rio de Janeiro: Campus, 2002.

STORCH, S. *Gestão do conhecimento.* III Seminário de Qualidade e Produtividade da UNIP/Universidade Paulista, São Paulo, 2008.

SVEIBY, K. E. *A nova riqueza das organizações:* gerenciando e avaliando patrimônios do conhecimento. 4. ed. Rio de Janeiro: Campus, 1998.

SWEBOK – *Software Quality – Guide to the Software Engineering Body of Knowledge*. IEEE, 2004.

SWIERINGA, J.; WIERDSMA, A. *La organización que aprende*. Wilmington, USA: Addison/Wesley Iberoamericana, 1995.

TAYLOR, F. W. *Princípios de administração científica*. 8. ed. São Paulo: Atlas, 1990.

TERRA, J. C. Cyrineu. *Gestão do conhecimento:* o grande desafio empresarial. Rio de Janeiro: Elsevier, 2005.

THOMPSON Jr., A. A.; STRICKLAND III, A. J. *Planejamento estratégico:* elaboração, implementação e execução. São Paulo: Pioneira Thompson Learning, 2004.

TOLEDO, Nilton N. Custos industriais. In: CONTADOR, J. C. (Coord.). *Gestão de operações*. 2. ed. São Paulo: Blucher, 1997.

TORRES, O. Fadigas F. *Fundamentos da engenharia econômica e da análise econômica de projetos*. São Paulo: Thomson, 2006.

TUBINO, D. F. *Planejamento e controle da produção:* teoria e prática. São Paulo: Atlas, 2007.

TURRIONI, J. B.; COSTA NETO, P. L. O. *Gerenciamento pelas diretrizes e gerenciamento por objetivos:* uma análise comparativa. Gestão & Produção, v. 2, n. 3, São Carlos, 1995.

VENDRAMETTO, O. Decisões em tecnologia. In: COSTA NETO, P. L. O. (Coord.). *Qualidade e competência nas decisões*. São Paulo: Blucher, 2007.

VOGT, C. *A utilidade do conhecimento*. Palestra proferida na École Normale Supérieure de Lyon, França, 2005.

WALTON, R. E. Quality of working in life: what is it? *Sloan Management Review*, v. 15, n. 1, 1973.

WHITELEY, R. C. *Ouvir o cliente é o melhor*. Management, Folha de São Paulo, 11/09/1995.

WILLIAMSON, O. E. *The economic institutions of capitalism:* firms, markets, relational contracting. New York: The Free Press, 1985.

_____. *The nature of the firm:* origins, evolution and development. Oxford University Press, 1991.

WOMACK, James P. *A máquina que mudou o mundo*. Rio de Janeiro: Campus, 1997.

ZACCARELLI, S. B. *Programação e controle da produção*. 8. ed. São Paulo: Pioneira, 1987.

_____. *Estratégia e sucesso nas empresas*. São Paulo: Saraiva, 2003.

_____; GUIMARÃES, A. T. R. Decisões e estratégia. In: COSTA NETO, P. L. O. (Coord.). *Qualidade e competência nas decisões*. São Paulo: Blucher, 2007.

_____; TELLES, R.; SIQUEIRA, J. P. L.; BOAVENTURA, J. M. G.; DONAIRE, D. *Clusters e redes de negócios:* uma nova visão para a gestão dos negócios. São Paulo: Atlas, 2008.

_____; VIEIRA, C. R. B.; IRALA, M. S. *A produção enxuta e novos padrões de fornecimento em três montadoras de veículos no Brasil*. Anais do Simpósio de Gestão da Inovação Tecnológica, 21, USP, São Paulo, 2000.